JN330354

第 5 回　自 殺 死 亡 統 計

人 口 動 態 統 計 特 殊 報 告

厚生労働省大臣官房統計情報部編
財 団 法 人　　厚 生 統 計 協 会

ま　え　が　き

本報告書は、毎年公表している人口動態統計をもとに、時系列分析など自殺による死亡の状況について分析を行い、人口動態統計特殊報告として取りまとめたものである。

なお、この「自殺死亡統計」は、昭和52（1977）年、昭和59（1984）年、平成２（1990）年、平成11（1999）年に続いて今回で５回目となる。

この報告書が、関係方面に広く利用されることを願うものである。

平成17年３月

厚生労働省大臣官房統計情報部長

鳥　生　　隆

担　当　係

人口動態・保健統計課 計析第一係

電話　03(5253)1111

内線　7470

第５回　自殺死亡統計
人口動態統計特殊報告

－　目　次　－

5th Statistics Concerning Suicide Deaths

Special Report on Demographic Statistics

Table of Contents

I　解　　　説

Part I　Definition

1　観察対象の範囲

観察対象は、次の表に示すとおりである。

地域範囲	昭和18年以前	沖縄を含む旧内地(樺太を除く)
	昭和22～25年	北海道、本州、四国、九州に属する地域のうち、北海道根室支庁の一部、東京都小笠原支庁、島根県竹島、鹿児島県大島郡十島村北緯30度以南、沖縄全県を除く地域
	昭和26～47年	昭和26年12月５日以降　：　鹿児島県大島郡十島村北緯29～30度(吐噶喇列島)を含む 昭和28年12月25日以降　：　同村北緯29度以南(奄美群島)を含む 昭和43年６月26日以降　：　東京都小笠原村を含む
	昭和48年以降	沖縄を含む。したがって、北海道、本州、四国、九州に属する地域のうち、北海道根室支庁の一部、島根県竹島を除く地域
観察対象の地域的属性	昭和18年以前 昭和22年以降	死亡の場所が前掲の地域にあるもの
観察対象の人的範囲	昭和18年以前	死亡者の本籍が沖縄、樺太を含む旧内地にあるもの
	昭和22年以降	死亡者の本籍が北海道、本州、四国、九州及び沖縄にあるもの＊
観察期間	大正11年以前	各年１月１日から翌年３月31日までに届け出られたもののうち、１月１日～同年12月31日までの期間に事件発生のもの
	大正12～昭和18年	各年１月１日から翌年１月31日までに届け出られたもののうち、１月１日～同年12月31日までの期間に事件発生のもの
	昭和22年	各年１月１日から12月31日までに届け出られたもののうち、同年中に事件発生のもの
	昭和23～42年	各年１月１日から翌年４月14日までに届け出られたもののうち、１月１日～同年12月31日までの期間に事件発生のもの
	昭和43～45年	各年１月１日から翌年２月14日までに届け出られたもののうち、１月１日～同年12月31日までの期間に事件発生のもの
	昭和46年以降	各年１月１日から翌年１月14日までに届け出られたもののうち、１月１日～同年12月31日までの期間に事件発生のもの
都道府県の分類の基準	昭和18年以前 昭和22～24年	発生地に基づき各年１月１日現在の行政区画によって分類
	昭和25～46年	死亡当時の住所に基づき事件発生当時の行政区画によって分類
	昭和47年以降	死亡当時の住所に基づき届出当時の行政区画によって分類

＊　昭和58年３月以前には、北海道根室支庁の一部は含まない。

1 Scope of observation

The scope of observation is as follows:

Region	-1943	previous Japanese territory including Okinawa (excepting Karafuto)
	1947-1950	Regions in Hokkaido, Honsyu, Shikoku, and Kyusyu with the exception of parts of Nemuro District (Hokkaido), Ogasawara District (Tokyo), Takejima (Shimane), Toshimamura (Oshima-Gun, Kagoshima) south of latitude 30 north, and Okinawa
	1951-1972	December 5,1951-: Including Toshimamura at latitude 29-30 north (Tokara Islands, Oshima-Gun, Kagoshima) December 25, 1953: Including Toshimamura south of latitude 29 north (Amami Islands) June 26, 1968: Including Ogasawara(Tokyo)
	1973-	Including Okinawa. As a result, areas in Hokkaido, Honsyu, Shikoku and Kyusyu with the exception of parts of Nemuro District and Takejima (Shimane).
Local features in the observed areas	-1943 1947-	Place of death is located in the above-mentioned areas.
Subject	-1943	A registered address of a deceased person is located in the previous Japanese territory including Okinawa and Karafuto.
	1947-	A registered address of a deceased person is located in Hokkaido, Honsyu, Shikoku, or Kyusyu. *
Observation period	-1922	Out of notifications between January 1 and March 31 of the next year, incidents occurred between January 1 and December 31 of the year.
	1923-1943	Out of notifications between January 1 and January 31 of the next year, incidents occurred between January 1 and December 31 of the year.
	1947	Out of notifications between January 1 and December 31, incidents occurred in the year.
	1948-1967	Out of notifications between January 1 and April 14 of the next year, incidents occurred between January 1 and December 31 of the year.
	1968-1970	Out of notifications between January 1 and February 14 of the next year, incidents occurred between January 1 and December 31 of the year.
	1971-	Out of notifications between January 1 and January 14 of the next year, incidents occurred between January 1 and December 31 of the year.
Classification standard of prefectures	-1943 1947-1949	To classify places of incidents according to administrative districts as of January 1 of the year.
	1950-1971	To classify addresses at the time of death according to administrative districts at the time of an incident.
	1972-	To classify addresses at the time of death according to administrative districts at the time of a notification.

* A part of Nemuro District (Hokkaido) was not included before March, 1983.

2　用語の解説

年　　　齢　：　死亡時の年齢である。

職業・産業　：　職業・産業の分類は、平成７年国勢調査及び平成12年国勢調査に用いた職業分類・産業分類の大分類に準拠している。

配 偶 関 係　：　法律上の婚姻関係による。

手　　　段　：　手段の分類及び内容は次の表に示す。

ＩＣＤ－10 基本分類番号	死　因　名	ＩＣＤ－６ 基本分類番号	ＩＣＤ－７ 基本分類番号	ＩＣＤ－８ 基本分類番号	ＩＣＤ－９ 基本分類番号
平成７年以降		昭和25～32年	昭和33～42年	昭和43～53年	昭和54～平成６年
X60～X84	故意の自傷および自殺	E970～E979	E963, E970～E979	E950～E959	E950～E959
X60, X61	鎮痛薬および睡眠薬による中毒および曝露にもとづく自傷および自殺	E970	E970. a～d	E950a～c	E950. 0, 1～3
X62～X66, X69	その他および詳細不明の薬物による中毒および曝露にもとづく自傷および自殺	E971	E971. a, c, d	E950. f	E950. 4～9 (E950. 6を除く。)
X67	その他のガスおよび蒸気による中毒および曝露にもとづく自傷および自殺	E972, E973	E972, E973	E951, E952	E951, E952
X68	農薬による中毒および曝露にもとづく自傷および自殺	…	E971. b	E950. e	E950. 6
X70	縊首, 絞首および窒息による故意の自傷および自殺	E974	E974	E953	E953
X71	溺死および溺水による故意の自傷および自殺	E975	E975	E954	E954
X72～X75	銃器および爆発物による故意の自傷および自殺	E976	E976	E955	E955
X76	煙, 火および火災による故意の自傷および自殺	…	…	…	E958. 1
X78	鋭利な物体による故意の自傷および自殺	E977	E977	E956	E956
X80	高所からの飛び降りによる故意の自傷および自殺	E978	E978	E957	E957
X80. 0	住　　　宅[2)]	…	…	…	E957. 0
X81	移動中の物体の前への飛び込みまたは横臥による故意の自傷および自殺	…	E979. a	E958. a	E958. 0
X77, X79, X82～X84	その他の明示されたおよび詳細不明の手段による故意の自傷および自殺	E979	E979. b	E958. b	E958. 2～9
(Y87. 0)[3)]	故意の自傷の続発・後遺症	(E953)[3)]	E963	E959	E959

注：１）「ICD-6」～「ICD-9」は「第６回修正～第９回修正国際疾病分類」、「ICD-10」は「第10回修正疾病及び関連保健問題の国際統計分類」をいう。

２）「住宅」は４桁基本分類を用いた。

３）昭和25年～32年と平成７年以降は「故意の自傷の続発・後遺症」は自殺の合計には含まない。

2 Definition of terms

Age : Age when the person died

Occupation and industry : Classification of occupation and industry is compliant with the rough classification used in the national censuses in 1995 and 2000.

Spousal relationship : Legal spousal relationship

Methed : Classfication and details of methods are described in the following table.

ICD-10 Basic Classification Numbers	Cause of Death	ICD-6 Basic Classification Numbers	ICD-7 Basic Classification Numbers	ICD-8 Basic Classification Numbers	ICD-9 Basic Classification Numbers
1995-		1950-1957	1958-1967	1968-1978	1979-1994
X60-X84	Intentional self-harm or suicide	E970～E979	E963,E970-E979	E950～E959	E950～E959
X60, X61	Self-harm or suicide by analgesic/narcotic overdose or disposure	E970	E970.a-d	E950a-c	E950.0,1-3
X62-X66, X69	Self-harm or suicide by overdose of or disposure to other or unknown drugs	E971	E971.a,c,d	E950.f	E950.4-9 (excluding E950.6)
X67	Self-harm or suicide by other gas/vapor poisoning or disposure	E972,E973	E972,E973	E951,E952	E951,E952
X68	Self-harm or suicide by agrichemical poisoning or disposure	…	E971.b	E950.e	E950.6
X70	Intentional self-harm or suicide by strangulation or asphyxiation	E974	E974	E953	E953
X71	Intentional self-harm or suicide by drowning	E975	E975	E954	E954
X72-X75	Intentional self-harm or suicide by firearms or explosives	E976	E976	E955	E955
X76	Intentional self-harm or suicide by smoke or fire	…	…	…	E958.1
X78	Intentional self-harm or suicide by edged objects	E977	E977	E956	E956
X80	Intentional self-harm or suicide by falls	E978	E978	E957	E957
X80.0	Residence [2]	…	…	…	E957.0
X81	Intentional self-harm or suicide by jumping or laying in front of an onrushing vehicle	…	E979.a	E958.a	E958.0
X77, X79, X82-X84	Intentional self-harm or suicide by other specified or unknown measures	E979	E979.b	E958.b	E958.2-9
(Y87.0) [3]	Sequelae following intentional self-harm	(E953)[3]	E963	E959	E959

Notes: 1) "ICD-6" –"ICD-9" means "International Classification of Diseases, 6th-9th revision", and "ICD-10" means "International Statistical Classification of Diseases and Related Health Problems, 10th Revision".
2) For "Residence", a four-digit basic classification was used.
3) "Sequelae following intentional self-harm" is not included between 1950-1957 and after 1995.

3　比率の解説

① $$総死亡率=\frac{年間の総死亡数}{10月1日現在の日本人人口}\times 100,000$$

② 自殺死亡率（総数・男・女）

$$=\frac{年間の自殺死亡数（総数・男・女）}{10月1日現在の日本人人口（総数・男・女）}\times 100,000$$

③ 年齢階級別自殺死亡率（総数・男・女）

$$=\frac{年間の年齢階級別自殺死亡数（総数・男・女）}{10月1日現在の日本人（総数・男・女）の年齢階級別人口}\times 100,000$$

④ 性・年齢階級・配偶関係別自殺死亡率(男・女)

$$=\frac{年齢階級・配偶関係別自殺死亡数（男・女）}{国勢調査による年齢階級・配偶関係別人口（男・女）}\times 100,000$$

注：配偶関係は、総数・有配偶・未婚・死別・離別である。

⑤ $$1日平均自殺死亡数=\frac{月間の自殺死亡数}{当該月の日数（30、31、28又は29）}$$

⑥ 自殺年齢調整死亡率

$$=\frac{（観察集団の年齢階級別自殺死亡率\times基準人口集団の年齢階級別人口）の総和}{基準人口集団の総和}$$

年齢調整死亡率とは、年齢構成の異なる人口集団の間での死亡率や、特定の年齢層に偏在する死因別死亡率について、その年齢構成の差を取り除いて比較ができるように調整した死亡率をいう。

基準人口は、昭和60年モデル人口である。

基準人口　－昭和60年モデル人口－

年　齢	基　準　人　口
0～4歳	8 180 000
5～9	8 338 000
10～14	8 497 000
15～19	8 655 000
20～24	8 814 000
25～29	8 972 000
30～34	9 130 000
35～39	9 289 000
40～44	9 400 000
45～49	8 651 000
50～54	7 616 000
55～59	6 581 000
60～64	5 546 000
65～69	4 511 000
70～74	3 476 000
75～79	2 441 000
80歳以上	2 190 000
総　数	120 287 000

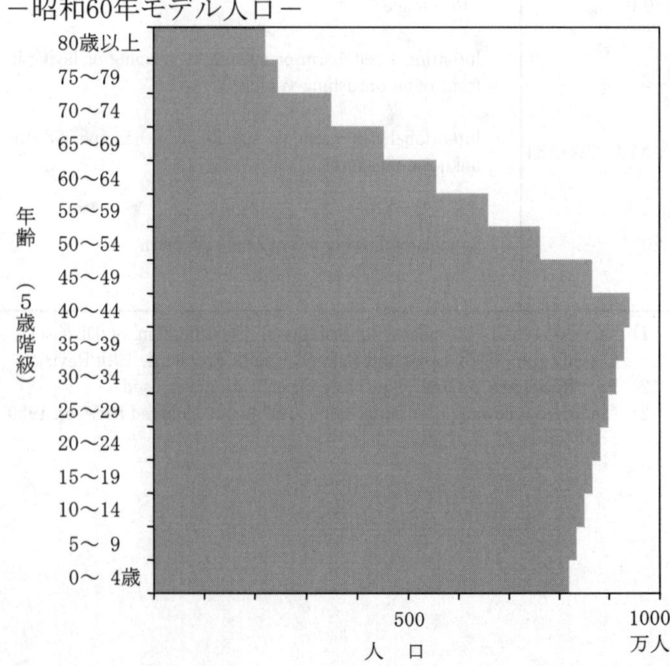

注：昭和60年モデル人口は、昭和60年国勢調査人口を基礎に、ベビーブームなどの極端な増減を補正し、四捨五入によって1000人単位としたものである。

3 Explanation of ratios

1. Total rates of deaths

$$= \frac{\text{Annual number of deaths}}{\text{Japanese population as of October 1}} \times 100{,}000$$

2. Rates of suicide deaths (Total, Male and Female)

$$= \frac{\text{Annual number of suicide deaths (Total, Male and Female)}}{\text{Japanese population as of October 1 (Total, Male and Female)}} \times 100{,}000$$

3. Rates of suicide deaths by age group (Total, Male and Female)

$$= \frac{\text{Annual number of suicide deaths by age group (Total, Male and Female)}}{\text{Japanese population as of October 1 (Total, Male and Female)}} \times 100{,}000$$

4. Rates of suicide deaths by sex, age group and spousal relationship (Male and Female)

$$= \frac{\text{Annual number of suicide deaths by age group and spousal relationship (Male and Female)}}{\text{Japanese population by age group and spousal relationship according to census (Male and Female)}} \times 100{,}000$$

Note: Spousal relationship includes total, living with spouse, unmarried, widowed and divorced

5. Average daily numbers of suicide deaths

$$= \frac{\text{Monthly number of suicide deaths}}{\text{Number of days (30, 31, 28 or 29)}}$$

6. Rates of suicide deaths adjusted for age

$$= \frac{\text{Total of} \left(\begin{array}{l}\text{Rate of suicide deaths by age group}\\ \text{of target population}\end{array} \times \begin{array}{l}\text{population by age group}\\ \text{of standard population}\end{array} \right)}{\text{Total standard population}}$$

"Rates of deaths adjusted for age" means adjusted rates of deaths for comparing death rates among groups differing in age composition and death rates by cause distributed unevenly in specified age groups, excluding the differences of age composition. The Standard Population is modeled on the population in 1985.

Standard Population -Model population in 1985-

Age groups	Standard Populations
Agse 0 - 4	8 180 000
5 - 9	8 338 000
10 - 14	8 497 000
15 - 19	8 655 000
20 - 24	8 814 000
25 - 29	8 972 000
30 - 34	9 130 000
35 - 39	9 289 000
40 - 44	9 400 000
45 - 49	8 651 000
50 - 54	7 616 000
55 - 59	6 581 000
60 - 64	5 546 000
65 - 69	4 511 000
70 - 74	3 476 000
75 - 79	2 441 000
Ages 80 and older	2 190 000
Total	120 287 000

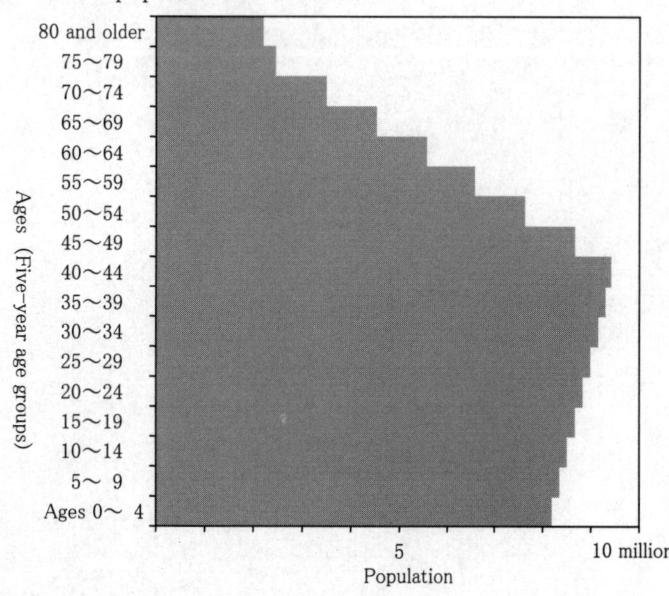

Japanese standard population is calculated based on 1985 national census, to aimed adjustment for extreme increases/ decrease due to the babyboomer and so on and round up to the unit of 1,000 persons.

II　結果の概要

1．自殺死亡統計について

自殺死亡統計は、毎年公表している人口動態統計をもとに、時系列分析など自殺による死亡の状況について分析を行い、人口動態統計特殊報告として取りまとめたものである。なお、この「自殺死亡統計」は、昭和52（1977）年、昭和59（1984）年、平成２（1990）年、平成11（1999）年に続いて今回で５回目であり、その概要は、以下のとおりである。

刊行	年	期　　間	調　査　項　目　・　内　容
1	昭和52年 (1977)	大正９年～昭和49年を中心として分析	自殺死亡数・率の年次推移、年齢階級別、 手段別、職業・産業別、都道府県別、国際比較
2	昭和59年 (1984)	昭和50年～昭和57年を中心として分析	自殺死亡数・率の年次推移、年齢階級別、 死因順位、死亡月別１日平均、手段別、 配偶関係別、都道府県別訂正死亡率、 国際比較
3	平成２年 (1990)	昭和58年～昭和63年を中心として分析	自殺死亡数・率の年次推移、年齢階級別、 死因順位、死亡月別１日平均、手段別、 配偶関係別、職業・産業別、 都道府県別訂正死亡率、国際比較 参考表に警察庁の「自殺の概要」資料を掲載
4	平成11年 (1999)	平成元年～平成９年を中心として分析	自殺死亡数・率の年次推移、年齢階級別、 死因順位、死亡月別１日平均、手段別、 配偶関係別、都道府県別年齢調整死亡率、 国際比較 参考表に警察庁の「自殺の概要」資料を掲載
5	平成17年 (2005)	平成６年～平成15年を中心として分析	自殺死亡数・率の年次推移、年齢階級別、 死因順位、曜日別、時間別、死亡月別１日平均、 配偶関係別、手段別、都道府県別、 職業・産業別、平成６年～平成15年の状況、 国際比較 参考表に警察庁の「自殺の概要」資料を掲載

2. 自殺死亡の年次推移

(1) 自殺死亡数の年次推移

自殺死亡数の年次推移をみると、明治32年の5,932人から昭和11年の15,423人までは増加傾向を示しているが、昭和12年から戦時中まで減少傾向となっている。

戦後は、再び増加傾向となるが、戦前と異なり、増減を繰り返し、過去2回の高い山があり最近も1つの山を形成している。1番目の山は毎年2万人を超えた昭和29年～35年であり、2番目の山は毎年2万3千人を超えた昭和58～62年である。最近の山は3万人前後で推移している。（図1、表1）

図1 自殺死亡数の年次推移

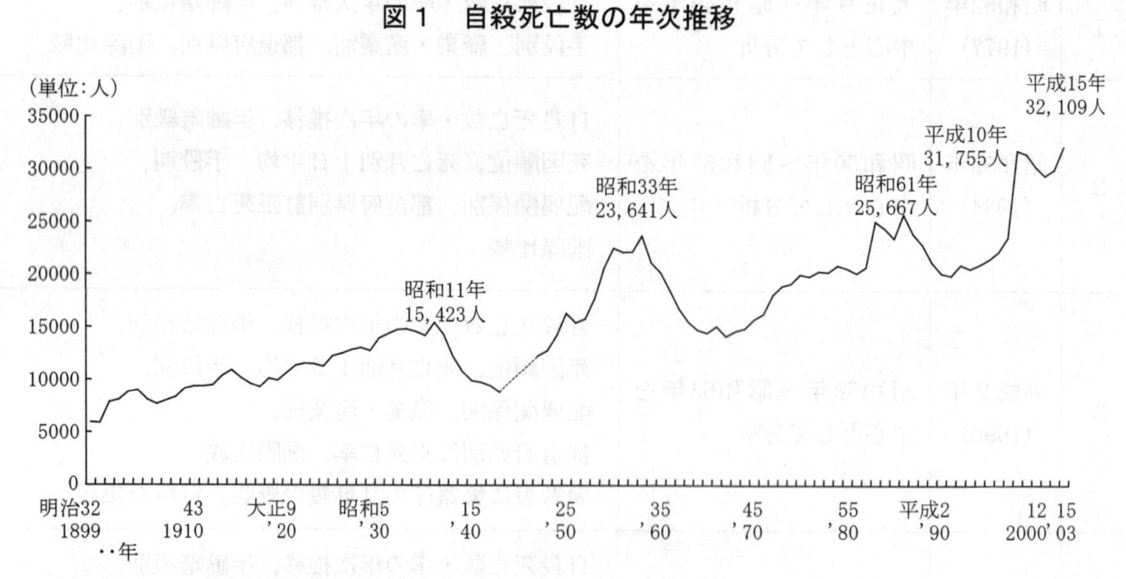

注：昭和19～21年は資料不備のため省略した。

(2) 総死亡率（人口10万対）及び自殺死亡率（人口10万対）の年次推移

総死亡率をみると、戦後急激に低下して昭和30年代以降は700前後で推移していたが、近年高齢化の進行に伴い徐々に高くなり、平成15年には800を超えている。

自殺死亡率をみると、総数と男については、自殺死亡数と同様に3つの山を形成しており、平成15年の男は38と最も高くなっている。（図2、表1）

図2 総死亡率及び自殺死亡率の年次推移

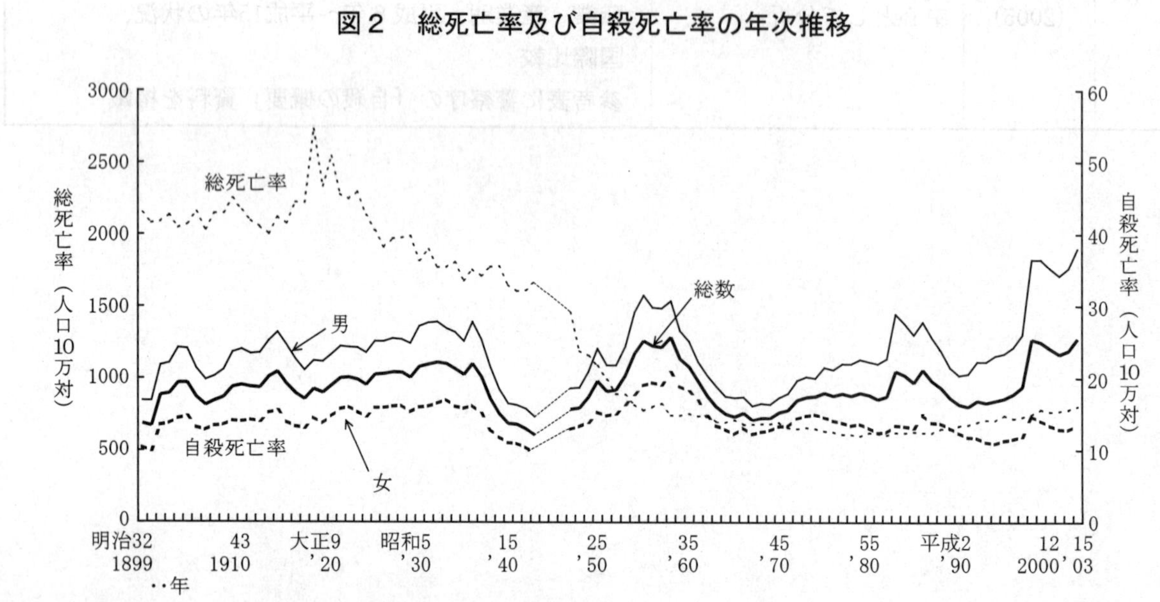

注：昭和19～21年は資料不備のため省略した。

表１　性別自殺死亡数・自殺死亡率（人口10万対）の年次推移

	昭和25年(1950)	30('55)	35('60)	40('65)	45('70)	50('75)	55('80)	60('85)	平成２年('90)	7('95)	12(2000)	15('03)
	死亡数											
総数	16 311	22 477	20 143	14 444	15 728	19 975	20 542	23 383	20 088	21 420	30 251	32 109
男	9 820	13 836	11 506	8 330	8 761	11 744	12 769	15 356	12 316	14 231	21 656	23 396
女	6 491	8 641	8 637	6 114	6 967	8 231	7 773	8 027	7 772	7 189	8 595	8 713
	死亡率（人口10万対）											
総数	19.6	25.2	21.6	14.7	15.3	18.0	17.7	19.4	16.4	17.2	24.1	25.5
男	24.1	31.5	25.1	17.3	17.3	21.5	22.3	26.0	20.4	23.4	35.2	38.0
女	15.3	19.0	18.2	12.2	13.3	14.6	13.1	13.1	12.4	11.3	13.4	13.5

(3)　年齢調整死亡率の年次推移

年齢調整死亡率を年次別にみると、全死因では、男は平成15年が昭和25年の３分の１程度、女は５分の１程度となっているが、自殺でみると、男は昭和25年と平成15年が同程度であるのに比べ、女は半分程度になっている。

また、男女の年齢調整死亡率を比較すると、昭和25年には「全死因」は男が女の約1.3倍、「自殺」は約1.7倍であったが、徐々に男と女の差が大きくなり、平成15年には「全死因」では男が女の約２倍、「自殺」では男が女の約３倍となっている。（表２）

表２　年齢調整死亡率（人口10万対）の年次推移

		昭和25年(1950)	30('55)	35('60)	40('65)	45('70)	50('75)	55('80)	60('85)	平成２年('90)	7('95)	12(2000)	15('03)
全死因	男	1 858.6	1 482.0	1 476.1	1 369.9	1 234.6	1 036.5	923.5	812.9	747.9	719.6	634.2	601.6
	女	1 457.8	1 099.3	1 042.3	931.5	823.3	685.1	579.8	482.9	423.0	384.7	323.9	302.5
自殺	男	35.1	38.5	30.0	21.8	20.6	24.1	24.3	26.9	20.0	21.3	30.7	33.2
	女	20.7	22.4	20.6	14.4	14.7	15.6	13.4	12.5	10.8	9.3	10.7	10.9

注：年齢調整死亡率の基準人口は、昭和60年モデル人口である。

3．年齢別にみた自殺

(1) 性・年齢階級別自殺死亡率（人口10万対）の年次比較

性・年齢階級別の自殺死亡率を年次別にみると、男では、昭和25年には20歳代で一つの山を形成しているが、昭和45年には20歳代の山が消失し、85歳がピークとなっている。また、平成２年には40歳代から50歳代にかけて小さな山があり、平成15年には50歳代をピークとする大きな山がある。女では、昭和25年には20歳代で死亡率が高いのは男と同様であるが、男の平成15年にみられるような50歳代の山はない。また、男女とも、70歳以上では死亡率の低下傾向がみられる。（図３、図４、表３）

図３　性・年齢（５歳階級）別自殺死亡率の年次比較

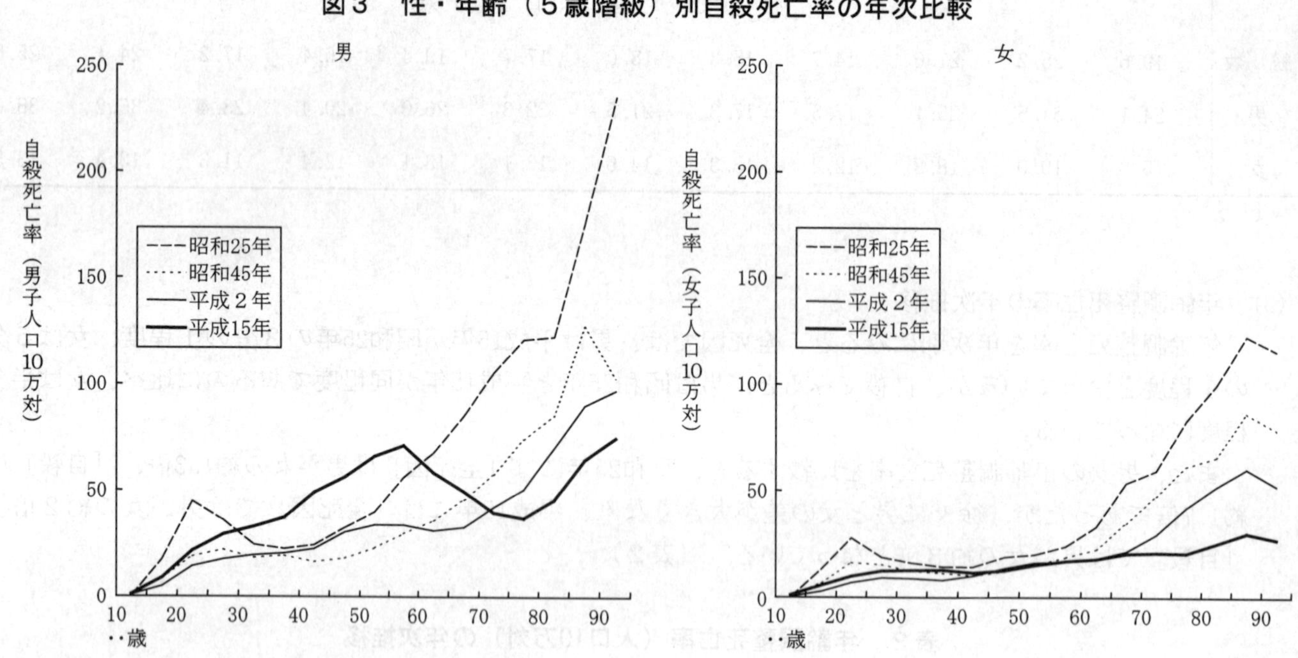

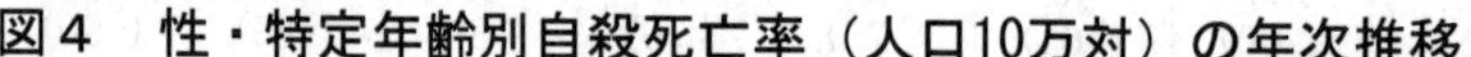

図４　性・特定年齢別自殺死亡率（人口10万対）の年次推移

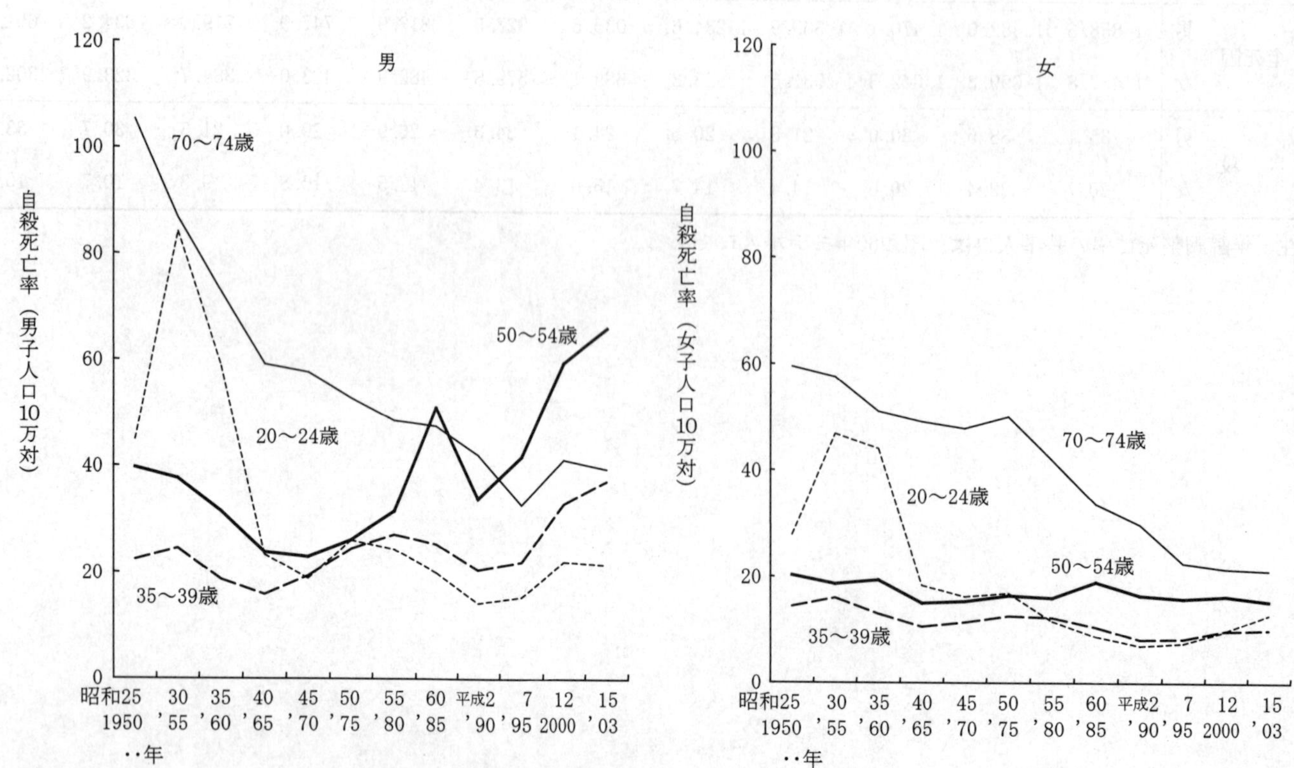

表３　性・年齢（５歳階級）別自殺死亡率（人口10万対）の年次比較

年齢階級	昭和25年 (1950)	30 ('55)	35 ('60)	40 ('65)	45 ('70)	50 ('75)	55 ('80)	60 ('85)	平成２年 ('90)	7 ('95)	12 (2000)	15 ('03)
						男						
総　　数	24.1	31.5	25.1	17.3	17.3	21.5	22.3	26.0	20.4	23.4	35.2	38.0
10～14歳	－	1.1	0.7	0.7	1.0	1.5	0.9	1.1	0.7	1.1	1.7	1.0
15～19	17.5	37.2	25.3	8.8	8.7	12.6	9.5	6.8	4.8	6.6	8.8	8.8
20～24	44.9	84.1	58.7	23.3	18.8	26.0	24.3	19.9	14.2	15.3	22.0	21.5
25～29	36.0	54.7	44.1	23.8	22.0	26.0	26.5	23.8	17.5	20.0	24.4	29.2
30～34	24.4	30.3	22.9	18.0	18.3	24.9	24.0	23.1	19.5	20.2	28.8	32.9
35～39	22.4	24.5	18.6	15.8	19.3	24.4	27.1	25.3	20.4	21.9	33.0	37.2
40～44	24.3	23.6	18.6	15.4	16.4	27.5	31.2	36.7	22.4	26.0	36.8	49.0
45～49	32.5	32.1	23.7	20.7	18.1	27.2	34.9	48.3	30.4	31.4	49.0	56.3
50～54	39.7	37.6	31.4	23.8	22.9	26.1	31.5	51.0	33.8	41.7	59.5	66.0
55～59	56.1	47.8	39.2	32.7	29.7	29.7	32.5	44.5	33.8	41.1	72.5	71.1
60～64	67.7	55.3	49.5	42.1	35.9	36.7	32.5	36.9	31.1	37.1	58.2	58.4
65～69	85.1	67.8	60.3	52.3	45.7	41.0	34.8	38.5	32.7	28.9	48.1	49.4
70～74	105.3	86.7	72.7	59.1	57.6	52.8	48.5	47.5	42.1	32.7	41.2	39.5
75～79	121.0	111.1	86.3	76.1	74.2	73.9	62.4	65.5	50.5	42.5	39.1	36.9
80～84	122.4	122.4	97.6	110.2	85.1	104.5	80.6	79.5	69.9	54.4	55.4	45.5
85～89	175.5	130.0	91.3	89.8	127.4	96.3	108.3	102.3	89.9	73.1	71.1	64.5
90～	235.3	120.1	48.4	80.1	103.0	110.8	108.6	101.4	97.0	97.5	78.8	74.8
						女						
総　　数	15.3	19.0	18.2	12.2	13.3	14.6	13.1	13.1	12.4	11.3	13.4	13.5
10～14歳	0.0	0.7	0.4	0.3	0.4	0.6	0.3	0.5	0.4	0.6	0.5	1.1
15～19	13.0	26.1	22.4	6.1	6.9	6.8	4.9	3.3	2.8	3.3	3.8	5.6
20～24	27.8	46.8	44.0	18.3	16.2	16.9	11.6	8.7	6.9	7.4	9.7	9.9
25～29	18.8	28.0	25.3	16.1	15.4	15.3	12.3	9.7	9.1	7.7	11.5	12.4
30～34	16.1	18.1	16.9	11.1	12.3	13.9	10.7	9.9	8.8	8.6	11.3	12.6
35～39	14.4	16.0	13.0	10.6	11.4	12.6	12.3	10.5	8.1	8.2	9.8	12.8
40～44	14.4	14.8	12.9	8.7	10.3	13.2	12.9	13.6	10.1	8.8	10.5	11.6
45～49	19.0	16.5	16.4	11.3	12.2	13.8	14.4	15.8	13.7	10.8	12.2	12.6
50～54	20.2	18.6	19.3	15.0	15.3	16.4	16.0	18.9	16.4	15.8	16.3	15.3
55～59	24.1	22.5	20.7	16.0	19.0	18.1	17.2	17.2	16.8	15.6	18.4	17.1
60～64	33.4	30.8	29.5	23.4	22.8	23.8	18.8	20.1	18.4	15.7	19.9	18.2
65～69	53.8	40.4	42.8	33.6	35.2	33.9	30.2	26.4	21.8	17.0	19.7	20.7
70～74	59.5	57.5	51.0	49.1	47.8	50.1	41.9	33.6	29.7	22.5	21.4	21.1
75～79	83.3	65.6	62.8	59.5	61.5	67.5	55.6	47.9	42.3	28.0	26.2	20.9
80～84	99.9	76.5	74.3	80.3	66.0	78.0	65.4	59.9	52.0	37.6	32.8	25.5
85～89	122.8	123.9	74.3	75.5	86.8	83.7	64.3	66.3	60.3	41.0	36.2	30.3
90～	115.7	118.1	54.3	83.7	78.7	66.8	67.5	49.1	52.4	44.6	37.4	27.4

注：「総数」には５～９歳及び年齢不詳を含む。

(2)　性・年齢階級別死亡数に占める自殺死亡数の割合、自殺の死因順位

性・年齢階級別に平成15年の自殺死亡数の総死亡数に占める割合をみると、男女とも「25～29歳」が最も高くなっている。

次に自殺の死因順位をみると、男では20～44歳で１位、女では15～34歳で１位となっている。（表４）

表４　性・年齢（５歳階級）別総死亡数に占める自殺死亡数の割合・死因順位

－平成15年－

年齢階級	総数		男		女	
	割合(%)	死因順位	割合(%)	死因順位	割合(%)	死因順位
総　　数	3.2	6	4.2	6	1.9	8
10～14歳	9.7	3	8.5	4	11.2	3
15～19	23.6	2	21.5	2	28.1	1
20～24	36.9	1	36.4	1	38.0	1
25～29	40.8	1	41.6	1	38.9	1
30～34	36.1	1	38.9	1	30.2	1
35～39	28.9	1	32.8	1	21.5	2
40～44	22.6	2	27.1	1	13.3	2
45～49	16.3	2	19.7	2	9.2	2
50～54	11.7	3	13.8	3	7.0	4
55～59	8.8	4	10.1	3	5.7	4
60～64	5.2	4	5.7	4	4.3	4
65～69	3.0	6	3.0	6	3.0	6
70～74	1.6	7	1.4	8	1.8	7
75～79	0.9	12	0.8	12	1.0	11
80～84	0.6	14	0.6	14	0.6	16
85～89	0.4	17	0.5	16	0.4	20
90～	0.2	21	0.3	19	0.2	27
(再掲) 65～	0.9	12	1.1	12	0.8	15

注：１）割合はそれぞれ年齢階級別総死亡数を100として算出した。
　　２）「総数」には５～９歳及び年齢不詳を含む。

4．死亡曜日・時間別にみた自殺

(1)　死亡曜日別にみた自殺

平成15年の１日平均自殺死亡数を死亡曜日別にみると、「月曜日」は男80.7人、女27.3人と最も多くなっており、「土曜日」は男53.5人、女21.2人と少なくなっている。

また、「祝日・年末年始」の休日をみると、１日平均自殺死亡数が男52.6人、女20.7人と最も少なくなっている。（表５、図５）

表５　性・曜日別自殺死亡数・１日平均自殺死亡数

－平成15年－

曜　日	日数	男		女	
		死亡数	１日平均自殺死亡数	死亡数	１日平均自殺死亡数
総　数	365	23 396	64.1	8 713	23.9
月	44	3 549	80.7	1 199	27.3
火	47	3 326	70.8	1 166	24.8
水	51	3 425	67.2	1 210	23.7
木	51	3 316	65.0	1 213	23.8
金	50	3 183	63.7	1 208	24.2
土	51	2 728	53.5	1 083	21.2
日	50	2 764	55.3	1 199	24.0
（別掲）祝日・年末年始*	21	1 105	52.6	435	20.7

＊「年末年始」は12月29日～１月３日として算出した。

図５　性・曜日別１日平均自殺死亡数　－平成15年－

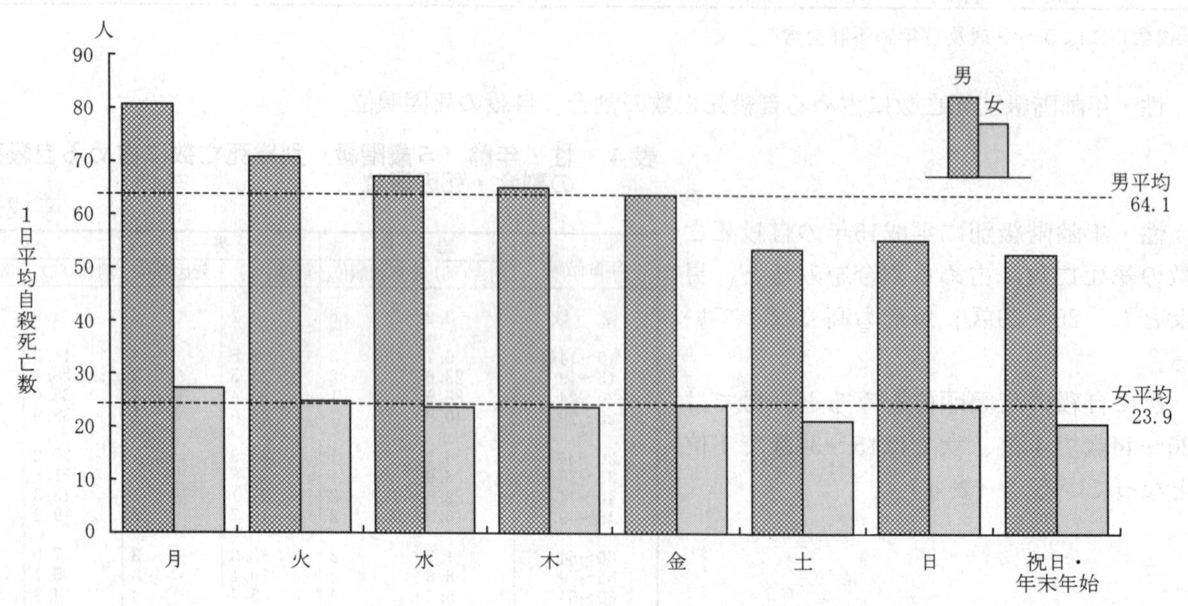

(2)　死亡時間別にみた自殺

平成15年の自殺死亡数を、死亡時間が確認できるものについて死亡時間別にみると、男は「０時台」「５時台～６時台」が多くなっており、女は「５時台～６時台」「10時台～12時台」が多くなっている。一方、男女ともに「１時台～２時台」「７時台～９時台」「19時台～21時台」は比較的少なくなっている。

なお、死亡時間「不詳」は男で総数の約２割、女で約１割となっている。（表６、図６）

表６　死亡時間別自殺死亡数・構成割合　－平成15年－

		死亡数		構成割合（%）	
		男	女	男	女
総数		23 396	8 713		
（不詳を除く）		(19 074)	(7 883)	(100.0)	(100.0)
夜明け前	０時台	1 044	316	5.5	4.0
	１時台	761	278	4.0	3.5
	２時台	696	225	3.6	2.9
	３時台	766	285	4.0	3.6
	４時台	854	331	4.5	4.2
	５時台	1 190	418	6.2	5.3
午前	６時台	1 118	399	5.9	5.1
	７時台	742	267	3.9	3.4
	８時台	644	264	3.4	3.3
	９時台	631	320	3.3	4.1
	10時台	776	402	4.1	5.1
	11時台	747	424	3.9	5.4
午後	12時台	934	445	4.9	5.6
	13時台	704	341	3.7	4.3
	14時台	825	395	4.3	5.0
	15時台	910	400	4.8	5.1
	16時台	853	401	4.5	5.1
	17時台	879	365	4.6	4.6
夜	18時台	841	358	4.4	4.5
	19時台	589	260	3.1	3.3
	20時台	626	232	3.3	2.9
	21時台	576	203	3.0	2.6
	22時台	730	293	3.8	3.7
	23時台	638	261	3.3	3.3
不詳		4 322	830		

注：割合は不詳を除いた死亡数を100として算出した。

図６　死亡時間別自殺死亡数の割合（%）　－平成15年－

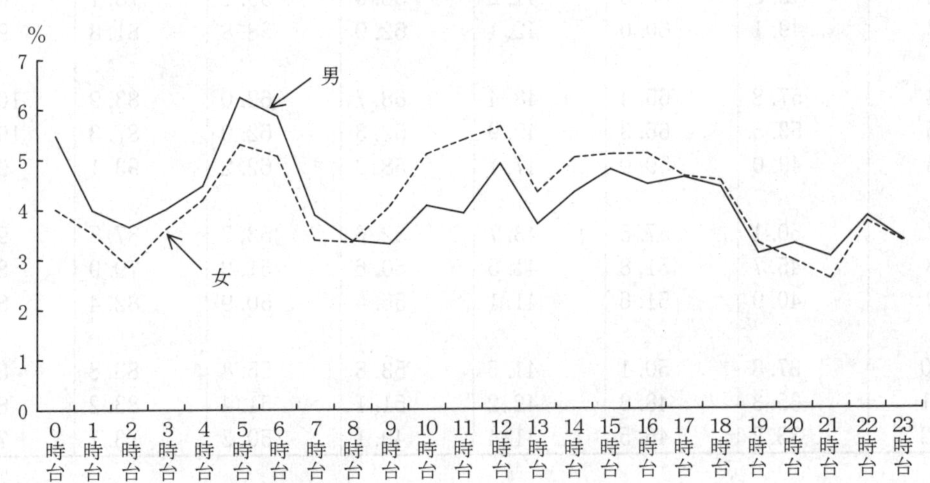

5．月別にみた自殺

１日平均自殺死亡数を月別にみると、多くの年で４・５月がピークになっており、特に平成15年は４月103.2人、５月100.3人と１日平均の自殺死亡数が100人を超えている。

一方、平成12年は６月がピークになっており、他の年と異なっている。（図７、表７）

図７　死亡月別１日平均自殺死亡数の年次推移

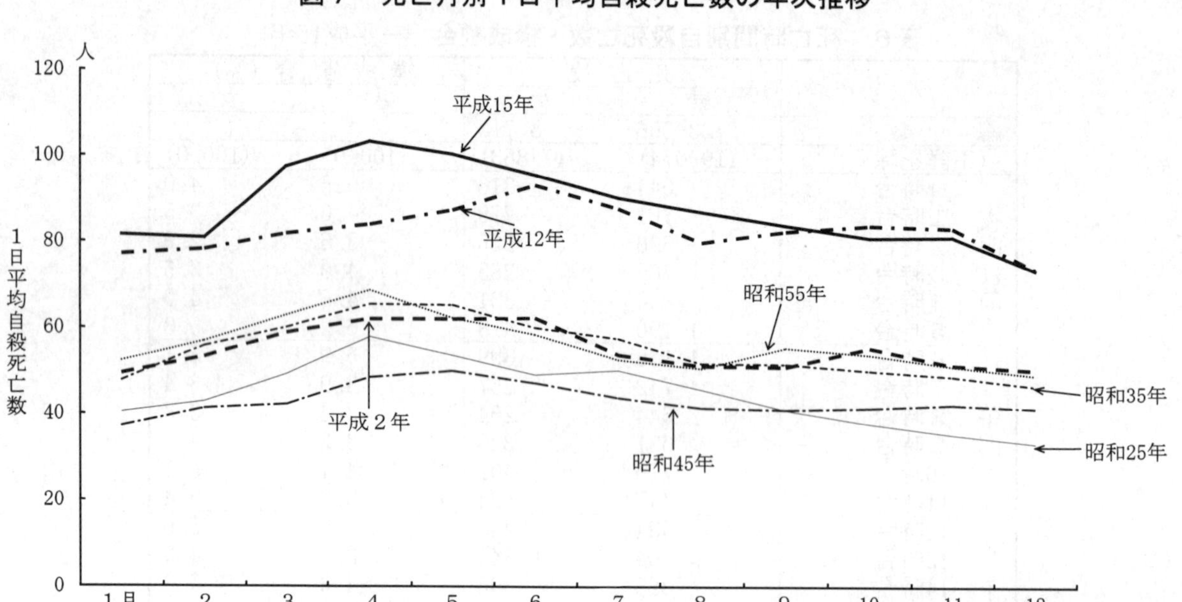

表７　死亡月別１日平均自殺死亡数の年次推移

月	昭和25年 (1950)	35 ('60)	45 ('70)	55 ('80)	平成２年 ('90)	12 (2000)	15 ('03)
	人	人	人	人	人	人	人
年間	44.7	55.0	43.1	56.1	55.0	82.7	88.0
１月	40.4	47.7	37.1	52.3	49.3	77.0	81.5
2	42.8	55.8	41.2	56.9	53.2	78.1	80.8
3	49.1	60.0	42.1	62.9	58.8	81.8	97.4
4	57.8	65.4	48.4	68.7	62.0	83.9	103.2
5	53.5	65.3	49.9	62.3	62.0	87.3	100.3
6	49.0	59.9	47.1	58.3	62.2	93.1	95.5
7	50.1	57.5	43.7	52.6	53.7	87.7	90.2
8	45.7	51.8	41.5	50.6	51.2	79.9	86.9
9	40.9	51.6	41.1	55.4	50.9	82.4	83.8
10	37.8	50.1	41.5	53.8	55.4	83.8	81.0
11	35.3	48.8	42.2	51.1	51.4	83.2	81.2
12	33.2	46.5	41.4	49.1	50.3	73.7	73.5

また、平成15年について１日平均自殺死亡数を性・年齢階級(10歳階級)別にみると、男では「70歳以上」を除き３月～５月がピークとなっている。

一方、女では男ほど３月～５月の山が見られず、「70歳以上」では６月～８月がピークとなっている。(図８)

図８　性・年齢（10歳階級）・死亡月別１日平均自殺死亡数　－平成15年－

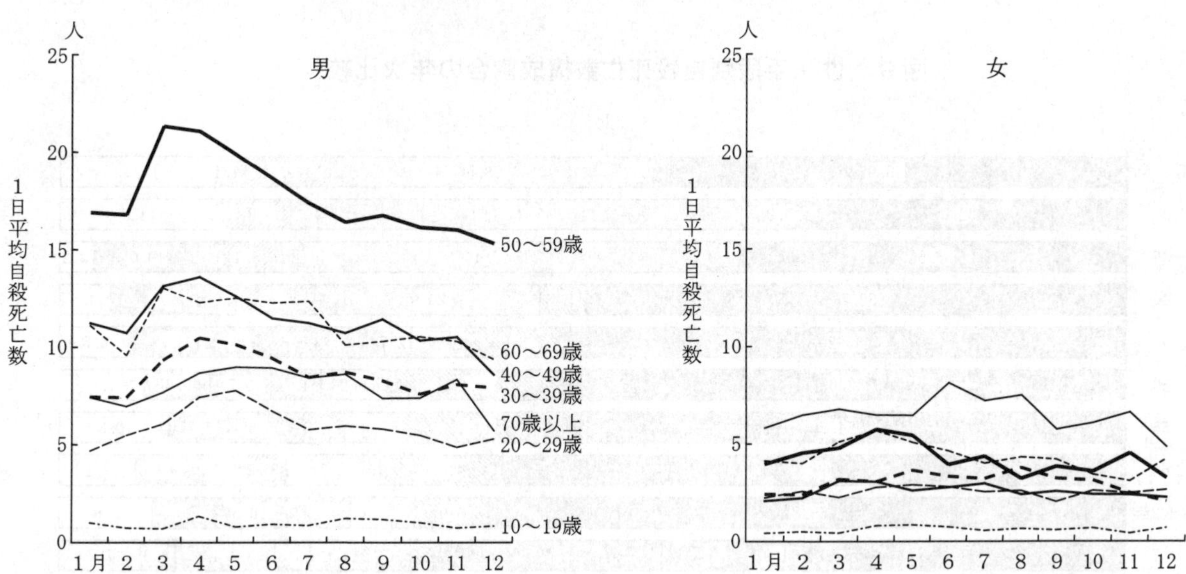

６．配偶関係別にみた自殺

性・年齢階級（10歳階級）・配偶関係別に自殺死亡率（人口10万対）をみると、男では平成７年・12年ともに「離別」がすべての年齢階級で高く、「有配偶」がすべての年齢階級で低くなっている。

一方、女は、平成７年・12年ともに「有配偶」が低くなっているが、40歳以上については、「未婚」が「離別」と同程度となっている。（表８）

表８　性・年齢（10歳階級）・配偶関係別自殺死亡数・自殺死亡率（人口10万対）の年次比較

配偶関係	男						女					
	総数[1]	20～29歳	30～39	40～49	50～59	60～	総数[1]	20～29歳	30～39	40～49	50～59	60～
平成７年						死亡数						
総数[2]	14 188	1 638	1 667	2 825	3 428	4 186	7 166	679	654	960	1 339	3 378
有配偶	7 127	122	530	1 516	2 248	2 711	3 223	99	366	612	943	1 202
未婚	4 176	1 463	932	812	460	222	1 304	552	203	154	111	149
死別	1 092	1	6	49	129	907	2 057	5	2	35	145	1 870
離別	1 515	45	186	423	553	308	533	22	82	153	133	143
						死亡率						
総数[2]	28.0	17.5	21.0	28.9	41.4	37.8	13.3	7.5	8.4	9.9	15.8	23.2
有配偶	22.4	7.2	10.0	19.0	30.9	28.5	10.2	3.7	5.9	7.4	13.5	16.0
未婚	25.7	19.4	39.1	61.2	99.9	107.5	10.1	8.9	17.6	26.0	30.2	31.1
死別	85.3	…	…	88.8	86.2	85.2	30.0	…	…	17.7	22.9	31.2
離別	135.8	108.4	116.7	119.7	169.4	131.2	27.1	21.4	27.1	26.3	28.3	28.1
平成12年						死亡数						
総数[2]	21 598	2 132	2 591	3 605	6 187	6 504	8 579	939	866	938	1 662	4 013
有配偶	10 919	161	833	1 855	3 759	4 309	3 803	132	426	594	1 068	1 580
未婚	5 946	1 863	1 354	1 043	961	394	1 694	746	300	166	172	176
死別	1 414	4	16	48	240	1 106	2 201	7	15	25	149	2 005
離別	2 930	97	372	639	1 178	643	830	54	121	149	264	241
						死亡率						
総数[2]	41.6	23.4	30.9	43.4	65.5	50.4	15.6	10.7	10.6	11.4	17.3	24.0
有配偶	34.0	9.3	16.1	28.8	47.5	39.6	11.9	5.3	7.1	8.6	13.6	17.9
未婚	36.1	25.4	46.5	76.6	123.2	130.4	13.0	12.2	17.9	27.5	37.1	30.9
死別	101.6	…	…	113.1	155.2	93.5	30.6	…	…	17.2	25.9	31.1
離別	209.0	167.0	177.9	193.0	260.0	183.7	34.6	38.6	30.2	27.3	40.0	37.0

注：１）総数には、15～19歳及び年齢不詳を含む。
　　２）総数には、配偶関係不詳を含む。

７．手段別にみた自殺

(1)　年次比較

手段別の自殺死亡数の割合をみると、男は昭和28年～35年、女は昭和27年～37年において「薬物」が最も多く、その後激減している。

その他の年次は「縊首（いしゅ）」が最も多く、男女ともに増加傾向となっている。（図９）

図９　性・手段別自殺死亡数構成割合の年次比較

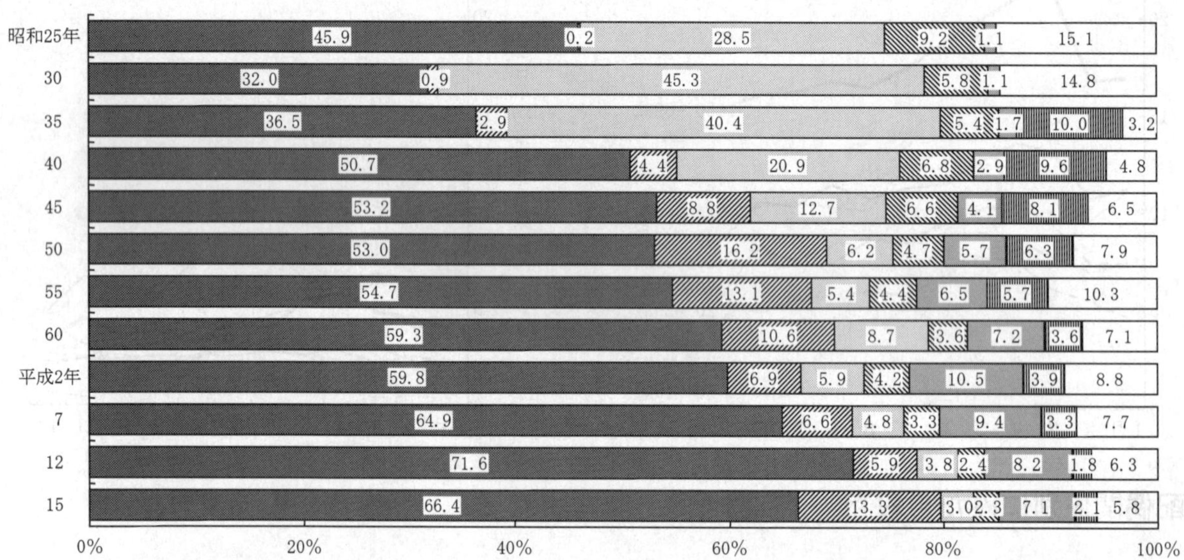

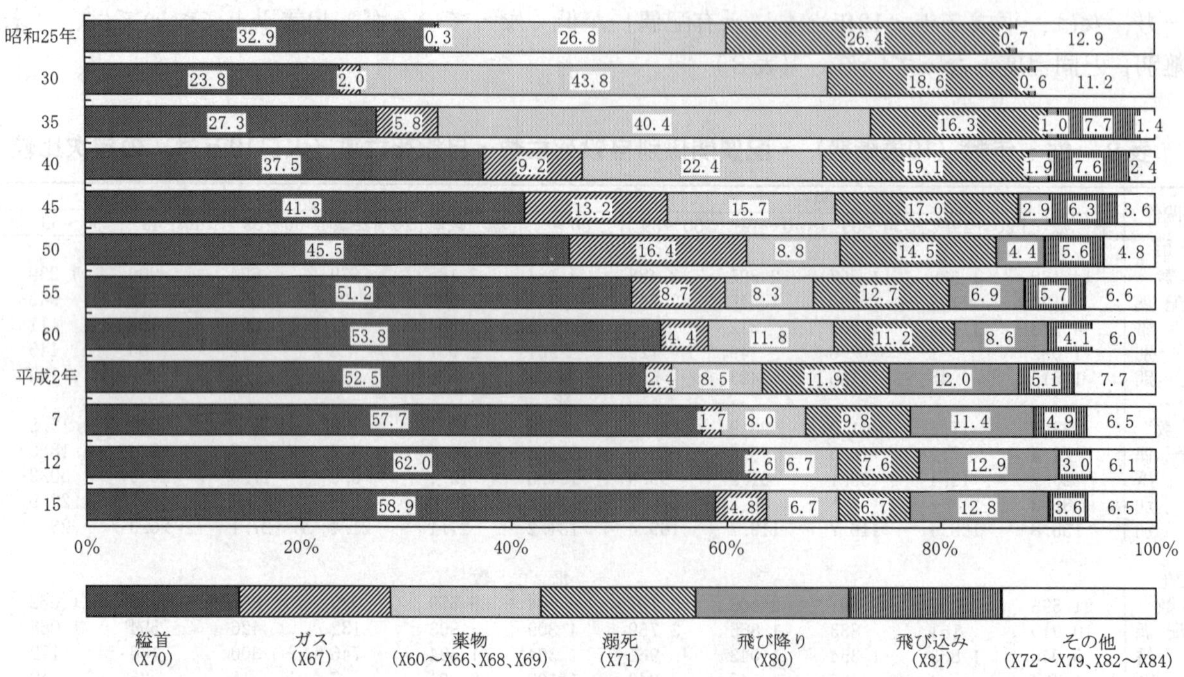

注：１）昭和25年・30年・平成７年・12年・15年の「自傷の続発・後遺症」は自殺の合計には含まない。
２）昭和25年、30年の「飛び込み」は区分されず、「その他」に含まれる。
３）（　）は「第10回修正疾病及び関連保健問題の国際統計分類（以下「ICD-10」という。）基本分類番号」である。（P14「２　用語の解説」を参照）

(2)　年齢階級別

平成15年における手段別の自殺死亡数の割合を性・年齢階級（10歳階級）別にみると、男女ともすべての年齢階級で「縊首」による割合が最も多く、60歳以上の男、70歳以上の女では70％を超えている。

次いで、男で２番目に多い「ガス」をみると、特に30歳代・40歳代では20％前後となっている。一方、女では２番目に多い「飛び降り」をみると、10歳代・20歳代・30歳代では25％前後となっている。（図10）

図10　性・年齢（10歳階級）・手段別自殺死亡数構成割合　－平成15年－

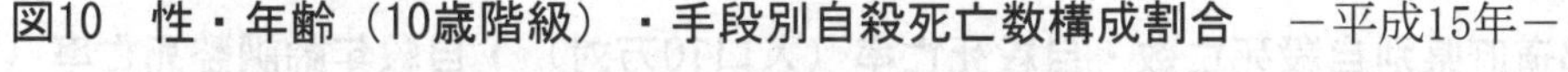

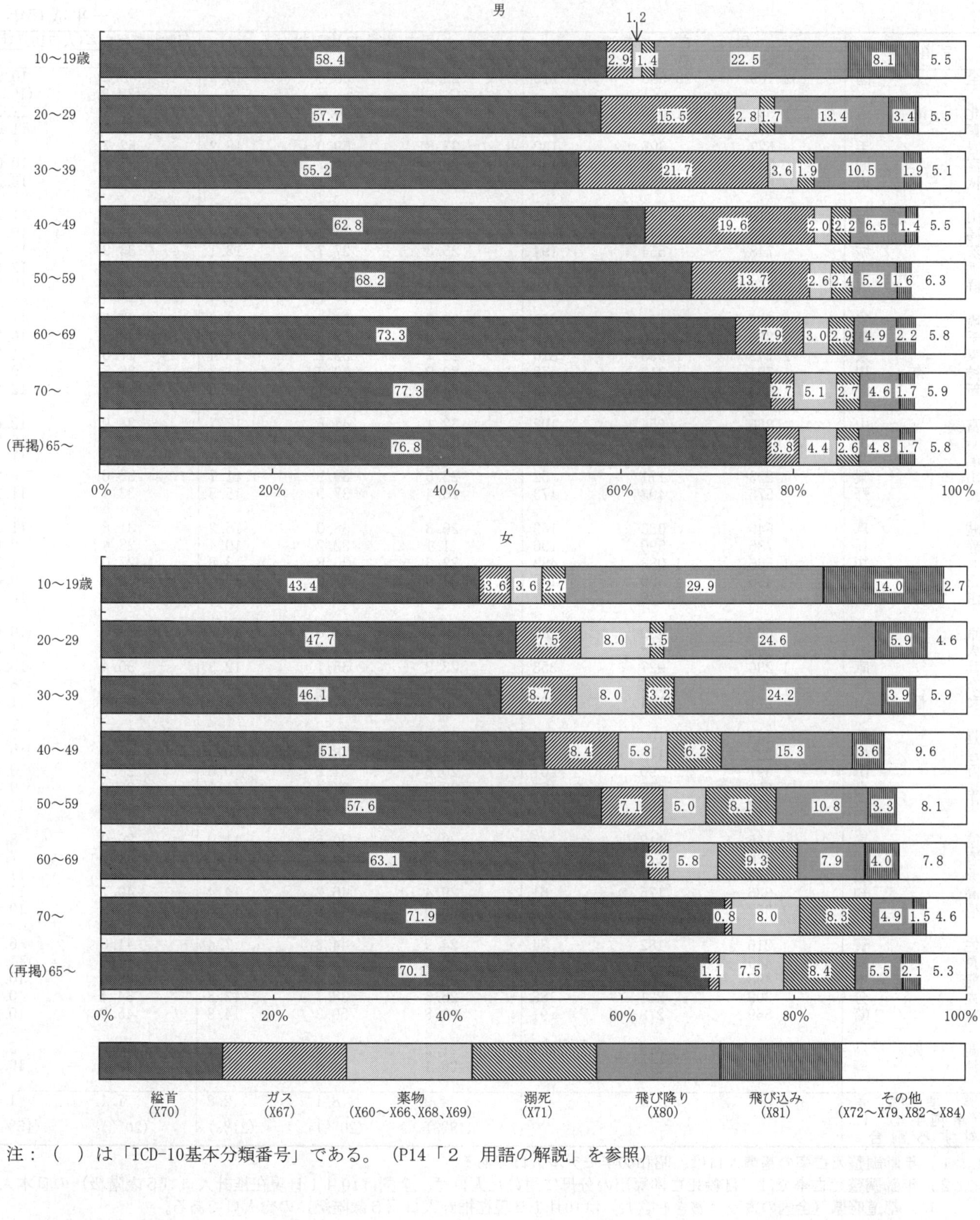

注：（　）は「ICD-10基本分類番号」である。（P14「２　用語の解説」を参照）

8. 都道府県別にみた自殺

(1) 自殺死亡数・自殺死亡率・自殺年齢調整死亡率（人口10万対）

平成15年における都道府県別の自殺死亡率をみると、男は30.3～66.1、女は7.4～25.2の間に分布しており、標準偏差の単純平均に対する割合は、男20%、女21%と同程度となっている。

また、都道府県別の年齢調整死亡率をみると、最高は男女とも秋田、最低は男が神奈川、女が佐賀となっている。（表9）

表9 性・都道府県別自殺死亡数・自殺死亡率（人口10万対）・自殺年齢調整死亡率（人口10万対）

－平成15年－

都道府県	死亡数			死亡率（人口10万対）			年齢調整死亡率（人口10万対）	
	総数	男	女	総数	男	女	男	女
全国	32 109	23 396	8 713	25.5	38.0	13.5	33.2 (32.8)	10.9 (10.8)
北海道	1 531	1 095	436	27.1	40.7	14.8	35.5	11.9
青森	576	446	130	39.5	64.4	17.0	55.9	11.6
岩手	527	395	132	37.8	59.0	18.2	52.7	11.1
宮城	621	469	152	26.3	40.7	12.6	37.1	10.0
秋田	519	365	154	44.6	66.1	25.2	56.0	16.2
山形	370	273	97	30.2	46.1	15.3	40.1	11.4
福島	586	447	139	27.9	43.6	12.9	39.3	10.1
茨城	748	554	194	25.3	37.7	13.1	33.9	10.3
栃木	523	360	163	26.3	36.5	16.3	31.7	12.6
群馬	562	397	165	28.1	40.3	16.3	34.9	12.3
埼玉	1 563	1 104	459	22.5	31.5	13.3	27.7	11.1
千葉	1 326	970	356	22.3	32.5	12.0	28.1	10.2
東京	2 743	1 933	810	22.7	32.2	13.4	27.8	11.3
神奈川	1 791	1 313	478	20.9	30.3	11.3	26.5	9.6
新潟	833	590	243	34.0	49.7	19.3	41.9	12.2
富山	356	254	102	32.1	47.6	17.7	38.9	12.6
石川	303	222	81	25.8	39.1	13.4	34.4	10.9
福井	246	185	61	30.1	46.6	14.5	39.6	11.1
山梨	223	171	52	25.5	39.9	11.7	35.6	9.8
長野	576	403	173	26.4	37.9	15.5	33.1	11.2
岐阜	546	383	163	26.3	38.0	15.2	31.8	11.9
静岡	786	590	196	21.1	32.2	10.4	28.4	8.0
愛知	1 566	1 083	483	22.3	30.8	13.8	27.0	11.3
三重	456	329	127	24.9	37.0	13.4	32.5	9.8
滋賀	330	239	91	24.5	36.0	13.3	31.1	10.1
京都	602	420	182	23.2	33.6	13.5	29.0	10.6
大阪	2 186	1 588	598	25.3	37.7	13.5	32.1	11.3
兵庫	1 280	927	353	23.3	35.1	12.3	30.4	10.5
奈良	296	213	83	20.7	31.2	11.1	27.7	8.9
和歌山	271	184	87	25.8	37.0	15.7	32.2	11.8
鳥取	145	109	36	23.9	37.5	11.4	32.1	7.8
島根	237	172	65	31.6	48.0	16.6	41.0	10.7
岡山	397	290	107	20.5	31.2	10.6	28.5	8.6
広島	650	475	175	22.8	34.4	11.9	30.0	9.4
山口	412	299	113	27.5	42.2	14.3	35.0	11.4
徳島	165	118	47	20.3	30.5	11.0	26.9	8.5
香川	226	172	54	22.3	35.3	10.2	31.1	7.9
愛媛	394	287	107	26.7	41.2	13.7	37.1	11.7
高知	236	175	61	29.4	46.2	14.4	40.7	11.0
福岡	1 352	1 016	336	26.9	42.6	12.8	38.2	10.6
佐賀	216	182	34	24.9	44.3	7.4	41.6	6.1
長崎	449	337	112	30.0	48.0	14.1	43.8	11.2
熊本	498	367	131	26.9	42.0	13.4	38.4	10.2
大分	309	221	88	25.5	38.7	13.8	34.4	10.9
宮崎	369	278	91	31.8	50.8	14.8	45.3	10.6
鹿児島	482	378	104	27.2	45.5	11.1	40.0	8.4
沖縄	350	276	74	26.1	41.9	10.8	40.5	10.1
標準偏差 （単純平均3）に 対する割合）				4.9 (18%)	8.1 (20%)	2.8 (21%)	7.1 (20%)	1.6 (15%)

注：1）年齢調整死亡率の基準人口は、昭和60年モデル人口である。

2）年齢調整死亡率では、自殺死亡率算出の分母に用いた人口は、全国は10月1日現在推計人口（5歳階級）の日本人人口、都道府県（全国のカッコ書きを含む）は10月1日現在推計人口（5歳階級）の総人口である。

3）単純平均とは、47都道府県の値を単純に平均したものである。

(2)　手段別自殺死亡数割合

平成15年における都道府県別の手段別の自殺死亡数割合をみると、すべての都道府県で「縊首」が最も多くなっているが、その割合は男女で異なっており、男では最も多い島根（77.3%）から最も少ない群馬（54.7%）まで20%以上の差があり、女では最も多い佐賀（82.4%）から最も少ない沖縄（44.6%）まで40%近い差がある。

また、沖縄・福井では男女の差が20%以上となっている。

市郡別に手段別の自殺死亡数の割合をみると、いずれも「縊首」が多くなっているが、男女ともに14大都市では「飛び降り」が多くなっており、郡部では「縊首」「薬物」が多くなっている。（表10）

表10　性・都道府県－市郡別にみた手段別自殺死亡数構成割合　－平成15年－

（単位：%）

都道府県	男								女							
	総数	縊首（X70）	ガス（X67）	薬物（X60～X66、X68、X69）	溺死（X71）	飛び降り（X80）	飛び込み（X81）	その他（X72～X79、X82～X84）	総数	縊首（X70）	ガス（X67）	薬物（X60～X66、X68、X69）	溺死（X71）	飛び降り（X80）	飛び込み（X81）	その他（X72～X79、X82～X84）
北海道	100.0	70.2	15.7	1.5	2.3	4.1	0.9	5.3	100.0	67.2	5.5	3.4	5.5	7.1	2.1	9.2
青森	100.0	73.1	16.8	2.9	2.0	1.3	-	3.8	100.0	66.2	5.4	7.7	5.4	3.1	-	12.3
岩手	100.0	65.1	20.8	2.8	3.0	4.1	0.5	3.8	100.0	72.0	2.3	6.8	9.8	3.8	0.8	4.5
宮城	100.0	61.2	22.8	2.1	3.2	6.0	0.9	3.8	100.0	61.2	3.3	2.6	13.2	13.2	2.0	4.6
秋田	100.0	71.5	17.8	1.6	1.4	2.5	0.8	4.4	100.0	68.2	8.4	3.9	6.5	1.9	1.9	9.1
山形	100.0	71.1	16.5	2.2	1.5	2.6	1.1	5.1	100.0	70.1	7.2	3.1	7.2	4.1	1.0	7.2
福島	100.0	61.3	20.4	2.5	2.5	3.4	0.9	9.2	100.0	51.1	10.8	13.7	7.9	5.8	5.0	5.8
茨城	100.0	62.3	15.5	5.4	3.8	4.3	1.1	7.6	100.0	55.2	5.2	10.3	7.2	7.7	3.6	10.8
栃木	100.0	58.6	19.2	5.6	0.6	6.7	1.9	7.5	100.0	57.1	6.7	12.3	3.7	8.0	4.3	8.0
群馬	100.0	54.7	19.4	7.3	1.8	7.1	2.0	7.8	100.0	61.8	5.5	12.1	9.7	7.9	0.6	2.4
埼玉	100.0	61.1	12.6	4.9	2.4	10.6	2.5	5.9	100.0	54.2	4.6	9.2	7.2	12.4	6.3	6.1
千葉	100.0	64.5	13.6	3.3	2.0	6.2	3.1	7.3	100.0	61.2	4.5	4.8	3.7	15.7	2.8	7.3
東京	100.0	61.9	6.9	2.7	2.9	15.0	4.6	6.0	100.0	47.7	2.0	6.9	4.8	26.5	6.0	6.0
神奈川	100.0	64.1	10.1	2.4	1.6	11.5	3.2	7.1	100.0	55.0	2.7	4.4	4.0	20.3	6.1	7.5
新潟	100.0	71.2	13.4	4.2	2.5	2.5	0.5	5.6	100.0	63.8	2.9	7.4	9.9	4.5	2.5	9.1
富山	100.0	74.8	9.8	2.0	3.5	3.1	2.0	4.7	100.0	63.7	3.9	5.9	14.7	2.9	2.0	6.9
石川	100.0	68.5	15.3	4.1	1.8	4.1	1.4	5.0	100.0	60.5	6.2	4.9	7.4	13.6	1.2	6.2
福井	100.0	73.5	15.1	3.2	2.7	2.2	0.5	2.7	100.0	49.2	11.5	4.9	13.1	8.2	3.3	9.8
山梨	100.0	61.4	15.2	5.8	1.2	5.8	1.8	8.8	100.0	59.6	7.7	3.8	17.3	7.7	-	3.8
長野	100.0	65.3	16.9	3.0	2.7	5.7	2.2	4.2	100.0	56.1	8.7	5.2	9.8	8.7	4.0	7.5
岐阜	100.0	70.0	14.6	1.8	1.8	6.3	0.5	5.0	100.0	57.1	8.6	10.4	2.5	11.7	2.5	7.4
静岡	100.0	66.6	13.9	4.6	1.9	5.4	1.5	6.1	100.0	55.6	5.1	11.7	4.6	9.2	6.6	7.1
愛知	100.0	67.7	11.8	1.6	2.3	7.8	1.7	7.2	100.0	58.4	5.6	4.6	7.5	13.9	4.3	5.8
三重	100.0	69.3	14.3	1.8	3.0	6.1	1.2	4.3	100.0	65.4	3.9	9.4	7.1	3.9	3.1	7.1
滋賀	100.0	71.1	8.8	1.3	2.9	5.0	0.8	10.0	100.0	54.9	9.9	4.4	11.0	11.0	6.6	2.2
京都	100.0	64.5	12.6	3.6	1.7	8.3	4.3	5.0	100.0	58.8	4.4	5.5	8.2	17.6	3.3	2.2
大阪	100.0	64.9	9.4	2.0	1.8	13.2	3.4	5.4	100.0	53.2	3.8	5.9	5.7	20.4	4.7	6.4
兵庫	100.0	64.1	12.1	1.6	2.2	10.2	3.2	6.6	100.0	56.4	4.0	4.8	5.7	20.7	4.2	4.2
奈良	100.0	70.4	17.4	1.9	-	3.3	0.9	6.1	100.0	55.4	2.4	9.6	7.2	12.0	10.8	2.4
和歌山	100.0	74.5	12.5	2.7	0.5	3.3	2.2	4.3	100.0	75.9	3.4	3.4	5.7	8.0	1.1	2.3
鳥取	100.0	67.0	19.3	4.6	0.9	5.5	0.9	1.8	100.0	75.0	2.8	2.8	11.1	5.6	-	2.8
島根	100.0	77.3	10.5	2.3	4.1	2.9	-	2.9	100.0	80.0	1.5	4.6	7.7	3.1	-	3.1
岡山	100.0	70.0	16.9	2.4	1.7	1.7	0.7	6.6	100.0	69.2	4.7	5.6	6.5	5.6	0.9	7.5
広島	100.0	72.2	14.9	0.4	1.9	5.1	1.1	4.4	100.0	69.1	4.6	3.4	6.3	8.6	1.7	6.3
山口	100.0	74.9	12.4	1.3	3.3	1.7	1.3	5.0	100.0	71.7	3.5	5.3	8.8	5.3	1.8	3.5
徳島	100.0	66.1	11.0	4.2	6.8	2.5	2.5	6.8	100.0	59.6	8.5	14.9	10.6	2.1	2.1	2.1
香川	100.0	69.8	12.2	2.9	1.2	8.1	-	5.8	100.0	61.1	-	13.0	16.7	7.4	-	1.9
愛媛	100.0	65.5	15.3	3.8	3.1	5.9	1.0	5.2	100.0	60.7	6.5	5.6	7.5	14.0	-	5.6
高知	100.0	65.7	17.7	5.1	1.1	2.9	1.1	6.3	100.0	59.0	6.6	13.1	8.2	3.3	1.6	8.2
福岡	100.0	65.4	16.1	3.3	3.1	4.7	1.6	5.7	100.0	56.5	8.0	7.1	6.5	13.1	1.8	6.8
佐賀	100.0	66.5	15.9	5.5	1.6	2.7	0.5	7.1	100.0	82.4	2.9	2.9	2.9	2.9	2.9	2.9
長崎	100.0	73.9	11.3	3.3	3.0	3.0	0.3	5.3	100.0	63.4	4.5	5.4	8.0	6.3	1.8	10.7
熊本	100.0	65.4	15.5	6.5	1.6	5.7	1.6	3.5	100.0	58.8	9.2	9.2	4.6	9.2	3.8	5.3
大分	100.0	68.8	17.2	1.4	2.7	4.1	1.8	4.1	100.0	58.0	3.4	8.0	8.0	5.7	6.8	10.2
宮崎	100.0	71.9	13.7	5.8	1.4	2.9	0.7	3.6	100.0	72.5	1.1	9.9	2.2	5.5	1.1	7.7
鹿児島	100.0	73.3	12.2	5.0	2.4	3.2	-	4.0	100.0	69.2	3.8	10.6	1.9	11.5	-	2.9
沖縄	100.0	74.6	9.8	2.2	3.6	5.1	-	4.7	100.0	44.6	4.1	8.1	9.5	27.0	-	6.8
（再掲）																
14大都市	100.0	63.6	10.0	2.2	2.6	12.6	3.0	6.0	100.0	52.7	3.6	5.5	5.0	23.4	4.3	5.5
市部	100.0	65.9	14.3	2.9	2.3	6.8	2.0	5.9	100.0	58.5	5.5	6.3	6.9	12.0	4.0	6.8
郡部	100.0	70.1	14.9	3.9	2.1	2.8	0.8	5.3	100.0	65.3	4.5	8.6	7.5	5.5	2.1	6.6

注：（　）は「ICD-10基本分類番号」である。（P14「2　用語の解説」を参照）

9．職業・産業別にみた自殺（平成12年度人口動態職業・産業別統計）

国勢調査実施年度に実施している人口動態職業・産業別統計により平成12年度における自殺死亡率（人口10万対）をみると、「就業者総数」では男32.9、女8.9、「無職」では男70.8、女21.9となっており、特に男の「無職」が高くなっている。

就業者を職業別にみると、男では「農林漁業作業者」「サービス職業従事者」が高くなっている。（表11）

産業別にみると、男女ともに「第１次産業」が高くなっている。（表12）

表11　15歳以上自殺死亡数，死亡率（人口10万対）・職業（大分類）別　－平成12年度－

職　　業（大分類）	男 死亡数	男 死亡率（人口10万対）	女 死亡数	女 死亡率（人口10万対）
総　　数	22 048	42.3	8 643	15.7
就業者総数	12 146	32.9	2 260	8.9
A　専門的・技術的職業従事者	1 679	35.6	247	6.7
B　管理的職業従事者	671	42.3	64	*32.3
C　事務従事者	892	19.7	271	3.6
D　販売従事者	1 223	20.3	212	6.2
E　サービス職業従事者	988	51.1	302	8.5
F　保安職業従事者	230	24.3	11	*21.6
G　農林漁業作業者	975	54.2	237	17.6
H　運輸・通信従事者	754	35.2	30	*27.9
I　生産工程・労務作業者	2 086	16.2	182	3.4
J　分類不能の職業	2 648	…	704	…
無　　職	9 902	70.8	6 383	21.9

注：１）「J　分類不能の職業」には仕事の有無不詳を含む。
　　２）表中*印の付してある数値については、発生件数が100未満のもので数値が特に不安定であることに注意する必要がある。

表12　15歳以上自殺死亡数，死亡率（人口10万対）・産業（大分類）別　－平成12年度－

産　　業（大分類）	男 死亡数	男 死亡率（人口10万対）	女 死亡数	女 死亡率（人口10万対）
総　　数	22 048	42.3	8 643	15.7
就業者総数	12 146	32.9	2 260	8.9
第１次産業	1 134	63.6	270	19.5
A　農業	961	62.5	251	19.1
B　林業	53	*95.4	3	*26.0
C　漁業	120	63.4	16	*25.2
第２次産業	3 205	24.2	289	5.7
D　鉱業	105	233.5	16	*192.5
E　建設業	1 721	32.4	70	*7.5
F　製造業	1 379	17.5	203	4.9
第３次産業	4 639	21.5	883	4.7
G　電気・ガス・熱供給・水道業	245	81.1	20	*40.3
H　運輸・通信業	829	26.2	47	*6.4
I　卸売・小売業・飲食店	1 229	17.6	246	3.4
J　金融・保険業	129	15.3	23	*2.5
K　不動産業	115	25.4	16	*5.5
L　サービス業	1 616	19.8	461	5.1
M　公務	476	29.2	70	*13.6
N　分類不能の産業	3 168	…	818	…
無　　業	9 902	70.8	6 383	21.9

注：１）「N　分類不能の産業」には仕事の有無不詳を含む。
　　２）表中*印の付してある数値については、発生件数が100未満のもので数値が特に不安定であることに注意する必要がある。

職業別に手段をみると、男女とも「縊首」が最も多く、「農林漁業作業者」では「薬物」、「運輸・通信従事者」では「ガス」が多くなっている。（表13）

表13　15歳以上自殺死亡数の性・職業（大分類）別にみた手段別自殺死亡数構成割合

－平成12年度－

（単位：％）

職　業（大分類）	総数	縊首（X70）	ガス（X67）	薬物（X60～X66、X68、X69）	溺死（X71）	飛び降り（X80）	飛び込み（X81）	その他（X72～X79、X82～X84）
男	100.0	72.6	5.7	3.8	2.3	7.9	1.8	5.9
就業者総数	100.0	72.7	7.3	3.6	2.3	7.0	1.4	5.7
A　専門的・技術的職業従事者	100.0	75.7	6.1	3.4	2.0	6.6	0.7	5.7
B　管理的職業従事者	100.0	77.2	6.1	3.0	1.2	5.2	1.3	6.0
C　事務従事者	100.0	67.3	7.4	2.5	3.0	11.1	2.5	6.3
D　販売従事者	100.0	72.2	8.5	2.5	1.6	7.1	0.9	7.1
E　サービス職業従事者	100.0	73.9	8.1	3.0	1.7	6.2	1.4	5.7
F　保安職業従事者	100.0	73.5	5.2	1.3	1.3	7.0	2.6	9.1
G　農林漁業作業者	100.0	75.3	4.6	12.3	1.7	1.8	－	4.2
H　運輸・通信従事者	100.0	68.3	14.7	2.0	2.9	6.0	1.2	4.9
I　生産工程・労務作業者	100.0	73.0	9.4	3.6	2.1	5.2	1.0	5.7
J　分類不能の職業	100.0	71.3	4.8	2.5	3.1	10.1	2.7	5.4
無職	100.0	72.5	3.7	3.9	2.5	9.0	2.2	6.2
女	100.0	63.1	1.5	6.9	7.0	12.6	2.7	6.2
就業者総数	100.0	59.4	2.8	8.3	5.8	15.0	2.7	5.9
A　専門的・技術的職業従事者	100.0	52.6	2.0	7.7	4.5	22.7	4.0	6.5
B　管理的職業従事者	100.0	56.3	3.1	10.9	7.8	12.5	3.1	6.3
C　事務従事者	100.0	57.2	2.6	6.6	5.9	18.8	3.7	5.2
D　販売従事者	100.0	62.3	5.2	6.1	6.1	11.3	1.9	7.1
E　サービス職業従事者	100.0	67.2	3.3	5.3	7.0	11.6	1.7	4.0
F　保安職業従事者	100.0	81.8	－	9.1	－	9.1	－	－
G　農林漁業作業者	100.0	66.2	0.4	21.5	4.2	1.3	1.3	5.1
H　運輸・通信従事者	100.0	66.7	10.0	3.3	3.3	6.7	3.3	6.7
I　生産工程・労務作業者	100.0	65.9	5.5	7.7	3.8	8.8	1.1	7.1
J　分類不能の職業	100.0	54.1	2.1	6.8	6.8	20.2	3.6	6.4
無職	100.0	64.4	1.1	6.4	7.3	11.8	2.6	6.4

注：1）「J　分類不能の職業」には仕事の有無不詳を含む。
　　2）（　）は「ICD-10基本分類番号」である。（P14「2　用語の解説」を参照）

10. 平成６年～平成15年の状況

(1)　年齢別にみた自殺

性・年齢階級（５歳階級）別自殺死亡率をみると、男では、50歳代をピークとする大きな山が形成されており、20歳代～60歳代が平成６年～平成９年と平成10年以降の大きく２層に分かれている。また、30歳代～40歳代では平成15年においてやや高くなっている。

一方、女は各年ともほぼ同様で、高年齢になるにしたがって高くなっている。（図11、表14）

図11　性・年齢（５歳階級）別自殺死亡率の年次比較

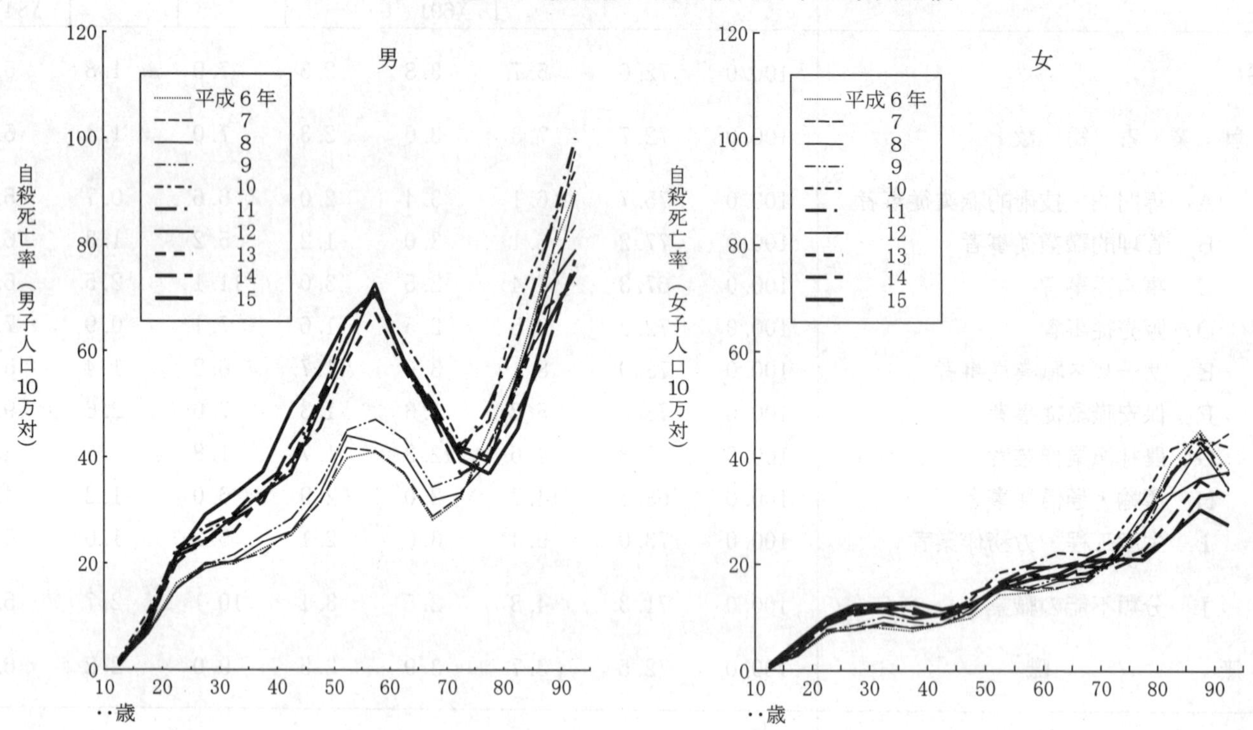

表14　性・年齢（５歳階級）別自殺死亡率（人口10万対）の年次比較

年齢階級	男										女									
	平成6年 (1994)	7 ('95)	8 ('96)	9 ('97)	10 ('98)	11 ('99)	12 (2000)	13 ('01)	14 ('02)	15 ('03)	平成6年 (1994)	7 ('95)	8 ('96)	9 ('97)	10 ('98)	11 ('99)	12 (2000)	13 ('01)	14 ('02)	15 ('03)
総　数	23.1	23.4	24.3	26.0	36.5	36.5	35.2	34.2	35.2	38.0	10.9	11.3	11.5	11.9	14.7	14.1	13.4	12.9	12.8	13.5
10～14歳	1.4	1.1	1.1	0.9	1.8	1.3	1.7	1.2	0.8	1.0	0.5	0.6	0.6	0.5	0.8	0.9	0.5	0.7	0.4	1.1
15～19	7.1	6.6	6.7	6.9	10.8	9.3	8.8	8.4	7.6	8.8	3.0	3.3	3.0	2.8	4.8	4.8	3.8	4.7	3.9	5.6
20～24	16.3	15.3	15.3	15.1	21.9	22.8	22.0	20.1	21.3	21.5	6.9	7.4	7.4	7.7	9.6	9.4	9.7	9.1	8.6	9.9
25～29	19.7	20.0	19.0	19.6	25.8	26.9	24.4	24.6	23.7	29.2	8.6	7.7	7.8	8.6	11.7	10.7	11.5	11.0	10.6	12.4
30～34	19.8	20.2	20.4	21.6	28.8	29.4	28.8	25.9	28.2	32.9	8.0	8.6	9.0	10.1	12.2	12.5	11.3	11.1	11.4	12.6
35～39	22.7	21.9	24.0	25.2	33.3	34.9	33.0	32.8	31.5	37.2	7.5	8.2	8.0	9.2	11.2	10.9	9.8	9.9	11.8	12.8
40～44	25.3	26.0	26.0	28.4	37.5	38.9	36.8	39.4	42.3	49.0	8.8	8.8	8.7	8.7	10.5	10.2	10.5	10.6	9.8	11.6
45～49	31.7	31.4	33.1	35.0	50.4	51.4	49.0	45.5	49.6	56.3	9.9	10.8	11.0	11.7	13.4	14.5	12.2	12.4	11.9	12.6
50～54	39.8	41.7	44.0	45.0	65.8	62.1	59.5	57.9	62.3	66.0	14.3	15.8	15.5	16.1	18.5	16.7	16.3	15.3	16.2	15.3
55～59	40.9	41.1	42.7	47.0	70.2	72.6	72.5	67.1	71.0	71.1	14.7	15.6	15.1	15.8	19.9	19.4	18.4	18.2	18.1	17.1
60～64	36.8	37.1	40.6	43.4	62.1	57.9	58.2	56.7	57.9	58.4	15.5	15.7	16.9	17.4	22.2	19.6	19.9	17.8	17.2	18.2
65～69	28.2	28.9	31.9	34.4	53.3	50.4	48.1	47.8	47.4	49.4	17.5	17.0	17.5	16.8	21.8	20.9	19.7	18.4	19.7	20.7
70～74	32.2	32.7	33.3	36.4	42.4	40.6	41.2	41.9	36.8	39.5	20.9	22.5	22.0	20.9	25.0	23.2	21.4	20.6	19.4	21.1
75～79	45.2	42.5	39.3	42.1	46.9	49.8	39.1	40.0	39.8	36.9	28.1	28.0	29.9	25.6	32.4	27.9	26.2	22.6	21.8	20.9
80～84	56.8	54.4	56.0	53.4	68.9	62.5	55.4	53.5	48.7	45.5	39.2	37.6	33.7	37.2	41.8	36.9	32.8	28.8	25.4	25.5
85～89	75.2	73.1	65.3	74.5	81.4	79.6	71.1	68.1	60.0	64.5	45.2	41.0	42.1	44.6	43.7	43.1	36.2	35.8	33.0	30.3
90～	90.2	97.5	89.4	83.6	93.9	100.0	78.8	72.8	77.1	74.8	37.9	44.6	34.3	33.8	42.1	36.9	37.4	32.4	33.6	27.4

注：「総数」には５～９歳及び年齢不詳を含む。

(2)　手段別にみた自殺

手段別の自殺死亡数の割合を年次別にみると、平成10年以降、男は70％台、女は60％台で推移していた「縊首」が、平成15年では減少し、「ガス」が急増している。(図12)

図12　手段別自殺死亡数構成割合の年次比較

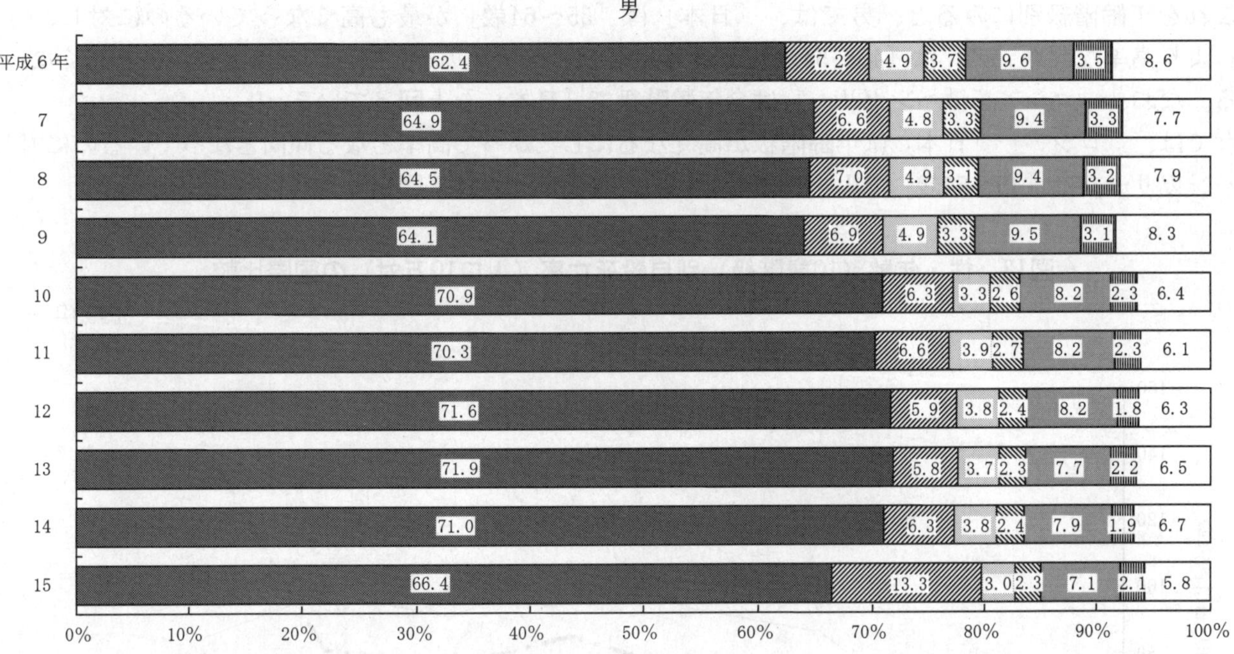

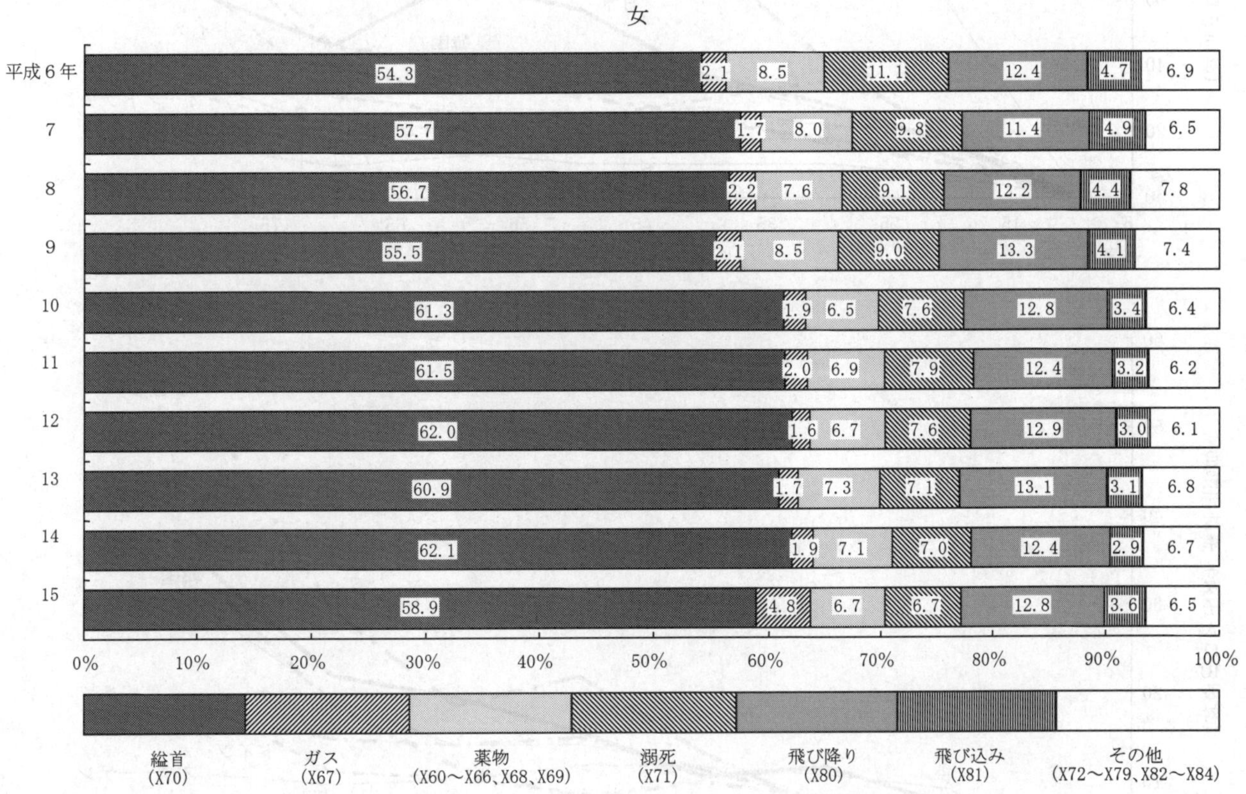

注：（　）は「ICD-10基本分類番号」である。（P14「2　用語の解説」を参照）

11. 諸外国の自殺死亡率

諸外国の自殺死亡率(人口10万対)をみると、男では、高い国は「ロシア」70.6、「ハンガリー」51.5、「日本」36.5となっており、低い国は、「イタリア」11.1、「イギリス」11.8、「アメリカ」17.6となっている。

女では、高い国は「ハンガリー」15.4、「日本」14.1、「ロシア」11.9となっており、低い国は、「イギリス」3.3、「イタリア」3.4、「アメリカ」4.1となっている。

これを年齢階級別にみると、男では、「日本」は「55～64歳」が最も高くなっているのに対し、「日本」より高率な「ロシア」は「45～54歳」が最も高く、「ハンガリー」は「75歳以上」が最も高くなっている。なお、「ロシア」「ハンガリー」は全年齢階級で「日本」を上回っている。

女では、「ロシア」「日本」は年齢階級が高くなるにしたがって高率となる傾向となっているのに対し、「ハンガリー」は「45～54歳」で山を形成している。(図13、表15、図14)

図13　性・年齢(10歳階級)別自殺死亡率(人口10万対)の国際比較

－1999年－

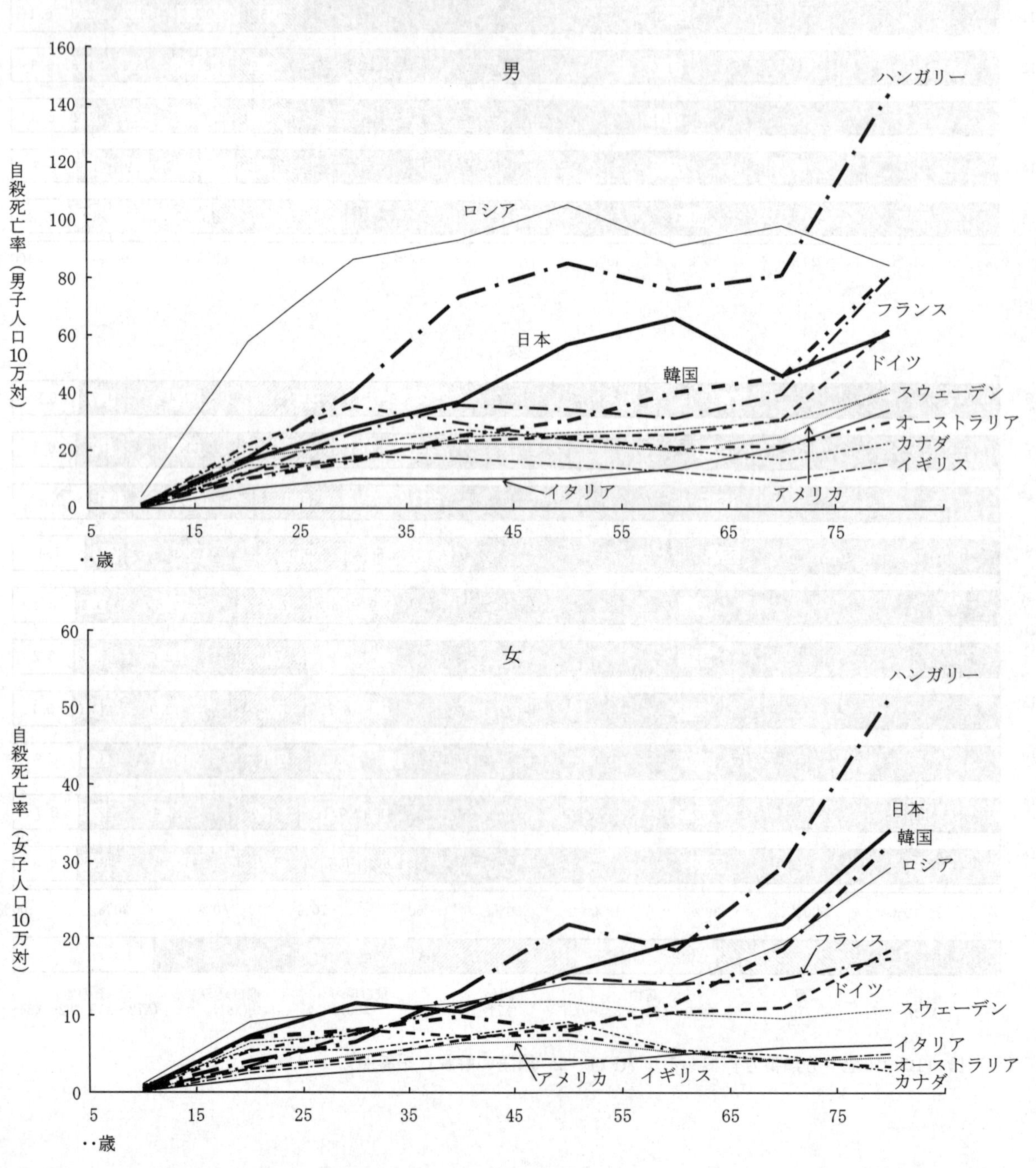

表15　性・年齢（10歳階級）別自殺死亡率（人口10万対）の国際比較　－1999年－

年齢階級	日本	韓国	オーストラリア	アメリカ	カナダ	フランス	ドイツ	イタリア	イギリス	ハンガリー	スウェーデン	ロシア
						総　数						
総　数	25.0	13.6	13.1	10.7	11.7	17.5	13.6	7.1	7.5	32.6	13.8	39.4
５～14歳	0.6	0.4	0.6	0.6	1.1	0.4	0.4	0.1	0.1	0.9	0.3	2.6
15～24	12.0	8.7	13.9	10.3	13.0	7.9	8.0	4.3	6.7	10.9	10.7	33.7
25～34	19.9	12.3	21.8	13.4	13.7	16.9	11.2	6.5	11.1	23.8	11.9	49.2
35～44	23.8	17.7	18.4	14.4	17.4	23.4	15.3	6.8	11.1	43.1	18.3	51.8
45～54	36.2	19.3	16.0	14.2	16.6	24.6	16.9	7.1	9.8	52.3	19.2	57.2
55～64	42.1	25.2	13.5	12.4	13.0	22.5	18.0	9.3	8.3	43.9	18.9	46.5
65～74	33.1	29.4	12.5	13.6	10.5	25.9	19.8	12.7	6.8	49.8	19.3	47.6
75～	43.4	48.1	13.7	18.5	10.3	39.7	31.3	16.2	8.8	81.8	22.1	41.7
						男						
総　数	36.5	18.8	21.2	17.6	18.4	26.1	20.2	11.1	11.8	51.5	19.7	70.6
５～14歳	0.7	0.6	0.7	1.0	1.4	0.5	0.6	0.1	0.1	1.3	0.5	4.0
15～24	16.5	10.2	22.1	17.2	20.2	12.3	12.7	6.8	10.6	17.5	14.8	57.7
25～34	28.1	16.3	35.4	22.2	21.7	26.1	17.7	10.3	18.1	40.4	16.2	86.3
35～44	36.9	25.1	29.6	22.5	27.4	35.8	23.3	10.3	17.3	73.3	24.7	93.1
45～54	56.9	30.4	24.3	22.0	24.0	34.3	24.9	10.5	15.3	85.0	26.3	105.3
55～64	65.9	40.2	21.3	20.2	20.6	31.3	25.8	13.9	12.8	75.8	27.6	90.8
65～74	46.1	45.6	21.7	25.0	16.9	39.6	31.0	21.2	9.8	80.8	30.4	98.1
75～	60.7	81.5	30.1	41.7	22.7	80.4	62.0	34.3	15.5	143.9	40.2	84.4
						女						
総　数	14.1	8.3	5.1	4.1	5.2	9.4	7.3	3.4	3.3	15.4	8.0	11.9
５～14歳	0.5	0.3	0.5	0.3	0.9	0.2	0.2	0.2	0.0	0.5	0.0	1.1
15～24	7.3	7.0	5.3	3.1	5.5	3.4	3.0	1.7	2.5	4.0	6.3	9.1
25～34	11.6	8.1	8.1	4.8	5.5	7.7	4.4	2.7	3.9	6.5	7.4	10.6
35～44	10.5	9.9	7.3	6.4	7.3	11.2	6.8	3.3	4.7	13.2	11.7	11.6
45～54	15.6	8.1	7.5	6.7	9.2	14.9	8.7	3.7	4.3	21.9	11.8	14.2
55～64	19.5	11.7	5.5	5.2	5.6	14.1	10.5	5.0	4.0	18.5	10.2	14.0
65～74	22.0	18.7	4.1	4.2	4.9	14.8	11.1	5.9	4.2	29.4	9.7	19.4
75～	34.1	32.4	3.4	4.6	2.8	17.5	18.5	6.3	5.1	51.4	10.8	29.2

資料：ＷＨＯ「World Health Statistics Annual 1999,2000」
注：カナダ、ハンガリー、韓国、ロシアは2000年の数値である。

図14　性別自殺死亡率（人口10万対）の年次推移の国際比較

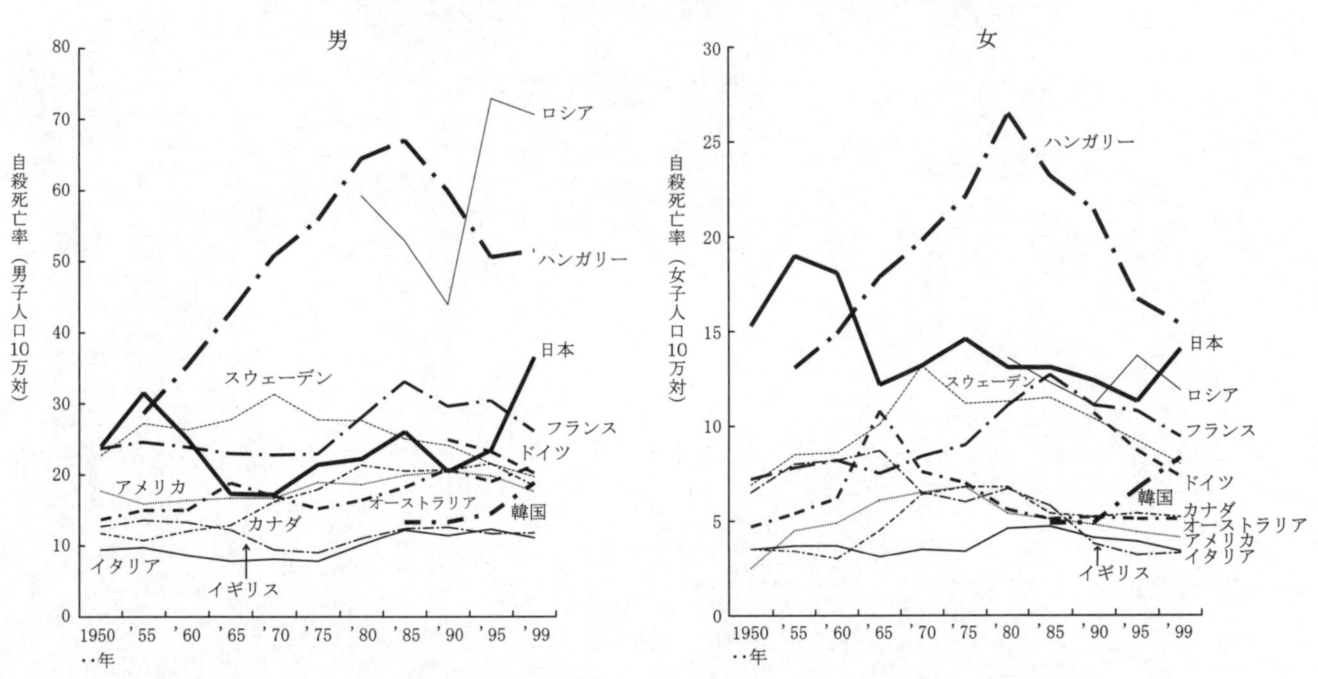

資料：ＷＨＯ「World Health Statistics Annual」
注：カナダ、ハンガリー、韓国、ロシアの1999年は2000年の数値である。

Summary of results (English Version)

1. Statistics of suicide deaths

A statistical report on suicide deaths is a special demographic statistical report compiled by analyzing the state of suicide deaths from several aspects such as chronology based on annual demographic statistics. The present report is the fifth such report, following on from those in 1977, 1984, 1990, and 1999. The general outline is as follows:

Publication No.	Year	Coverage	Details
1	1977	Analysis based mainly on 1920-1974	Trends in numbers and rates of suicide deaths, comparison by age group, method, occupation and industry, prefecture, and international comparison
2	1984	Analysis based mainly on 1975-1982	Trends in numbers and rates of suicide deaths, comparison by age group, ranking of causes of death, average daily numbers by month, comparison by method and spousal relationship, mortality adjusted for prefecture, and international comparison
3	1990	Analysis based mainly on 1983-1988	Trends in numbers and rates of suicide deaths, comparison by age-group, ranking of causes of death, average daily numbers by month, comparison by method, spousal relationship, and occupation and industry, mortality adjusted for prefecture, and international comparison See attached "Overview of Suicide" by the National Police Agency
4	1999	Analysis based mainly on 1989-1997	Trends in numbers and rates of suicide deaths, comparison by age group, ranking of causes of death, average daily numbers by month, comparison by method, spousal relationship, mortality adjusted for prefecture, and international comparison See attached "Overview of Suicide" by the National Police Agency
5	2005	Analysis based mainly on 1994-2003	Trends in numbers and rates of suicide deaths, comparison by age-group, ranking of causes of death, comparison by day and time, average daily numbers by month, comparison by spousal relationship, method, prefecture and occupation and industry, state of 1994-2003, and international comparison See attached "Overview of Suicide" by the National Police Agency

2. Trends in suicide deaths

(1) Trends in numbers of suicide deaths

While numbers of deaths showed an upward trend between 1899 and 1936 (5,932 and 15,423, respectively), they showed a downward trend between 1937 and the wartime period.

After the war, they showed an upward trend again, but with repeated ups and downs unlike the prewar period. They showed two major peaks in the past, the most recent being formed over the last few years. The first high between 1954 and 1960 yielded over 20 thousand suicides every year, and the second one between 1983 and 1987 over 23 thousand suicides every year. The most recent has produced almost 30 thousand suicides every year (See Figure 1, Table 1).

Figure 1 Trend in numbers of suicide deaths

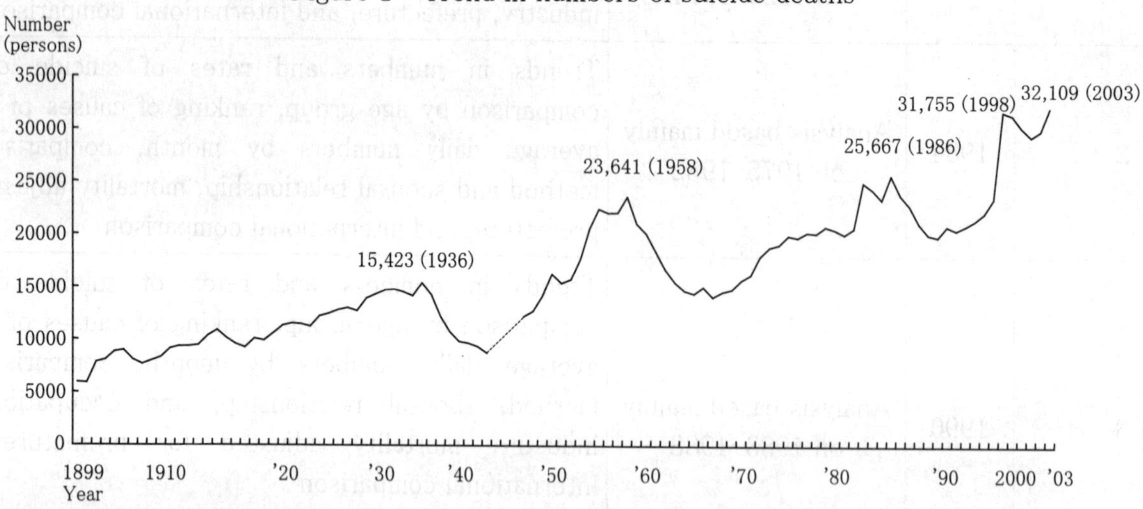

Note: Numbers between 1944 and 1946 are omitted due to insufficient data.

(2) Trends in death rates and suicide deaths (per 100,000 population)

Death rates decreased rapidly after the war and remained at around 700 from 1955. However, they have gradually increased with the increase in aging, and surpassed 800 in 2003.

Suicide death rates form 3 highs like the numbers of suicide deaths. The highest number is 38 for males in 2003 (Figure 2, Table 1).

Figure 2 Trends in death rates and suicide deaths

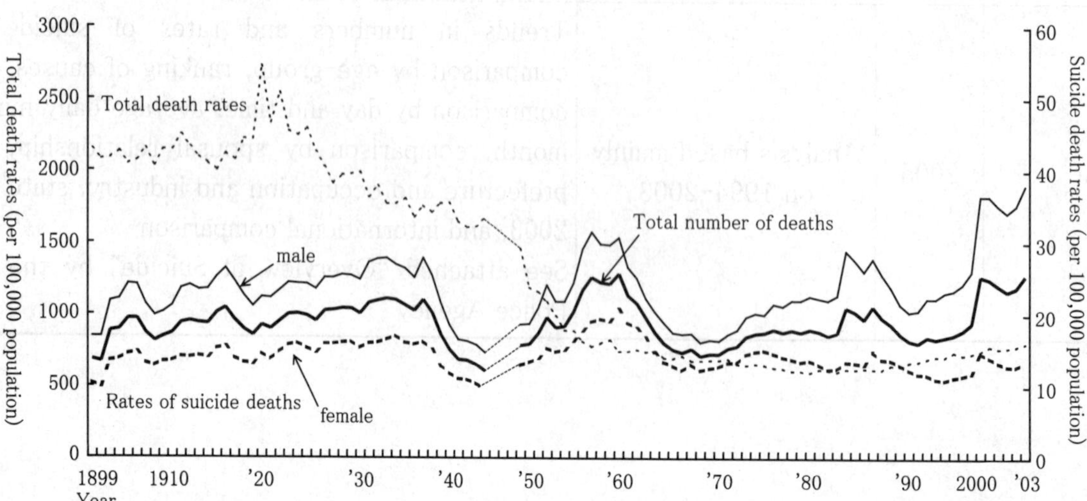

Note: Numbers between 1944 and 1946 are omitted due to insufficient data.

Table 1 Trends in numbers and rates (per 100,000 population) of suicide deaths by sex

	1950	1955	1960	1965	1970	1975	1980	1985	1990	1995	2000	2003
	Numbers of suicide deaths											
Total	16 311	22 477	20 143	14 444	15 728	19 975	20 542	23 383	20 088	21 420	30 251	32 109
Male	9 820	13 836	11 506	8 330	8 761	11 744	12 769	15 356	12 316	14 231	21 656	23 396
Female	6 491	8 641	8 637	6 114	6 967	8 231	7 773	8 027	7 772	7 189	8 595	8 713
	Rates of suicide deaths (per 100,000 population)											
Total	19.6	25.2	21.6	14.7	15.3	18.0	17.7	19.4	16.4	17.2	24.1	25.5
Male	24.1	31.5	25.1	17.3	17.3	21.5	22.3	26.0	20.4	23.4	35.2	38.0
Female	15.3	19.0	18.2	12.2	13.3	14.6	13.1	13.1	12.4	11.3	13.4	13.5

(3) Trends of age-adjusted death rates

For all causes of death, annual age-adjusted death rates in 2003 are almost one-third of those in 1950 for males, and one-fifth for females. On the other hand, for suicide deaths, rates in 2003 and 1950 are almost the same for males, while the former is one-half of the latter for females.

In 1950, the age-adjusted death rates for males were 1.3 times higher than those for females, while age-adjusted suicide death rates for males were 1.7 times higher than those for females. However, the gender difference has gradually increased, and age-adjusted death rates for males were 2 times higher than those for females, and age-adjusted suicide death rates for males were 3 times higher than those for females in 2003 (Table 2).

Table 2 Trends of age-adjusted death rates (per 100,000 population)

		1950	1955	1960	1965	1970	1975	1980	1985	1990	1995	2000	2003
All causes of death	Male	1 858.6	1 482.0	1 476.1	1 369.9	1 234.6	1 036.5	923.5	812.9	747.9	719.6	634.2	601.6
	Female	1 457.8	1 099.3	1 042.3	931.5	823.3	685.1	579.8	482.9	423.0	384.7	323.9	302.5
Suicide	Male	35.1	38.5	30.0	21.8	20.6	24.1	24.3	26.9	20.0	21.3	30.7	33.2
	Female	20.7	22.4	20.6	14.4	14.7	15.6	13.4	12.5	10.8	9.3	10.7	10.9

Note: The population used in the age-adjusted death rates is modeled on a model population in 1985.

3. Suicide by age

(1) Annual comparisons of suicide death rates by sex and age group (per 100,000 population)

For males, a peak formed by people in their twenties in 1950 disappeared and a peak for those at age 85 formed in 1970. Those in their forties and fifties formed a small peak in 1990, and a major peak for those in their fifties was observed in 2003. For females, those in their twenties formed a peak in 1950 as for males, but fifties didn't form a peak in 2003. For both sexes, death rates of those in their seventies and older have shown a downward trend (Figure 3, 4, and Table 3).

Figure 3 Trends of rates (per 100,000 population) of suicide death by sex and age group (by 5 years)

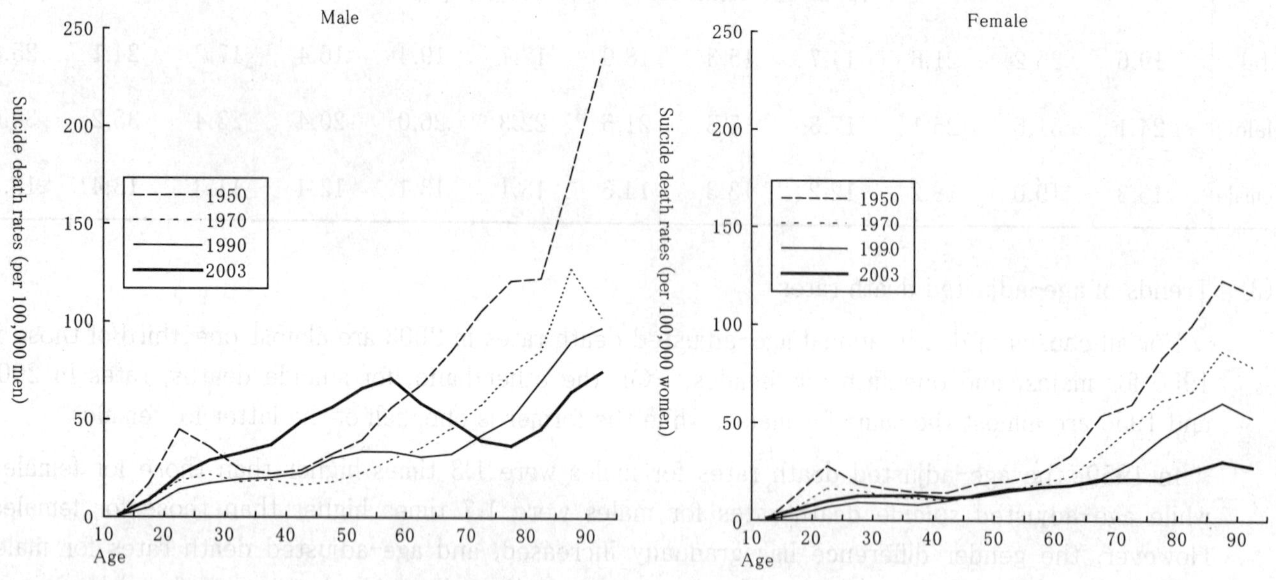

Figure 4 Trends of rates (per 100,000 population) of suicide death by sex and specified age group

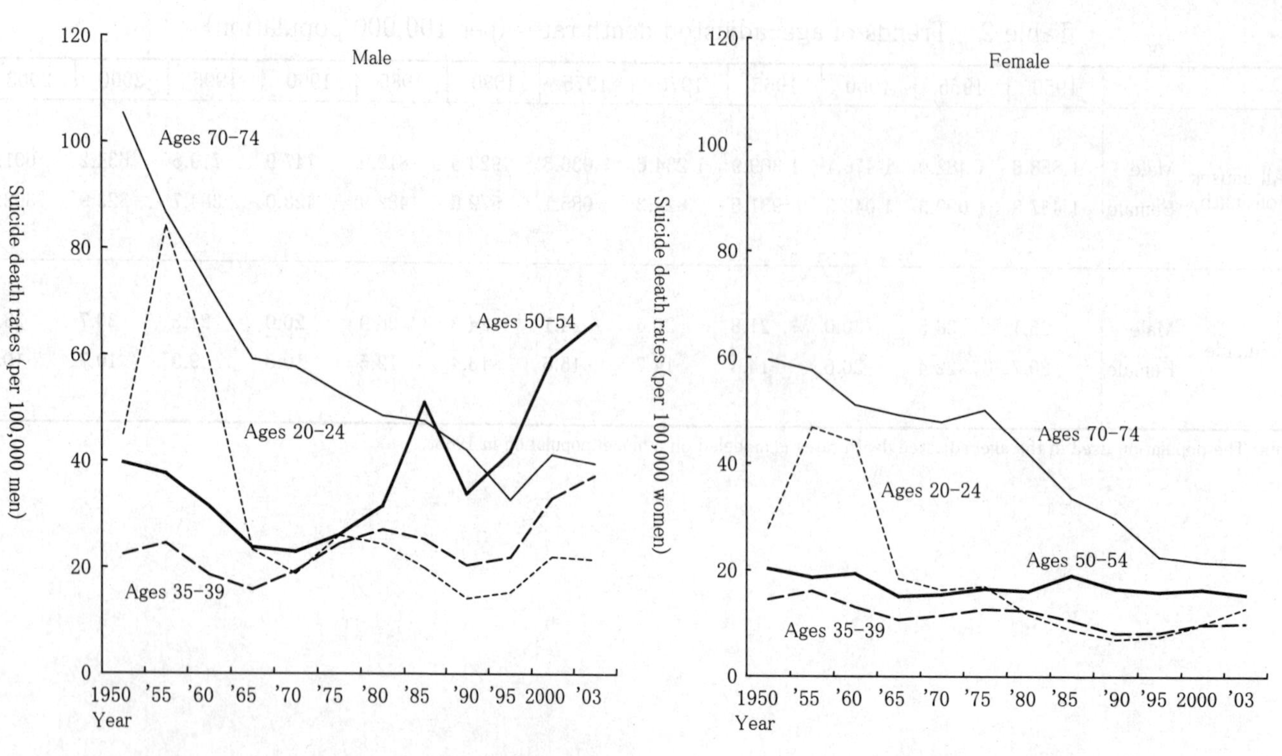

Table 3　Trends of suicide death rates (per 100,000 population) by sex and age group (by 5 years)

Age groups	1950	1955	1960	1965	1970	1975	1980	1985	1990	1995	2000	2003
						Male						
Total	24.1	31.5	25.1	17.3	17.3	21.5	22.3	26.0	20.4	23.4	35.2	38.0
Ages 10-14	—	1.1	0.7	0.7	1.0	1.5	0.9	1.1	0.7	1.1	1.7	1.0
15-19	17.5	37.2	25.3	8.8	8.7	12.6	9.5	6.8	4.8	6.6	8.8	8.8
20-24	44.9	84.1	58.7	23.3	18.8	26.0	24.3	19.9	14.2	15.3	22.0	21.5
25-29	36.0	54.7	44.1	23.8	22.0	26.0	26.5	23.8	17.5	20.0	24.4	29.2
30-34	24.4	30.3	22.9	18.0	18.3	24.9	24.0	23.1	19.5	20.2	28.8	32.9
35-39	22.4	24.5	18.6	15.8	19.3	24.4	27.1	25.3	20.4	21.9	33.0	37.2
40-44	24.3	23.6	18.6	15.4	16.4	27.5	31.2	36.7	22.4	26.0	36.8	49.0
45-49	32.5	32.1	23.7	20.7	18.1	27.2	34.9	48.3	30.4	31.4	49.0	56.3
50-54	39.7	37.6	31.4	23.8	22.9	26.1	31.5	51.0	33.8	41.7	59.5	66.0
55-59	56.1	47.8	39.2	32.7	29.7	29.7	32.5	44.5	33.8	41.1	72.5	71.1
60-64	67.7	55.3	49.5	42.1	35.9	36.7	32.5	36.9	31.1	37.1	58.2	58.4
65-69	85.1	67.8	60.3	52.3	45.7	41.0	34.8	38.5	32.7	28.9	48.1	49.4
70-74	105.3	86.7	72.7	59.1	57.6	52.8	48.5	47.5	42.1	32.7	41.2	39.5
75-79	121.0	111.1	86.3	76.1	74.2	73.9	62.4	65.5	50.5	42.5	39.1	36.9
80-84	122.4	122.4	97.6	110.2	85.1	104.5	80.6	79.5	69.9	54.4	55.4	45.5
85-89	175.5	130.0	91.3	89.8	127.4	96.3	108.3	102.3	89.9	73.1	71.1	64.5
90-	235.3	120.1	48.4	80.1	103.0	110.8	108.6	101.4	97.0	97.5	78.8	74.8
						Female						
Total	15.3	19.0	18.2	12.2	13.3	14.6	13.1	13.1	12.4	11.3	13.4	13.5
Ages 10-14	0.0	0.7	0.4	0.3	0.4	0.6	0.3	0.5	0.4	0.6	0.5	1.1
15-19	13.0	26.1	22.4	6.1	6.9	6.8	4.9	3.3	2.8	3.3	3.8	5.6
20-24	27.8	46.8	44.0	18.3	16.2	16.9	11.6	8.7	6.9	7.4	9.7	9.9
25-29	18.8	28.0	25.3	16.1	15.4	15.3	12.3	9.7	9.1	7.7	11.5	12.4
30-34	16.1	18.1	16.9	11.1	12.3	13.9	10.7	9.9	8.8	8.6	11.3	12.6
35-39	14.4	16.0	13.0	10.6	11.4	12.6	12.3	10.5	8.1	8.2	9.8	12.8
40-44	14.4	14.8	12.9	8.7	10.3	13.2	12.9	13.6	10.1	8.8	10.5	11.6
45-49	19.0	16.5	16.4	11.3	12.2	13.8	14.4	15.8	13.7	10.8	12.2	12.6
50-54	20.2	18.6	19.3	15.0	15.3	16.4	16.0	18.9	16.4	15.8	16.3	15.3
55-59	24.1	22.5	20.7	16.0	19.0	18.1	17.2	17.2	16.8	15.6	18.4	17.1
60-64	33.4	30.8	29.5	23.4	22.8	23.8	18.8	20.1	18.4	15.7	19.9	18.2
65-69	53.8	40.4	42.8	33.6	35.2	33.9	30.2	26.4	21.8	17.0	19.7	20.7
70-74	59.5	57.5	51.0	49.1	47.8	50.1	41.9	33.6	29.7	22.5	21.4	21.1
75-79	83.3	65.6	62.8	59.5	61.5	67.5	55.6	47.9	42.3	28.0	26.2	20.9
80-84	99.9	76.5	74.3	80.3	66.0	78.0	65.4	59.9	52.0	37.6	32.8	25.5
85-89	122.8	123.9	74.3	75.5	86.8	83.7	64.3	66.3	60.3	41.0	36.2	30.3
90-	115.7	118.1	54.3	83.7	78.7	66.8	67.5	49.1	52.4	44.6	37.4	27.4

Note: Total number includes ages 5-9 and unknown.

(2) Suicide death rates out of all kinds of death by sex and age group, and ranking of causes of death

For suicide death rates out of all kinds of death by sex and age in 2003, "Ages 25-29" showed the highest for both sexes.

Suicide is the leading cause of death for men ages 20-44, and women ages 15-34 (Table 4).

Table 4　Suicide death rates by sex and age group (by 5 years) to all kinds of deaths, and ranking in causes of death, 2003

Age groups	Total		Male		Female	
	Rates(%)	Rankings in causes of death	Rates(%)	Rankings in causes of death	Rates(%)	Rankings in causes of death
Total	3.2	6	4.2	6	1.9	8
Ages10～14	9.7	3	8.5	4	11.2	3
15～19	23.6	2	21.5	2	28.1	1
20～24	36.9	1	36.4	1	38.0	1
25～29	40.8	1	41.6	1	38.9	1
30～34	36.1	1	38.9	1	30.2	1
35～39	28.9	1	32.8	1	21.5	2
40～44	22.6	2	27.1	1	13.3	2
45～49	16.3	2	19.7	2	9.2	2
50～54	11.7	3	13.8	3	7.0	4
55～59	8.8	4	10.1	3	5.7	4
60～64	5.2	4	5.7	4	4.3	4
65～69	3.0	6	3.0	6	3.0	6
70～74	1.6	7	1.4	8	1.8	7
75～79	0.9	12	0.8	12	1.0	11
80～84	0.6	14	0.6	14	0.6	16
85～89	0.4	17	0.5	16	0.4	20
90～	0.2	21	0.3	19	0.2	27
(Duplicated) 65-	0.9	12	1.1	12	0.8	15

Notes: 1) Calculated based on each "Total number of death by age group" as 100.
2) Total number includes ages 5-9 and unknown.

4. Suicide by day and time

(1) Suicide by day of the week

For average daily numbers of suicide deaths in 2003, 80.7 and 27.3 on Monday were the highest, and 53.5 and 21.2 on Saturday were lowest for males and females, respectively.

The lowest numbers, 52.6 for male and 20.7 for female were observed on "National holidays and New Year holidays" (Table 5 and Figure 5).

Table 5 Numbers and average daily numbers of suicide deaths by sex and day, 2003

Day	Numbers of days	Male		Female	
		Numbers of deaths	Daily average numbers of deaths by suicide	Numbers of deaths	Daily average numbers of deaths by suicide
Total	365	23 396	64.1	8 713	23.9
Monday	44	3 549	80.7	1 199	27.3
Tuesday	47	3 326	70.8	1 166	24.8
Wednesday	51	3 425	67.2	1 210	23.7
Thursday	51	3 316	65.0	1 213	23.8
Friday	50	3 183	63.7	1 208	24.2
Saturday	51	2 728	53.5	1 083	21.2
Sunday	50	2 764	55.3	1 199	24.0
(noted elsewhere) National holidays and New Year holidays*	21	1 105	52.6	435	20.7

* New Year holidays mean between December 29 and January 3.

Figure 5 Average daily numbers of suicide deaths by sex and day, 2003

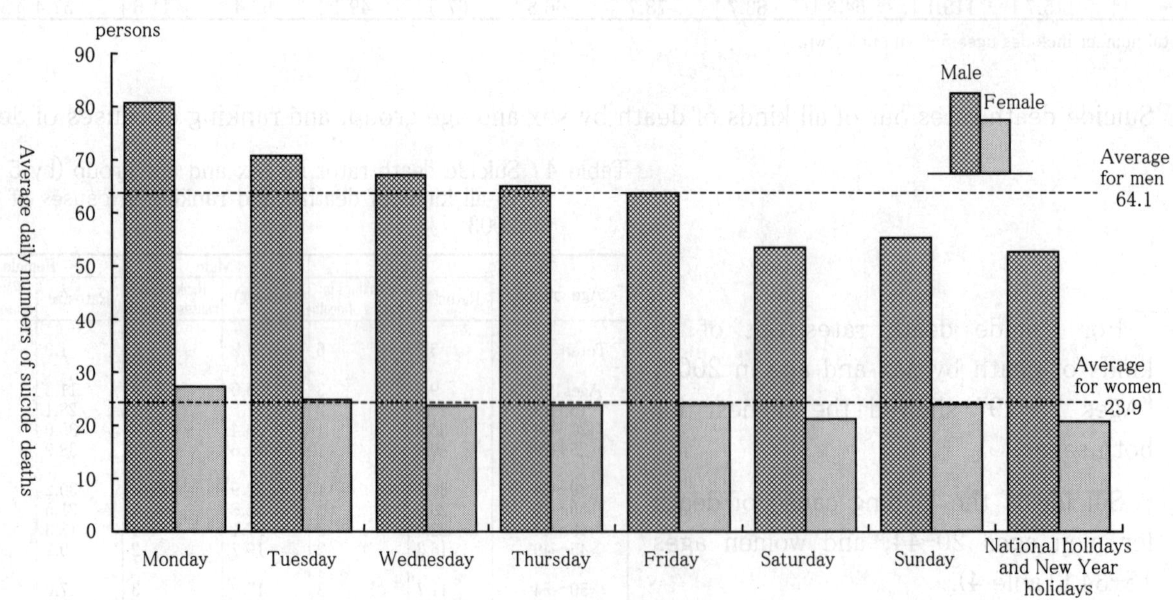

(2) Suicide by time

As far as data are available in 2003, the highest numbers of suicide deaths occurred during "0–1" and "5–7" for male, and "5–7" and "10–13" for female. On the other hand, relatively low numbers were observed during "1–3", "7–10" and "19–22".

Suicide deaths for which the time was unknown accounted for 20% for males and 10% for females (Table 6 and Figure 6).

Table 6 Numbers and ratios of suicide deaths by time, 2003

		Numbers of deaths		Rates(%)	
		Male	Female	Male	Female
Total		23 396	8 713		
(excluding "unknown")		(19 074)	(7 883)	(100.0)	(100.0)
Before dawn	0 – 1	1 044	316	5.5	4.0
	1 – 2	761	278	4.0	3.5
	2 – 3	696	225	3.6	2.9
	3 – 4	766	285	4.0	3.6
	4 – 5	854	331	4.5	4.2
	5 – 6	1 190	418	6.2	5.3
Morning	6 – 7	1 118	399	5.9	5.1
	7 – 8	742	267	3.9	3.4
	8 – 9	644	264	3.4	3.3
	9 – 10	631	320	3.3	4.1
	10 – 11	776	402	4.1	5.1
	11 – 12	747	424	3.9	5.4
Afternoon	12 – 13	934	445	4.9	5.6
	13 – 14	704	341	3.7	4.3
	14 – 15	825	395	4.3	5.0
	15 – 16	910	400	4.8	5.1
	16 – 17	853	401	4.5	5.1
	17 – 18	879	365	4.6	4.6
Night	18 – 19	841	358	4.4	4.5
	19 – 20	589	260	3.1	3.3
	20 – 21	626	232	3.3	2.9
	21 – 22	576	203	3.0	2.6
	22 – 23	730	293	3.8	3.7
	23 – 24	638	261	3.3	3.3
Unknown		4 322	830		

Note: Rates are calculated based on numbers of deaths as 100, excluding 'unknown'.

Figure 6 Suicide death rates by time, 2003

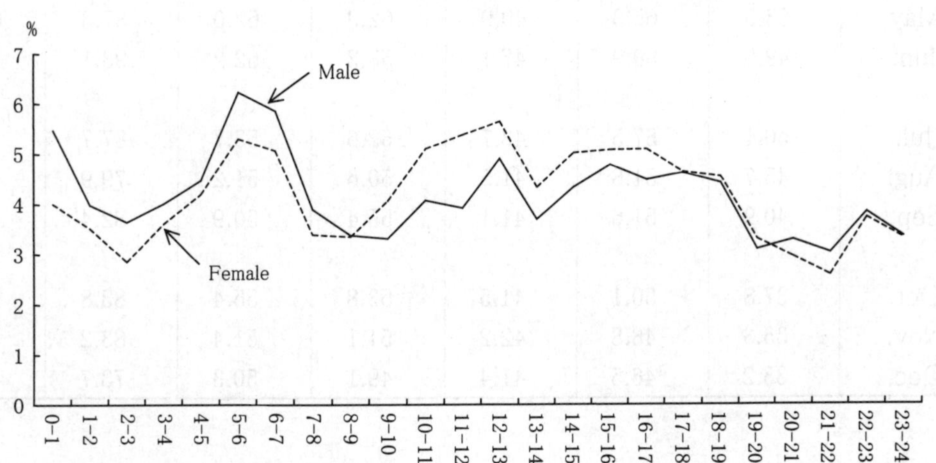

5. Suicide by month

For average daily numbers of suicide deaths, the highest was observed in April and May. Especially in 2003, average daily numbers of suicide deaths in April and May surpassed 100 (103.2 and 100.3 respectively).

Unlike for other years, the highest number was observed in June in 2000 (Table 7 and Figure 7).

Figure 7 Trends in average daily numbers of suicide deaths by month

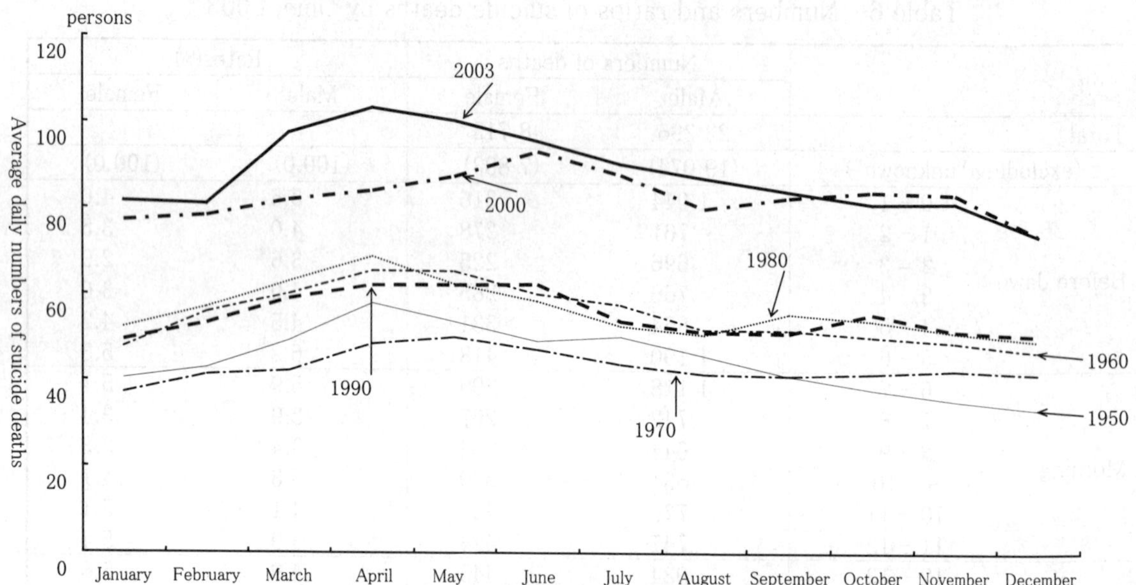

Table 7 Trends in average daily numbers of suicide deaths by month

Month	1950	1960	1970	1980	1990	2000	2003
	Persons	Persons	Persons	Persons	Persons	Persons	Persons
Total	44.7	55.0	43.1	56.1	55.0	82.7	88.0
Jan.	40.4	47.7	37.1	52.3	49.3	77.0	81.5
Feb.	42.8	55.8	41.2	56.9	53.2	78.1	80.8
Mar.	49.1	60.0	42.1	62.9	58.8	81.8	97.4
Apr.	57.8	65.4	48.4	68.7	62.0	83.9	103.2
May	53.5	65.3	49.9	62.3	62.0	87.3	100.3
Jun.	49.0	59.9	47.1	58.3	62.2	93.1	95.5
Jul.	50.1	57.5	43.7	52.6	53.7	87.7	90.2
Aug.	45.7	51.8	41.5	50.6	51.2	79.9	86.9
Sep.	40.9	51.6	41.1	55.4	50.9	82.4	83.8
Oct.	37.8	50.1	41.5	53.8	55.4	83.8	81.0
Nov.	35.3	48.8	42.2	51.1	51.4	83.2	81.2
Dec.	33.2	46.5	41.4	49.1	50.3	73.7	73.5

For average daily numbers of suicide deaths by sex and age group (by 10 years) in 2003, the highest numbers were observed between March and May with the exception of for males in their seventies.

For females, the high between March and May is not so significant as for men, and the highest was observed between June and August for those in their seventies and older.

Figure 8 Average daily numbers of suicide deaths by sex, age group (by 10 years) and month, 2003

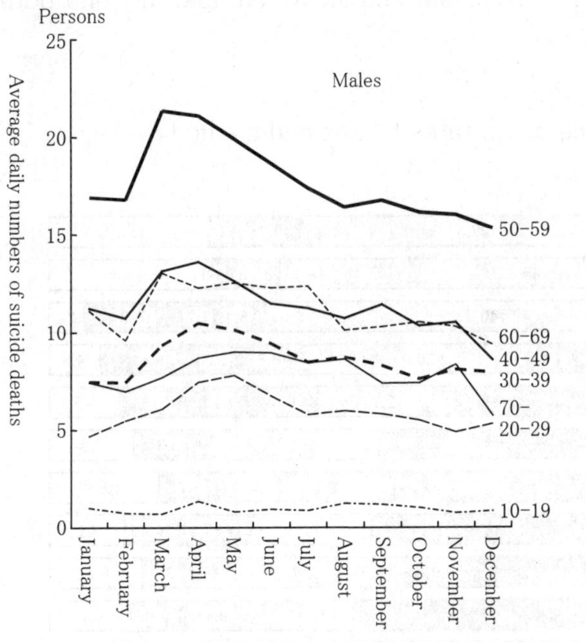

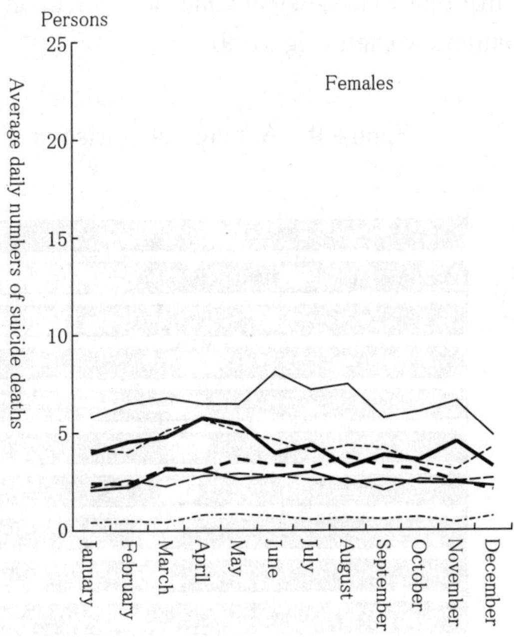

6. Suicide by spousal relationship

For suicide death rates by sex, age group (by 10 years), and spousal relationship (per 100,000 population), the highest numbers were observed for men who had lost their spouses in all age groups, while lower numbers were observed for men living with their spouses both in 1995 and 2000.

On the other hand, although lower numbers were observed for women living with their spouses, no difference was observed between unmarried and widowed/divorced women 40 years and older both in 1995 and 2000 (Table 8).

Table 8 Numbers and rates (per 100,000 population) of suicide deaths by sex, age group (by 10 years) and spousal relationship

Spousal relationship	Male						Female					
	Total 1)	Ages 20-29	30-39	40-49	50-59	Age of 60 and older	Total 1)	Ages 20-29	30-39	40-49	50-59	Age of 60 and older
1995						Numbers of deaths						
Total 2)	14 188	1 638	1 667	2 825	3 428	4 186	7 166	679	654	960	1 339	3 378
living with spouses	7 127	122	530	1 516	2 248	2 711	3 223	99	366	612	943	1 202
unmarried	4 176	1 463	932	812	460	222	1 304	552	203	154	111	149
Widowed	1 092	1	6	49	129	907	2 057	5	2	35	145	1 870
Divorced	1 515	45	186	423	553	308	533	22	82	153	133	143
						Rates of deaths						
Total 2)	28.0	17.5	21.0	28.9	41.4	37.8	13.3	7.5	8.4	9.9	15.8	23.2
living with spouses	22.4	7.2	10.0	19.0	30.9	28.5	10.2	3.7	5.9	7.4	13.5	16.0
unmarried	25.7	19.4	39.1	61.2	99.9	107.5	10.1	8.9	17.6	26.0	30.2	31.1
Widowed	85.3	…	…	88.8	86.2	85.2	30.0	…	…	17.7	22.9	31.2
Divorced	135.8	108.4	116.7	119.7	169.4	131.2	27.1	21.4	27.1	26.3	28.3	28.1
2000						Numbers of deaths						
Total 2)	21 598	2 132	2 591	3 605	6 187	6 504	8 579	939	866	938	1 662	4 013
living with spouses	10 919	161	833	1 855	3 759	4 309	3 803	132	426	594	1 068	1 580
unmarried	5 946	1 863	1 354	1 043	961	394	1 694	746	300	166	172	176
Widowed	1 414	4	16	48	240	1 106	2 201	7	15	25	149	2 005
Divorced	2 930	97	372	639	1 178	643	830	54	121	149	264	241
						Rates of deaths						
Total 2)	41.6	23.4	30.9	43.4	65.5	50.4	15.6	10.7	10.6	11.4	17.3	24.0
living with spouses	34.0	9.3	16.1	28.8	47.5	39.6	11.9	5.3	7.1	8.6	13.6	17.9
unmarried	36.1	25.4	46.5	76.6	123.2	130.4	13.0	12.2	17.9	27.5	37.1	30.9
Widowed	101.6	…	…	113.1	155.2	93.5	30.6	…	…	17.2	25.9	31.1
Divorced	209.0	167.0	177.9	193.0	260.0	183.7	34.6	38.6	30.2	27.3	40.0	37.0

Notes: 1) Total numbers include ages 15-19 and unknown.
2) Total numbers include those whose spousal relationship is unknown.

7. Suicide by method

(1) Annual comparison

For numbers of suicide deaths by method, "poisoning" showed the highest between 1953 and 1960 for males, and between 1952 and 1962 for females, but then fell off rapidly.

In other years, "strangulation" has been the most common, and shows an upward trend both for men and women (Figure 9).

Figure 9 Annual comparisons of suicide death rates by sex and method

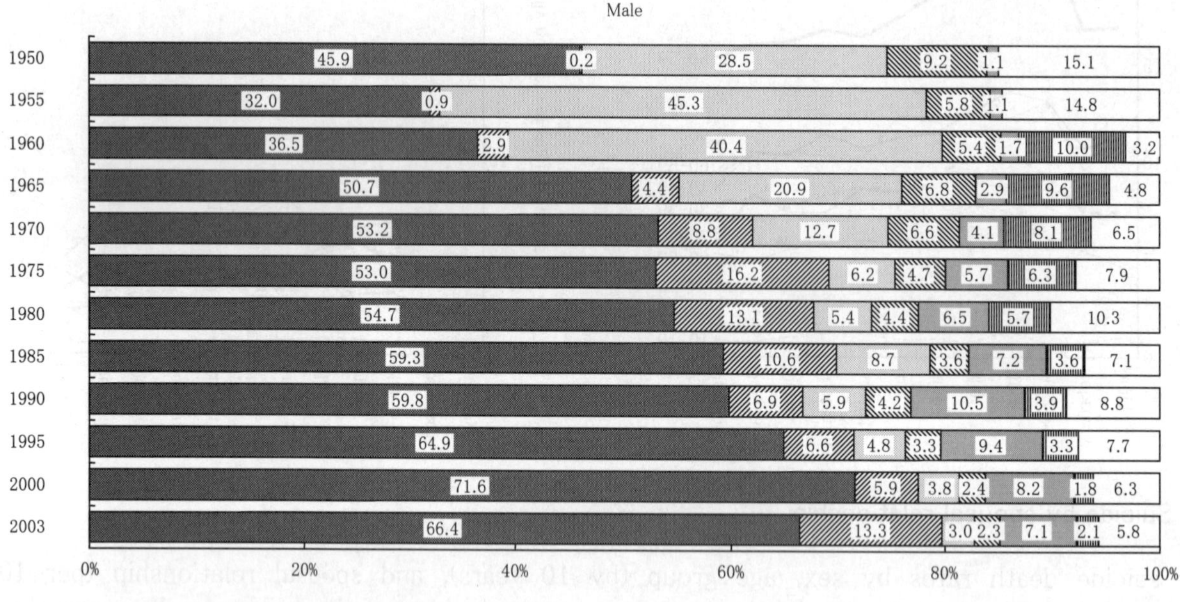

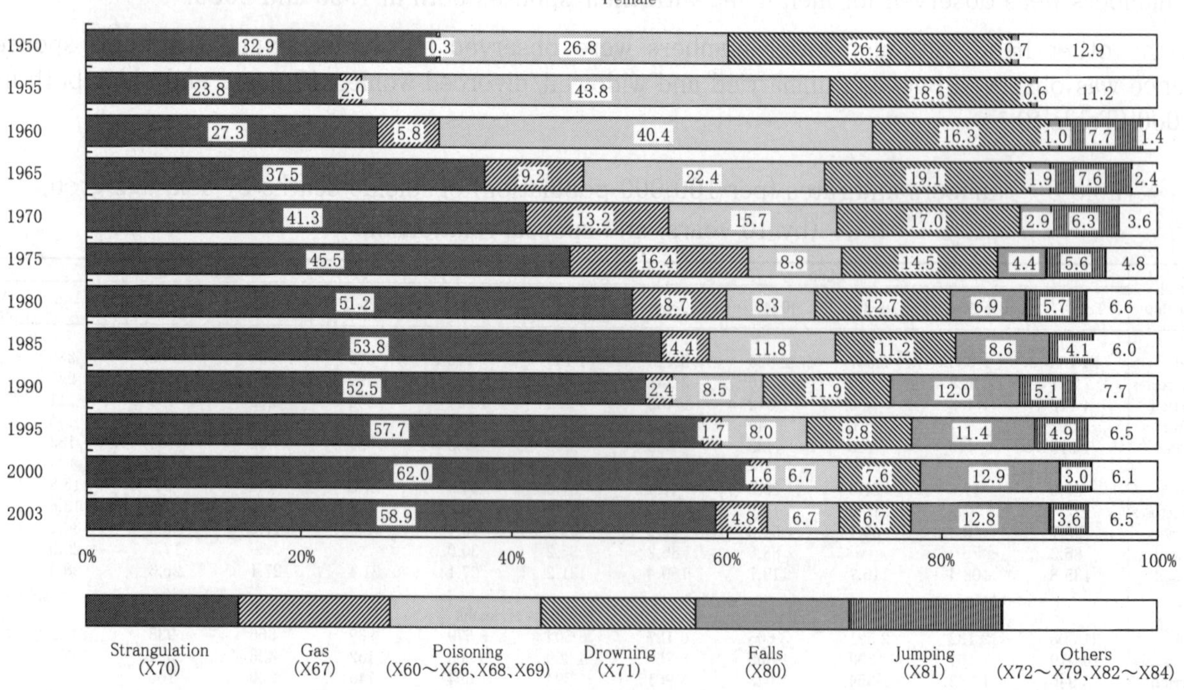

Notes: 1) 'Frequent acts of self harm and sequelae' are excluded from total numbers in 1950, 1955, 1995, 2000 and 2003.
2) There was no classification for 'Jumping', which was included in 'Other' in 1950 and 1955.
3) Numbers in parentheses indicate the basic classification numbers of the 'International Statistical Classification of Diseases and Related Health Problems: 10th revision (referred to as 'ICD-10' hereinafter)' (See '2 Definition of terms' on p 15).

(2) Suicide by age group

For suicide death rates by sex and age group (by 10 years) in 2003, "strangulation" was the highest for all age groups of both sexes. Especially for men 60 years and older and women 70 years and older, the rates surpass 70%.

Rates for the second most frequent method for men, "gas", were around 20% especially for those in their thirties and forties. Rates of the second most frequent method for women, "falls", were around 25% for teens, twenties, and thirties (Figure 10).

Figure 10 Suicide death rates by sex, age group (by 10 years) and method, 2003

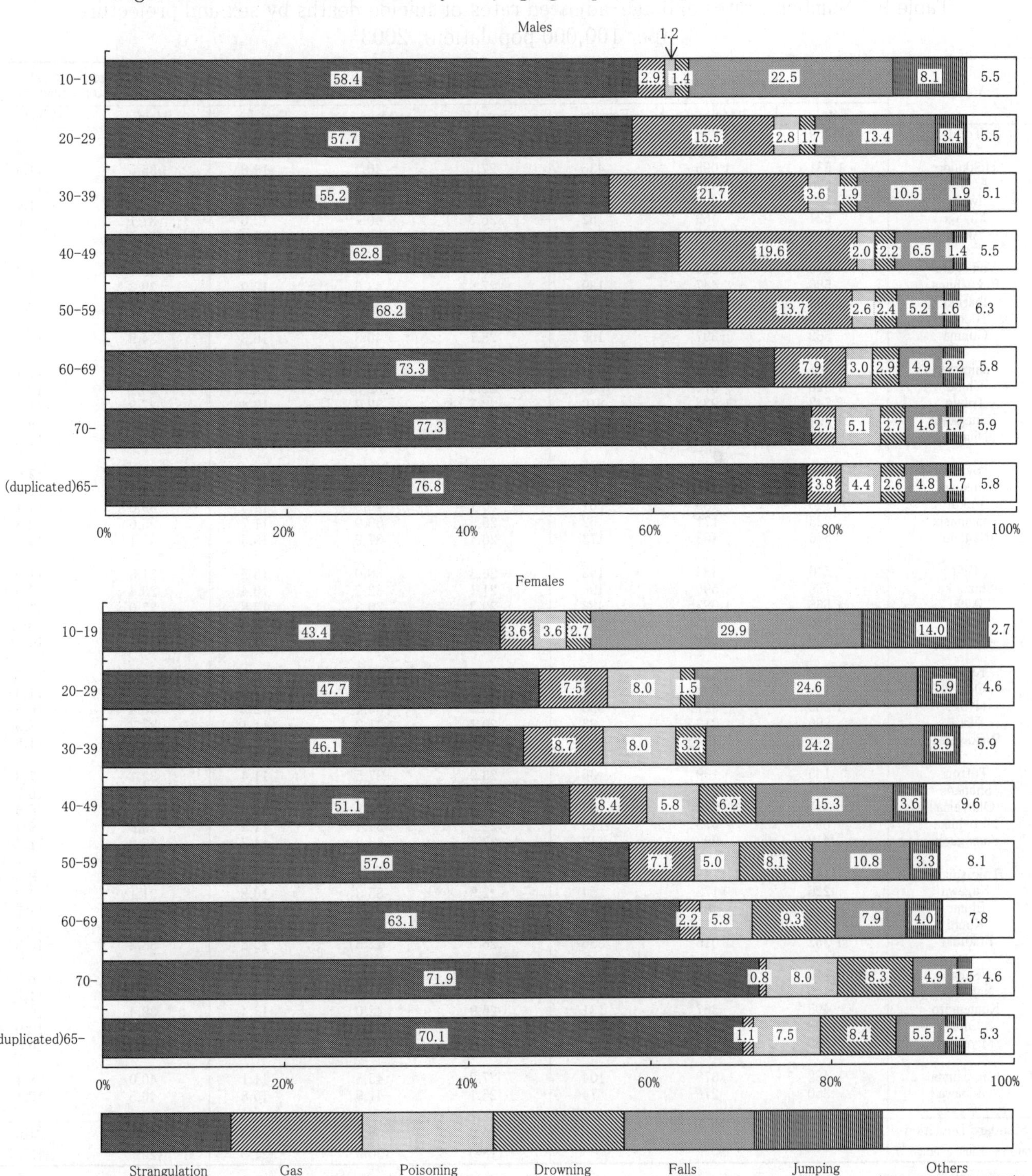

Note: Numbers in parentheses indicate those in 'ICD-10' (See '2 Definition of terms' on p 15).

8. Suicide by prefecture

(1) Numbers, rates, and age-adjusted suicide death rates (per 100,000 population)

Suicide death rates by prefecture in 2003 ranged from 30.3 to 66.1 for men, and 7.4 to 25.2 for women. Rates of standard deviation to simple average were almost the same for both sexes (20% for men and 21% for women).

For age-adjusted suicide death rates by prefecture, Akita showed the highest for both sexes, and Kanagawa and Saga showed the lowest for men and women, respectively (Table 9).

Table 9 Numbers, rates and age-adjusted rates of suicide deaths by sex and prefecture (per 100,000 population), 2003

Prefecture	Numbers of deaths			Rates of deaths (per 100,000 population)			Age-adjusted death rates (per 100,000 population)	
	Total	Male	Female	Total	Male	Female	Male	Female
Total	32 109	23 396	8 713	25.5	38.0	13.5	33.2 (32.8)	10.9 (10.8)
Hokkaido	1 531	1 095	436	27.1	40.7	14.8	35.5	11.9
Aomori	576	446	130	39.5	64.4	17.0	55.9	11.6
Iwate	527	395	132	37.8	59.0	18.2	52.7	11.1
Miyagi	621	469	152	26.3	40.7	12.6	37.1	10.0
Akita	519	365	154	44.6	66.1	25.2	56.0	16.2
Yamagata	370	273	97	30.2	46.1	15.3	40.1	11.4
Fukushima	586	447	139	27.9	43.6	12.9	39.3	10.1
Ibaraki	748	554	194	25.3	37.7	13.1	33.9	10.3
Tochigi	523	360	163	26.3	36.5	16.3	31.7	12.6
Gunma	562	397	165	28.1	40.3	16.3	34.9	12.3
Saitama	1 563	1 104	459	22.5	31.5	13.3	27.7	11.1
Chiba	1 326	970	356	22.3	32.5	12.0	28.1	10.2
Tokyo	2 743	1 933	810	22.7	32.2	13.4	27.8	11.3
Kanagawa	1 791	1 313	478	20.9	30.3	11.3	26.5	9.6
Niigata	833	590	243	34.0	49.7	19.3	41.9	12.2
Toyama	356	254	102	32.1	47.6	17.7	38.9	12.6
Ishikawa	303	222	81	25.8	39.1	13.4	34.4	10.9
Fukui	246	185	61	30.1	46.6	14.5	39.6	11.1
Yamanashi	223	171	52	25.5	39.9	11.7	35.6	9.8
Nagano	576	403	173	26.4	37.9	15.5	33.1	11.2
Gifu	546	383	163	26.3	38.0	15.2	31.8	11.9
Shizuoka	786	590	196	21.1	32.2	10.4	28.4	8.0
Aichi	1 566	1 083	483	22.3	30.8	13.8	27.0	11.3
Mie	456	329	127	24.9	37.0	13.4	32.5	9.8
Shiga	330	239	91	24.5	36.0	13.3	31.1	10.1
Kyoto	602	420	182	23.2	33.6	13.5	29.0	10.6
Osaka	2 186	1 588	598	25.3	37.7	13.5	32.1	11.3
Hyogo	1 280	927	353	23.3	35.1	12.3	30.4	10.5
Nara	296	213	83	20.7	31.2	11.1	27.7	8.9
Wakayama	271	184	87	25.8	37.0	15.7	32.2	11.8
Tottori	145	109	36	23.9	37.5	11.4	32.1	7.8
Shimane	237	172	65	31.6	48.0	16.6	41.0	10.7
Okayama	397	290	107	20.5	31.2	10.6	28.5	8.6
Hiroshima	650	475	175	22.8	34.4	11.9	30.0	9.4
Yamaguchi	412	299	113	27.5	42.2	14.3	35.0	11.4
Tokushima	165	118	47	20.3	30.5	11.0	26.9	8.5
Kagawa	226	172	54	22.3	35.3	10.2	31.1	7.9
Ehime	394	287	107	26.7	41.2	13.7	37.1	11.7
Kochi	236	175	61	29.4	46.2	14.4	40.7	11.0
Fukuoka	1 352	1 016	336	26.9	42.6	12.8	38.2	10.6
Saga	216	182	34	24.9	44.3	7.4	41.6	6.1
Nagasaki	449	337	112	30.0	48.0	14.1	43.8	11.2
Kumamoto	498	367	131	26.9	42.0	13.4	38.4	10.2
Oita	309	221	88	25.5	38.7	13.8	34.4	10.9
Miyazaki	369	278	91	31.8	50.8	14.8	45.3	10.6
Kagoshima	482	378	104	27.2	45.5	11.1	40.0	8.4
Okinawa	350	276	74	26.1	41.9	10.8	40.5	10.1
Standard Deviation (rate to simple average [3)])				4.9 (18%)	8.1 (20%)	2.8 (21%)	7.1 (20%)	1.6 (15%)

Notes: 1) The population used in the age-adjusted death rates is modeled on a model population in 1985.

2) For age-adjusted death rates, an estimated Japanese population (by 5 years)as of October 1 was used as a denominator in calculating suicide death rates for "Total", while an estimated population (by 5 years) as of October 1 was for prefectures(including those in parenthesis).

3) A simple average means an average of 47 prefectures.

(2) Suicide death rates by method

For suicide death rates by method and prefecture in 2003, "strangulation" showed the highest in all prefectures. However, gender differences were observed in the rates. The rates ranged over 20 % from 54.7% in Gunma to 77.3% in Shimane for men, while nearly 40% from 44.6% in Okinawa to 82.4% in Saga for women.

In Okinawa and Fukui, gender difference surpassed 20%.

For suicide death rates, "strangulation" showed the highest. Among others, while "falls" occupied high rates in 14 major cities, "strangulation" and "poisoning" occupied high rates in rural areas (Table 10).

Table 10 Rates of suicide deaths by method, sex, prefecture and urban/rural, 2003

(%)

Prefecture	Male								Female							
	Total	Strangulation (X70)	Gas (X67)	Poisoning (X60-X66, X68, X69)	Drowning (X71)	Falls (X80)	Jumping (X81)	Others (X72-X79, X82-X84)	Total	Strangulation (X70)	Gas (X67)	Poisoning (X60-X66, X68, X69)	Drowning (X71)	Falls (X80)	Jumping (X81)	Others (X72-X79, X82-X84)
Hokkaido	100.0	70.2	15.7	1.5	2.3	4.1	0.9	5.3	100.0	67.2	5.5	3.4	5.5	7.1	2.1	9.2
Aomori	100.0	73.1	16.8	2.9	2.0	1.3	–	3.8	100.0	66.2	5.4	7.7	5.4	3.1	–	12.3
Iwate	100.0	65.1	20.8	2.8	3.0	4.1	0.5	3.8	100.0	72.0	2.3	6.8	9.8	3.8	0.8	4.5
Miyagi	100.0	61.2	22.8	2.1	3.2	6.0	0.9	3.8	100.0	61.2	3.3	2.6	13.2	13.2	2.0	4.6
Akita	100.0	71.5	17.8	1.6	1.4	2.5	0.8	4.4	100.0	68.2	8.4	3.9	6.5	1.9	1.9	9.1
Yamagata	100.0	71.1	16.5	2.2	1.5	2.6	1.1	5.1	100.0	70.1	7.2	3.1	7.2	4.1	1.0	7.2
Fukushima	100.0	61.3	20.4	2.5	2.5	3.4	0.9	9.2	100.0	51.1	10.8	13.7	7.9	5.8	5.0	5.8
Ibaraki	100.0	62.3	15.5	5.4	3.8	4.3	1.1	7.6	100.0	55.2	5.2	10.3	7.2	7.7	3.6	10.8
Tochigi	100.0	58.6	19.2	5.6	0.6	6.7	1.9	7.5	100.0	57.1	6.7	12.3	3.7	8.0	4.3	8.0
Gunma	100.0	54.7	19.4	7.3	1.8	7.1	2.0	7.8	100.0	61.8	5.5	12.1	9.7	7.9	0.6	2.4
Saitama	100.0	61.1	12.6	4.9	2.4	10.6	2.5	5.9	100.0	54.2	4.6	9.2	7.2	12.4	6.3	6.1
Chiba	100.0	64.5	13.6	3.3	2.0	6.2	3.1	7.3	100.0	61.2	4.5	4.8	3.7	15.7	2.8	7.3
Tokyo	100.0	61.9	6.9	2.7	2.9	15.0	4.6	6.0	100.0	47.7	2.0	6.9	4.8	26.5	6.0	6.0
Kanagawa	100.0	64.1	10.1	2.4	1.6	11.5	3.2	7.1	100.0	55.0	2.7	4.4	4.0	20.3	6.1	7.5
Niigata	100.0	71.2	13.4	4.2	2.5	2.5	0.5	5.6	100.0	63.8	2.9	7.4	9.9	4.5	2.5	9.1
Toyama	100.0	74.8	9.8	2.0	3.5	3.1	2.0	4.7	100.0	63.7	3.9	5.9	14.7	2.9	2.0	6.9
Ishikawa	100.0	68.5	15.3	4.1	1.8	4.1	1.4	5.0	100.0	60.5	6.2	4.9	7.4	13.6	1.2	6.2
Fukui	100.0	73.5	15.1	3.2	2.7	2.2	0.5	2.7	100.0	49.2	11.5	4.9	13.1	8.2	3.3	9.8
Yamanashi	100.0	61.4	15.2	5.8	1.2	5.8	1.8	8.8	100.0	59.6	7.7	3.8	17.3	7.7	–	3.8
Nagano	100.0	65.3	16.9	3.0	2.7	5.7	2.2	4.2	100.0	56.1	8.7	5.2	9.8	8.7	4.0	7.5
Gifu	100.0	70.0	14.6	1.8	1.8	6.3	0.5	5.0	100.0	57.1	8.6	10.4	2.5	11.7	2.5	7.4
Shizuoka	100.0	66.6	13.9	4.6	1.9	5.4	1.5	6.1	100.0	55.6	5.1	11.7	4.6	9.2	6.6	7.1
Aichi	100.0	67.7	11.8	1.6	2.3	7.8	1.7	7.2	100.0	58.4	5.6	4.6	7.5	13.9	4.3	5.8
Mie	100.0	69.3	14.3	1.8	3.0	6.1	1.2	4.3	100.0	65.4	3.9	9.4	7.1	3.9	3.1	7.1
Shiga	100.0	71.1	8.8	1.3	2.9	5.0	0.8	10.0	100.0	54.9	9.9	4.4	11.0	11.0	6.6	2.2
Kyoto	100.0	64.5	12.6	3.6	1.7	8.3	4.3	5.0	100.0	58.8	4.4	5.5	8.2	17.6	3.3	2.2
Osaka	100.0	64.9	9.4	2.0	1.8	13.2	3.4	5.4	100.0	53.2	3.8	5.9	5.7	20.4	4.7	6.4
Hyogo	100.0	64.1	12.1	1.6	2.2	10.2	3.2	6.6	100.0	56.4	4.0	4.8	5.7	20.7	4.2	4.2
Nara	100.0	70.4	17.4	1.9	–	3.3	0.9	6.1	100.0	55.4	2.4	9.6	7.2	12.0	10.8	2.4
Wakayama	100.0	74.5	12.5	2.7	0.5	3.3	2.2	4.3	100.0	75.9	3.4	3.4	5.7	8.0	1.1	2.3
Tottori	100.0	67.0	19.3	4.6	0.9	5.5	0.9	1.8	100.0	75.0	2.8	2.8	11.1	5.6	–	2.8
Shimane	100.0	77.3	10.5	2.3	4.1	2.9	–	2.9	100.0	80.0	1.5	4.6	7.7	3.1	–	3.1
Okayama	100.0	70.0	16.9	2.4	1.7	1.7	0.7	6.6	100.0	69.2	4.7	5.6	6.5	5.6	0.9	7.5
Hiroshima	100.0	72.2	14.9	0.4	1.9	5.1	1.1	4.4	100.0	69.1	4.6	3.4	6.3	8.6	1.7	6.3
Yamaguchi	100.0	74.9	12.4	1.3	3.3	1.7	1.3	5.0	100.0	71.7	3.5	5.3	8.8	5.3	1.8	3.5
Tokushima	100.0	66.1	11.0	4.2	6.8	2.5	2.5	6.8	100.0	59.6	8.5	14.9	10.6	2.1	2.1	2.1
Kagawa	100.0	69.8	12.2	2.9	1.2	8.1	–	5.8	100.0	61.1	–	13.0	16.7	7.4	–	1.9
Ehime	100.0	65.5	15.3	3.8	3.1	5.9	1.0	5.2	100.0	60.7	6.5	5.6	7.5	14.0	–	5.6
Kochi	100.0	65.7	17.7	5.1	1.1	2.9	1.1	6.3	100.0	59.0	6.6	13.1	8.2	3.3	1.6	8.2
Fukuoka	100.0	65.4	16.1	3.3	3.1	4.7	1.6	5.7	100.0	56.5	8.0	7.1	6.5	13.1	1.8	6.8
Saga	100.0	66.5	15.9	5.5	1.6	2.7	0.5	7.1	100.0	82.4	2.9	2.9	2.9	2.9	2.9	2.9
Nagasaki	100.0	73.9	11.3	3.3	3.0	3.0	0.3	5.3	100.0	63.4	4.5	5.4	8.0	6.3	1.8	10.7
Kumamoto	100.0	65.4	15.5	6.5	1.6	5.7	1.6	3.5	100.0	58.8	9.2	9.2	4.6	9.2	3.8	5.3
Oita	100.0	68.8	17.2	1.4	2.7	4.1	1.8	4.1	100.0	58.0	3.4	8.0	8.0	5.7	6.8	10.2
Miyazaki	100.0	71.9	13.7	5.8	1.4	2.9	0.7	3.6	100.0	72.5	1.1	9.9	2.2	5.5	1.1	7.7
Kagoshima	100.0	73.3	12.2	5.0	2.4	3.2	–	4.0	100.0	69.2	3.8	10.6	1.9	11.5	–	2.9
Okinawa	100.0	74.6	9.8	2.2	3.6	5.1	–	4.7	100.0	44.6	4.1	8.1	9.5	27.0	–	6.8
(Duplicated)																
14 Major cities	100.0	63.6	10.0	2.2	2.6	12.6	3.0	6.0	100.0	52.7	3.6	5.5	5.0	23.4	4.3	5.5
Urban areas	100.0	65.9	14.3	2.9	2.3	6.8	2.0	5.9	100.0	58.5	5.5	6.3	6.9	12.0	4.0	6.8
Rural areas	100.0	70.1	14.9	3.9	2.1	2.8	0.8	5.3	100.0	65.3	4.5	8.6	7.5	5.5	2.1	6.6

Note: Numbers in parentheses indicate those in "ICD-10"' (See "2 Definition of terms" on p 15).

9. Suicide by occupation and industry (Special report of vital statistics in FY 2000 : occupational and industrial aspects)

According to demographic statistics by occupation and industry conducted in the year of national census, suicide death rates (per 100,000 population) in 2000 were 32.9 and 8.9 for workers as a whole, and 70.8 and 21.9 for unemployed men and women respectively, suggesting a remarkably high rate for unemployed men.

For suicide death rates of workers by occupation, "agricultural, forestry and fisheries workers" and "service worker" showed high rates (Table 11).

For rates by industry, "primary industry" showed high rates for both sexes (Table 12).

Table 11 Numbers and rates (per 100,000 population) of suicide deaths among those ages 15 and older by occupation (major group), 2000

Occupation (major group)	Male		Female	
	Numbers of deaths	Death rates (per 100,000 population)	Numbers of deaths	Death rates (per 100,000 population)
Total	22 048	42.3	8 643	15.7
Total number of workers	12 146	32.9	2 260	8.9
A Professional and technical workers	1 679	35.6	247	6.7
B Managers and officials	671	42.3	64	*32.3
C Clerical and related workers	892	19.7	271	3.6
D Sales workers	1 223	20.3	212	6.2
E Service workers	988	51.1	302	8.5
F Protective service workers	230	24.3	11	*21.6
G Agricultural, forestry and fisheries workers	975	54.2	237	17.6
H Workers transport and communications occupations	754	35.2	30	*27.9
I Produdction process workers and laborers	2 086	16.2	182	3.4
J Workers not classifiable by occupation	2 648	…	704	…
Unemployed	9 902	70.8	6 383	21.9

Notes: 1) "J Workers not classifiable by occupation" includes those whose employment status is unknown.
2) For numbers with *, it should be noted that values are especially unstable due to small numbers under 100.

Table12 Numbers and rates (per 100,000 population) of suicide deaths among those ages of 15 and over by industry (major group), 2000

Industry (major group)	Male		Female	
	Numbers of deaths	Death rates (per 100,000 population)	Numbers of deaths	Death rates (per 100,000 population)
Total	22 048	42.3	8 643	15.7
Total number of workers	12 146	32.9	2 260	8.9
Primary industry	1 134	63.6	270	19.5
A Agriculture	961	62.5	251	19.1
B Forestry	53	*95.4	3	*26.0
C Fisheries	120	63.4	16	*25.2
Secondary industry	3 205	24.2	289	5.7
D Mining	105	233.5	16	*192.5
E Construction	1 721	32.4	70	*7.5
F Manufacturing	1 379	17.5	203	4.9
Tertiary industry	4 639	21.5	883	4.7
G Electricity, gas, heat supply and water	245	81.1	20	*40.3
H Transport and communications	829	26.2	47	*6.4
I Wholesale and retail trade, and eating and drinking places	1 229	17.6	246	3.4
J Financing and insurance	129	15.3	23	*2.5
K Real estate	115	25.4	16	*5.5
L Services	1 616	19.8	461	5.1
M Government not elsewhere classified	476	29.2	70	*13.6
N Establishment not adequately descried	3 168	…	818	…
Unemployed	9 902	70.8	6 383	21.9

Notes: 1) "N Establishment not adequately descried" includes those whose employment status is unknown.
2) For numbers with *, it should be noted that values are especially unstable due to small numbers under 100.

For suicide death rates by industry and method, “strangulation” was the highest for both sexes, while “poisoning” was higher in “Agricultural, forestry and fisheries workers” and “gas” in “Workers transport and communications occupations” (Table 13).

Table 13 Ratios of suicide deaths by sex, occupation (major group) and method among those 15 years and older, 2000

(%)

Occupation (major group)	Total	Strangulation (X70)	Gas (X67)	Poisoning (X60–X66, X68, X69)	Drowning (X71)	Falls (X80)	Jumping (X81)	Others (X72–X79, X82–X84)
Male	100.0	72.6	5.7	3.8	2.3	7.9	1.8	5.9
Total number of workers	100.0	72.7	7.3	3.6	2.3	7.0	1.4	5.7
A Professional and technical workers	100.0	75.7	6.1	3.4	2.0	6.6	0.7	5.7
B Managers and officials	100.0	77.2	6.1	3.0	1.2	5.2	1.3	6.0
C Clerical and related workers	100.0	67.3	7.4	2.5	3.0	11.1	2.5	6.3
D Sales workers	100.0	72.2	8.5	2.5	1.6	7.1	0.9	7.1
E Service workers	100.0	73.9	8.1	3.0	1.7	6.2	1.4	5.7
F Protective service workers	100.0	73.5	5.2	1.3	1.3	7.0	2.6	9.1
G Agricultural, forestry and fisheries workers	100.0	75.3	4.6	12.3	1.7	1.8	—	4.2
H Workers transport and communications occupations	100.0	68.3	14.7	2.0	2.9	6.0	1.2	4.9
I Produdction process workers and laborers	100.0	73.0	9.4	3.6	2.1	5.2	1.0	5.7
J Workers not classifiable by occupation	100.0	71.3	4.8	2.5	3.1	10.1	2.7	5.4
Unemployed	100.0	72.5	3.7	3.9	2.5	9.0	2.2	6.2
Female	100.0	63.1	1.5	6.9	7.0	12.6	2.7	6.2
Total number of workers	100.0	59.4	2.8	8.3	5.8	15.0	2.7	5.9
A Professional and technical workers	100.0	52.6	2.0	7.7	4.5	22.7	4.0	6.5
B Managers and officials	100.0	56.3	3.1	10.9	7.8	12.5	3.1	6.3
C Clerical and related workers	100.0	57.2	2.6	6.6	5.9	18.8	3.7	5.2
D Sales workers	100.0	62.3	5.2	6.1	6.1	11.3	1.9	7.1
E Service workers	100.0	67.2	3.3	5.3	7.0	11.6	1.7	4.0
F Protective service workers	100.0	81.8	—	9.1	—	9.1	—	—
G Agricultural, forestry and fisheries workers	100.0	66.2	0.4	21.5	4.2	1.3	1.3	5.1
H Workers transport and communications occupations	100.0	66.7	10.0	3.3	3.3	6.7	3.3	6.7
I Produdction process workers and laborers	100.0	65.9	5.5	7.7	3.8	8.8	1.1	7.1
J Workers not classifiable by occupation	100.0	54.1	2.1	6.8	6.8	20.2	3.6	6.4
Unemployed	100.0	64.4	1.1	6.4	7.3	11.8	2.6	6.4

Notes: 1) “J Workers not classifiable by occupation” includes those whose employment status is unknown.
2) Numbers in parentheses indicate those in ‘ICD-10’ (See ‘2 Definition of terms’ on p 15).

10. State during 1994-2003

(1) Suicide by age

For suicide death rates by sex and age group (by 5 years), a major high with a plateau for those in their fifties was observed for men. While 2 highs in 1994-1997 and after 1998 were observed for those between their twenties and sixties, a slight increase was observed in 2003 for those in their thirties and forties.

For women, on the other hand, an increase with age was observed in every group (Figure 11 and Table 14).

Figure 11 Annual comparisons of suicide death rates by sex and age (by 5 years)

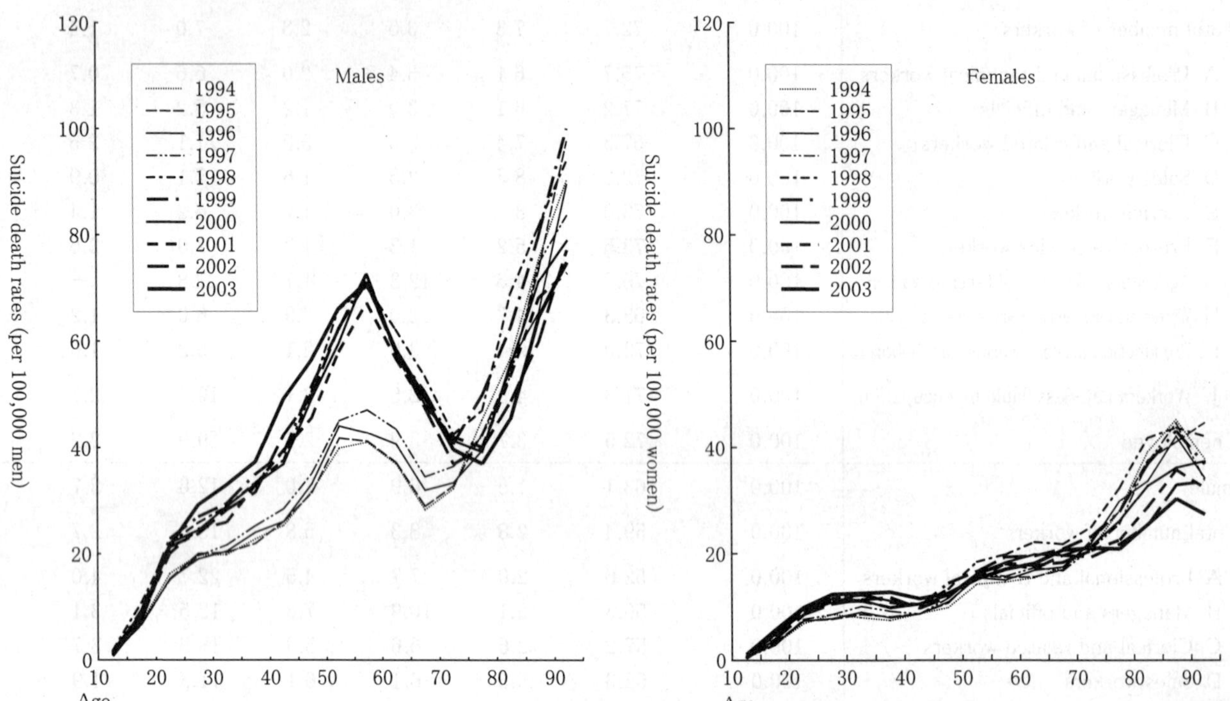

Table 14 Trends of suicide death rates (per 100,000 population) by sex and age group (by 5 years)

Age group	Male										Female									
	1994	1995	1996	1997	1998	1999	2000	2001	2002	2003	1994	1995	1996	1997	1998	1999	2000	2001	2002	2003
Total	23.1	23.4	24.3	26.0	36.5	36.5	35.2	34.2	35.2	38.0	10.9	11.3	11.5	11.9	14.7	14.1	13.4	12.9	12.8	13.5
Ages 10-14	1.4	1.1	1.1	0.9	1.8	1.3	1.7	1.2	0.8	1.0	0.5	0.6	0.6	0.5	0.8	0.9	0.5	0.7	0.4	1.1
15-19	7.1	6.6	6.7	6.9	10.8	9.3	8.8	8.4	7.6	8.8	3.0	3.3	3.0	2.8	4.8	4.8	3.8	4.7	3.9	5.6
20-24	16.3	15.3	15.3	15.1	21.9	22.8	22.0	20.1	21.3	21.5	6.9	7.4	7.4	7.7	9.6	9.4	9.7	9.1	8.6	9.9
25-29	19.7	20.0	19.0	19.6	25.8	26.9	24.4	24.6	23.7	29.2	8.6	7.7	7.8	8.6	11.7	10.7	11.5	11.0	10.6	12.4
30-34	19.8	20.2	20.4	21.6	28.8	29.4	28.8	25.9	28.2	32.9	8.0	8.6	9.0	10.1	12.2	12.5	11.3	11.1	11.4	12.6
35-39	22.7	21.9	24.0	25.2	33.3	34.9	33.0	32.8	31.5	37.2	7.5	8.2	8.0	9.2	11.2	10.9	9.8	9.9	11.8	12.8
40-44	25.3	26.0	26.0	28.4	37.5	38.9	36.8	39.4	42.3	49.0	8.8	8.8	8.7	8.7	10.5	10.2	10.5	10.6	9.8	11.6
45-49	31.7	31.4	33.1	35.0	50.4	51.4	49.0	45.5	49.6	56.3	9.9	10.8	11.0	11.7	13.4	14.5	12.2	12.4	11.9	12.6
50-54	39.8	41.7	44.0	45.0	65.8	62.1	59.5	57.9	62.3	66.0	14.3	15.8	15.5	16.1	18.5	16.7	16.3	15.3	16.2	15.3
55-59	40.9	41.1	42.7	47.0	70.2	72.6	72.5	67.1	71.0	71.1	14.7	15.6	15.1	15.8	19.9	19.4	18.4	18.2	18.1	17.1
60-64	36.8	37.1	40.6	43.4	62.1	57.9	58.2	56.7	57.9	58.4	15.5	15.7	16.9	17.4	22.2	19.6	19.9	17.8	17.2	18.2
65-69	28.2	28.9	31.9	34.4	53.3	50.4	48.1	47.8	47.4	49.4	17.5	17.0	17.5	16.8	21.8	20.9	19.7	18.4	19.7	20.7
70-74	32.2	32.7	33.3	36.4	42.4	40.6	41.2	41.9	36.8	39.5	20.9	22.5	22.0	20.9	25.0	23.2	21.4	20.6	19.4	21.1
75-79	45.2	42.5	39.3	42.1	46.9	49.8	39.1	40.0	39.8	36.9	28.1	28.0	29.9	25.6	32.4	27.9	26.2	22.6	21.8	20.9
80-84	56.8	54.4	56.0	53.4	68.9	62.5	55.4	53.5	48.7	45.5	39.2	37.6	33.7	37.2	41.8	36.9	32.8	28.8	25.4	25.5
85-89	75.2	73.1	65.3	74.5	81.4	79.6	71.1	68.1	60.0	64.5	45.2	41.0	42.1	44.6	43.7	43.1	36.2	35.8	33.0	30.3
90-	90.2	97.5	89.4	83.6	93.9	100.0	78.8	72.8	77.1	74.8	37.9	44.6	34.3	33.8	42.1	36.9	37.4	32.4	33.6	27.4

Note : Total numbers includes ages 5-9 and unknown.

(2) Suicide by method

According to annual statistics for suicide death rates by method, “strangulation” accounted for around 70% for men and 60% for women since 1998, but reduced in 2003, while “gas” increased rapidly (Figure 12).

Figure 12 Annual suicide death rates by method

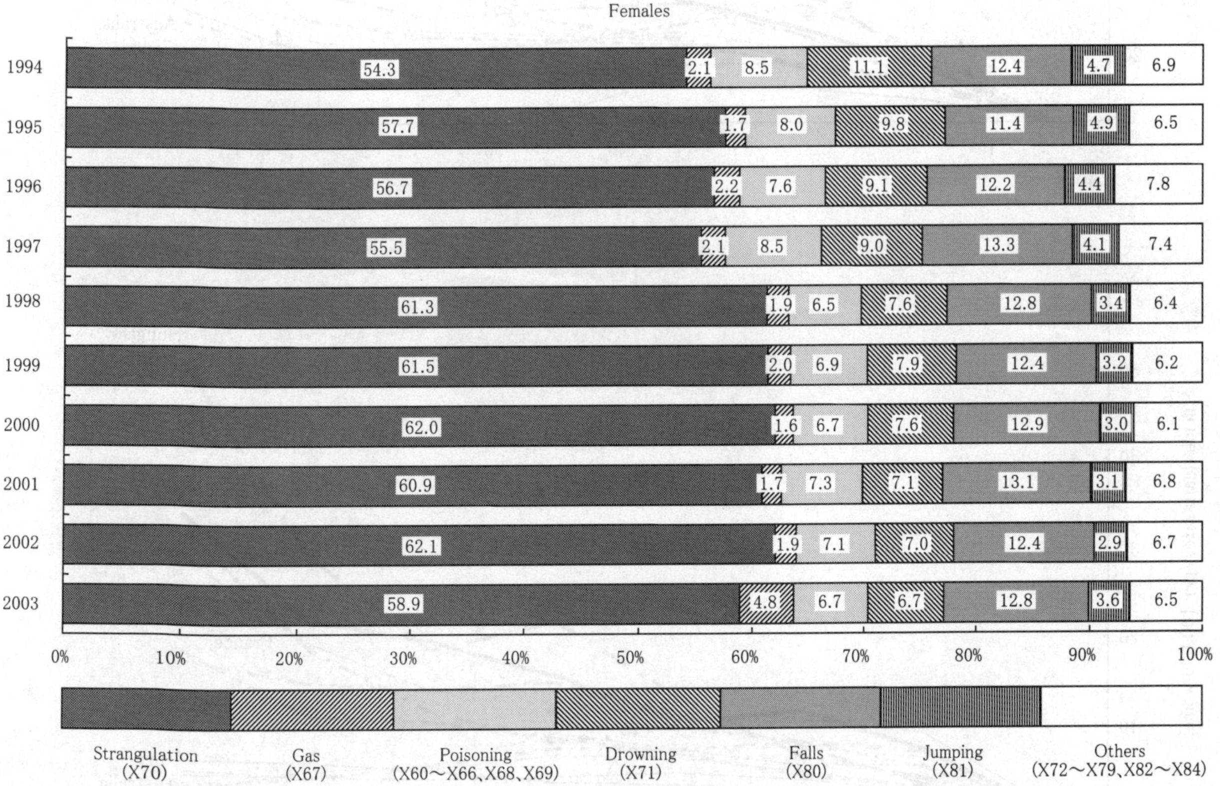

Note: Numbers in parentheses indicate those in “ICD-10” (See “2 Definition of terms” on p15).

11. Suicide death rates in other countries

For suicide death rates in foreign countries (per 100,000 population), Russia (70.6), Hungary (51.5) and Japan (36.5) show high rates, while Italy (11.1), UK (11.8) and US (17.6) show lower rates.

For females, Hungary (15.4), Japan (14.1) and Russia (11.9) show high rates, while UK (3.3), Italy (3.4) and US (4.1) show lower rates.

For suicide death rates by age, Japan showed the highest for men in the 55–64 age group, while Russia showed the highest in the 45–54 age group, and Hungary showed the highest for those 75 years and older. Rates for Russia and Hungary surpassed those of Japan in all age groups.

For females, Russia and Japan showed an upward trend with age, while Hungary showed a high for those in the 45–54 age group (Figure 13, 14, Table 15).

Figure 13　International comparison of suicide death rates by sex and age group (by 10 years) (per 100,000 population), 1999

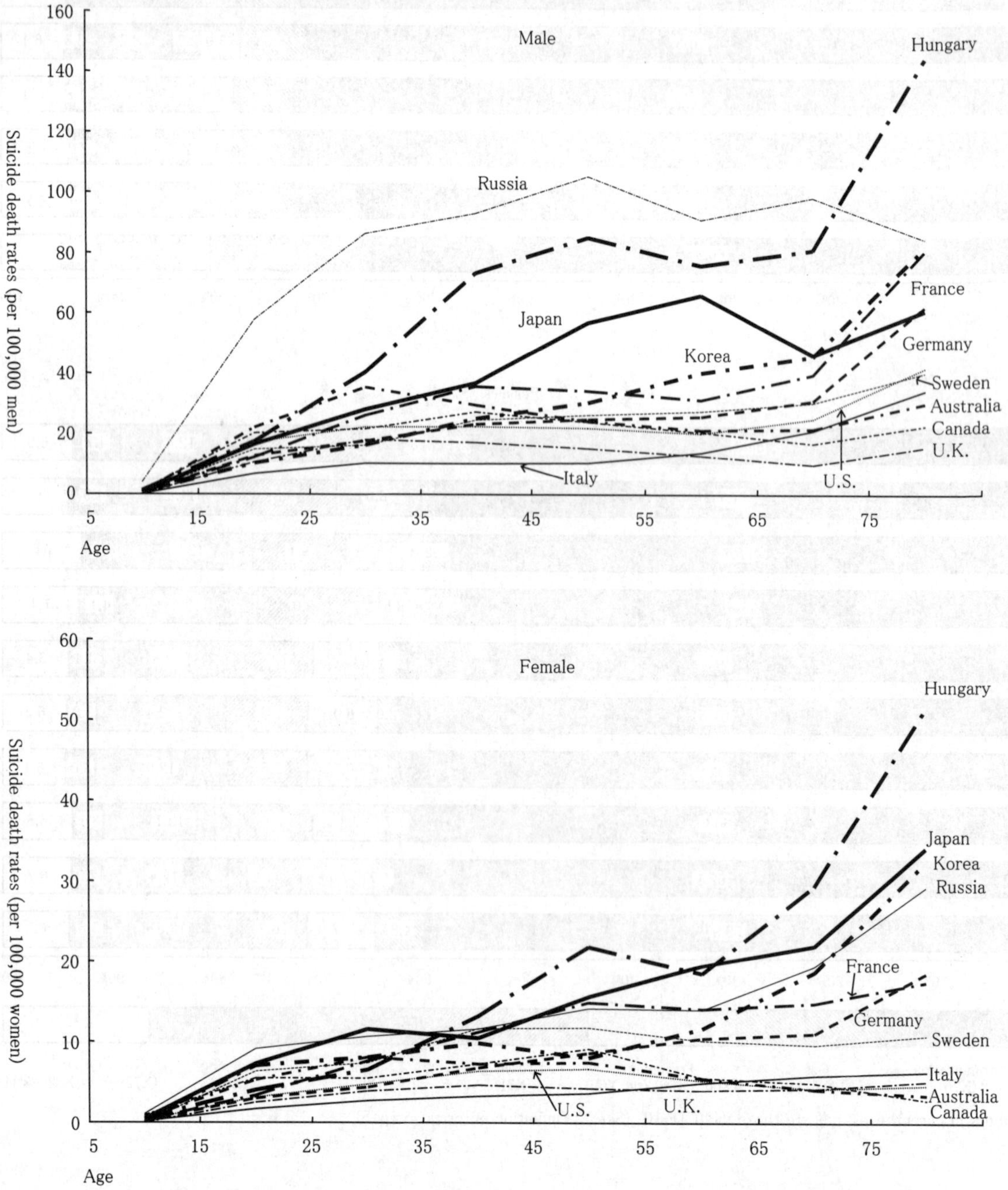

Table 15 International comparison of suicide death rates (per 100,000 population), by sex and age group (by 10 years), 1999

Age	Japan	Korea	Australia	US	Canada	France	Germany	Italy	UK	Hungary	Sweden	Russia
						Total						
Total	25.0	13.6	13.1	10.7	11.7	17.5	13.6	7.1	7.5	32.6	13.8	39.4
Ages 5-14	0.6	0.4	0.6	0.6	1.1	0.4	0.4	0.1	0.1	0.9	0.3	2.6
15-24	12.0	8.7	13.9	10.3	13.0	7.9	8.0	4.3	6.7	10.9	10.7	33.7
25-34	19.9	12.3	21.8	13.4	13.7	16.9	11.2	6.5	11.1	23.8	11.9	49.2
35-44	23.8	17.7	18.4	14.4	17.4	23.4	15.3	6.8	11.1	43.1	18.3	51.8
45-54	36.2	19.3	16.0	14.2	16.6	24.6	16.9	7.1	9.8	52.3	19.2	57.2
55-64	42.1	25.2	13.5	12.4	13.0	22.5	18.0	9.3	8.3	43.9	18.9	46.5
65-74	33.1	29.4	12.5	13.6	10.5	25.9	19.8	12.7	6.8	49.8	19.3	47.6
75-	43.4	48.1	13.7	18.5	10.3	39.7	31.3	16.2	8.8	81.8	22.1	41.7
						Male						
Total	36.5	18.8	21.2	17.6	18.4	26.1	20.2	11.1	11.8	51.5	19.7	70.6
Ages 5-14	0.7	0.6	0.7	1.0	1.4	0.5	0.6	0.1	0.1	1.3	0.5	4.0
15-24	16.5	10.2	22.1	17.2	20.2	12.3	12.7	6.8	10.6	17.5	14.8	57.7
25-34	28.1	16.3	35.4	22.2	21.7	26.1	17.7	10.3	18.1	40.4	16.2	86.3
35-44	36.9	25.1	29.6	22.5	27.4	35.8	23.3	10.3	17.3	73.3	24.7	93.1
45-54	56.9	30.4	24.3	22.0	24.0	34.3	24.9	10.5	15.3	85.0	26.3	105.3
55-64	65.9	40.2	21.3	20.2	20.6	31.3	25.8	13.9	12.8	75.8	27.6	90.8
65-74	46.1	45.6	21.7	25.0	16.9	39.6	31.0	21.2	9.8	80.8	30.4	98.1
75-	60.7	81.5	30.1	41.7	22.7	80.4	62.0	34.3	15.5	143.9	40.2	84.4
						Female						
Total	14.1	8.3	5.1	4.1	5.2	9.4	7.3	3.4	3.3	15.4	8.0	11.9
Ages 5-14	0.5	0.3	0.5	0.3	0.9	0.2	0.2	0.2	0.0	0.5	0.0	1.1
15-24	7.3	7.0	5.3	3.1	5.5	3.4	3.0	1.7	2.5	4.0	6.3	9.1
25-34	11.6	8.1	8.1	4.8	5.5	7.7	4.4	2.7	3.9	6.5	7.4	10.6
35-44	10.5	9.9	7.3	6.4	7.3	11.2	6.8	3.3	4.7	13.2	11.7	11.6
45-54	15.6	8.1	7.5	6.7	9.2	14.9	8.7	3.7	4.3	21.9	11.8	14.2
55-64	19.5	11.7	5.5	5.2	5.6	14.1	10.5	5.0	4.0	18.5	10.2	14.0
65-74	22.0	18.7	4.1	4.2	4.9	14.8	11.1	5.9	4.2	29.4	9.7	19.4
75-	34.1	32.4	3.4	4.6	2.8	17.5	18.5	6.3	5.1	51.4	10.8	29.2

Source: WHO "World Health Statistics Annual 1999, 2000"
Note: Numbers for Canada, Hungary, Korea and Russia are according to data in 2000.

Figure 14 International comparison of trend of suicide death rates by sex (per 100,000 population)

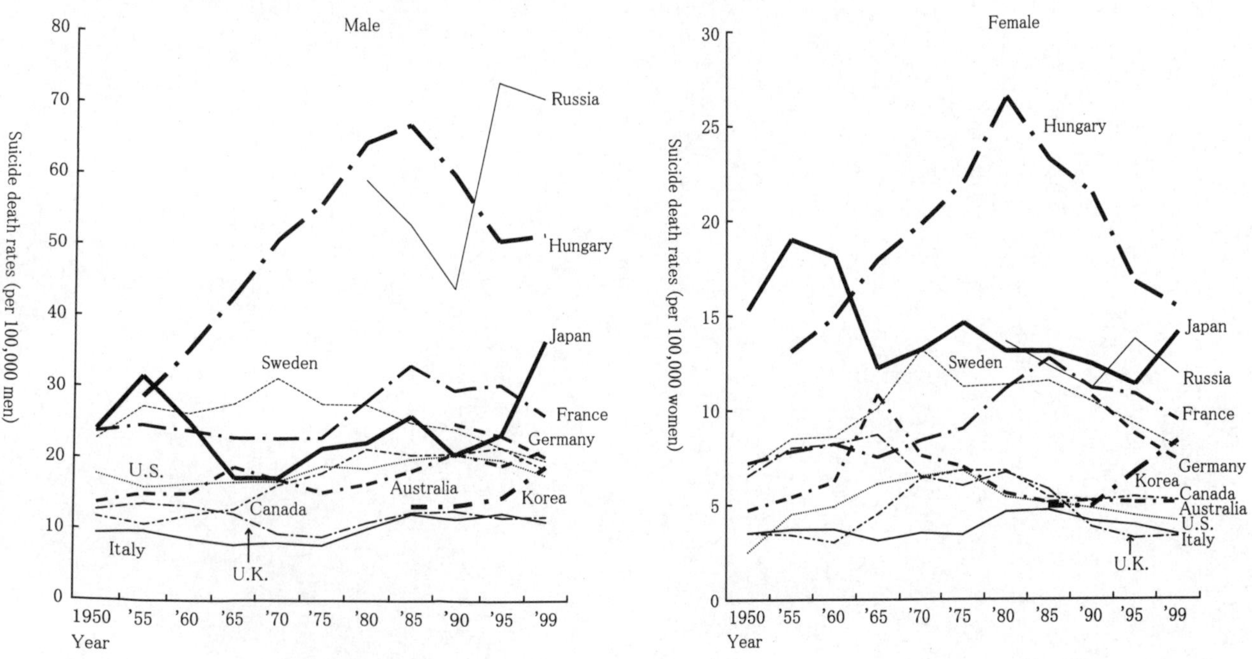

Source: WHO "World Health Statistics Annual"
Note: Data for 1999 for Canada, Hungary, Korea and Russia indicate those in 2000.

Ⅲ　統計表及び解析表

PartⅢ　Statistical and Analytical tables

表 章 記 号 の 規 約
Symbols used in tables

—	計数のない場合 Magnitude zero
…	計数不明の場合 Data not available
•	統計項目のありえない場合 Category not applicable
0. 0 0. 00	単位の２分の１未満の場合 Magnitude not zero,but less than half of unit employed

第１表　総死亡数・死亡率（人口10万対）・

年次		全死因		自			殺		
		総数		総数		男		女	
		死亡数	死亡率	死亡数	死亡率	死亡数	死亡率	死亡数	死亡率
1899	明治32年	932 087	2 147.5	5 932	13.7	3 699	16.9	2 233	10.4
1900	33	910 744	2 077.1	5 863	13.4	3 716	16.9	2 147	9.9
01	34	925 810	2 087.1	7 847	17.7	4 872	21.8	2 974	13.5
02	35	959 126	2 133.1	8 059	17.9	4 986	22.1	3 073	13.7
03	36	931 008	2 044.1	8 814	19.4	5 547	24.2	3 267	14.4
04	37	955 400	2 070.9	8 966	19.4	5 585	24.1	3 381	14.7
05	38	1 004 661	2 155.0	8 089	17.4	5 020	21.4	3 069	13.2
06	39	955 256	2 030.8	7 657	16.3	4 665	19.8	2 992	12.8
07	40	1 016 798	2 144.4	7 999	16.9	4 836	20.3	3 163	13.4
08	41	1 029 447	2 146.2	8 324	17.4	5 100	21.2	3 224	13.5
09	42	1 091 264	2 247.5	9 141	18.8	5 735	23.6	3 405	14.1
10	43	1 064 234	2 163.8	9 372	19.1	5 928	24.0	3 444	14.0
11	44	1 043 906	2 094.0	9 373	18.8	5 847	23.4	3 526	14.2
12	大正元年	1 037 016	2 050.4	9 475	18.7	5 955	23.5	3 520	14.0
13	2	1 027 257	2 002.3	10 367	20.2	6 474	25.2	3 893	15.2
14	3	1 101 815	2 117.3	10 902	20.9	6 894	26.4	4 008	15.5
15	4	1 093 793	2 073.5	10 153	19.2	6 503	24.6	3 650	13.9
16	5	1 187 832	2 220.4	9 599	17.9	6 065	22.6	3 534	13.3
17	6	1 199 669	2 216.1	9 254	17.1	5 724	21.1	3 530	13.1
18	7	1 493 162	2 727.8	10 101	18.5	6 147	22.4	3 954	14.5
19	8	1 281 965	2 329.4	9 924	18.0	6 158	22.3	3 766	13.7
20	9	1 422 096	2 541.1	10 630	19.0	6 521	23.3	4 109	14.7
21	10	1 288 570	2 274.0	11 358	20.0	6 923	24.4	4 435	15.7
22	11	1 286 941	2 242.4	11 546	20.1	6 984	24.3	4 562	16.0
23	12	1 332 485	2 292.7	11 488	19.8	7 065	24.2	4 423	15.3
24	13	1 254 946	2 131.5	11 261	19.1	6 958	23.5	4 303	14.7
25	14	1 210 706	2 026.7	12 249	20.5	7 521	25.1	4 728	15.9
26	昭和元年	1 160 734	1 911.0	12 484	20.6	7 675	25.1	4 805	15.9
27	2	1 214 323	1 969.4	12 845	20.8	7 912	25.5	4 933	16.1
28	3	1 236 711	1 975.7	13 032	20.8	7 984	25.4	5 048	16.2
29	4	1 261 228	1 987.4	12 740	20.1	7 915	24.8	4 825	15.3
30	5	1 170 867	1 816.7	13 942	21.6	8 810	27.2	5 132	16.0
31	6	1 240 891	1 895.7	14 353	21.9	9 102	27.7	5 251	16.1
32	7	1 175 344	1 769.2	14 746	22.2	9 272	27.8	5 474	16.5
33	8	1 193 987	1 770.7	14 805	22.0	9 110	26.9	5 695	17.0
34	9	1 234 684	1 807.5	14 554	21.3	9 065	26.4	5 489	16.1
35	10	1 161 936	1 677.8	14 172	20.5	8 733	25.1	5 438	15.8
36	11	1 230 278	1 754.7	15 423	22.0	9 766	27.8	5 657	16.2
37	12	1 207 899	1 710.2	14 295	20.2	8 923	25.4	5 372	15.1
38	13	1 259 805	1 774.1	12 223	17.2	7 585	21.6	4 638	12.9
39	14	1 268 760	1 777.5	10 785	15.1	6 502	18.5	4 283	11.8
40	15	1 186 595	1 649.6	9 877	13.7	5 841	16.5	4 036	11.0
41	16	1 149 559	1 603.7	9 713	13.6	5 667	16.3	4 046	10.9
42	17	1 166 630	1 611.7	9 393	13.0	5 498	15.8	3 895	10.4
43	18	1 219 073	1 672.6	8 784	12.1	5 115	14.7	3 669	9.6
47	22	1 138 238	1 457.4	12 262	15.7	7 108	18.6	5 154	12.9
48	23	950 610	1 188.2	12 753	15.9	7 331	18.7	5 422	13.3
49	24	945 444	1 156.2	14 201	17.4	8 391	20.9	5 810	13.9
50	25	904 876	1 087.6	16 311	19.6	9 820	24.1	6 491	15.3
51	26	838 998	992.0	15 415	18.2	9 035	21.8	6 380	14.8

注：1）昭和18年のみ樺太を含む。
2）昭和19～21年は資料不備のため省略した。
3）昭和18年以前及び昭和48年以降は沖縄県を含む。
4）総数には、性別「不詳」を含む。

自殺死亡数・死亡率（人口10万対）の年次推移

年	次	全死因 総数 死亡数	全死因 総数 死亡率	自殺 総数 死亡数	自殺 総数 死亡率	自殺 男 死亡数	自殺 男 死亡率	自殺 女 死亡数	自殺 女 死亡率
1952	昭和27年	765 068	891.1	15 776	18.4	9 171	21.8	6 605	15.1
53	28	772 547	887.6	17 731	20.4	10 450	24.4	7 281	16.4
54	29	721 491	817.2	20 635	23.4	12 641	29.1	7 994	17.8
55	30	693 523	776.8	22 477	25.2	13 836	31.5	8 641	19.0
56	31	724 460	802.6	22 107	24.5	13 222	29.8	8 885	19.4
57	32	752 445	826.1	22 136	24.3	13 276	29.7	8 860	19.1
58	33	684 189	743.6	23 641	25.7	13 895	30.7	9 746	20.8
59	34	689 959	742.1	21 090	22.7	12 179	26.6	8 911	18.9
60	35	706 599	756.4	20 143	21.6	11 506	25.1	8 637	18.2
61	36	695 644	737.8	18 446	19.6	10 333	22.3	8 113	16.9
62	37	710 265	746.2	16 724	17.6	9 541	20.4	7 183	14.8
63	38	670 770	697.6	15 490	16.1	8 923	18.9	6 567	13.4
64	39	673 067	692.6	14 707	15.1	8 336	17.5	6 371	12.9
65	40	700 438	712.7	14 444	14.7	8 330	17.3	6 114	12.2
66	41	670 342	676.7	15 050	15.2	8 450	17.4	6 600	13.1
67	42	675 006	677.5	14 121	14.2	7 940	16.2	6 181	12.2
68	43	686 555	681.1	14 601	14.5	8 174	16.5	6 427	12.5
69	44	693 787	680.0	14 844	14.5	8 241	16.4	6 603	12.7
70	45	712 962	691.4	15 728	15.3	8 761	17.3	6 967	13.3
71	46	684 521	656.0	16 239	15.6	9 157	17.9	7 082	13.3
72	47	683 751	646.6	18 015	17.0	10 231	19.7	7 784	14.4
73	48	709 416	656.4	18 859	17.4	10 730	20.2	8 129	14.8
74	49	710 510	649.4	19 105	17.5	10 723	20.0	8 382	15.0
75	50	702 275	631.2	19 975	18.0	11 744	21.5	8 231	14.6
76	51	703 270	625.6	19 786	17.6	11 744	21.2	8 042	14.1
77	52	690 074	608.0	20 269	17.9	12 299	22.0	7 970	13.8
78	53	695 821	607.6	20 199	17.6	12 409	22.0	7 790	13.4
79	54	689 664	597.3	20 823	18.0	12 851	22.6	7 972	13.6
80	55	722 801	621.4	20 542	17.7	12 769	22.3	7 773	13.1
81	56	720 262	614.5	20 096	17.1	12 708	22.0	7 388	12.4
82	57	711 883	603.2	20 668	17.5	13 203	22.7	7 465	12.5
83	58	740 038	623.0	24 985	21.0	16 876	28.9	8 109	13.4
84	59	740 247	619.3	24 344	20.4	16 251	27.6	8 093	13.3
85	60	752 283	625.5	23 383	19.4	15 356	26.0	8 027	13.1
86	61	750 620	620.6	25 667	21.2	16 499	27.8	9 168	14.9
87	62	751 172	618.1	23 831	19.6	15 281	25.6	8 550	13.8
88	63	793 014	649.9	22 795	18.7	14 290	23.8	8 505	13.7
89	平成元年	788 594	644.0	21 125	17.3	12 939	21.5	8 186	13.1
90	2	820 305	668.4	20 088	16.4	12 316	20.4	7 772	12.4
91	3	829 797	674.1	19 875	16.1	12 477	20.6	7 398	11.8
92	4	856 643	693.8	20 893	16.9	13 516	22.3	7 377	11.7
93	5	878 532	709.7	20 516	16.6	13 540	22.3	6 976	11.1
94	6	875 933	706.0	20 923	16.9	14 058	23.1	6 865	10.9
95	7	922 139	741.9	21 420	17.2	14 231	23.4	7 189	11.3
96	8	896 211	718.6	22 138	17.8	14 853	24.3	7 285	11.5
97	9	913 402	730.9	23 494	18.8	15 901	26.0	7 593	11.9
98	10	936 484	747.7	31 755	25.4	22 349	36.5	9 406	14.7
99	11	982 031	782.9	31 413	25.0	22 402	36.5	9 011	14.1
2000	12	961 653	765.6	30 251	24.1	21 656	35.2	8 595	13.4
01	13	970 331	770.7	29 375	23.3	21 085	34.2	8 290	12.9
02	14	982 379	779.6	29 949	23.8	21 677	35.2	8 272	12.8
03	15	1 014 951	804.6	32 109	25.5	23 396	38.0	8 713	13.5

第２表　性・年齢（５歳階級）別自殺死亡数・死亡率（人口10万対）の

第２表（２－１）　　（自殺死亡数・総数）

年齢階級	大正９年	14年	昭和５年	10年	15年	25年	30年	35年	40年	45年	50年	55年
総数	**10 630**	**12 249**	**13 942**	**14 172**	**9 877**	**16 311**	**22 477**	**20 143**	**14 444**	**15 728**	**19 975**	**20 542**
0～ 4歳	－	－	－	－	－	－	－	－	－	－	－	－
5～ 9	－	－	－	－	－	－	3	1	－	－	1	2
10～14	109	112	93	77	56	2	88	62	46	55	88	53
15～19	1 138	1 293	1 419	1 524	703	1 310	2 735	2 217	806	702	768	599
20～24	1 485	1 836	2 095	2 403	1 109	2 804	5 496	4 269	1 884	1 853	1 933	1 401
25～29	1 093	1 232	1 385	1 508	1 125	1 649	3 139	2 845	1 670	1 688	2 218	1 745
30～34	740	839	970	1 034	765	1 034	1 448	1 495	1 202	1 275	1 786	1 864
35～39	767	780	845	844	652	919	1 015	940	990	1 254	1 550	1 799
40～44	749	839	853	735	647	862	936	775	701	977	1 668	1 830
45～49	636	898	1 033	874	602	1 033	1 055	954	764	869	1 500	1 983
50～54	608	842	1 022	965	725	1 021	1 082	1 057	891	894	1 195	1 695
55～59	678	735	952	946	706	1 103	1 128	1 087	962	1 052	1 080	1 341
60～64	1 395	1 493	1 732	893	733	1 150	1 070	1 151	1 087	1 074	1 263	1 099
65～69				793	684	1 201	1 046	1 104	1 090	1 194	1 276	1 273
70～74	989	1 086	1 220	1 199	638	1 010	974	948	935	1 111	1 318	1 350
75～79					411	672	730	688	727	846	1 149	1 187
80～84	243	249	310	367	224	297	350	398	480	474	711	777
85～					97	134	167	141	201	284	335	418
不詳	－	15	13	10	－	110	15	11	8	126	136	126
（再掲）65～	…	…	…	2 359	2 054	3 314	3 267	3 279	3 433	3 909	4 789	5 005

（自殺死亡数・男）

年齢階級	大正９年	14年	昭和５年	10年	15年	25年	30年	35年	40年	45年	50年	55年
総数	**6 521**	**7 521**	**8 810**	**8 733**	**5 841**	**9 820**	**13 836**	**11 506**	**8 330**	**8 761**	**11 744**	**12 769**
0～ 4歳	－	－	－	－	－	－	－	－	－	－	－	－
5～ 9	－	－	－	－	－	－	3	－	－	－	1	2
10～14	62	59	51	52	34	－	55	40	32	40	64	39
15～19	498	575	730	837	428	757	1 615	1 182	480	394	506	400
20～24	867	1 083	1 246	1 453	566	1 722	3 528	2 422	1 049	994	1 177	954
25～29	719	744	859	969	698	1 016	2 067	1 804	991	987	1 403	1 195
30～34	478	517	596	590	437	576	848	858	746	763	1 145	1 294
35～39	476	507	557	540	408	533	568	515	592	790	1 023	1 237
40～44	490	553	589	462	384	534	549	422	421	599	1 128	1 292
45～49	428	610	726	583	370	656	686	534	460	482	989	1 402
50～54	422	582	751	637	444	683	725	640	518	490	677	1 113
55～59	472	538	680	661	467	773	768	707	631	602	612	810
60～64	926	960	1 137	597	478	751	679	711	684	626	707	628
65～69				507	441	677	623	619	638	637	641	604
70～74	586	639	726	670	333	569	515	504	466	552	604	637
75～79					230	324	380	325	344	394	507	528
80～84	97	140	151	169	87	117	163	165	206	205	321	336
85～					36	53	51	48	65	109	121	186
不詳	－	14	11	6	－	79	13	10	7	97	118	112
（再掲）65～	…	…	…	1 346	1 127	1 740	1 732	1 661	1 719	1 897	2 194	2 291

（自殺死亡数・女）

年齢階級	大正９年	14年	昭和５年	10年	15年	25年	30年	35年	40年	45年	50年	55年
総数	**4 109**	**4 728**	**5 132**	**5 438**	**4 036**	**6 491**	**8 641**	**8 637**	**6 114**	**6 967**	**8 231**	**7 773**
0～ 4歳	－	－	－	－	－	－	－	－	－	－	－	－
5～ 9	－	－	－	－	－	－	－	1	－	－	－	－
10～14	47	53	42	25	22	2	33	22	14	15	24	14
15～19	640	718	689	687	275	553	1 120	1 035	326	308	262	199
20～24	618	753	849	950	543	1 082	1 968	1 847	835	859	756	447
25～29	374	488	526	539	427	633	1 072	1 041	679	701	815	550
30～34	262	322	374	444	328	458	600	637	456	512	641	570
35～39	291	273	288	304	244	386	447	425	398	464	527	562
40～44	259	286	264	273	263	328	387	353	280	378	540	538
45～49	208	288	307	291	232	377	369	420	304	387	511	581
50～54	186	260	271	328	281	338	357	417	373	404	518	582
55～59	206	197	272	285	239	330	360	380	331	450	468	531
60～64	469	533	595	296	255	399	391	440	403	448	556	471
65～69				286	243	524	423	485	452	557	635	669
70～74	403	447	494	529	305	441	459	444	469	559	714	713
75～79					181	348	350	363	383	452	642	659
80～84	146	109	159	198	137	180	187	233	274	269	390	441
85～					61	81	116	93	136	175	214	232
不詳	－	1	2	3	－	31	2	1	1	29	18	14
（再掲）65～	…	…	…	1 013	927	1 574	1 535	1 618	1 714	2 012	2 595	2 714

注：１）昭和19～21年は資料不備のため省略した。
２）昭和18年以前及び昭和48年以降は沖縄県を含む。
３）総数には、性別「不詳」を含む。

年次比較 －大正９・14・昭和５・10・15・25・30・35・40・45・50・55・60・平成２・６～15年－

60年	平成２年	６年	７年	８年	９年	10年	11年	12年	13年	14年	15年	年齢階級
23 383	**20 088**	**20 923**	**21 420**	**22 138**	**23 494**	**31 755**	**31 413**	**30 251**	**29 375**	**29 949**	**32 109**	**総数**
—	—	—	—	—	—	—	—	—	—	—	—	0～ 4歳
4	—	2	—	—	4	1	1	—	1	—	1	5～ 9
81	47	74	66	64	49	93	72	74	60	37	64	10～14
453	381	453	423	400	389	610	540	473	481	410	503	15～19
1 177	928	1 157	1 115	1 110	1 089	1 455	1 426	1 331	1 186	1 182	1 211	20～24
1 303	1 065	1 215	1 202	1 228	1 322	1 801	1 844	1 740	1 702	1 596	1 868	25～29
1 496	1 095	1 086	1 157	1 159	1 288	1 711	1 787	1 740	1 698	1 852	2 173	30～34
1 920	1 278	1 187	1 164	1 230	1 328	1 730	1 788	1 717	1 689	1 763	2 082	35～39
2 270	1 728	1 606	1 558	1 478	1 514	1 897	1 920	1 830	1 920	2 011	2 352	40～44
2 614	1 981	2 062	2 227	2 458	2 505	3 227	3 090	2 713	2 446	2 486	2 708	45～49
2 740	2 019	2 430	2 539	2 502	2 677	3 914	3 850	3 934	4 004	4 126	4 030	50～54
2 125	1 937	2 154	2 228	2 314	2 578	3 785	4 032	3 915	3 493	3 796	3 989	55～59
1 473	1 651	1 881	1 937	2 151	2 299	3 184	2 896	2 967	2 890	2 977	3 117	60～64
1 314	1 348	1 395	1 437	1 584	1 677	2 504	2 413	2 348	2 342	2 410	2 529	65～69
1 394	1 325	1 140	1 250	1 331	1 450	1 799	1 773	1 788	1 831	1 692	1 870	70～74
1 341	1 373	1 088	1 100	1 128	1 116	1 390	1 417	1 295	1 306	1 361	1 349	75～79
974	1 074	1 019	1 000	989	1 038	1 264	1 129	1 063	1 013	950	973	80～84
578	772	795	840	836	949	1 090	1 129	1 056	1 061	1 062	1 053	85～
126	86	179	177	176	222	300	306	267	252	238	237	不詳
												(再掲)
5 601	5 892	5 437	5 627	5 868	6 230	8 047	7 861	7 550	7 553	7 475	7 774	65～

60年	平成２年	６年	７年	８年	９年	10年	11年	12年	13年	14年	15年	年齢階級
15 356	**12 316**	**14 058**	**14 231**	**14 853**	**15 901**	**22 349**	**22 402**	**21 656**	**21 085**	**21 677**	**23 396**	**総数**
—	—	—	—	—	—	—	—	—	—	—	—	0～ 4歳
4	—	1	—	—	2	1	—	—	1	—	—	5～ 9
55	30	54	43	41	32	65	44	58	38	25	32	10～14
310	244	323	287	279	279	427	362	335	314	276	314	15～19
829	631	824	763	757	731	1 026	1 023	938	831	855	844	20～24
933	705	853	875	879	927	1 251	1 332	1 194	1 189	1 116	1 326	25～29
1 049	757	778	817	811	885	1 211	1 263	1 259	1 199	1 327	1 584	30～34
1 364	917	895	850	926	978	1 301	1 370	1 332	1 304	1 288	1 557	35～39
1 651	1 195	1 194	1 166	1 110	1 161	1 486	1 526	1 430	1 518	1 636	1 906	40～44
1 958	1 361	1 573	1 659	1 848	1 879	2 549	2 410	2 175	1 926	2 006	2 215	45～49
1 989	1 349	1 777	1 830	1 841	1 963	3 047	3 030	3 086	3 164	3 272	3 268	50～54
1 509	1 277	1 566	1 598	1 695	1 912	2 926	3 157	3 101	2 728	3 006	3 197	55～59
867	1 006	1 294	1 334	1 490	1 609	2 304	2 126	2 176	2 166	2 263	2 341	60～64
681	716	814	862	980	1 084	1 716	1 646	1 612	1 641	1 649	1 727	65～69
706	655	582	632	702	830	1 034	1 041	1 098	1 151	1 038	1 141	70～74
653	604	550	533	502	554	645	739	634	711	764	758	75～79
435	474	458	447	475	459	599	539	506	502	476	470	80～84
252	327	356	378	362	416	488	516	478	478	469	505	85～
111	68	166	157	155	200	273	278	244	224	211	211	不詳
												(再掲)
2 727	2 776	2 760	2 852	3 021	3 343	4 482	4 481	4 328	4 483	4 396	4 601	65～

60年	平成２年	６年	７年	８年	９年	10年	11年	12年	13年	14年	15年	年齢階級
8 027	**7 772**	**6 865**	**7 189**	**7 285**	**7 593**	**9 406**	**9 011**	**8 595**	**8 290**	**8 272**	**8 713**	**総数**
—	—	—	—	—	—	—	—	—	—	—	—	0～ 4歳
—	—	1	—	—	2	—	1	—	—	—	1	5～ 9
26	17	20	23	23	17	28	28	16	22	12	32	10～14
143	137	130	136	121	110	183	178	138	167	134	189	15～19
348	297	333	352	353	358	429	403	393	355	327	367	20～24
370	360	362	327	349	395	550	512	546	513	480	542	25～29
447	338	308	340	348	403	500	524	481	499	525	589	30～34
556	361	292	314	304	350	429	418	385	385	475	525	35～39
619	533	412	392	368	353	411	394	400	402	375	446	40～44
656	620	489	568	610	626	678	680	538	520	480	493	45～49
751	670	653	709	661	714	867	820	848	840	854	762	50～54
616	660	588	630	619	666	859	875	814	765	790	792	55～59
606	645	587	603	661	690	880	770	791	724	714	776	60～64
633	632	581	575	604	593	788	767	736	701	761	802	65～69
688	670	558	618	629	620	765	732	690	680	654	729	70～74
688	769	538	567	626	562	745	678	661	595	597	591	75～79
539	600	561	553	514	579	665	590	557	511	474	503	80～84
326	445	439	462	474	533	602	613	578	583	593	548	85～
15	18	13	20	21	22	27	28	23	28	27	26	不詳
												(再掲)
2 874	3 116	2 677	2 775	2 847	2 887	3 565	3 380	3 222	3 070	3 079	3 173	65～

第２表（２－２）　　（自 殺 死 亡 率 ・ 総 数）

年齢階級	大正９年	14年	昭和５年	10年	15年	25年	30年	35年	40年	45年	50年	55年
総　数	**19.0**	**20.5**	**21.6**	**20.5**	**13.7**	**19.6**	**25.2**	**21.6**	**14.7**	**15.3**	**18.0**	**17.7**
0～ 4歳	—	—	—	—	—	—	—	—	—	—	—	—
5～ 9	—	—	—	—	—	—	0.0	0.0	—	—	0.0	0.0
10～14	1.8	1.7	1.4	1.0	0.7	0.0	0.9	0.6	0.5	0.7	1.1	0.6
15～19	21.0	22.0	21.7	22.9	9.5	15.3	31.7	23.8	7.4	7.8	9.7	7.3
20～24	32.2	36.3	37.9	39.6	20.7	36.3	65.4	51.3	20.8	17.5	21.5	18.0
25～29	27.9	28.0	28.6	28.8	20.8	26.7	41.3	34.7	20.0	18.7	20.7	19.4
30～34	20.5	22.6	23.0	22.3	15.7	19.9	23.7	19.9	14.6	15.3	19.4	17.4
35～39	22.5	22.6	23.6	20.9	14.8	18.2	19.8	15.6	13.2	15.3	18.5	19.7
40～44	23.1	26.0	26.0	21.6	16.9	19.2	18.9	15.4	11.8	13.4	20.4	22.1
45～49	23.9	29.4	33.9	28.1	18.8	25.8	24.2	19.8	15.5	14.9	20.5	24.6
50～54	27.2	34.4	36.1	34.1	25.1	30.1	28.1	25.2	19.1	18.7	20.8	23.6
55～59	36.8	36.9	43.0	36.8	27.6	40.1	35.2	29.9	24.0	23.9	23.2	24.0
60～64	47.0	52.2	58.2	46.3	32.9	49.9	42.9	39.3	32.5	28.9	29.6	24.7
65～69				57.2	44.0	67.8	53.2	51.1	42.5	40.2	37.1	32.2
70～74	71.7	75.3	82.5	81.3	64.1	78.8	69.9	60.6	53.6	52.2	51.3	44.8
75～79					75.2	98.0	83.4	72.1	66.3	66.8	70.2	58.4
80～84	97.1	87.5	94.0	101.2	88.2	107.7	92.6	82.4	90.9	73.1	88.1	71.2
85～					94.1	140.4	124.5	75.0	80.4	96.2	85.9	79.1
（再掲）65～	…	…	…	73.1	59.5	80.6	63.8	61.3	55.5	53.5	54.2	47.2

（自 殺 死 亡 率 ・ 男）

年齢階級	大正９年	14年	昭和５年	10年	15年	25年	30年	35年	40年	45年	50年	55年
総　数	**23.3**	**25.1**	**27.2**	**25.1**	**16.5**	**24.1**	**31.5**	**25.1**	**17.3**	**17.3**	**21.5**	**22.3**
0～ 4歳	—	—	—	—	—	—	—	—	—	—	—	—
5～ 9	—	—	—	—	—	—	0.1	—	—	—	0.0	0.0
10～14	2.0	1.7	1.5	1.3	0.8	—	1.1	0.7	0.7	1.0	1.5	0.9
15～19	18.1	19.2	22.0	25.0	11.7	17.5	37.2	25.3	8.8	8.7	12.6	9.5
20～24	37.4	42.1	44.3	47.8	24.6	44.9	84.1	58.7	23.3	18.8	26.0	24.3
25～29	35.8	33.0	34.6	36.3	27.1	36.0	54.7	44.1	23.8	22.0	26.0	26.5
30～34	26.1	26.9	27.4	24.8	17.9	24.4	30.3	22.9	18.0	18.3	24.9	24.0
35～39	27.9	28.7	30.0	25.8	18.2	22.4	24.5	18.6	15.8	19.3	24.4	27.1
40～44	30.0	34.0	34.9	26.1	19.5	24.3	23.6	18.6	15.4	16.4	27.5	31.2
45～49	31.9	39.6	47.6	36.6	22.5	32.5	32.1	23.7	20.7	18.1	27.2	34.9
50～54	37.6	47.6	53.2	45.4	30.5	39.7	37.6	31.4	23.8	22.9	26.1	31.5
55～59	51.7	54.8	62.6	52.7	37.7	56.1	47.8	39.2	32.7	29.7	29.7	32.5
60～64	65.3	70.8	81.4	65.1	45.6	67.7	55.3	49.5	42.1	35.9	36.7	32.5
65～69				80.5	62.8	85.1	67.8	60.3	52.3	45.7	41.0	34.8
70～74	98.0	103.5	115.9	108.2	79.1	105.3	86.7	72.7	59.1	57.6	52.8	48.5
75～79					106.5	121.0	111.1	86.3	76.1	74.2	73.9	62.4
80～84	107.6	139.1	131.2	134.9	96.0	122.4	122.4	97.6	110.2	85.1	104.5	80.6
85～					116.1	184.3	128.5	85.0	88.0	122.6	98.8	108.4
（再掲）65～	…	…	…	97.9	77.1	100.7	85.4	71.5	63.2	59.1	57.4	51.1

（自 殺 死 亡 率 ・ 女）

年齢階級	大正９年	14年	昭和５年	10年	15年	25年	30年	35年	40年	45年	50年	55年
総　数	**14.7**	**15.9**	**16.0**	**15.8**	**11.0**	**15.3**	**19.0**	**18.2**	**12.2**	**13.3**	**14.6**	**13.1**
0～ 4歳	—	—	—	—	—	—	—	—	—	—	—	—
5～ 9	—	—	—	—	—	—	—	0.0	—	—	—	—
10～14	1.6	1.6	1.2	0.7	0.5	0.0	0.7	0.4	0.3	0.4	0.6	0.3
15～19	24.0	24.8	21.4	20.9	7.4	13.0	26.1	22.4	6.1	6.9	6.8	4.9
20～24	27.0	30.3	31.3	31.3	17.8	27.8	46.8	44.0	18.3	16.2	16.9	11.6
25～29	19.5	22.8	22.3	21.0	15.2	18.8	28.0	25.3	16.1	15.4	15.3	12.3
30～34	14.8	17.9	18.3	19.7	13.4	16.1	18.1	16.9	11.1	12.3	13.9	10.7
35～39	17.1	16.2	16.7	15.6	11.3	14.4	16.0	13.0	10.6	11.4	12.6	12.3
40～44	16.2	17.9	16.5	16.7	14.2	14.4	14.8	12.9	8.7	10.3	13.2	12.9
45～49	15.8	19.0	20.2	19.1	14.9	19.0	16.5	16.4	11.3	12.2	13.8	14.4
50～54	16.7	21.2	19.1	23.0	19.6	20.2	18.6	19.3	15.0	15.3	16.4	16.0
55～59	22.2	19.5	24.1	21.7	18.1	24.1	22.5	20.7	16.0	19.0	18.1	17.2
60～64	30.2	35.4	37.6	29.2	21.6	33.4	30.8	29.5	23.4	22.8	23.8	18.8
65～69				37.8	28.5	53.8	40.4	42.8	33.6	35.2	33.9	30.2
70～74	51.6	54.2	58.0	61.8	53.2	59.5	57.5	51.0	49.1	47.8	50.1	41.9
75～79					54.8	83.3	65.6	62.8	59.5	61.5	67.5	55.6
80～84	91.2	56.0	50.8	83.4	83.8	99.9	76.5	74.3	80.3	66.0	78.0	65.4
85～					84.6	121.5	122.8	70.7	77.2	84.9	79.9	65.0
（再掲）65～	…	…	…	54.7	46.5	66.1	56.4	53.5	49.5	49.1	51.8	44.3

注：１）昭和19～21年は資料不備のため省略した。
　　２）昭和18年以前及び昭和48年以降は沖縄県を含む。
　　３）総数には、性別「不詳」を含む。

年次比較 －大正９・14・昭和５・10・15・25・30・35・40・45・50・55・60・平成２・６～15年－

60年	平成２年	６年	７年	８年	９年	10年	11年	12年	13年	14年	15年	年齢階級
19.4	**16.4**	**16.9**	**17.2**	**17.8**	**18.8**	**25.4**	**25.0**	**24.1**	**23.3**	**23.8**	**25.5**	**総　数**
—	—	—	—	—	—	—	—	—	—	—	—	0～ 4歳
0.0	—	0.0	—	—	0.1	0.0	0.0	—	0.0	—	0.0	5～ 9
0.8	0.6	1.0	0.9	0.9	0.7	1.3	1.1	1.1	0.9	0.6	1.1	10～14
5.1	3.8	5.1	5.0	4.9	4.9	7.9	7.1	6.4	6.6	5.8	7.3	15～19
14.4	10.6	11.7	11.4	11.5	11.5	15.9	16.3	16.0	14.8	15.1	15.8	20～24
16.8	13.4	14.2	14.0	13.4	14.2	18.9	19.0	18.1	17.9	17.3	21.0	25～29
16.6	14.2	14.0	14.5	14.8	15.9	20.6	21.0	20.2	18.6	19.9	22.9	30～34
18.0	14.3	15.2	15.1	16.1	17.3	22.4	23.0	21.5	21.5	21.8	25.1	35～39
25.1	16.3	17.1	17.5	17.4	18.6	24.1	24.6	23.7	25.1	26.2	30.4	40～44
31.9	22.0	20.8	21.1	22.1	23.4	31.9	33.0	30.7	29.0	30.8	34.6	45～49
34.8	25.0	26.9	28.6	29.7	30.5	42.0	39.3	37.9	36.6	39.2	40.6	50～54
30.5	25.1	27.6	28.2	28.7	31.1	44.6	45.5	45.0	42.2	44.1	43.8	55～59
27.5	24.5	25.8	26.0	28.4	30.0	41.5	38.1	38.5	36.7	36.9	37.7	60～64
31.5	26.5	22.5	22.5	24.2	25.1	36.6	34.8	33.1	32.3	32.8	34.3	65～69
39.5	34.8	25.5	26.7	26.8	27.7	32.7	31.0	30.4	30.3	27.3	29.5	70～74
55.1	45.5	34.7	33.6	33.5	31.8	37.8	36.2	31.3	29.6	29.2	27.6	75～79
67.3	58.6	45.5	43.6	41.7	42.9	51.3	45.9	40.7	37.4	33.4	32.3	80～84
74.9	68.8	54.4	53.3	49.1	51.8	55.4	53.8	47.3	44.7	42.3	40.2	85～
												(再掲)
45.3	39.6	14.8	30.9	31.0	31.6	39.4	37.2	34.4	33.1	31.7	32.1	65～

60年	平成２年	６年	７年	８年	９年	10年	11年	12年	13年	14年	15年	年齢階級
26.0	**20.4**	**23.1**	**23.4**	**24.3**	**26.0**	**36.5**	**36.5**	**35.2**	**34.2**	**35.2**	**38.0**	**総　数**
—	—	—	—	—	—	—	—	—	—	—	—	0～ 4歳
0.1	—	0.0	—	—	0.1	0.0	—	—	0.0	—	—	5～ 9
1.1	0.7	1.4	1.1	1.1	0.9	1.8	1.3	1.7	1.2	0.8	1.0	10～14
6.8	4.8	7.1	6.6	6.7	6.9	10.8	9.3	8.8	8.4	7.6	8.8	15～19
19.9	14.2	16.3	15.3	15.3	15.1	21.9	22.8	22.0	20.1	21.3	21.5	20～24
23.8	17.5	19.7	20.0	19.0	19.6	25.8	26.9	24.4	24.6	23.7	29.2	25～29
23.1	19.5	19.8	20.2	20.4	21.6	28.8	29.4	28.8	25.9	28.2	32.9	30～34
25.3	20.4	22.7	21.9	24.0	25.2	33.3	34.9	33.0	32.8	31.5	37.2	35～39
36.7	22.4	25.3	26.0	26.0	28.4	37.5	38.9	36.8	39.4	42.3	49.0	40～44
48.3	30.4	31.7	31.4	33.1	35.0	50.4	51.4	49.0	45.5	49.6	56.3	45～49
51.0	33.8	39.8	41.7	44.0	45.0	65.8	62.1	59.5	57.9	62.3	66.0	50～54
44.5	33.8	40.9	41.1	42.7	47.0	70.2	72.6	72.5	67.1	71.0	71.1	55～59
36.9	31.1	36.8	37.1	40.6	43.4	62.1	57.9	58.2	56.7	57.9	58.4	60～64
38.5	32.7	28.2	28.9	31.9	34.4	53.3	50.4	48.1	47.8	47.4	49.4	65～69
47.5	42.1	32.2	32.7	33.3	36.4	42.4	40.6	41.2	41.9	36.8	39.5	70～74
65.5	50.5	45.2	42.5	39.3	42.1	46.9	49.8	39.1	40.0	39.8	36.9	75～79
79.5	69.9	56.8	54.4	56.0	53.4	68.9	62.5	55.4	53.5	48.7	45.5	80～84
102.1	91.5	71.6	79.1	71.1	76.8	84.6	84.9	73.2	69.4	65.0	67.6	85～
												(再掲)
54.0	46.4	18.5	38.2	38.7	41.0	52.8	51.0	47.0	46.8	44.3	45.0	65～

60年	平成２年	６年	７年	８年	９年	10年	11年	12年	13年	14年	15年	年齢階級
13.1	**12.4**	**10.9**	**11.3**	**11.5**	**11.9**	**14.7**	**14.1**	**13.4**	**12.9**	**12.8**	**13.5**	**総　数**
—	—	—	—	—	—	—	—	—	—	—	—	0～ 4歳
—	—	0.0	—	—	0.1	—	0.0	—	—	—	0.0	5～ 9
0.5	0.4	0.5	0.6	0.6	0.5	0.8	0.9	0.5	0.7	0.4	1.1	10～14
3.3	2.8	3.0	3.3	3.0	2.8	4.8	4.8	3.8	4.7	3.9	5.6	15～19
8.7	6.9	6.9	7.4	7.4	7.7	9.6	9.4	9.7	9.1	8.6	9.9	20～24
9.7	9.1	8.6	7.7	7.8	8.6	11.7	10.7	11.5	11.0	10.6	12.4	25～29
9.9	8.8	8.0	8.6	9.0	10.1	12.2	12.5	11.3	11.1	11.4	12.6	30～34
10.5	8.1	7.5	8.2	8.0	9.2	11.2	10.9	9.8	9.9	11.8	12.8	35～39
13.6	10.1	8.8	8.8	8.7	8.7	10.5	10.2	10.5	10.6	9.8	11.6	40～44
15.8	13.7	9.9	10.8	11.0	11.7	13.4	14.5	12.2	12.4	11.9	12.6	45～49
18.9	16.4	14.3	15.8	15.5	16.1	18.5	16.7	16.3	15.3	16.2	15.3	50～54
17.2	16.8	14.7	15.6	15.1	15.8	19.9	19.4	18.4	18.2	18.1	17.1	55～59
20.1	18.4	15.5	15.7	16.9	17.4	22.2	19.6	19.9	17.8	17.2	18.2	60～64
26.4	21.8	17.5	17.0	17.5	16.8	21.8	20.9	19.7	18.4	19.7	20.7	65～69
33.6	29.7	20.9	22.5	22.0	20.9	25.0	23.2	21.4	20.6	19.4	21.1	70～74
47.9	42.3	28.1	28.0	29.9	25.6	32.4	27.9	26.2	22.6	21.8	20.9	75～79
59.9	52.0	39.2	37.6	33.7	37.2	41.8	36.9	32.8	28.8	25.4	25.5	80～84
62.1	58.2	46.8	42.1	39.8	41.3	43.2	41.1	36.6	34.6	33.2	29.2	85～
												(再掲)
39.4	35.0	12.3	25.9	25.6	25.0	29.8	27.4	25.3	23.2	22.6	22.7	65～

第３表 性・年齢（５歳階級）別にみた死因順位の

第３表（４－１）

昭和33年

年齢階級	第１位		第２位		第３位		第４位		第５位	
	死因	割合(%)	死因	割合(%)	死因	割合(%)	死因	割合(%)	死因	割合(%)
					男					
総数	**中枢神経系の血管損傷**	**19.7**	**悪性新生物**	**13.0**	**心臓の疾患**	**8.3**	**不慮の事故**	**7.4**	**肺炎及び気管支炎**	**6.3**
10～14歳	不慮の事故	31.0	悪性新生物	6.6	心臓の疾患	6.5	腎炎及びネフローゼ	5.7	肺炎及び気管支炎	4.3
15～19	不慮の事故	25.7	自殺及び自傷	25.2	心臓の疾患	5.5	全結核	4.7	悪性新生物	4.4
20～24	自殺及び自傷	34.0	不慮の事故	26.4	全結核	7.8	心臓の疾患	4.1	腎炎及びネフローゼ	3.2
25～29	不慮の事故	26.4	自殺及び自傷	22.0	全結核	15.4	心臓の疾患	4.6	悪性新生物	4.3
30～34	不慮の事故	22.3	全結核	22.3	自殺及び自傷	10.6	悪性新生物	7.1	心臓の疾患	6.3
35～39	全結核	22.3	不慮の事故	18.9	悪性新生物	10.4	自殺及び自傷	7.4	心臓の疾患	6.4
40～44	全結核	17.6	悪性新生物	15.8	不慮の事故	13.8	中枢神経系の血管損傷	11.5	心臓の疾患	8.0
45～49	悪性新生物	18.7	中枢神経系の血管損傷	17.2	全結核	13.0	不慮の事故	10.6	心臓の疾患	8.1
50～54	中枢神経系の血管損傷	23.4	悪性新生物	21.4	全結核	9.9	心臓の疾患	8.7	不慮の事故	7.1
55～59	中枢神経系の血管損傷	27.3	悪性新生物	22.7	心臓の疾患	9.0	全結核	8.1	不慮の事故	4.6
60～64	中枢神経系の血管損傷	29.5	悪性新生物	22.3	心臓の疾患	9.9	全結核	6.2	不慮の事故	3.4
65～69	中枢神経系の血管損傷	31.1	悪性新生物	19.6	心臓の疾患	10.6	全結核	4.9	肺炎及び気管支炎	3.9
70～74	中枢神経系の血管損傷	30.2	悪性新生物	15.5	心臓の疾患	11.5	老衰	5.9	肺炎及び気管支炎	5.1
75～79	中枢神経系の血管損傷	26.5	老衰	13.7	心臓の疾患	11.4	悪性新生物	10.3	肺炎及び気管支炎	6.6
80～	老衰	28.8	中枢神経系の血管損傷	19.9	心臓の疾患	10.4	肺炎及び気管支炎	7.8	悪性新生物	5.1
					女					
総数	**中枢神経系の血管損傷**	**20.3**	**悪性新生物**	**12.7**	**老衰**	**9.8**	**心臓の疾患**	**9.1**	**肺炎及び気管支炎**	**6.5**
10～14歳	不慮の事故	14.8	心臓の疾患	11.1	腎炎及びネフローゼ	9.2	肺炎及び気管支炎	7.3	悪性新生物	7.1
15～19	自殺及び自傷	29.6	全結核	10.1	不慮の事故	8.8	心臓の疾患	8.8	悪性新生物	5.3
20～24	自殺及び自傷	32.6	全結核	13.8	心臓の疾患	6.6	妊娠・分娩および産褥の合併症	6.4	不慮の事故	6.1
25～29	全結核	21.0	自殺及び自傷	17.1	妊娠・分娩および産褥の合併症	11.3	心臓の疾患	8.2	悪性新生物	7.2
30～34	全結核	24.0	悪性新生物	13.2	心臓の疾患	9.4	自殺及び自傷	9.0	妊娠・分娩および産褥の合併症	8.6
35～39	悪性新生物	20.3	全結核	20.3	心臓の疾患	9.5	自殺及び自傷	6.1	妊娠・分娩および産褥の合併症	5.4
40～44	悪性新生物	26.5	全結核	15.6	中枢神経系の血管損傷	10.1	心臓の疾患	9.9	自殺及び自傷	4.6
45～49	悪性新生物	29.3	中枢神経系の血管損傷	17.4	全結核	9.9	心臓の疾患	9.3	自殺及び自傷	3.6
50～54	悪性新生物	28.2	中枢神経系の血管損傷	24.5	心臓の疾患	9.4	全結核	6.9	腎炎及びネフローゼ	3.1
55～59	中枢神経系の血管損傷	27.5	悪性新生物	26.1	心臓の疾患	10.1	全結核	5.5	腎炎及びネフローゼ	3.0
60～64	中枢神経系の血管損傷	30.0	悪性新生物	23.4	心臓の疾患	10.5	全結核	4.0	腎炎及びネフローゼ	3.2
65～69	中枢神経系の血管損傷	32.4	悪性新生物	18.8	心臓の疾患	11.1	肺炎及び気管支炎	3.4	老衰	3.0
70～74	中枢神経系の血管損傷	32.0	悪性新生物	13.3	心臓の疾患	12.0	老衰	8.0	肺炎及び気管支炎	4.5
75～79	中枢神経系の血管損傷	28.8	老衰	16.7	心臓の疾患	11.0	悪性新生物	8.6	肺炎及び気管支炎	5.3
80～	老衰	34.1	中枢神経系の血管損傷	19.7	心臓の疾患	9.6	肺炎及び気管支炎	6.2	胃炎・十二指腸炎・腸炎および大腸炎	6.1

注：１）割合はそれぞれ年齢階級別死亡数を100とした場合の割合である。
２）死因の順位は死亡数の多いものから定めた。
３）平成６年までの「老衰」は、「精神病の記載のない老衰」である。
４）平成７年以降の「心疾患」は、「心疾患（高血圧性を除く）」である。

第3表（4－2）

昭和61年

年齢階級	第1位		第2位		第3位		第4位		第5位	
	死因	割合(%)	死因	割合(%)	死因	割合(%)	死因	割合(%)	死因	割合(%)
					男					
総数	**悪性新生物**	**27.9**	**心疾患**	**17.7**	**脳血管疾患**	**15.2**	**肺炎・気管支炎**	**7.4**	**不慮の事故**	**5.0**
10～14歳	不慮の事故	25.8	悪性新生物	21.8	自殺	7.3	心疾患	6.1	喘息	4.9
15～19	不慮の事故	58.0	自殺	12.9	悪性新生物	7.4	心疾患	5.6	中枢神経系の非炎症性疾患	1.5
20～24	不慮の事故	42.6	自殺	25.9	悪性新生物	7.7	心疾患	7.3	中枢神経系の非炎症性疾患	1.4
25～29	自殺	33.2	不慮の事故	25.9	悪性新生物	10.8	心疾患	10.3	脳血管疾患	2.8
30～34	自殺	26.7	不慮の事故	21.0	悪性新生物	15.8	心疾患	12.7	脳血管疾患	4.5
35～39	悪性新生物	21.2	自殺	20.1	不慮の事故	14.7	心疾患	14.0	脳血管疾患	8.2
40～44	悪性新生物	24.3	自殺	17.1	心疾患	14.4	不慮の事故	10.9	脳血管疾患	10.6
45～49	悪性新生物	28.4	心疾患	14.0	自殺	13.2	脳血管疾患	11.9	不慮の事故	9.4
50～54	悪性新生物	34.5	心疾患	13.1	脳血管疾患	12.2	自殺	9.1	肝硬変	8.7
55～59	悪性新生物	40.9	心疾患	14.3	脳血管疾患	11.9	肝硬変	6.5	自殺	5.6
60～64	悪性新生物	42.8	心疾患	15.2	脳血管疾患	12.2	肝硬変	4.4	不慮の事故	4.0
65～69	悪性新生物	40.4	心疾患	16.9	脳血管疾患	13.7	肺炎・気管支炎	5.0	不慮の事故	3.3
70～74	悪性新生物	34.3	心疾患	18.0	脳血管疾患	16.2	肺炎・気管支炎	7.4	不慮の事故	2.7
75～79	悪性新生物	26.8	心疾患	19.7	脳血管疾患	18.5	肺炎・気管支炎	10.2	不慮の事故	2.3
80～84	心疾患	21.7	脳血管疾患	20.0	悪性新生物	19.6	肺炎・気管支炎	12.7	老衰	4.1
85～89	心疾患	23.0	脳血管疾患	20.0	肺炎・気管支炎	13.9	悪性新生物	13.6	老衰	8.2
90～	心疾患	24.5	脳血管疾患	17.4	老衰	16.4	肺炎・気管支炎	14.5	悪性新生物	7.4
					女					
総数	**悪性新生物**	**22.7**	**心疾患**	**20.5**	**脳血管疾患**	**19.6**	**肺炎・気管支炎**	**6.7**	**老衰**	**5.1**
10～14歳	悪性新生物	23.8	不慮の事故	13.9	自殺	8.4	心疾患	8.3	先天異常	7.8
15～19	不慮の事故	26.3	自殺	23.1	悪性新生物	14.6	心疾患	7.4	中枢神経系の非炎症性疾患	3.7
20～24	自殺	31.8	不慮の事故	18.0	悪性新生物	13.8	心疾患	7.8	中枢神経系の非炎症性疾患 脳血管疾患	2.7
25～29	自殺	29.3	悪性新生物	22.0	心疾患	9.9	不慮の事故	8.4	脳血管疾患 妊産婦死亡	3.1
30～34	悪性新生物	33.3	自殺	21.7	心疾患	8.9	不慮の事故	7.1	脳血管疾患	5.4
35～39	悪性新生物	43.0	自殺	14.7	心疾患	8.0	脳血管疾患	8.0	不慮の事故	6.0
40～44	悪性新生物	44.3	自殺	12.2	脳血管疾患	10.4	心疾患	8.7	不慮の事故	5.3
45～49	悪性新生物	46.8	脳血管疾患	12.2	自殺	9.5	心疾患	9.5	不慮の事故	3.9
50～54	悪性新生物	45.5	脳血管疾患	13.8	心疾患	10.6	自殺	7.2	肝硬変	3.6
55～59	悪性新生物	45.7	脳血管疾患	13.3	心疾患	12.3	自殺	4.8	肝硬変	3.7
60～64	悪性新生物	42.1	心疾患	14.7	脳血管疾患	14.5	自殺	3.5	肝硬変	3.4
65～69	悪性新生物	36.4	心疾患	17.5	脳血管疾患	16.8	肺炎・気管支炎	3.9	肝硬変	2.9
70～74	悪性新生物	29.3	心疾患	20.6	脳血管疾患	20.1	肺炎・気管支炎	5.2	腎炎等	2.2
75～79	心疾患	23.2	脳血管疾患	22.9	悪性新生物	21.3	肺炎・気管支炎	7.2	腎炎等	2.4
80～84	心疾患	24.4	脳血管疾患	24.1	悪性新生物	14.6	肺炎・気管支炎	8.8	老衰	5.8
85～89	心疾患	25.1	脳血管疾患	23.5	老衰	11.1	肺炎・気管支炎	10.1	悪性新生物	9.3
90～	心疾患	25.0	老衰	20.7	脳血管疾患	19.4	肺炎・気管支炎	10.8	悪性新生物	4.7

第３表（４－３）

平成10年

年齢階級	第１位		第２位		第３位		第４位		第５位	
	死因	割合(%)	死因	割合(%)	死因	割合(%)	死因	割合(%)	死因	割合(%)
男										
総数	**悪性新生物**	**33.6**	**心疾患**	**13.9**	**脳血管疾患**	**12.8**	**肺炎**	**8.3**	**不慮の事故**	**4.9**
10～14歳	不慮の事故	27.9	悪性新生物	15.0	自殺	11.5	心疾患	7.4	先天奇形，変形及び染色体異常	3.9
15～19	不慮の事故	49.3	自殺	20.7	悪性新生物	9.4	心疾患	5.5	先天奇形，変形及び染色体異常	1.9
20～24	不慮の事故	38.2	自殺	31.6	悪性新生物	7.5	心疾患	6.0	その他の新生物	1.4
25～29	自殺	36.3	不慮の事故	27.0	心疾患	9.0	悪性新生物	8.1	脳血管疾患	2.3
30～34	自殺	33.8	不慮の事故	19.0	悪性新生物	12.1	心疾患	11.6	脳血管疾患	5.2
35～39	自殺	28.4	悪性新生物	16.5	不慮の事故	13.8	心疾患	12.0	脳血管疾患	7.5
40～44	悪性新生物	25.7	自殺	20.5	心疾患	12.6	不慮の事故	10.1	脳血管疾患	9.0
45～49	悪性新生物	30.5	自殺	16.3	心疾患	13.1	脳血管疾患	9.5	不慮の事故	8.5
50～54	悪性新生物	36.3	自殺	13.5	心疾患	12.3	脳血管疾患	9.6	不慮の事故	6.6
55～59	悪性新生物	41.4	心疾患	12.5	自殺	9.6	脳血管疾患	9.6	不慮の事故	5.6
60～64	悪性新生物	46.0	心疾患	12.4	脳血管疾患	9.7	自殺	5.2	不慮の事故	4.8
65～69	悪性新生物	47.2	心疾患	12.7	脳血管疾患	10.4	肺炎	4.1	不慮の事故	3.7
70～74	悪性新生物	43.5	心疾患	13.3	脳血管疾患	12.0	肺炎	6.4	不慮の事故	3.3
75～79	悪性新生物	35.6	脳血管疾患	14.5	心疾患	14.1	肺炎	9.3	不慮の事故	3.4
80～84	悪性新生物	27.8	脳血管疾患	16.4	心疾患	15.5	肺炎	12.9	不慮の事故	3.2
85～89	悪性新生物	20.8	脳血管疾患	17.5	肺炎	16.6	心疾患	16.5	老衰	3.1
90～	肺炎	19.2	心疾患	17.4	脳血管疾患	16.8	悪性新生物	13.6	老衰	8.4
女										
総数	**悪性新生物**	**26.3**	**脳血管疾患**	**17.0**	**心疾患**	**17.0**	**肺炎**	**8.8**	**老衰**	**3.6**
10～14歳	悪性新生物	23.6	不慮の事故	14.9	自殺	8.0	心疾患	7.8	その他の新生物 肺炎	5.5
15～19	不慮の事故	31.0	自殺	22.5	悪性新生物	13.9	心疾患	5.0	先天奇形，変形及び染色体異常	2.3
20～24	自殺	33.1	不慮の事故	24.1	悪性新生物	12.9	心疾患	3.7	脳血管疾患	2.7
25～29	自殺	35.4	悪性新生物	18.2	不慮の事故	12.4	心疾患	6.3	脳血管疾患	3.4
30～34	悪性新生物	30.4	自殺	27.4	不慮の事故	8.0	心疾患	6.4	脳血管疾患	3.8
35～39	悪性新生物	44.5	自殺	17.7	不慮の事故	6.6	心疾患	6.2	脳血管疾患	5.6
40～44	悪性新生物	50.7	自殺	10.9	脳血管疾患	8.0	心疾患	7.1	不慮の事故	5.8
45～49	悪性新生物	53.3	脳血管疾患	9.9	自殺	8.5	心疾患	7.5	不慮の事故	4.6
50～54	悪性新生物	52.6	脳血管疾患	10.8	自殺	8.0	心疾患	7.5	不慮の事故	4.1
55～59	悪性新生物	52.6	脳血管疾患	10.0	心疾患	8.4	自殺	6.2	不慮の事故	3.9
60～64	悪性新生物	48.9	脳血管疾患	10.7	心疾患	10.4	自殺	4.5	不慮の事故	3.7
65～69	悪性新生物	43.8	心疾患	13.2	脳血管疾患	12.4	不慮の事故	3.4	肺炎	3.3
70～74	悪性新生物	37.4	心疾患	15.0	脳血管疾患	14.4	肺炎	5.1	不慮の事故	3.4
75～79	悪性新生物	29.7	心疾患	17.6	脳血管疾患	17.2	肺炎	7.3	不慮の事故	3.3
80～84	悪性新生物	21.9	脳血管疾患	19.8	心疾患	19.8	肺炎	10.0	不慮の事故	3.0
85～89	脳血管疾患	21.2	心疾患	20.4	悪性新生物	15.7	肺炎	12.5	老衰	5.0
90～	心疾患	20.4	脳血管疾患	19.8	肺炎	14.9	老衰	12.0	悪性新生物	9.2

注：１）割合はそれぞれ年齢階級別死亡数を100とした場合の割合である。
　　２）死因の順位は死亡数の多いものから定めた。
　　３）平成６年までの「老衰」は、「精神病の記載のない老衰」である。
　　４）平成７年以降の「心疾患」は、「心疾患（高血圧性を除く）」である。

第3表（4－4）

平成15年

年齢階級	第1位 死因	第1位 割合(%)	第2位 死因	第2位 割合(%)	第3位 死因	第3位 割合(%)	第4位 死因	第4位 割合(%)	第5位 死因	第5位 割合(%)
					男					
総数	**悪性新生物**	**33.9**	**心疾患**	**14.1**	**脳血管疾患**	**11.5**	**肺炎**	**9.2**	**不慮の事故**	**4.3**
10～14歳	不慮の事故	24.1	悪性新生物	18.6	心疾患	9.0	自殺	8.5	その他の新生物	4.5
15～19	不慮の事故	43.5	自殺	21.5	悪性新生物	8.6	心疾患	7.0	先天奇形・染色体異常	1.7
20～24	自殺	36.4	不慮の事故	31.5	悪性新生物	7.5	心疾患	7.3	脳血管疾患	1.9
25～29	自殺	41.6	不慮の事故	23.8	心疾患	8.3	悪性新生物	7.5	脳血管疾患	2.2
30～34	自殺	38.9	不慮の事故	18.0	心疾患	11.0	悪性新生物	9.7	脳血管疾患	3.9
35～39	自殺	32.8	悪性新生物	13.4	心疾患	12.9	不慮の事故	12.7	脳血管疾患	7.2
40～44	自殺	27.1	悪性新生物	19.1	心疾患	13.2	不慮の事故	9.9	脳血管疾患	8.6
45～49	悪性新生物	27.0	自殺	19.7	心疾患	13.7	脳血管疾患	9.2	不慮の事故	7.8
50～54	悪性新生物	34.3	心疾患	14.1	自殺	13.8	脳血管疾患	9.4	不慮の事故	6.2
55～59	悪性新生物	40.7	心疾患	13.6	自殺	10.1	脳血管疾患	8.6	不慮の事故	5.2
60～64	悪性新生物	44.6	心疾患	13.4	脳血管疾患	9.1	自殺	5.7	不慮の事故	4.4
65～69	悪性新生物	46.6	心疾患	13.2	脳血管疾患	9.7	肺炎	4.3	不慮の事故	3.8
70～74	悪性新生物	44.6	心疾患	13.1	脳血管疾患	10.6	肺炎	6.4	不慮の事故	3.4
75～79	悪性新生物	37.8	心疾患	13.8	脳血管疾患	12.3	肺炎	9.6	不慮の事故	3.2
80～84	悪性新生物	30.1	心疾患	14.6	脳血管疾患	13.8	肺炎	13.3	不慮の事故	3.2
85～89	悪性新生物	22.6	肺炎	16.8	心疾患	16.4	脳血管疾患	14.9	慢性閉塞性肺疾患	3.2
90～	肺炎	20.9	心疾患	17.1	悪性新生物	15.4	脳血管疾患	14.1	老衰	7.1
					女					
総数	**悪性新生物**	**26.5**	**心疾患**	**17.6**	**脳血管疾患**	**14.9**	**肺炎**	**9.6**	**老衰**	**3.7**
10～14歳	悪性新生物	24.6	不慮の事故	20.0	自殺	11.2	心疾患	8.8	先天奇形・染色体異常	3.9
15～19	自殺	28.1	不慮の事故	25.6	悪性新生物	12.6	心疾患	6.8	先天奇形・染色体異常	2.2
20～24	自殺	38.0	不慮の事故	19.6	悪性新生物	12.8	心疾患	5.7	脳血管疾患	2.2
25～29	自殺	38.9	悪性新生物	17.0	不慮の事故	12.0	心疾患	5.4	脳血管疾患	3.4
30～34	自殺	30.2	悪性新生物	28.2	不慮の事故	8.8	心疾患	6.0	脳血管疾患	3.4
35～39	悪性新生物	38.1	自殺	21.5	心疾患	7.4	不慮の事故	6.4	脳血管疾患	5.5
40～44	悪性新生物	47.9	自殺	13.3	心疾患	7.8	脳血管疾患	7.3	不慮の事故	5.4
45～49	悪性新生物	52.8	自殺	9.2	脳血管疾患	9.0	心疾患	6.6	不慮の事故	4.6
50～54	悪性新生物	55.4	脳血管疾患	9.3	心疾患	7.6	自殺	7.0	不慮の事故	4.0
55～59	悪性新生物	54.0	脳血管疾患	9.9	心疾患	9.0	自殺	5.7	不慮の事故	3.6
60～64	悪性新生物	50.4	心疾患	10.5	脳血管疾患	9.7	自殺	4.3	不慮の事故	3.6
65～69	悪性新生物	46.1	心疾患	12.1	脳血管疾患	10.5	不慮の事故	3.6	肺炎	3.4
70～74	悪性新生物	39.5	心疾患	14.9	脳血管疾患	11.8	肺炎	5.0	不慮の事故	3.7
75～79	悪性新生物	31.9	心疾患	17.4	脳血管疾患	14.6	肺炎	7.2	不慮の事故	3.5
80～84	悪性新生物	24.5	心疾患	19.3	脳血管疾患	16.8	肺炎	9.9	不慮の事故	3.1
85～89	心疾患	21.1	悪性新生物	18.0	脳血管疾患	17.7	肺炎	12.7	老衰	4.0
90～	心疾患	21.1	脳血管疾患	17.0	肺炎	15.5	悪性新生物	10.7	老衰	10.7

第4表　自殺死亡数，死亡曜日・年齢（5歳階級）・性別　－平成15年－

年齢階級	総　数	月曜日	火曜日	水曜日	木曜日	金曜日	土曜日	日曜日	(別掲) 祝日・ 年末年始
					総　数				
総　数	32 109	4 748	4 492	4 635	4 529	4 391	3 811	3 963	1 540
5～ 9歳	1	－	－	－	－	－	1	－	－
10～14	64	8	8	15	7	9	6	7	4
15～19	503	89	60	75	74	82	45	57	21
20～24	1 211	173	155	185	179	170	138	149	62
25～29	1 868	259	263	275	249	272	211	239	100
30～34	2 173	335	301	309	340	307	229	257	95
35～39	2 082	304	274	324	290	279	235	269	107
40～44	2 352	336	362	342	292	348	297	263	112
45～49	2 708	416	376	394	399	360	303	328	132
50～54	4 030	612	575	556	594	549	454	498	192
55～59	3 989	604	605	572	552	527	455	486	188
60～64	3 117	489	456	433	428	419	380	367	145
65～69	2 529	379	338	369	359	324	305	328	127
70～74	1 870	260	243	278	258	248	246	244	93
75～79	1 349	173	176	198	194	183	187	173	65
80～84	973	145	128	135	132	132	145	124	32
85～	1 053	142	136	144	146	153	149	142	41
不　詳	237	24	36	31	36	29	25	32	24
(再掲) 65～	7 774	1 099	1 021	1 124	1 089	1 040	1 032	1 011	358
					男				
総　数	23 396	3 549	3 326	3 425	3 316	3 183	2 728	2 764	1 105
5～ 9歳	－	－	－	－	－	－	－	－	－
10～14	32	3	4	8	3	5	3	6	－
15～19	314	65	34	49	41	54	33	29	9
20～24	844	118	113	135	132	121	88	96	41
25～29	1 326	183	197	200	183	191	146	160	66
30～34	1 584	253	200	232	256	227	163	184	69
35～39	1 557	237	215	240	230	201	164	191	79
40～44	1 906	275	303	282	223	286	239	205	93
45～49	2 215	371	319	332	317	290	237	244	105
50～54	3 268	508	468	458	492	417	361	403	161
55～59	3 197	474	492	452	442	439	360	387	151
60～64	2 341	382	350	329	320	307	280	263	110
65～69	1 727	259	226	263	250	222	214	210	83
70～74	1 141	167	151	164	153	149	163	139	55
75～79	758	93	88	116	112	107	113	96	33
80～84	470	74	66	71	55	65	70	55	14
85～	505	65	70	67	73	76	73	68	13
不　詳	211	22	30	27	34	26	21	28	23
(再掲) 65～	4 601	658	601	681	643	619	633	568	198
					女				
総　数	8 713	1 199	1 166	1 210	1 213	1 208	1 083	1 199	435
5～ 9歳	1	－	－	－	－	－	1	－	－
10～14	32	5	4	7	4	4	3	1	4
15～19	189	24	26	26	33	28	12	28	12
20～24	367	55	42	50	47	49	50	53	21
25～29	542	76	66	75	66	81	65	79	34
30～34	589	82	101	77	84	80	66	73	26
35～39	525	67	59	84	60	78	71	78	28
40～44	446	61	59	60	69	62	58	58	19
45～49	493	45	57	62	82	70	66	84	27
50～54	762	104	107	98	102	132	93	95	31
55～59	792	130	113	120	110	88	95	99	37
60～64	776	107	106	104	108	112	100	104	35
65～69	802	120	112	106	109	102	91	118	44
70～74	729	93	92	114	105	99	83	105	38
75～79	591	80	88	82	82	76	74	77	32
80～84	503	71	62	64	77	67	75	69	18
85～	548	77	66	77	73	77	76	74	28
不　詳	26	2	6	4	2	3	4	4	1
(再掲) 65～	3 173	441	420	443	446	421	399	443	160

注：「年末年始」は12月29日～1月3日として算出した。

第５表　自殺死亡数，死亡曜日・都道府県・性別　－平成15年－

第５表（３－１）
総　数

都道府県	総　数	月曜日	火曜日	水曜日	木曜日	金曜日	土曜日	日曜日	(別 掲) 祝日・ 年末年始
全　国	32 109	4 748	4 492	4 635	4 529	4 391	3 811	3 963	1 540
北海道	1 531	241	222	204	217	180	203	191	73
青　森	576	89	66	57	102	77	74	87	24
岩　手	527	67	91	78	78	60	60	62	31
宮　城	621	96	82	88	84	86	73	77	35
秋　田	519	77	79	70	65	82	54	71	21
山　形	370	60	36	67	59	46	45	39	18
福　島	586	91	90	80	76	71	69	78	31
茨　城	748	90	113	109	94	104	106	91	41
栃　木	523	80	74	65	63	81	63	68	29
群　馬	562	72	77	78	76	70	75	82	32
埼　玉	1 563	230	217	228	233	229	171	197	58
千　葉	1 326	196	196	197	181	196	140	162	58
東　京	2 743	425	356	417	376	389	323	348	109
神奈川	1 791	279	238	246	271	225	226	211	95
新　潟	833	106	128	130	129	114	97	77	52
富　山	356	60	51	57	54	42	39	44	9
石　川	303	50	42	39	45	40	34	43	10
福　井	246	38	39	30	29	41	22	38	9
山　梨	223	22	34	33	38	29	29	24	14
長　野	576	79	87	95	78	64	80	74	19
岐　阜	546	89	63	81	77	75	69	55	37
静　岡	786	110	93	119	129	124	96	80	35
愛　知	1 566	236	227	215	229	212	173	189	85
三　重	456	74	74	61	69	48	62	49	19
滋　賀	330	45	48	46	51	45	41	43	11
京　都	602	94	85	107	84	91	54	60	27
大　阪	2 186	310	331	326	305	284	243	268	119
兵　庫	1 280	189	183	187	192	176	142	156	55
奈　良	296	54	34	36	40	49	33	40	10
和歌山	271	41	33	52	42	28	39	32	4
鳥　取	145	27	17	18	20	21	16	17	9
島　根	237	38	34	31	30	30	29	32	13
岡　山	397	59	51	72	45	59	54	39	18
広　島	650	88	84	89	96	104	67	88	34
山　口	412	70	51	63	36	57	53	66	16
徳　島	165	20	25	23	18	24	22	24	9
香　川	226	38	33	38	32	27	27	19	12
愛　媛	394	59	52	54	54	67	29	50	29
高　知	236	37	36	27	32	31	31	31	11
福　岡	1 352	203	173	196	185	175	182	187	51
佐　賀	216	30	26	38	32	29	26	25	10
長　崎	449	47	67	57	60	70	58	64	26
熊　本	498	72	65	67	76	66	60	67	25
大　分	309	46	49	41	42	40	39	35	17
宮　崎	369	55	50	48	51	55	43	44	23
鹿児島	482	71	77	74	61	74	50	54	21
沖　縄	350	57	58	54	44	45	41	35	16
不　詳	380	41	55	47	49	59	49	50	30

注：「年末年始」は12月29日～１月３日として算出した。

第５表（３－２）
男

都道府県	総　数	月曜日	火曜日	水曜日	木曜日	金曜日	土曜日	日曜日	（別　掲） 祝　日・ 年末年始
全　国	23 396	3 549	3 326	3 425	3 316	3 183	2 728	2 764	1 105
北海道	1 095	183	158	154	154	131	136	127	52
青　森	446	74	50	50	73	58	63	60	18
岩　手	395	51	68	66	55	46	36	49	24
宮　城	469	78	57	65	67	66	57	51	28
秋　田	365	56	50	55	49	57	38	46	14
山　形	273	43	27	49	44	33	30	34	13
福　島	447	71	60	63	64	54	52	58	25
茨　城	554	71	84	88	67	73	81	60	30
栃　木	360	59	55	43	45	56	37	46	19
群　馬	397	50	63	57	53	49	50	53	22
埼　玉	1 104	167	162	158	162	168	121	126	40
千　葉	970	138	150	141	127	140	103	127	44
東　京	1 933	311	256	292	267	275	227	234	71
神奈川	1 313	209	186	181	205	170	153	142	67
新　潟	590	76	90	86	88	82	75	55	38
富　山	254	44	35	40	40	31	26	31	7
石　川	222	36	30	32	37	27	24	29	7
福　井	185	32	31	23	22	30	15	24	8
山　梨	171	17	30	28	31	20	19	15	11
長　野	403	55	64	66	52	42	57	53	14
岐　阜	383	67	45	55	53	55	51	37	20
静　岡	590	83	65	92	102	87	73	62	26
愛　知	1 083	169	161	146	165	152	116	122	52
三　重	329	57	54	46	50	34	47	30	11
滋　賀	239	34	33	33	39	31	32	28	9
京　都	420	67	59	75	54	64	41	41	19
大　阪	1 588	229	237	251	223	196	179	189	84
兵　庫	927	135	142	129	139	124	102	114	42
奈　良	213	37	27	28	28	34	20	32	7
和歌山	184	30	23	37	23	22	29	19	1
鳥　取	109	24	17	15	12	15	8	10	8
島　根	172	27	25	23	18	22	20	28	9
岡　山	290	43	38	52	34	46	36	30	11
広　島	475	64	69	70	75	71	47	55	24
山　口	299	51	38	48	30	40	35	46	11
徳　島	118	16	19	15	13	19	17	15	4
香　川	172	31	21	30	28	18	21	12	11
愛　媛	287	47	40	43	36	50	19	30	22
高　知	175	29	23	22	23	27	17	23	11
福　岡	1 016	151	137	143	138	135	127	143	42
佐　賀	182	24	23	35	28	26	18	20	8
長　崎	337	35	55	43	42	55	46	42	19
熊　本	367	56	51	43	58	47	47	50	15
大　分	221	34	29	32	36	28	31	21	10
宮　崎	278	43	36	36	41	39	34	30	19
鹿児島	378	57	62	61	48	54	39	40	17
沖　縄	276	49	44	43	33	31	33	31	12
不　詳	342	39	47	42	45	53	43	44	29

注：「年末年始」は12月29日～１月３日として算出した。

第５表（３－３）
女

都道府県	総数	月曜日	火曜日	水曜日	木曜日	金曜日	土曜日	日曜日	（別 掲）祝日・年末年始
全国	**8 713**	**1 199**	**1 166**	**1 210**	**1 213**	**1 208**	**1 083**	**1 199**	**435**
北海道	436	58	64	50	63	49	67	64	21
青森	130	15	16	7	29	19	11	27	6
岩手	132	16	23	12	23	14	24	13	7
宮城	152	18	25	23	17	20	16	26	7
秋田	154	21	29	15	16	25	16	25	7
山形	97	17	9	18	15	13	15	5	5
福島	139	20	30	17	12	17	17	20	6
茨城	194	19	29	21	27	31	25	31	11
栃木	163	21	19	22	18	25	26	22	10
群馬	165	22	14	21	23	21	25	29	10
埼玉	459	63	55	70	71	61	50	71	18
千葉	356	58	46	56	54	56	37	35	14
東京	810	114	100	125	109	114	96	114	38
神奈川	478	70	52	65	66	55	73	69	28
新潟	243	30	38	44	41	32	22	22	14
富山	102	16	16	17	14	11	13	13	2
石川	81	14	12	7	8	13	10	14	3
福井	61	6	8	7	7	11	7	14	1
山梨	52	5	4	5	7	9	10	9	3
長野	173	24	23	29	26	22	23	21	5
岐阜	163	22	18	26	24	20	18	18	17
静岡	196	27	28	27	27	37	23	18	9
愛知	483	67	66	69	64	60	57	67	33
三重	127	17	20	15	19	14	15	19	8
滋賀	91	11	15	13	12	14	9	15	2
京都	182	27	26	32	30	27	13	19	8
大阪	598	81	94	75	82	88	64	79	35
兵庫	353	54	41	58	53	52	40	42	13
奈良	83	17	7	8	12	15	13	8	3
和歌山	87	11	10	15	19	6	10	13	3
鳥取	36	3	－	3	8	6	8	7	1
島根	65	11	9	8	12	8	9	4	4
岡山	107	16	13	20	11	13	18	9	7
広島	175	24	15	19	21	33	20	33	10
山口	113	19	13	15	6	17	18	20	5
徳島	47	4	6	8	5	5	5	9	5
香川	54	7	12	8	4	9	6	7	1
愛媛	107	12	12	11	18	17	10	20	7
高知	61	8	13	5	9	4	14	8	－
福岡	336	52	36	53	47	40	55	44	9
佐賀	34	6	3	3	4	3	8	5	2
長崎	112	12	12	14	18	15	12	22	7
熊本	131	16	14	24	18	19	13	17	10
大分	88	12	20	9	6	12	8	14	7
宮崎	91	12	14	12	10	16	9	14	4
鹿児島	104	14	15	13	13	20	11	14	4
沖縄	74	8	14	11	11	14	8	4	4
不詳	38	2	8	5	4	6	6	6	1

注：「年末年始」は12月29日～１月３日として算出した。

第６表　自殺死亡数，死亡時間

年齢階級	総数	0時台	1時台	2時台	3時台	4時台	5時台	6時台	7時台	8時台	9時台	10時台	11時台
													総
総数	32 109	1 360	1 039	921	1 051	1 185	1 608	1 517	1 009	908	951	1 178	1 171
5～9歳	1	—	—	—	—	—	—	—	—	—	—	—	—
10～14	64	3	1	2	2	2	—	1	1	1	2	1	2
15～19	503	15	33	22	22	25	16	13	17	12	10	13	18
20～24	1 211	76	51	46	61	48	51	36	16	18	27	27	29
25～29	1 868	88	83	76	86	75	72	78	47	44	47	55	47
30～34	2 173	114	103	83	83	82	101	84	56	51	45	60	66
35～39	2 082	84	95	70	72	86	95	78	64	53	50	55	67
40～44	2 352	107	67	54	71	91	117	127	65	64	63	88	66
45～49	2 708	117	88	77	82	94	142	139	95	83	79	80	80
50～54	4 030	188	100	128	127	155	201	211	129	111	124	155	143
55～59	3 989	175	124	88	119	138	190	175	137	108	117	150	125
60～64	3 117	114	81	67	88	99	147	159	103	107	89	119	131
65～69	2 529	102	73	67	74	76	129	120	72	73	96	121	117
70～74	1 870	55	38	45	40	65	111	89	85	61	71	87	112
75～79	1 349	32	33	40	39	56	80	68	53	47	53	61	62
80～84	973	23	25	27	33	31	83	62	32	37	33	52	38
85～	1 053	57	34	23	43	49	60	68	33	36	43	54	66
不詳	237	10	10	6	9	13	13	9	4	2	2	—	2
(再掲) 65～	7 774	269	203	202	229	277	463	407	275	254	296	375	395
													男
総数	23 396	1 044	761	696	766	854	1 190	1 118	742	644	631	776	747
5～9歳	—	—	—	—	—	—	—	—	—	—	—	—	—
10～14	32	3	—	1	2	—	—	—	—	—	1	1	—
15～19	314	4	22	11	18	20	12	9	13	8	4	8	12
20～24	844	59	35	32	41	35	45	26	13	13	19	18	18
25～29	1 326	68	58	52	60	56	52	58	31	30	26	37	32
30～34	1 584	90	74	65	60	64	76	58	44	38	31	38	40
35～39	1 557	75	76	53	55	66	79	64	47	42	31	39	38
40～44	1 906	87	57	45	54	72	99	106	54	53	43	66	41
45～49	2 215	99	79	67	61	76	125	119	77	68	64	61	53
50～54	3 268	157	85	109	99	124	171	179	109	86	96	111	104
55～59	3 197	146	93	74	101	107	153	146	108	82	87	111	98
60～64	2 341	95	53	48	72	71	116	127	79	79	63	81	84
65～69	1 727	63	53	46	52	53	88	77	53	43	52	78	77
70～74	1 141	27	26	33	30	36	63	49	55	40	41	42	65
75～79	758	17	16	28	19	30	40	40	26	27	30	33	35
80～84	470	14	8	14	13	10	31	27	16	17	20	32	20
85～	505	30	16	13	20	22	28	26	13	16	22	20	29
不詳	211	10	10	5	9	12	12	7	4	2	1	—	1
(再掲) 65～	4 601	151	119	134	134	151	250	219	163	143	165	205	226
													女
総数	8 713	316	278	225	285	331	418	399	267	264	320	402	424
5～9歳	1	—	—	—	—	—	—	—	—	—	—	—	—
10～14	32	—	1	1	—	2	—	1	1	1	1	—	2
15～19	189	11	11	11	4	5	4	4	4	4	6	5	6
20～24	367	17	16	14	20	13	6	10	3	5	8	9	11
25～29	542	20	25	24	26	19	20	20	16	14	21	18	15
30～34	589	24	29	18	23	18	25	26	12	13	14	22	26
35～39	525	9	19	17	17	20	16	14	17	11	19	16	29
40～44	446	20	10	9	17	19	18	21	11	11	20	22	25
45～49	493	18	9	10	21	18	17	20	18	15	15	19	27
50～54	762	31	15	19	28	31	30	32	20	25	28	44	39
55～59	792	29	31	14	18	31	37	29	29	26	30	39	27
60～64	776	19	28	19	16	28	31	32	24	28	26	38	47
65～69	802	39	20	21	22	23	41	43	19	30	44	43	40
70～74	729	28	12	12	10	29	48	40	30	21	30	45	47
75～79	591	15	17	12	20	26	40	28	27	20	23	28	27
80～84	503	9	17	13	20	21	52	35	16	20	13	20	18
85～	548	27	18	10	23	27	32	42	20	20	21	34	37
不詳	26	—	—	1	—	1	1	2	—	—	1	—	1
(再掲) 65～	3 173	118	84	68	95	126	213	188	112	111	131	170	169

・年齢（５歳階級）・性別　－平成15年－

12時台	13時台	14時台	15時台	16時台	17時台	18時台	19時台	20時台	21時台	22時台	23時台	不詳	年齢階級
数													
1 379	1 045	1 220	1 310	1 254	1 244	1 199	849	858	779	1 023	899	5 152	総　数
—	—	—	—	—	—	—	—	—	—	—	—	1	5～9歳
—	—	2	8	9	4	6	1	1	4	5	4	2	10～14
21	10	18	23	23	33	30	18	25	12	27	13	34	15～19
39	29	41	51	35	50	61	40	43	29	43	50	214	20～24
77	43	69	70	65	67	92	53	71	62	63	48	290	25～29
96	67	66	66	75	81	76	67	62	68	73	54	394	30～34
80	79	89	74	62	77	83	52	60	54	73	77	353	35～39
95	75	79	116	74	89	71	53	53	60	66	66	475	40～44
107	70	101	89	100	101	99	73	72	59	91	89	501	45～49
143	110	137	148	145	134	131	113	95	96	110	113	783	50～54
173	120	138	157	163	150	162	93	96	95	139	111	746	55～59
159	112	127	118	135	123	117	76	77	66	105	75	523	60～64
127	105	95	110	117	100	94	61	73	63	75	69	320	65～69
90	76	80	107	83	85	58	55	45	41	45	38	208	70～74
77	63	60	71	68	60	47	32	34	30	38	38	107	75～79
42	45	60	38	50	43	34	36	25	11	28	21	64	80～84
47	36	57	61	46	44	33	20	19	23	28	24	49	85～
6	5	1	3	4	3	5	6	7	6	14	9	88	不　詳
													(再掲)
383	325	352	387	364	332	266	204	196	168	214	190	748	65～
934	704	825	910	853	879	841	589	626	576	730	638	4 322	総　数
—	—	—	—	—	—	—	—	—	—	—	—	—	5～9歳
—	—	1	4	5	2	1	1	1	2	4	2	1	10～14
12	5	11	14	15	25	15	15	13	5	14	7	22	15～19
27	18	18	33	22	31	40	24	30	21	29	33	164	20～24
50	23	47	48	45	47	62	35	55	45	44	28	237	25～29
67	45	40	41	46	60	52	48	45	49	50	34	329	30～34
57	51	58	50	43	54	60	36	47	38	50	50	298	35～39
70	65	58	88	56	74	59	40	39	55	50	55	420	40～44
79	55	78	71	73	79	74	57	56	49	79	71	445	45～49
103	84	97	118	105	107	108	84	81	77	85	89	700	50～54
130	82	107	121	121	120	127	70	78	74	108	86	667	55～59
116	73	85	82	102	91	87	57	57	50	77	58	438	60～64
78	72	69	76	78	67	66	42	48	46	48	52	250	65～69
56	49	45	65	50	54	30	35	30	24	28	22	146	70～74
40	39	36	43	43	35	24	20	17	17	23	19	61	75～79
21	22	37	20	24	13	14	15	12	7	12	10	41	80～84
22	18	37	34	22	17	17	6	10	11	17	13	26	85～
6	3	1	2	3	3	5	4	7	6	12	9	77	不　詳
													(再掲)
217	200	224	238	217	186	151	118	117	105	128	116	524	65～
445	341	395	400	401	365	358	260	232	203	293	261	830	総　数
—	—	—	—	—	—	—	—	—	—	—	—	1	5～9歳
—	—	1	4	4	2	5	—	—	2	1	2	1	10～14
9	5	7	9	8	8	15	3	12	7	13	6	12	15～19
12	11	23	18	13	19	21	16	13	8	14	17	50	20～24
27	20	22	22	20	20	30	18	16	17	19	20	53	25～29
29	22	26	25	29	21	24	19	17	19	23	20	65	30～34
23	28	31	24	19	23	23	16	13	16	23	27	55	35～39
25	10	21	28	18	15	12	13	14	5	16	11	55	40～44
28	15	23	18	27	22	25	16	16	10	12	18	56	45～49
40	26	40	30	40	27	23	29	14	19	25	24	83	50～54
43	38	31	36	42	30	35	23	18	21	31	25	79	55～59
43	39	42	36	33	32	30	19	20	16	28	17	85	60～64
49	33	26	34	39	33	28	19	25	17	27	17	70	65～69
34	27	35	42	33	31	28	20	15	17	17	16	62	70～74
37	24	24	28	25	25	23	12	17	13	15	19	46	75～79
21	23	23	18	26	30	20	21	13	4	16	11	23	80～84
25	18	20	27	24	27	16	14	9	12	11	11	23	85～
—	2	—	1	1	—	—	2	—	—	2	—	11	不　詳
													(再掲)
166	125	128	149	147	146	115	86	79	63	86	74	224	65～

第７表　自殺死亡数，死亡時間

第７表（３－１）
総　数

都道府県	総数	0時台	1時台	2時台	3時台	4時台	5時台	6時台	7時台	8時台	9時台	10時台	11時台
全国	32 109	1 360	1 039	921	1 051	1 185	1 608	1 517	1 009	908	951	1 178	1 171
北海道	1 531	69	45	48	58	43	57	74	44	33	46	52	61
青森	576	15	9	19	18	18	35	31	10	18	22	23	23
岩手	527	12	17	16	12	25	35	26	10	10	14	25	19
宮城	621	21	30	20	22	25	31	30	17	15	18	23	26
秋田	519	15	10	12	21	17	26	28	25	16	15	16	21
山形	370	12	8	9	20	15	21	24	11	13	16	11	18
福島	586	33	10	14	19	17	31	28	19	14	18	21	22
茨城	748	32	26	22	15	44	43	46	23	17	25	25	30
栃木	523	31	22	17	16	24	22	25	15	10	19	22	17
群馬	562	15	14	13	18	15	23	19	11	19	20	27	17
埼玉	1 563	51	65	54	61	59	99	72	45	37	57	47	62
千葉	1 326	62	47	41	37	66	65	66	45	30	35	41	38
東京	2 743	89	87	74	97	85	115	119	89	75	79	94	95
神奈川	1 791	112	83	63	65	86	97	66	66	43	43	66	53
新潟	833	44	28	23	15	32	40	38	30	24	32	38	39
富山	356	7	10	13	10	11	23	18	17	13	5	14	12
石川	303	11	10	13	17	12	10	10	12	7	6	21	7
福井	246	15	13	5	8	8	6	12	4	15	8	6	4
山梨	223	12	5	4	7	10	10	11	8	3	6	9	6
長野	576	16	11	9	11	18	38	23	21	15	20	17	20
岐阜	546	17	18	16	14	18	30	17	21	17	22	26	21
静岡	786	48	22	18	21	34	41	37	24	25	13	26	32
愛知	1 566	80	61	40	58	55	72	84	60	47	53	60	56
三重	456	27	15	16	11	19	26	16	12	23	14	27	18
滋賀	330	9	11	11	10	10	20	12	9	8	11	21	19
京都	602	21	11	19	17	20	29	23	22	25	13	21	27
大阪	2 186	109	72	78	76	91	128	103	69	63	62	65	73
兵庫	1 280	56	36	37	47	45	66	52	31	46	45	39	54
奈良	296	20	12	8	13	7	12	16	8	11	12	6	17
和歌山	271	18	9	7	6	13	13	15	8	8	8	11	14
鳥取	145	6	3	3	6	2	9	5	2	7	－	8	7
島根	237	10	3	4	8	10	10	9	8	10	9	16	10
岡山	397	13	14	11	12	14	17	16	13	10	8	15	15
広島	650	21	12	21	14	17	27	22	7	22	18	26	22
山口	412	25	7	3	12	15	33	25	11	5	8	21	17
徳島	165	2	2	4	4	5	11	6	8	3	3	3	7
香川	226	9	13	5	7	7	12	12	7	6	10	13	11
愛媛	394	17	8	4	12	16	15	17	13	11	9	26	14
高知	236	12	9	6	8	1	7	15	6	11	4	15	7
福岡	1 352	29	48	44	39	44	55	78	44	48	36	41	48
佐賀	216	10	6	7	6	8	12	10	9	6	3	12	6
長崎	449	17	13	15	23	15	19	29	10	16	22	18	12
熊本	498	24	15	6	18	20	24	31	24	10	11	17	18
大分	309	14	10	10	7	9	13	22	13	3	10	8	13
宮崎	369	11	12	6	18	13	21	19	17	8	13	9	12
鹿児島	482	28	20	10	7	15	25	30	13	16	12	19	22
沖縄	350	16	14	14	16	14	15	16	11	9	15	8	5
不詳	380	17	13	9	14	18	19	14	7	7	3	3	4

・都道府県・性別 －平成15年－

12時台	13時台	14時台	15時台	16時台	17時台	18時台	19時台	20時台	21時台	22時台	23時台	不詳	都道府県
1 379	**1 045**	**1 220**	**1 310**	**1 254**	**1 244**	**1 199**	**849**	**858**	**779**	**1 023**	**899**	**5 152**	**全　国**
66	44	64	61	73	62	49	36	38	31	44	40	293	北海道
33	26	19	23	27	25	25	15	15	8	23	14	82	青　森
29	25	18	25	23	20	21	11	10	10	16	11	87	岩　手
20	23	23	34	23	21	14	12	14	12	20	14	113	宮　城
17	16	20	24	25	22	17	11	11	6	16	12	100	秋　田
11	15	9	10	19	25	11	8	15	7	12	4	46	山　形
23	13	19	23	17	23	28	15	19	19	22	11	108	福　島
36	27	25	23	28	31	21	30	18	20	32	24	85	茨　城
23	15	23	17	15	19	23	10	11	14	17	14	82	栃　木
12	8	18	20	17	19	22	17	18	10	22	18	150	群　馬
64	46	58	58	64	53	60	37	36	51	55	52	220	埼　玉
61	42	55	53	54	47	49	23	26	32	42	34	235	千　葉
105	118	104	99	105	102	117	78	74	78	78	85	502	東　京
85	47	70	68	73	83	52	55	51	48	61	48	207	神奈川
39	29	24	55	35	35	31	26	20	15	24	27	90	新　潟
10	12	25	16	24	19	12	8	7	3	9	16	42	富　山
10	5	14	21	13	12	14	7	8	5	12	7	39	石　川
12	8	9	11	16	9	10	9	8	3	5	8	34	福　井
11	9	5	12	11	6	12	6	3	5	5	3	44	山　梨
28	16	14	22	22	18	22	15	18	16	13	15	138	長　野
18	16	24	14	13	17	29	11	15	9	17	13	113	岐　阜
45	20	26	32	31	24	26	22	23	21	23	14	138	静　岡
67	55	56	55	59	52	68	37	56	32	57	44	202	愛　知
15	20	21	17	16	15	23	12	11	9	13	12	48	三　重
9	7	10	15	17	11	16	8	21	7	10	10	38	滋　賀
21	14	25	28	18	10	19	21	25	21	19	18	115	京　都
111	85	78	97	63	89	69	50	54	54	77	63	307	大　阪
68	36	60	56	57	47	55	25	45	30	40	46	161	兵　庫
12	4	15	14	13	8	10	7	7	11	8	6	39	奈　良
10	11	9	11	8	8	6	8	7	9	10	11	33	和歌山
6	6	4	8	9	3	8	5	4	3	9	2	20	鳥　取
10	10	15	14	10	12	12	6	3	2	4	3	29	島　根
21	15	14	13	18	15	18	18	10	6	12	10	69	岡　山
36	26	25	18	18	28	17	19	8	19	12	16	179	広　島
14	20	14	17	18	19	10	14	13	13	16	9	53	山　口
8	—	2	3	7	10	4	3	2	3	5	3	57	徳　島
7	7	7	13	6	6	8	14	3	8	8	3	24	香　川
18	15	23	16	17	29	23	10	12	8	14	11	36	愛　媛
10	11	13	7	9	9	13	5	4	7	12	8	27	高　知
49	46	57	65	38	50	52	42	36	30	40	52	241	福　岡
8	9	6	11	10	8	7	5	7	5	4	6	35	佐　賀
24	10	14	18	22	24	13	14	9	12	7	13	60	長　崎
20	16	17	22	26	24	20	15	16	12	19	18	55	熊　本
12	7	16	19	10	13	7	8	9	6	6	6	58	大　分
15	5	20	14	17	18	15	13	7	12	12	6	56	宮　崎
27	18	18	22	20	24	20	11	9	15	18	8	55	鹿児島
13	6	9	12	14	12	12	6	8	10	6	16	73	沖　縄
10	6	6	4	6	8	9	11	14	12	17	15	134	不　詳

第７表（３－２）

男

都道府県	総 数	０時台	１時台	２時台	３時台	４時台	５時台	６時台	７時台	８時台	９時台	10時台	11時台
全　国	**23 396**	**1 044**	**761**	**696**	**766**	**854**	**1 190**	**1 118**	**742**	**644**	**631**	**776**	**747**
北海道	1 095	48	34	35	47	32	39	58	32	22	32	33	36
青　森	446	12	6	15	14	11	27	19	7	15	18	17	13
岩　手	395	9	15	14	8	22	21	18	9	9	8	19	11
宮　城	469	16	21	17	21	20	23	23	12	7	9	17	19
秋　田	365	11	6	10	14	8	16	19	20	11	13	11	15
山　形	273	10	7	8	16	11	17	16	10	10	10	6	13
福　島	447	28	9	12	18	11	19	22	12	11	13	14	15
茨　城	554	28	21	18	9	34	31	36	17	11	13	15	17
栃　木	360	23	14	14	10	17	13	14	10	4	11	14	13
群　馬	397	12	9	6	13	11	17	13	6	13	14	19	12
埼　玉	1 104	37	46	43	38	47	72	50	34	28	32	24	43
千　葉	970	48	29	31	20	56	53	55	31	26	25	24	21
東　京	1 933	64	63	53	70	58	86	82	60	55	51	66	57
神奈川	1 313	89	65	43	47	60	74	49	47	34	29	44	30
新　潟	590	30	20	14	11	16	26	26	24	21	26	26	23
富　山	254	6	6	9	8	3	15	17	11	9	4	7	11
石　川	222	8	6	10	10	9	7	9	10	4	4	15	5
福　井	185	14	8	4	7	6	5	9	4	10	4	5	4
山　梨	171	11	4	2	4	7	8	8	6	2	3	7	5
長　野	403	15	10	8	7	10	31	16	14	13	12	11	7
岐　阜	383	15	13	13	11	11	21	15	14	9	16	17	15
静　岡	590	43	17	12	19	25	29	25	21	20	10	14	23
愛　知	1 083	56	40	31	38	39	46	57	46	34	32	38	37
三　重	329	21	13	11	11	12	23	12	7	11	11	17	10
滋　賀	239	6	9	6	9	7	14	9	7	5	8	9	13
京　都	420	12	6	15	14	14	19	17	18	13	7	13	19
大　阪	1 588	81	59	62	51	66	97	74	49	45	42	40	42
兵　庫	927	41	20	32	35	35	52	45	20	33	27	30	35
奈　良	213	14	9	7	11	6	6	12	5	5	8	6	10
和歌山	184	14	6	6	3	8	9	13	5	5	5	8	8
鳥　取	109	4	2	1	4	1	5	3	2	5	－	6	6
島　根	172	8	1	3	6	6	5	5	6	9	4	11	6
岡　山	290	9	8	7	11	12	10	12	11	9	7	11	7
広　島	475	16	7	17	8	10	17	15	3	13	12	19	14
山　口	299	21	7	2	9	11	27	20	9	4	7	10	6
徳　島	118	2	2	2	4	2	7	5	8	3	2	2	5
香　川	172	6	8	5	5	5	11	10	6	4	8	10	8
愛　媛	287	13	7	4	8	12	13	10	9	7	7	18	7
高　知	175	5	8	4	5	1	6	13	4	8	2	10	5
福　岡	1 016	23	36	31	28	33	43	60	36	36	21	28	33
佐　賀	182	10	5	6	4	8	12	9	8	5	3	7	5
長　崎	337	16	9	12	17	12	14	21	9	8	12	12	7
熊　本	367	19	10	5	12	14	21	25	16	6	7	14	10
大　分	221	11	8	4	6	6	10	16	10	3	8	6	10
宮　崎	278	9	10	6	14	10	19	12	13	6	9	5	10
鹿児島	378	22	18	7	6	11	21	21	11	11	10	13	19
沖　縄	276	12	11	11	11	11	15	12	6	7	13	5	4
不　詳	342	16	13	8	14	17	18	11	7	5	2	3	3

・都道府県・性別 －平成15年－

12時台	13時台	14時台	15時台	16時台	17時台	18時台	19時台	20時台	21時台	22時台	23時台	不詳	都道府県
934	**704**	**825**	**910**	**853**	**879**	**841**	**589**	**626**	**576**	**730**	**638**	**4 322**	**全国**
41	28	34	40	49	43	31	29	22	24	31	31	244	北海道
22	21	15	17	22	22	21	10	14	7	18	13	70	青森
20	18	9	17	14	16	19	7	8	6	14	6	78	岩手
14	17	18	21	17	10	9	11	11	11	16	10	99	宮城
10	12	14	16	17	14	12	9	6	3	14	8	76	秋田
7	7	9	8	12	17	6	7	11	6	8	2	39	山形
13	9	13	18	11	17	21	13	14	14	18	8	94	福島
26	19	16	15	20	23	15	22	15	15	26	16	76	茨城
16	8	13	12	10	11	16	6	8	10	10	9	74	栃木
4	3	14	20	12	10	12	11	14	6	14	11	121	群馬
39	29	42	40	44	34	40	29	25	38	42	30	178	埼玉
37	22	38	43	36	35	34	14	18	24	27	27	196	千葉
70	79	69	64	68	68	73	44	55	52	49	56	421	東京
56	31	50	54	44	59	38	39	34	36	48	36	177	神奈川
29	22	15	33	27	26	21	17	16	10	19	17	75	新潟
8	9	12	14	18	12	10	6	2	2	6	13	36	富山
8	4	11	14	9	9	11	5	7	5	6	4	32	石川
8	5	8	5	13	6	5	8	5	3	2	7	30	福井
7	5	4	10	7	4	10	5	3	4	5	3	37	山梨
21	9	7	13	12	13	16	5	11	12	11	12	107	長野
13	10	15	8	7	10	25	8	7	8	11	8	83	岐阜
33	13	18	21	20	21	14	16	16	16	16	12	116	静岡
44	31	38	39	44	40	46	19	42	18	37	28	163	愛知
14	15	19	11	12	10	16	8	6	5	8	6	40	三重
8	5	8	11	14	5	13	7	20	5	5	6	30	滋賀
15	11	17	21	13	7	10	11	18	14	13	14	89	京都
73	55	50	64	42	71	48	28	38	39	55	50	267	大阪
48	26	39	35	38	33	34	18	35	24	25	30	137	兵庫
5	2	12	10	10	7	7	4	5	8	5	5	34	奈良
6	10	6	10	5	4	4	4	4	5	5	6	25	和歌山
4	5	3	7	6	1	7	3	3	3	8	2	18	鳥取
8	5	9	13	5	8	10	6	3	2	3	2	28	島根
15	10	10	9	9	9	14	13	7	6	10	6	58	岡山
22	20	23	9	15	20	13	13	6	11	9	12	151	広島
8	15	10	11	11	12	7	11	10	11	11	3	46	山口
4	—	1	3	4	7	3	3	1	2	4	2	40	徳島
4	5	5	9	5	3	7	11	1	7	5	3	21	香川
13	11	18	11	11	22	19	8	9	5	7	8	30	愛媛
6	9	9	4	6	6	9	5	3	7	11	5	24	高知
36	28	42	42	26	38	41	30	29	25	28	39	204	福岡
6	7	3	10	9	7	7	5	6	4	4	5	27	佐賀
19	9	11	11	16	16	11	11	4	11	4	11	54	長崎
17	11	9	15	19	13	14	11	10	10	14	17	48	熊本
9	5	5	12	4	9	4	4	8	3	5	3	52	大分
8	5	10	10	12	14	10	11	7	9	11	4	44	宮崎
22	14	12	18	13	20	11	10	8	13	13	5	49	鹿児島
8	6	7	9	10	9	8	5	8	7	4	12	65	沖縄
10	4	5	3	5	8	9	9	13	10	15	15	119	不詳

第７表（３－３）
女

都道府県	総数	0時台	1時台	2時台	3時台	4時台	5時台	6時台	7時台	8時台	9時台	10時台	11時台
全国	**8 713**	**316**	**278**	**225**	**285**	**331**	**418**	**399**	**267**	**264**	**320**	**402**	**424**
北海道	436	21	11	13	11	11	18	16	12	11	14	19	25
青森	130	3	3	4	4	7	8	12	3	3	4	6	10
岩手	132	3	2	2	4	3	14	8	1	1	6	6	8
宮城	152	5	9	3	1	5	8	7	5	8	9	6	7
秋田	154	4	4	2	7	9	10	9	5	5	2	5	6
山形	97	2	1	1	4	4	4	8	1	3	6	5	5
福島	139	5	1	2	1	6	12	6	7	3	5	7	7
茨城	194	4	5	4	6	10	12	10	6	6	12	10	13
栃木	163	8	8	3	6	7	9	11	5	6	8	8	4
群馬	165	3	5	7	5	4	6	6	5	6	6	8	5
埼玉	459	14	19	11	23	12	27	22	11	9	25	23	19
千葉	356	14	18	10	17	10	12	11	14	4	10	17	17
東京	810	25	24	21	27	27	29	37	29	20	28	28	38
神奈川	478	23	18	20	18	26	23	17	19	9	14	22	23
新潟	243	14	8	9	4	16	14	12	6	3	6	12	16
富山	102	1	4	4	2	8	8	1	6	4	1	7	1
石川	81	3	4	3	7	3	3	1	2	3	2	6	2
福井	61	1	5	1	1	2	1	3	—	5	4	1	—
山梨	52	1	1	2	3	3	2	3	2	1	3	2	1
長野	173	1	1	1	4	8	7	7	7	2	8	6	13
岐阜	163	2	5	3	3	7	9	2	7	8	6	9	6
静岡	196	5	5	6	2	9	12	12	3	5	3	12	9
愛知	483	24	21	9	20	16	26	27	14	13	21	22	19
三重	127	6	2	5	—	7	3	4	5	12	3	10	8
滋賀	91	3	2	5	1	3	6	3	2	3	3	12	6
京都	182	9	5	4	3	6	10	6	4	12	6	8	8
大阪	598	28	13	16	25	25	31	29	20	18	20	25	31
兵庫	353	15	16	5	12	10	14	7	11	13	18	9	19
奈良	83	6	3	1	2	1	6	4	3	6	4	—	7
和歌山	87	4	3	1	3	5	4	2	3	3	3	3	6
鳥取	36	2	1	2	2	1	4	2	—	2	—	2	1
島根	65	2	2	1	2	4	5	4	2	1	5	5	4
岡山	107	4	6	4	1	2	7	4	2	1	1	4	8
広島	175	5	5	4	6	7	10	7	4	9	6	7	8
山口	113	4	—	1	3	4	6	5	2	1	1	11	11
徳島	47	—	—	2	—	3	4	1	—	—	1	1	2
香川	54	3	5	—	2	2	1	2	1	2	2	3	3
愛媛	107	4	1	—	4	4	2	7	4	4	2	8	7
高知	61	7	1	2	3	—	1	2	2	3	2	5	2
福岡	336	6	12	13	11	11	12	18	8	12	15	13	15
佐賀	34	—	1	1	2	—	—	1	1	1	—	5	1
長崎	112	1	4	3	6	3	5	8	1	8	10	6	5
熊本	131	5	5	1	6	6	3	6	8	4	4	3	8
大分	88	3	2	6	1	3	3	6	3	—	2	2	3
宮崎	91	2	2	—	4	3	2	7	4	2	4	4	2
鹿児島	104	6	2	3	1	4	4	9	2	5	2	6	3
沖縄	74	4	3	3	5	3	—	4	5	2	2	3	1
不詳	38	1	—	1	—	1	1	3	—	2	1	—	1

・都道府県・性別 －平成15年－

12時台	13時台	14時台	15時台	16時台	17時台	18時台	19時台	20時台	21時台	22時台	23時台	不詳	都道府県
445	**341**	**395**	**400**	**401**	**365**	**358**	**260**	**232**	**203**	**293**	**261**	**830**	**全国**
25	16	30	21	24	19	18	7	16	7	13	9	49	北海道
11	5	4	6	5	3	4	5	1	1	5	1	12	青森
9	7	9	8	9	4	2	4	2	4	2	5	9	岩手
6	6	5	13	6	11	5	1	3	1	4	4	14	宮城
7	4	6	8	8	8	5	2	5	3	2	4	24	秋田
4	8	—	2	7	8	5	1	4	1	4	2	7	山形
10	4	6	5	6	6	7	2	5	5	4	3	14	福島
10	8	9	8	8	8	6	8	3	5	6	8	9	茨城
7	7	10	5	5	8	7	4	3	4	7	5	8	栃木
8	5	4	—	5	9	10	6	4	4	8	7	29	群馬
25	17	16	18	20	19	20	8	11	13	13	22	42	埼玉
24	20	17	10	18	12	15	9	8	8	15	7	39	千葉
35	39	35	35	37	34	44	34	19	26	29	29	81	東京
29	16	20	14	29	24	14	16	17	12	13	12	30	神奈川
10	7	9	22	8	9	10	9	4	5	5	10	15	新潟
2	3	13	2	6	7	2	2	5	1	3	3	6	富山
2	1	3	7	4	3	3	2	1	—	6	3	7	石川
4	3	1	6	3	3	5	1	3	—	3	1	4	福井
4	4	1	2	4	2	2	1	—	1	—	—	7	山梨
7	7	7	9	10	5	6	10	7	4	2	3	31	長野
5	6	9	6	6	7	4	3	8	1	6	5	30	岐阜
12	7	8	11	11	3	12	6	7	5	7	2	22	静岡
23	24	18	16	15	12	22	18	14	14	20	16	39	愛知
1	5	2	6	4	5	7	4	5	4	5	6	8	三重
1	2	2	4	3	6	3	1	1	2	5	4	8	滋賀
6	3	8	7	5	3	9	10	7	7	6	4	26	京都
38	30	28	33	21	18	21	22	16	15	22	13	40	大阪
20	10	21	21	19	14	21	7	10	6	15	16	24	兵庫
7	2	3	4	3	1	3	3	2	3	3	1	5	奈良
4	1	3	1	3	4	2	4	3	4	5	5	8	和歌山
2	1	1	1	3	2	1	2	1	—	1	—	2	鳥取
2	5	6	1	5	4	2	—	—	—	1	1	1	島根
6	5	4	4	9	6	4	5	3	—	2	4	11	岡山
14	6	2	9	3	8	4	6	2	8	3	4	28	広島
6	5	4	6	7	7	3	3	3	2	5	6	7	山口
4	—	1	—	3	3	1	—	1	1	1	1	17	徳島
3	2	2	4	1	3	1	3	2	1	3	—	3	香川
5	4	5	5	6	7	4	2	3	3	7	3	6	愛媛
4	2	4	3	3	3	4	—	1	—	1	3	3	高知
13	18	15	23	12	12	11	12	7	5	12	13	37	福岡
2	2	3	1	1	1	—	—	1	1	—	1	8	佐賀
5	1	3	7	6	8	2	3	5	1	3	2	6	長崎
3	5	8	7	7	11	6	4	6	2	5	1	7	熊本
3	2	11	7	6	4	3	4	1	3	1	3	6	大分
7	—	10	4	5	4	5	2	—	3	1	2	12	宮崎
5	4	6	4	7	4	9	1	1	2	5	3	6	鹿児島
5	—	2	3	4	3	4	1	—	3	2	4	8	沖縄
—	2	1	1	1	—	—	2	1	2	2	—	15	不詳

第８表　性・月別自殺死亡数・１日平均自殺死亡数の

自殺死亡数

（総　数）

月	昭和25年	30年	35年	40年	45年	50年	55年	60年	平成2年	6年	7年	8年	9年	10年	11年	12年	13年	14年	15年
総　数	**16 311**	**22 477**	**20 143**	**14 444**	**15 728**	**19 975**	**20 542**	**23 383**	**20 088**	**20 923**	**21 420**	**22 138**	**23 494**	**31 755**	**31 413**	**30 251**	**29 375**	**29 949**	**32 109**
1 月	1 251	1 541	1 478	1 097	1 151	1 444	1 620	1 705	1 529	1 670	1 791	1 738	1 800	2 038	2 366	2 388	2 636	2 386	2 526
2 月	1 198	1 635	1 617	1 041	1 154	1 489	1 650	1 748	1 489	1 444	1 787	1 618	1 616	2 281	2 148	2 266	2 382	2 299	2 263
3 月	1 523	1 978	1 861	1 314	1 305	1 893	1 950	2 116	1 824	1 830	2 148	2 037	2 024	3 265	2 782	2 536	2 689	2 663	3 020
4 月	1 733	2 153	1 962	1 316	1 451	1 945	2 060	2 147	1 860	2 041	1 992	2 109	2 070	2 943	2 916	2 517	2 572	2 475	3 096
5 月	1 659	2 233	2 023	1 470	1 547	1 887	1 930	2 165	1 923	1 836	2 005	2 065	2 181	3 485	3 118	2 706	2 684	2 687	3 110
6 月	1 471	1 978	1 798	1 306	1 413	1 890	1 750	1 889	1 866	1 871	1 719	1 904	2 078	2 867	2 838	2 793	2 321	2 402	2 864
7 月	1 554	2 143	1 782	1 229	1 356	1 709	1 630	1 855	1 665	1 737	1 751	1 781	2 080	2 774	2 697	2 719	2 409	2 753	2 797
8 月	1 416	2 096	1 605	1 231	1 285	1 561	1 568	1 777	1 587	1 614	1 629	1 823	1 916	2 638	2 537	2 476	2 320	2 603	2 695
9 月	1 228	1 778	1 548	1 139	1 232	1 610	1 661	1 791	1 528	1 756	1 620	1 728	1 926	2 469	2 499	2 472	2 384	2 584	2 515
10 月	1 171	1 688	1 553	1 140	1 285	1 610	1 668	2 216	1 716	1 745	1 723	1 822	2 028	2 494	2 761	2 597	2 496	2 501	2 510
11 月	1 058	1 572	1 464	1 084	1 267	1 491	1 534	1 967	1 542	1 593	1 608	1 789	1 915	2 259	2 469	2 497	2 378	2 423	2 435
12 月	1 029	1 674	1 442	1 066	1 282	1 446	1 521	2 007	1 559	1 786	1 647	1 724	1 860	2 242	2 282	2 284	2 104	2 173	2 278
不　詳	20	8	10	11	－	－	－	－	－	－	－	－	－	－	－	－	－	－	－

（男）

月	昭和25年	30年	35年	40年	45年	50年	55年	60年	平成2年	6年	7年	8年	9年	10年	11年	12年	13年	14年	15年
総　数	**9 820**	**13 836**	**11 506**	**8 330**	**8 761**	**11 744**	**12 769**	**15 356**	**12 316**	**14 058**	**14 231**	**14 853**	**15 901**	**22 349**	**22 402**	**21 656**	**21 085**	**21 677**	**23 396**
1 月	772	963	838	632	661	836	1 042	1 126	966	1 135	1 225	1 188	1 185	1 439	1 691	1 725	1 918	1 708	1 873
2 月	765	1 010	927	592	649	893	1 040	1 190	917	965	1 215	1 087	1 106	1 603	1 518	1 629	1 745	1 691	1 626
3 月	933	1 194	1 042	776	743	1 076	1 245	1 396	1 147	1 246	1 405	1 340	1 361	2 334	1 974	1 802	1 936	1 956	2 225
4 月	1 064	1 306	1 144	742	797	1 118	1 278	1 400	1 143	1 340	1 282	1 410	1 366	2 096	2 066	1 830	1 822	1 784	2 267
5 月	995	1 397	1 157	812	827	1 108	1 175	1 412	1 184	1 219	1 333	1 404	1 459	2 423	2 243	1 942	1 880	1 936	2 274
6 月	859	1 215	990	769	766	1 114	1 050	1 194	1 097	1 275	1 154	1 258	1 367	2 031	2 021	1 983	1 628	1 732	2 071
7 月	897	1 319	1 035	707	736	993	971	1 185	996	1 160	1 138	1 188	1 379	1 928	1 901	1 959	1 722	1 996	2 024
8 月	890	1 271	916	698	740	939	986	1 158	965	1 087	1 095	1 242	1 333	1 853	1 821	1 735	1 691	1 841	1 932
9 月	732	1 132	890	672	702	979	1 035	1 216	928	1 182	1 083	1 195	1 365	1 746	1 830	1 771	1 722	1 891	1 847
10 月	673	1 080	883	665	724	960	1 031	1 466	1 081	1 191	1 158	1 199	1 435	1 760	1 983	1 874	1 817	1 844	1 830
11 月	626	945	840	640	706	862	944	1 291	948	1 052	1 089	1 227	1 290	1 579	1 751	1 781	1 708	1 764	1 772
12 月	599	997	836	616	710	866	972	1 322	944	1 206	1 054	1 115	1 255	1 557	1 603	1 625	1 496	1 534	1 655
不　詳	15	7	8	9	－	－	－	－	－	－	－	－	－	－	－	－	－	－	－

（女）

月	昭和25年	30年	35年	40年	45年	50年	55年	60年	平成2年	6年	7年	8年	9年	10年	11年	12年	13年	14年	15年
総　数	**6 491**	**8 641**	**8 637**	**6 114**	**6 967**	**8 231**	**7 773**	**8 027**	**7 772**	**6 865**	**7 189**	**7 285**	**7 593**	**9 406**	**9 011**	**8 595**	**8 290**	**8 272**	**8 713**
1 月	479	578	640	465	490	608	578	579	563	535	566	550	615	599	675	663	718	678	653
2 月	433	625	690	449	505	596	610	558	572	479	572	531	510	678	630	637	637	608	637
3 月	590	784	819	538	562	817	705	720	677	584	743	697	663	931	808	734	753	707	795
4 月	669	847	818	574	654	827	782	747	717	701	710	699	704	847	850	687	750	691	829
5 月	664	836	866	658	720	779	755	753	739	617	672	661	722	1 062	875	764	804	751	836
6 月	612	763	808	537	647	776	700	695	769	596	565	646	711	836	817	810	693	670	793
7 月	657	824	747	522	620	716	659	670	669	577	613	593	701	846	796	760	687	757	773
8 月	526	825	689	533	545	622	582	619	622	527	534	581	583	785	716	741	629	762	763
9 月	496	646	658	467	530	631	626	575	600	574	537	533	561	723	669	701	662	693	668
10 月	498	608	670	475	561	650	637	750	635	554	565	623	593	734	778	723	679	657	680
11 月	432	627	624	444	561	629	590	676	594	541	519	562	625	680	718	716	670	659	663
12 月	430	677	606	450	572	580	549	685	615	580	593	609	605	685	679	659	608	639	623
不　詳	5	1	2	2	－	－	－	－	－	－	－	－	－	－	－	－	－	－	－

年次比較 －昭和25・30・35・40・45・50・55・60・平成２・６～15年－

１日平均自殺死亡数

（総　数）

月	昭和25年	30年	35年	40年	45年	50年	55年	60年	平成2年	6年	7年	8年	9年	10年	11年	12年	13年	14年	15年
総　数	**44.7**	**61.6**	**55.0**	**39.6**	**43.1**	**54.7**	**56.1**	**64.1**	**55.0**	**57.3**	**58.7**	**60.5**	**64.4**	**87.0**	**86.1**	**82.7**	**80.5**	**82.1**	**88.0**
1　月	40.4	49.7	47.7	35.4	37.1	46.6	52.3	55.0	49.3	53.9	57.8	56.1	58.1	65.7	76.3	77.0	85.0	77.0	81.5
2　月	42.8	58.4	55.8	37.2	41.2	53.2	56.9	62.4	53.2	51.6	63.8	55.8	57.7	81.5	76.7	78.1	85.1	82.1	80.8
3　月	49.1	63.8	60.0	42.4	42.1	61.1	62.9	68.3	58.8	59.0	69.3	65.7	65.3	105.3	89.7	81.8	86.7	85.9	97.4
4　月	57.8	71.8	65.4	43.9	48.4	64.8	68.7	71.6	62.0	68.0	66.4	70.3	69.0	98.1	97.2	83.9	85.7	82.5	103.2
5　月	53.5	72.0	65.3	47.4	49.9	60.9	62.3	69.8	62.0	59.2	64.7	66.6	70.4	112.4	100.6	87.3	86.6	86.7	100.3
6　月	49.0	65.9	59.9	43.5	47.1	63.0	58.3	63.0	62.2	62.4	57.3	63.5	69.3	95.6	94.6	93.1	77.4	80.1	95.5
7　月	50.1	69.1	57.5	39.6	43.7	55.1	52.6	59.8	53.7	56.0	56.5	57.5	67.1	89.5	87.0	87.7	77.7	88.8	90.2
8　月	45.7	67.6	51.8	39.7	41.5	50.4	50.6	57.3	51.2	52.1	52.5	58.8	61.8	85.1	81.8	79.9	74.8	84.0	86.9
9　月	40.9	59.3	51.6	38.0	41.1	53.7	55.4	59.7	50.9	58.5	54.0	57.6	64.2	82.3	83.3	82.4	79.5	86.1	83.8
10　月	37.8	54.5	50.1	36.8	41.5	51.9	53.8	71.5	55.4	56.3	55.6	58.8	65.4	80.5	89.1	83.8	80.5	80.7	81.0
11　月	35.3	52.4	48.8	36.1	42.2	49.7	51.1	65.6	51.4	53.1	53.6	59.6	63.8	75.3	82.3	83.2	79.3	80.8	81.2
12　月	33.2	54.0	46.5	34.4	41.4	46.6	49.1	64.7	50.3	57.6	53.1	55.6	60.0	72.3	73.6	73.7	67.9	70.1	73.5

（男）

月	昭和25年	30年	35年	40年	45年	50年	55年	60年	平成2年	6年	7年	8年	9年	10年	11年	12年	13年	14年	15年
総　数	**26.9**	**37.9**	**31.4**	**22.8**	**24.0**	**32.2**	**34.9**	**42.1**	**33.7**	**38.5**	**39.0**	**40.6**	**43.6**	**61.2**	**61.4**	**59.2**	**57.8**	**59.4**	**64.1**
1　月	24.9	31.1	27.0	20.4	21.3	27.0	33.6	36.3	31.2	36.6	39.5	38.3	38.2	46.4	54.5	55.6	61.9	55.1	60.4
2　月	27.3	36.1	32.0	21.1	23.2	31.9	35.9	42.5	32.8	34.5	43.4	37.5	39.5	57.3	54.2	56.2	62.3	60.4	58.1
3　月	30.1	38.5	33.6	25.0	24.0	34.7	40.2	45.0	37.0	40.2	45.3	43.2	43.9	75.3	63.7	58.1	62.5	63.1	71.8
4　月	35.5	43.5	38.1	24.7	26.6	37.3	42.6	46.7	38.1	44.7	42.7	47.0	45.5	69.9	68.9	61.0	60.7	59.5	75.6
5　月	32.1	45.1	37.3	26.2	26.7	35.7	37.9	45.5	38.2	39.3	43.0	45.3	47.1	78.2	72.4	62.6	60.6	62.5	73.4
6　月	28.6	40.5	33.0	25.6	25.5	37.1	35.0	39.8	36.6	42.5	38.5	41.9	45.6	67.7	67.4	66.1	54.3	57.7	69.0
7　月	28.9	42.5	33.4	22.8	23.7	32.0	31.3	38.2	32.1	37.4	36.7	38.3	44.5	62.2	61.3	63.2	55.5	64.4	65.3
8　月	28.7	41.0	29.5	22.5	23.9	30.3	31.8	37.4	31.1	35.1	35.3	40.1	43.0	59.8	58.7	56.0	54.5	59.4	62.3
9　月	24.4	37.7	29.7	22.4	23.4	32.6	34.5	40.5	30.9	39.4	36.1	39.8	45.5	58.2	61.0	59.0	57.4	63.0	61.6
10　月	21.7	34.8	28.5	21.5	23.4	31.0	33.3	47.3	34.9	38.4	37.4	38.7	46.3	56.8	64.0	60.5	58.6	59.5	59.0
11　月	20.9	31.5	28.0	21.3	23.5	28.7	31.5	43.0	31.6	35.1	36.3	40.9	43.0	52.6	58.4	59.4	56.9	58.8	59.1
12　月	19.3	32.2	27.0	19.9	22.9	27.9	31.4	42.6	30.5	38.9	34.0	36.0	40.5	50.2	51.7	52.4	48.3	49.5	53.4

（女）

月	昭和25年	30年	35年	40年	45年	50年	55年	60年	平成2年	6年	7年	8年	9年	10年	11年	12年	13年	14年	15年
総　数	**17.8**	**23.7**	**23.6**	**16.8**	**19.1**	**22.6**	**21.2**	**22.0**	**21.3**	**18.8**	**19.7**	**19.9**	**20.8**	**25.8**	**24.7**	**23.5**	**22.7**	**22.7**	**23.9**
1　月	15.5	18.6	20.6	15.0	15.8	19.6	18.6	18.7	18.2	17.3	18.3	17.7	19.8	19.3	21.8	21.4	23.2	21.9	21.1
2　月	15.5	22.3	23.8	16.0	18.0	21.3	21.0	19.9	20.4	17.1	20.4	18.3	18.2	24.2	22.5	22.0	22.8	21.7	22.8
3　月	19.0	25.3	26.4	17.4	18.1	26.4	22.7	23.2	21.8	18.8	24.0	22.5	21.4	30.0	26.1	23.7	24.3	22.8	25.6
4　月	22.3	28.2	27.3	19.1	21.8	27.6	26.1	24.9	23.9	23.4	23.7	23.3	23.5	28.2	28.3	22.9	25.0	23.0	27.6
5　月	21.4	27.0	27.9	21.2	23.2	25.1	24.4	24.3	23.8	19.9	21.7	21.3	23.3	34.3	28.2	24.6	25.9	24.2	27.0
6　月	20.4	25.4	26.9	17.9	21.6	25.9	23.3	23.2	25.6	19.9	18.8	21.5	23.7	27.9	27.2	27.0	23.1	22.3	26.4
7　月	21.2	26.6	24.1	16.8	20.0	23.1	21.3	21.6	21.6	18.6	19.8	19.1	22.6	27.3	25.7	24.5	22.2	24.4	24.9
8　月	17.0	26.6	22.2	17.2	17.6	20.1	18.8	20.0	20.1	17.0	17.2	18.7	18.8	25.3	23.1	23.9	20.3	24.6	24.6
9　月	16.5	21.5	21.9	15.6	17.7	21.0	20.9	19.2	20.0	19.1	17.9	17.8	18.7	24.1	22.3	23.4	22.1	23.1	22.3
10　月	16.1	19.6	21.6	15.3	18.1	21.0	20.5	24.2	20.5	17.9	18.2	20.1	19.1	23.7	25.1	23.3	21.9	21.2	21.9
11　月	14.4	20.9	20.8	14.8	18.7	21.0	19.7	22.5	19.8	18.0	17.3	18.7	20.8	22.7	23.9	23.9	22.3	22.0	22.1
12　月	13.9	21.8	19.5	14.5	18.5	18.7	17.7	22.1	19.8	18.7	19.1	19.6	19.5	22.1	21.9	21.3	19.6	20.6	20.1

第９表　自殺死亡数・１日平均自殺死亡数,

自殺死亡数

年齢階級	総　数	1月	2月	3月	4月	5月	6月	7月	8月	9月	10月	11月	12月
							総　数						
総　数	32 109	2 526	2 263	3 020	3 096	3 110	2 864	2 797	2 695	2 515	2 510	2 435	2 278
5～ 9歳	1	—	—	—	—	—	—	—	1	—	—	—	—
10～14	64	6	3	6	7	7	7	5	7	6	3	1	6
15～19	503	38	32	29	57	44	43	39	51	46	49	33	42
20～24	1 211	90	84	109	130	135	108	105	87	91	104	77	91
25～29	1 868	124	141	149	176	196	178	153	179	144	147	144	137
30～34	2 173	167	134	186	201	211	189	189	212	182	173	147	182
35～39	2 082	139	141	202	205	216	194	173	175	163	159	170	145
40～44	2 352	206	185	240	226	216	198	179	192	199	191	162	158
45～49	2 708	206	177	263	274	256	229	261	215	220	204	225	178
50～54	4 030	321	324	422	412	397	340	343	301	324	294	295	257
55～59	3 989	326	273	387	392	387	337	331	307	293	317	321	318
60～64	3 117	269	223	292	293	308	271	278	229	256	245	233	220
65～69	2 529	203	157	270	245	237	236	229	218	178	187	168	201
70～74	1 870	156	150	155	178	174	185	167	157	148	149	133	118
75～79	1 349	108	89	130	106	121	130	116	143	94	91	126	95
80～84	973	64	62	78	88	75	98	100	103	84	89	87	45
85～	1 053	82	75	85	82	108	98	101	96	67	88	102	69
不　詳	237	21	13	17	24	22	23	28	22	20	20	11	16
（再掲）													
65～	7 774	613	533	718	699	715	747	713	717	571	604	616	528
							男						
総　数	23 396	1 873	1 626	2 225	2 267	2 274	2 071	2 024	1 932	1 847	1 830	1 772	1 655
5～ 9歳	—	—	—	—	—	—	—	—	—	—	—	—	—
10～14	32	3	2	3	5	1	3	3	5	3	1	1	2
15～19	314	28	19	19	35	24	25	24	33	32	30	21	24
20～24	844	59	61	78	96	97	75	76	57	68	63	50	64
25～29	1 326	86	92	110	127	144	127	103	128	106	107	96	100
30～34	1 584	122	94	141	159	155	133	136	143	134	118	110	139
35～39	1 557	109	114	148	155	159	150	126	127	114	117	132	106
40～44	1 906	174	152	185	186	175	162	142	162	163	154	131	120
45～49	2 215	174	148	222	222	216	182	206	170	179	166	184	146
50～54	3 268	268	249	357	323	317	281	276	251	264	243	236	203
55～59	3 197	256	221	304	309	299	278	263	257	238	257	244	271
60～64	2 341	199	170	222	209	229	210	216	171	182	185	189	159
65～69	1 727	145	98	182	159	159	158	167	142	126	141	119	131
70～74	1 141	93	81	102	114	105	104	91	100	104	87	87	73
75～79	758	60	49	67	56	76	68	67	86	49	53	79	48
80～84	470	31	32	35	51	45	49	47	46	38	42	32	22
85～	505	46	33	34	39	52	47	56	35	30	47	52	34
不　詳	211	20	11	16	22	21	19	25	19	17	19	9	13
（再掲）													
65～	4 601	375	293	420	419	437	426	428	409	347	370	369	308
							女						
総　数	8 713	653	637	795	829	836	793	773	763	668	680	663	623
5～ 9歳	1	—	—	—	—	—	—	—	1	—	—	—	—
10～14	32	3	1	3	2	6	4	2	2	3	2	0	4
15～19	189	10	13	10	22	20	18	15	18	14	19	12	18
20～24	367	31	23	31	34	38	33	29	30	23	41	27	27
25～29	542	38	49	39	49	52	51	50	51	38	40	48	37
30～34	589	45	40	45	42	56	56	53	69	48	55	37	43
35～39	525	30	27	54	50	57	44	47	48	49	42	38	39
40～44	446	32	33	55	40	41	36	37	30	36	37	31	38
45～49	493	32	29	41	52	40	47	55	45	41	38	41	32
50～54	762	53	75	65	89	80	59	67	50	60	51	59	54
55～59	792	70	52	83	83	88	59	68	50	55	60	77	47
60～64	776	70	53	70	84	79	61	62	58	74	60	44	61
65～69	802	58	59	88	86	78	78	62	76	52	46	49	70
70～74	729	63	69	53	64	69	81	76	57	44	62	46	45
75～79	591	48	40	63	50	45	62	49	57	45	38	47	47
80～84	503	33	30	43	37	30	49	53	57	46	47	55	23
85～	548	36	42	51	43	56	51	45	61	37	41	50	35
不　詳	26	1	2	1	2	1	4	3	3	3	1	2	3
（再掲）													
65～	3 173	238	240	298	280	278	321	285	308	224	234	247	220

死亡月・年齢（5歳階級）・性別 －平成15年－

1日平均自殺死亡数

年齢階級	総　数	1月	2月	3月	4月	5月	6月	7月	8月	9月	10月	11月	12月
							総　数						
総　数	**88.0**	**81.5**	**80.8**	**97.4**	**103.2**	**100.3**	**95.5**	**90.2**	**86.9**	**83.8**	**81.0**	**81.2**	**73.5**
5～9歳	0.0	—	—	—	—	—	—	—	0.0	—	—	—	—
10～14	0.2	0.2	0.1	0.2	0.2	0.2	0.2	0.2	0.2	0.2	0.1	0.0	0.2
15～19	1.4	1.2	1.1	0.9	1.9	1.4	1.4	1.3	1.6	1.5	1.6	1.1	1.4
20～24	3.3	2.9	3.0	3.5	4.3	4.4	3.6	3.4	2.8	3.0	3.4	2.6	2.9
25～29	5.1	4.0	5.0	4.8	5.9	6.3	5.9	4.9	5.8	4.8	4.7	4.8	4.4
30～34	6.0	5.4	4.8	6.0	6.7	6.8	6.3	6.1	6.8	6.1	5.6	4.9	5.9
35～39	5.7	4.5	5.0	6.5	6.8	7.0	6.5	5.6	5.6	5.4	5.1	5.7	4.7
40～44	6.4	6.6	6.6	7.7	7.5	7.0	6.6	5.8	6.2	6.6	6.2	5.4	5.1
45～49	7.4	6.6	6.3	8.5	9.1	8.3	7.6	8.4	6.9	7.3	6.6	7.5	5.7
50～54	11.0	10.4	11.6	13.6	13.7	12.8	11.3	11.1	9.7	10.8	9.5	9.8	8.3
55～59	10.9	10.5	9.8	12.5	13.1	12.5	11.2	10.7	9.9	9.8	10.2	10.7	10.3
60～64	8.5	8.7	8.0	9.4	9.8	9.9	9.0	9.0	7.4	8.5	7.9	7.8	7.1
65～69	6.9	6.5	5.6	8.7	8.2	7.6	7.9	7.4	7.0	5.9	6.0	5.6	6.5
70～74	5.1	5.0	5.4	5.0	5.9	5.6	6.2	5.4	5.1	4.9	4.8	4.4	3.8
75～79	3.7	3.5	3.2	4.2	3.5	3.9	4.3	3.7	4.6	3.1	2.9	4.2	3.1
80～84	2.7	2.1	2.2	2.5	2.9	2.4	3.3	3.2	3.3	2.8	2.9	2.9	1.5
85～	2.9	2.6	2.7	2.7	2.7	3.5	3.3	3.3	3.1	2.2	2.8	3.4	2.2
不　詳	0.6	0.7	0.5	0.5	0.8	0.7	0.8	0.9	0.7	0.7	0.6	0.4	0.5
（再掲）65～	21.3	19.8	19.0	23.2	23.3	23.1	24.9	23.0	23.1	19.0	19.5	20.5	17.0
							男						
総　数	**64.1**	**60.4**	**58.1**	**71.8**	**75.6**	**73.4**	**69.0**	**65.3**	**62.3**	**61.6**	**59.0**	**59.1**	**53.4**
5～9歳	—	—	—	—	—	—	—	—	—	—	—	—	—
10～14	0.1	0.1	0.1	0.1	0.2	0.0	0.1	0.1	0.2	0.1	0.0	0.0	0.1
15～19	0.9	0.9	0.7	0.6	1.2	0.8	0.8	0.8	1.1	1.1	1.0	0.7	0.8
20～24	2.3	1.9	2.2	2.5	3.2	3.1	2.5	2.5	1.8	2.3	2.0	1.7	2.1
25～29	3.6	2.8	3.3	3.5	4.2	4.6	4.2	3.3	4.1	3.5	3.5	3.2	3.2
30～34	4.3	3.9	3.4	4.5	5.3	5.0	4.4	4.4	4.6	4.5	3.8	3.7	4.5
35～39	4.3	3.5	4.1	4.8	5.2	5.1	5.0	4.1	4.1	3.8	3.8	4.4	3.4
40～44	5.2	5.6	5.4	6.0	6.2	5.6	5.4	4.6	5.2	5.4	5.0	4.4	3.9
45～49	6.1	5.6	5.3	7.2	7.4	7.0	6.1	6.6	5.5	6.0	5.4	6.1	4.7
50～54	9.0	8.6	8.9	11.5	10.8	10.2	9.4	8.9	8.1	8.8	7.8	7.9	6.5
55～59	8.8	8.3	7.9	9.8	10.3	9.6	9.3	8.5	8.3	7.9	8.3	8.1	8.7
60～64	6.4	6.4	6.1	7.2	7.0	7.4	7.0	7.0	5.5	6.1	6.0	6.3	5.1
65～69	4.7	4.7	3.5	5.9	5.3	5.1	5.3	5.4	4.6	4.2	4.5	4.0	4.2
70～74	3.1	3.0	2.9	3.3	3.8	3.4	3.5	2.9	3.2	3.5	2.8	2.9	2.4
75～79	2.1	1.9	1.8	2.2	1.9	2.5	2.3	2.2	2.8	1.6	1.7	2.6	1.5
80～84	1.3	1.0	1.1	1.1	1.7	1.5	1.6	1.5	1.5	1.3	1.4	1.1	0.7
85～	1.4	1.5	1.2	1.1	1.3	1.7	1.6	1.8	1.1	1.0	1.5	1.7	1.1
不　詳	0.6	0.6	0.4	0.5	0.7	0.7	0.6	0.8	0.6	0.6	0.6	0.3	0.4
（再掲）65～	12.6	12.1	10.5	13.5	14.0	14.1	14.2	13.8	13.2	11.6	11.9	12.3	9.9
							女						
総　数	**23.9**	**21.1**	**22.8**	**25.6**	**27.6**	**27.0**	**26.4**	**24.9**	**24.6**	**22.3**	**21.9**	**22.1**	**20.1**
5～9歳	0.0	—	—	—	—	—	—	—	0.0	—	—	—	—
10～14	0.1	0.1	0.0	0.1	0.1	0.2	0.1	0.1	0.1	0.1	0.1	0.0	0.1
15～19	0.5	0.3	0.5	0.3	0.7	0.6	0.6	0.5	0.6	0.5	0.6	0.4	0.6
20～24	1.0	1.0	0.8	1.0	1.1	1.2	1.1	0.9	1.0	0.8	1.3	0.9	0.9
25～29	1.5	1.2	1.8	1.3	1.6	1.7	1.7	1.6	1.6	1.3	1.3	1.6	1.2
30～34	1.6	1.5	1.4	1.5	1.4	1.8	1.9	1.7	2.2	1.6	1.8	1.2	1.4
35～39	1.4	1.0	1.0	1.7	1.7	1.8	1.5	1.5	1.5	1.6	1.4	1.3	1.3
40～44	1.2	1.0	1.2	1.8	1.3	1.3	1.2	1.2	1.0	1.2	1.2	1.0	1.2
45～49	1.4	1.0	1.0	1.3	1.7	1.3	1.6	1.8	1.5	1.4	1.2	1.4	1.0
50～54	2.1	1.7	2.7	2.1	3.0	2.6	2.0	2.2	1.6	2.0	1.6	2.0	1.7
55～59	2.2	2.3	1.9	2.7	2.8	2.8	2.0	2.2	1.6	1.8	1.9	2.6	1.5
60～64	2.1	2.3	1.9	2.3	2.8	2.5	2.0	2.0	1.9	2.5	1.9	1.5	2.0
65～69	2.2	1.9	2.1	2.8	2.9	2.5	2.6	2.0	2.5	1.7	1.5	1.6	2.3
70～74	2.0	2.0	2.5	1.7	2.1	2.2	2.7	2.5	1.8	1.5	2.0	1.5	1.5
75～79	1.6	1.5	1.4	2.0	1.7	1.5	2.1	1.6	1.8	1.5	1.2	1.6	1.5
80～84	1.4	1.1	1.1	1.4	1.2	1.0	1.6	1.7	1.8	1.5	1.5	1.8	0.7
85～	1.5	1.2	1.5	1.6	1.4	1.8	1.7	1.5	2.0	1.2	1.3	1.7	1.1
不　詳	0.1	0.0	0.1	0.0	0.1	0.0	0.1	0.1	0.1	0.1	0.0	0.1	0.1
（再掲）65～	8.7	7.7	8.6	9.6	9.3	9.0	10.7	9.2	9.9	7.5	7.5	8.2	7.1

第10表　自殺死亡数・1日平均自殺死亡数，

第10表（３－１）
自殺死亡数（総数）

都道府県	総　数	1月	2月	3月	4月	5月	6月	7月	8月	9月	10月	11月	12月
全　国	**32 109**	**2 526**	**2 263**	**3 020**	**3 096**	**3 110**	**2 864**	**2 797**	**2 695**	**2 515**	**2 510**	**2 435**	**2 278**
北海道	1 531	92	105	150	136	178	141	132	131	108	130	131	97
青　森	576	36	33	60	53	58	46	65	55	41	47	45	37
岩　手	527	37	36	44	36	55	51	47	38	42	58	46	37
宮　城	621	52	46	68	57	62	46	43	64	45	36	62	40
秋　田	519	39	35	43	47	42	41	42	48	44	46	44	48
山　形	370	22	27	39	39	33	26	39	36	26	31	27	25
福　島	586	56	33	62	58	61	58	48	55	38	34	36	47
茨　城	748	73	41	73	67	59	68	58	59	63	69	62	56
栃　木	523	34	29	60	48	48	46	48	56	48	34	35	37
群　馬	562	42	40	48	44	49	56	47	38	49	47	59	43
埼　玉	1 563	118	120	143	156	148	151	134	120	114	130	116	113
千　葉	1 326	118	75	137	142	122	115	104	105	94	110	110	94
東　京	2 743	200	208	239	285	251	217	260	240	216	230	202	195
神奈川	1 791	177	136	157	160	180	158	153	143	133	149	122	123
新　潟	833	55	61	82	85	81	65	80	60	62	50	77	75
富　山	356	17	30	41	47	28	30	21	40	29	20	25	28
石　川	303	23	26	34	29	31	19	24	25	27	24	20	21
福　井	246	19	17	21	21	28	21	26	26	16	20	19	12
山　梨	223	26	15	15	22	18	24	18	16	25	15	15	14
長　野	576	38	30	52	79	42	60	54	47	53	29	54	38
岐　阜	546	41	44	43	53	49	37	49	58	41	47	41	43
静　岡	786	70	55	66	79	67	72	63	69	60	56	60	69
愛　知	1 566	110	107	136	148	151	159	139	128	118	118	129	123
三　重	456	24	38	35	57	48	42	46	31	35	35	37	28
滋　賀	330	20	25	43	30	24	30	31	25	25	24	27	26
京　都	602	38	49	63	53	63	56	53	49	56	35	34	53
大　阪	2 186	170	155	198	223	221	213	171	170	171	172	166	156
兵　庫	1 280	95	87	114	113	130	129	122	106	97	106	96	85
奈　良	296	27	25	34	21	31	27	18	25	18	20	28	22
和歌山	271	20	16	18	24	24	16	26	32	21	22	30	22
鳥　取	145	16	8	17	13	18	9	11	11	12	12	13	5
島　根	237	20	16	25	25	24	26	18	19	18	19	14	13
岡　山	397	34	24	48	29	39	49	31	27	35	29	22	30
広　島	650	44	56	74	64	69	65	58	52	44	52	35	37
山　口	412	45	22	38	43	40	27	26	39	38	40	26	28
徳　島	165	12	10	26	16	16	11	15	11	25	8	8	7
香　川	226	25	11	29	19	20	21	20	15	16	13	19	18
愛　媛	394	32	29	34	29	47	29	33	37	25	35	32	32
高　知	236	19	18	24	19	22	16	20	17	26	18	20	17
福　岡	1 352	114	107	127	127	133	130	120	116	103	97	96	82
佐　賀	216	22	13	16	22	22	15	26	19	8	22	20	11
長　崎	449	48	42	33	50	37	38	36	46	39	28	23	29
熊　本	498	44	31	59	46	56	41	44	40	37	36	37	27
大　分	309	21	27	27	22	38	27	30	19	30	31	19	18
宮　崎	369	29	23	33	45	29	25	30	24	32	29	34	36
鹿児島	482	47	36	39	51	53	43	44	31	45	36	23	34
沖　縄	350	31	21	27	30	34	32	36	38	32	31	19	19
不　詳	380	34	25	26	34	31	40	38	39	35	30	20	28

死亡月・都道府県・性別 －平成15年－

1日平均自殺死亡数（総数）

都道府県	総　数	1月	2月	3月	4月	5月	6月	7月	8月	9月	10月	11月	12月
全　国	**88.0**	**81.5**	**80.8**	**97.4**	**103.2**	**100.3**	**95.5**	**90.2**	**86.9**	**83.8**	**81.0**	**81.2**	**73.5**
北海道	4.2	3.0	3.8	4.8	4.5	5.7	4.7	4.3	4.2	3.6	4.2	4.4	3.1
青　森	1.6	1.2	1.2	1.9	1.8	1.9	1.5	2.1	1.8	1.4	1.5	1.5	1.2
岩　手	1.4	1.2	1.3	1.4	1.2	1.8	1.7	1.5	1.2	1.4	1.9	1.5	1.2
宮　城	1.7	1.7	1.6	2.2	1.9	2.0	1.5	1.4	2.1	1.5	1.2	2.1	1.3
秋　田	1.4	1.3	1.3	1.4	1.6	1.4	1.4	1.4	1.5	1.5	1.5	1.5	1.5
山　形	1.0	0.7	1.0	1.3	1.3	1.1	0.9	1.3	1.2	0.9	1.0	0.9	0.8
福　島	1.6	1.8	1.2	2.0	1.9	2.0	1.9	1.5	1.8	1.3	1.1	1.2	1.5
茨　城	2.0	2.4	1.5	2.4	2.2	1.9	2.3	1.9	1.9	2.1	2.2	2.1	1.8
栃　木	1.4	1.1	1.0	1.9	1.6	1.5	1.5	1.5	1.8	1.6	1.1	1.2	1.2
群　馬	1.5	1.4	1.4	1.5	1.5	1.6	1.9	1.5	1.2	1.6	1.5	2.0	1.4
埼　玉	4.3	3.8	4.3	4.6	5.2	4.8	5.0	4.3	3.9	3.8	4.2	3.9	3.6
千　葉	3.6	3.8	2.7	4.4	4.7	3.9	3.8	3.4	3.4	3.1	3.5	3.7	3.0
東　京	7.5	6.5	7.4	7.7	9.5	8.1	7.2	8.4	7.7	7.2	7.4	6.7	6.3
神奈川	4.9	5.7	4.9	5.1	5.3	5.8	5.3	4.9	4.6	4.4	4.8	4.1	4.0
新　潟	2.3	1.8	2.2	2.6	2.8	2.6	2.2	2.6	1.9	2.1	1.6	2.6	2.4
富　山	1.0	0.5	1.1	1.3	1.6	0.9	1.0	0.7	1.3	1.0	0.6	0.8	0.9
石　川	0.8	0.7	0.9	1.1	1.0	1.0	0.6	0.8	0.8	0.9	0.8	0.7	0.7
福　井	0.7	0.6	0.6	0.7	0.7	0.9	0.7	0.8	0.8	0.5	0.6	0.6	0.4
山　梨	0.6	0.8	0.5	0.5	0.7	0.6	0.8	0.6	0.5	0.8	0.5	0.5	0.5
長　野	1.6	1.2	1.1	1.7	2.6	1.4	2.0	1.7	1.5	1.8	0.9	1.8	1.2
岐　阜	1.5	1.3	1.6	1.4	1.8	1.6	1.2	1.6	1.9	1.4	1.5	1.4	1.4
静　岡	2.2	2.3	2.0	2.1	2.6	2.2	2.4	2.0	2.2	2.0	1.8	2.0	2.2
愛　知	4.3	3.5	3.8	4.4	4.9	4.9	5.3	4.5	4.1	3.9	3.8	4.3	4.0
三　重	1.2	0.8	1.4	1.1	1.9	1.5	1.4	1.5	1.0	1.2	1.1	1.2	0.9
滋　賀	0.9	0.6	0.9	1.4	1.0	0.8	1.0	1.0	0.8	0.8	0.8	0.9	0.8
京　都	1.6	1.2	1.8	2.0	1.8	2.0	1.9	1.7	1.6	1.9	1.1	1.1	1.7
大　阪	6.0	5.5	5.5	6.4	7.4	7.1	7.1	5.5	5.5	5.7	5.5	5.5	5.0
兵　庫	3.5	3.1	3.1	3.7	3.8	4.2	4.3	3.9	3.4	3.2	3.4	3.2	2.7
奈　良	0.8	0.9	0.9	1.1	0.7	1.0	0.9	0.6	0.8	0.6	0.6	0.9	0.7
和歌山	0.7	0.6	0.6	0.6	0.8	0.8	0.5	0.8	1.0	0.7	0.7	1.0	0.7
鳥　取	0.4	0.5	0.3	0.5	0.4	0.6	0.3	0.4	0.4	0.4	0.4	0.4	0.2
島　根	0.6	0.6	0.6	0.8	0.8	0.8	0.9	0.6	0.6	0.6	0.6	0.5	0.4
岡　山	1.1	1.1	0.9	1.5	1.0	1.3	1.6	1.0	0.9	1.2	0.9	0.7	1.0
広　島	1.8	1.4	2.0	2.4	2.1	2.2	2.2	1.9	1.7	1.5	1.7	1.2	1.2
山　口	1.1	1.5	0.8	1.2	1.4	1.3	0.9	0.8	1.3	1.3	1.3	0.9	0.9
徳　島	0.5	0.4	0.4	0.8	0.5	0.5	0.4	0.5	0.4	0.8	0.3	0.3	0.2
香　川	0.6	0.8	0.4	0.9	0.6	0.6	0.7	0.6	0.5	0.5	0.4	0.6	0.6
愛　媛	1.1	1.0	1.0	1.1	1.0	1.5	1.0	1.1	1.2	0.8	1.1	1.1	1.0
高　知	0.6	0.6	0.6	0.8	0.6	0.7	0.5	0.6	0.5	0.9	0.6	0.7	0.5
福　岡	3.7	3.7	3.8	4.1	4.2	4.3	4.3	3.9	3.7	3.4	3.1	3.2	2.6
佐　賀	0.6	0.7	0.5	0.5	0.7	0.7	0.5	0.8	0.6	0.3	0.7	0.7	0.4
長　崎	1.2	1.5	1.5	1.1	1.7	1.2	1.3	1.2	1.5	1.3	0.9	0.8	0.9
熊　本	1.4	1.4	1.1	1.9	1.5	1.8	1.4	1.4	1.3	1.2	1.2	1.2	0.9
大　分	0.8	0.7	1.0	0.9	0.7	1.2	0.9	1.0	0.6	1.0	1.0	0.6	0.6
宮　崎	1.0	0.9	0.8	1.1	1.5	0.9	0.8	1.0	0.8	1.1	0.9	1.1	1.2
鹿児島	1.3	1.5	1.3	1.3	1.7	1.7	1.4	1.4	1.0	1.5	1.2	0.8	1.1
沖　縄	1.0	1.0	0.8	0.9	1.0	1.1	1.1	1.2	1.2	1.1	1.0	0.6	0.6
不　詳	1.0	1.1	0.9	0.8	1.1	1.0	1.3	1.2	1.3	1.2	1.0	0.7	0.9

第10表　自殺死亡数・１日平均自殺死亡数，

第10表（３－２）
自殺死亡数（男）

都道府県	総　数	１月	２月	３月	４月	５月	６月	７月	８月	９月	10月	11月	12月
全　国	**23 396**	**1 873**	**1 626**	**2 225**	**2 267**	**2 274**	**2 071**	**2 024**	**1 932**	**1 847**	**1 830**	**1 772**	**1 655**
北海道	1 095	69	78	113	95	121	88	93	95	76	97	101	69
青　森	446	28	26	52	46	48	35	49	45	26	35	33	23
岩　手	395	31	29	33	32	39	37	37	28	27	36	38	28
宮　城	469	40	29	55	42	45	34	31	50	40	30	46	27
秋　田	365	28	22	33	30	33	32	30	38	29	31	29	30
山　形	273	15	23	26	27	27	22	31	24	20	21	20	17
福　島	447	46	30	48	42	47	44	36	39	29	22	29	35
茨　城	554	57	31	62	47	41	54	39	40	50	49	40	44
栃　木	360	21	24	40	30	34	30	34	37	35	25	25	25
群　馬	397	32	24	34	31	33	38	31	23	40	36	42	33
埼　玉	1 104	77	82	98	117	98	107	94	92	85	87	92	75
千　葉	970	92	56	100	102	91	81	77	69	71	81	79	71
東　京	1 933	139	144	168	206	173	164	178	164	151	172	137	137
神奈川	1 313	129	95	104	114	134	123	113	102	104	115	95	85
新　潟	590	41	40	55	58	59	46	56	41	46	33	57	58
富　山	254	8	20	30	32	24	20	15	29	26	15	15	20
石　川	222	18	14	25	18	25	15	19	20	19	16	16	17
福　井	185	14	11	18	16	15	14	20	19	14	19	15	10
山　梨	171	22	12	11	17	9	20	13	11	18	12	13	13
長　野	403	29	19	36	50	33	39	41	34	34	21	41	26
岐　阜	383	32	31	32	40	36	21	35	38	30	33	25	30
静　岡	590	53	38	53	65	54	49	49	52	40	41	47	49
愛　知	1 083	76	73	97	104	106	112	94	88	81	84	84	84
三　重	329	17	26	21	48	33	29	33	24	23	26	30	19
滋　賀	239	17	20	31	20	20	20	22	20	19	16	14	20
京　都	420	24	35	45	40	43	28	37	35	41	26	22	44
大　阪	1 588	128	111	148	163	157	160	120	115	128	117	122	119
兵　庫	927	68	65	83	88	95	95	85	73	68	72	72	63
奈　良	213	20	13	22	18	21	24	14	17	12	16	20	16
和歌山	184	13	12	10	19	20	10	17	21	14	16	20	12
鳥　取	109	15	5	12	10	14	6	9	7	9	8	9	5
島　根	172	17	8	20	16	14	25	12	14	15	14	11	6
岡　山	290	27	18	37	24	27	30	26	16	26	20	16	23
広　島	475	30	43	59	43	55	48	37	39	32	39	27	23
山　口	299	32	20	27	33	30	19	23	27	24	25	18	21
徳　島	118	8	6	20	10	15	9	11	9	16	5	5	4
香　川	172	16	10	23	16	16	15	13	13	10	8	17	15
愛　媛	287	29	21	22	23	32	23	25	25	19	25	21	22
高　知	175	13	13	13	16	19	11	11	16	19	17	13	14
福　岡	1 016	91	82	99	92	105	102	85	86	79	73	67	55
佐　賀	182	18	11	13	18	18	14	24	17	6	18	17	8
長　崎	337	33	33	27	39	28	24	27	30	33	23	13	27
熊　本	367	33	23	48	30	42	26	32	29	27	29	28	20
大　分	221	15	16	19	15	28	20	23	13	22	23	14	13
宮　崎	278	21	17	24	31	22	16	26	18	22	23	28	30
鹿児島	378	36	27	33	38	39	33	35	24	35	32	18	28
沖　縄	276	23	18	22	25	26	26	28	32	26	20	13	17
不　詳	342	32	22	24	31	30	33	34	34	31	28	18	25

死亡月・都道府県・性別　－平成15年－

1日平均自殺死亡数（男）

都道府県	総　数	1月	2月	3月	4月	5月	6月	7月	8月	9月	10月	11月	12月
全　国	**64.1**	**60.4**	**58.1**	**71.8**	**75.6**	**73.4**	**69.0**	**65.3**	**62.3**	**61.6**	**59.0**	**59.1**	**53.4**
北海道	3.0	2.2	2.8	3.6	3.2	3.9	2.9	3.0	3.1	2.5	3.1	3.4	2.2
青　森	1.2	0.9	0.9	1.7	1.5	1.5	1.2	1.6	1.5	0.9	1.1	1.1	0.7
岩　手	1.1	1.0	1.0	1.1	1.1	1.3	1.2	1.2	0.9	0.9	1.2	1.3	0.9
宮　城	1.3	1.3	1.0	1.8	1.4	1.5	1.1	1.0	1.6	1.3	1.0	1.5	0.9
秋　田	1.0	0.9	0.8	1.1	1.0	1.1	1.1	1.0	1.2	1.0	1.0	1.0	1.0
山　形	0.7	0.5	0.8	0.8	0.9	0.9	0.7	1.0	0.8	0.7	0.7	0.7	0.5
福　島	1.2	1.5	1.1	1.5	1.4	1.5	1.5	1.2	1.3	1.0	0.7	1.0	1.1
茨　城	1.5	1.8	1.1	2.0	1.6	1.3	1.8	1.3	1.3	1.7	1.6	1.3	1.4
栃　木	1.0	0.7	0.9	1.3	1.0	1.1	1.0	1.1	1.2	1.2	0.8	0.8	0.8
群　馬	1.1	1.0	0.9	1.1	1.0	1.1	1.3	1.0	0.7	1.3	1.2	1.4	1.1
埼　玉	3.0	2.5	2.9	3.2	3.9	3.2	3.6	3.0	3.0	2.8	2.8	3.1	2.4
千　葉	2.7	3.0	2.0	3.2	3.4	2.9	2.7	2.5	2.2	2.4	2.6	2.6	2.3
東　京	5.3	4.5	5.1	5.4	6.9	5.6	5.5	5.7	5.3	5.0	5.5	4.6	4.4
神奈川	3.6	4.2	3.4	3.4	3.8	4.3	4.1	3.6	3.3	3.5	3.7	3.2	2.7
新　潟	1.6	1.3	1.4	1.8	1.9	1.9	1.5	1.8	1.3	1.5	1.1	1.9	1.9
富　山	0.7	0.3	0.7	1.0	1.1	0.8	0.7	0.5	0.9	0.9	0.5	0.5	0.6
石　川	0.6	0.6	0.5	0.8	0.6	0.8	0.5	0.6	0.6	0.6	0.5	0.5	0.5
福　井	0.5	0.5	0.4	0.6	0.5	0.5	0.5	0.6	0.6	0.5	0.6	0.5	0.3
山　梨	0.5	0.7	0.4	0.4	0.6	0.3	0.7	0.4	0.4	0.6	0.4	0.4	0.4
長　野	1.1	0.9	0.7	1.2	1.7	1.1	1.3	1.3	1.1	1.1	0.7	1.4	0.8
岐　阜	1.0	1.0	1.1	1.0	1.3	1.2	0.7	1.1	1.2	1.0	1.1	0.8	1.0
静　岡	1.6	1.7	1.4	1.7	2.2	1.7	1.6	1.6	1.7	1.3	1.3	1.6	1.6
愛　知	3.0	2.5	2.6	3.1	3.5	3.4	3.7	3.0	2.8	2.7	2.7	2.8	2.7
三　重	0.9	0.5	0.9	0.7	1.6	1.1	1.0	1.1	0.8	0.8	0.8	1.0	0.6
滋　賀	0.7	0.5	0.7	1.0	0.7	0.6	0.7	0.7	0.6	0.6	0.5	0.5	0.6
京　都	1.2	0.8	1.3	1.5	1.3	1.4	0.9	1.2	1.1	1.4	0.8	0.7	1.4
大　阪	4.4	4.1	4.0	4.8	5.4	5.1	5.3	3.9	3.7	4.3	3.8	4.1	3.8
兵　庫	2.5	2.2	2.3	2.7	2.9	3.1	3.2	2.7	2.4	2.3	2.3	2.4	2.0
奈　良	0.6	0.6	0.5	0.7	0.6	0.7	0.8	0.5	0.5	0.4	0.5	0.7	0.5
和歌山	0.5	0.4	0.4	0.3	0.6	0.6	0.3	0.5	0.7	0.5	0.5	0.7	0.4
鳥　取	0.3	0.5	0.2	0.4	0.3	0.5	0.2	0.3	0.2	0.3	0.3	0.3	0.2
島　根	0.5	0.5	0.3	0.6	0.5	0.5	0.8	0.4	0.5	0.5	0.5	0.4	0.2
岡　山	0.8	0.9	0.6	1.2	0.8	0.9	1.0	0.8	0.5	0.9	0.6	0.5	0.7
広　島	1.3	1.0	1.5	1.9	1.4	1.8	1.6	1.2	1.3	1.1	1.3	0.9	0.7
山　口	0.8	1.0	0.7	0.9	1.1	1.0	0.6	0.7	0.9	0.8	0.8	0.6	0.7
徳　島	0.3	0.3	0.2	0.6	0.3	0.5	0.3	0.4	0.3	0.5	0.2	0.2	0.1
香　川	0.5	0.5	0.4	0.7	0.5	0.5	0.5	0.4	0.4	0.3	0.3	0.6	0.5
愛　媛	0.8	0.9	0.8	0.7	0.8	1.0	0.8	0.8	0.8	0.6	0.8	0.7	0.7
高　知	0.5	0.4	0.5	0.4	0.5	0.6	0.4	0.4	0.5	0.6	0.5	0.4	0.5
福　岡	2.8	2.9	2.9	3.2	3.1	3.4	3.4	2.7	2.8	2.6	2.4	2.2	1.8
佐　賀	0.5	0.6	0.4	0.4	0.6	0.6	0.5	0.8	0.5	0.2	0.6	0.6	0.3
長　崎	0.9	1.1	1.2	0.9	1.3	0.9	0.8	0.9	1.0	1.1	0.7	0.4	0.9
熊　本	1.0	1.1	0.8	1.5	1.0	1.4	0.9	1.0	0.9	0.9	0.9	0.9	0.6
大　分	0.6	0.5	0.6	0.6	0.5	0.9	0.7	0.7	0.4	0.7	0.7	0.5	0.4
宮　崎	0.8	0.7	0.6	0.8	1.0	0.7	0.5	0.8	0.6	0.7	0.7	0.9	1.0
鹿児島	1.0	1.2	1.0	1.1	1.3	1.3	1.1	1.1	0.8	1.2	1.0	0.6	0.9
沖　縄	0.8	0.7	0.6	0.7	0.8	0.8	0.9	0.9	1.0	0.9	0.6	0.4	0.5
不　詳	0.9	1.0	0.8	0.8	1.0	1.0	1.1	1.1	1.1	1.0	0.9	0.6	0.8

第10表（３－３）
自殺死亡数（女）

都道府県	総　数	１月	２月	３月	４月	５月	６月	７月	８月	９月	10月	11月	12月
全　国	**8 713**	**653**	**637**	**795**	**829**	**836**	**793**	**773**	**763**	**668**	**680**	**663**	**623**
北海道	436	23	27	37	41	57	53	39	36	32	33	30	28
青　森	130	8	7	8	7	10	11	16	10	15	12	12	14
岩　手	132	6	7	11	4	16	14	10	10	15	22	8	9
宮　城	152	12	17	13	15	17	12	12	14	5	6	16	13
秋　田	154	11	13	10	17	9	9	12	10	15	15	15	18
山　形	97	7	4	13	12	6	4	8	12	6	10	7	8
福　島	139	10	3	14	16	14	14	12	16	9	12	7	12
茨　城	194	16	10	11	20	18	14	19	19	13	20	22	12
栃　木	163	13	5	20	18	14	16	14	19	13	9	10	12
群　馬	165	10	16	14	13	16	18	16	15	9	11	17	10
埼　玉	459	41	38	45	39	50	44	40	28	29	43	24	38
千　葉	356	26	19	37	40	31	34	27	36	23	29	31	23
東　京	810	61	64	71	79	78	53	82	76	65	58	65	58
神奈川	478	48	41	53	46	46	35	40	41	29	34	27	38
新　潟	243	14	21	27	27	22	19	24	19	16	17	20	17
富　山	102	9	10	11	15	4	10	6	11	3	5	10	8
石　川	81	5	12	9	11	6	4	5	5	8	8	4	4
福　井	61	5	6	3	5	13	7	6	7	2	1	4	2
山　梨	52	4	3	4	5	9	4	5	5	7	3	2	1
長　野	173	9	11	16	29	9	21	13	13	19	8	13	12
岐　阜	163	9	13	11	13	13	16	14	20	11	14	16	13
静　岡	196	17	17	13	14	13	23	14	17	20	15	13	20
愛　知	483	34	34	39	44	45	47	45	40	37	34	45	39
三　重	127	7	12	14	9	15	13	13	7	12	9	7	9
滋　賀	91	3	5	12	10	4	10	9	5	6	8	13	6
京　都	182	14	14	18	13	20	28	16	14	15	9	12	9
大　阪	598	42	44	50	60	64	53	51	55	43	55	44	37
兵　庫	353	27	22	31	25	35	34	37	33	29	34	24	22
奈　良	83	7	12	12	3	10	3	4	8	6	4	8	6
和歌山	87	7	4	8	5	4	6	9	11	7	6	10	10
鳥　取	36	1	3	5	3	4	3	2	4	3	4	4	—
島　根	65	3	8	5	9	10	1	6	5	3	5	3	7
岡　山	107	7	6	11	5	12	19	5	11	9	9	6	7
広　島	175	14	13	15	21	14	17	21	13	12	13	8	14
山　口	113	13	2	11	10	10	8	3	12	14	15	8	7
徳　島	47	4	4	6	6	1	2	4	2	9	3	3	3
香　川	54	9	1	6	3	4	6	7	2	6	5	2	3
愛　媛	107	3	8	12	6	15	6	8	12	6	10	11	10
高　知	61	6	5	11	3	3	5	9	1	7	1	7	3
福　岡	336	23	25	28	35	28	28	35	30	24	24	29	27
佐　賀	34	4	2	3	4	4	1	2	2	2	4	3	3
長　崎	112	15	9	6	11	9	14	9	16	6	5	10	2
熊　本	131	11	8	11	16	14	15	12	11	10	7	9	7
大　分	88	6	11	8	7	10	7	7	6	8	8	5	5
宮　崎	91	8	6	9	14	7	9	4	6	10	6	6	6
鹿児島	104	11	9	6	13	14	10	9	7	10	4	5	6
沖　縄	74	8	3	5	5	8	6	8	6	6	11	6	2
不　詳	38	2	3	2	3	1	7	4	5	4	2	2	3

1日平均自殺死亡数（女）

都道府県	総数	1月	2月	3月	4月	5月	6月	7月	8月	9月	10月	11月	12月
全国	**23.9**	**21.1**	**22.8**	**25.6**	**27.6**	**27.0**	**26.4**	**24.9**	**24.6**	**22.3**	**21.9**	**22.1**	**20.1**
北海道	1.2	0.7	1.0	1.2	1.4	1.8	1.8	1.3	1.2	1.1	1.1	1.0	0.9
青森	0.4	0.3	0.3	0.3	0.2	0.3	0.4	0.5	0.3	0.5	0.4	0.4	0.5
岩手	0.4	0.2	0.3	0.4	0.1	0.5	0.5	0.3	0.3	0.5	0.7	0.3	0.3
宮城	0.4	0.4	0.6	0.4	0.5	0.5	0.4	0.4	0.5	0.2	0.2	0.5	0.4
秋田	0.4	0.4	0.5	0.3	0.6	0.3	0.3	0.4	0.3	0.5	0.5	0.5	0.6
山形	0.3	0.2	0.1	0.4	0.4	0.2	0.1	0.3	0.4	0.2	0.3	0.2	0.3
福島	0.4	0.3	0.1	0.5	0.5	0.5	0.5	0.4	0.5	0.3	0.4	0.2	0.4
茨城	0.5	0.5	0.4	0.4	0.7	0.6	0.5	0.6	0.6	0.4	0.6	0.7	0.4
栃木	0.4	0.4	0.2	0.6	0.6	0.5	0.5	0.5	0.6	0.4	0.3	0.3	0.4
群馬	0.5	0.3	0.6	0.5	0.4	0.5	0.6	0.5	0.5	0.3	0.4	0.6	0.3
埼玉	1.3	1.3	1.4	1.5	1.3	1.6	1.5	1.3	0.9	1.0	1.4	0.8	1.2
千葉	1.0	0.8	0.7	1.2	1.3	1.0	1.1	0.9	1.2	0.8	0.9	1.0	0.7
東京	2.2	2.0	2.3	2.3	2.6	2.5	1.8	2.6	2.5	2.2	1.9	2.2	1.9
神奈川	1.3	1.5	1.5	1.7	1.5	1.5	1.2	1.3	1.3	1.0	1.1	0.9	1.2
新潟	0.7	0.5	0.8	0.9	0.9	0.7	0.6	0.8	0.6	0.5	0.5	0.7	0.5
富山	0.3	0.3	0.4	0.4	0.5	0.1	0.3	0.2	0.4	0.1	0.2	0.3	0.3
石川	0.2	0.2	0.4	0.3	0.4	0.2	0.1	0.2	0.2	0.3	0.3	0.1	0.1
福井	0.2	0.2	0.2	0.1	0.2	0.4	0.2	0.2	0.2	0.1	0.0	0.1	0.1
山梨	0.1	0.1	0.1	0.1	0.2	0.3	0.1	0.2	0.2	0.2	0.1	0.1	0.0
長野	0.5	0.3	0.4	0.5	1.0	0.3	0.7	0.4	0.4	0.6	0.3	0.4	0.4
岐阜	0.4	0.3	0.5	0.4	0.4	0.4	0.5	0.5	0.6	0.4	0.5	0.5	0.4
静岡	0.5	0.5	0.6	0.4	0.5	0.4	0.8	0.5	0.5	0.7	0.5	0.4	0.6
愛知	1.3	1.1	1.2	1.3	1.5	1.5	1.6	1.5	1.3	1.2	1.1	1.5	1.3
三重	0.3	0.2	0.4	0.5	0.3	0.5	0.4	0.4	0.2	0.4	0.3	0.2	0.3
滋賀	0.2	0.1	0.2	0.4	0.3	0.1	0.3	0.3	0.2	0.2	0.3	0.4	0.2
京都	0.5	0.5	0.5	0.6	0.4	0.6	0.9	0.5	0.5	0.5	0.3	0.4	0.3
大阪	1.6	1.4	1.6	1.6	2.0	2.1	1.8	1.6	1.8	1.4	1.8	1.5	1.2
兵庫	1.0	0.9	0.8	1.0	0.8	1.1	1.1	1.2	1.1	1.0	1.1	0.8	0.7
奈良	0.2	0.2	0.4	0.4	0.1	0.3	0.1	0.1	0.3	0.2	0.1	0.3	0.2
和歌山	0.2	0.2	0.1	0.3	0.2	0.1	0.2	0.3	0.4	0.2	0.2	0.3	0.3
鳥取	0.1	0.0	0.1	0.2	0.1	0.1	0.1	0.1	0.1	0.1	0.1	0.1	－
島根	0.2	0.1	0.3	0.2	0.3	0.3	0.0	0.2	0.2	0.1	0.2	0.1	0.2
岡山	0.3	0.2	0.2	0.4	0.2	0.4	0.6	0.2	0.4	0.3	0.3	0.2	0.2
広島	0.5	0.5	0.5	0.5	0.7	0.5	0.6	0.7	0.4	0.4	0.4	0.3	0.5
山口	0.3	0.4	0.1	0.4	0.3	0.3	0.3	0.1	0.4	0.5	0.5	0.3	0.2
徳島	0.1	0.1	0.1	0.2	0.2	0.0	0.1	0.1	0.1	0.3	0.1	0.1	0.1
香川	0.1	0.3	0.0	0.2	0.1	0.1	0.2	0.2	0.1	0.2	0.2	0.1	0.1
愛媛	0.3	0.1	0.3	0.4	0.2	0.5	0.2	0.3	0.4	0.2	0.3	0.4	0.3
高知	0.2	0.2	0.2	0.4	0.1	0.1	0.2	0.3	0.0	0.2	0.0	0.2	0.1
福岡	0.9	0.7	0.9	0.9	1.2	0.9	0.9	1.1	1.0	0.8	0.8	1.0	0.9
佐賀	0.1	0.1	0.1	0.1	0.1	0.1	0.0	0.1	0.1	0.1	0.1	0.1	0.1
長崎	0.3	0.5	0.3	0.2	0.4	0.3	0.5	0.3	0.5	0.2	0.2	0.3	0.1
熊本	0.4	0.4	0.3	0.4	0.5	0.5	0.5	0.4	0.4	0.3	0.2	0.3	0.2
大分	0.2	0.2	0.4	0.3	0.2	0.3	0.2	0.2	0.2	0.3	0.3	0.2	0.2
宮崎	0.2	0.3	0.2	0.3	0.5	0.2	0.3	0.1	0.2	0.3	0.2	0.2	0.2
鹿児島	0.3	0.4	0.3	0.2	0.4	0.5	0.3	0.3	0.2	0.3	0.1	0.2	0.2
沖縄	0.2	0.3	0.1	0.2	0.2	0.3	0.2	0.3	0.2	0.2	0.4	0.2	0.1
不詳	0.1	0.1	0.1	0.1	0.1	0.0	0.2	0.1	0.2	0.1	0.1	0.1	0.1

第11表　性・年齢（５歳階級）・配偶関係別

第11表（２－１）

平成７年

配偶関係	総数	歳 15～19	20～24	25～29	30～34	35～39	40～44	45～49	50～54	55～59	60～64	65～69	70～74	75～79	80～	不詳
							年齢階級別死亡数									
							男									
総数	**14 188**	**287**	**763**	**875**	**817**	**850**	**1 166**	**1 659**	**1 830**	**1 598**	**1 334**	**862**	**632**	**533**	**825**	**157**
有配偶	7 127	－	23	99	210	320	578	938	1 169	1 079	917	617	423	362	392	－
未婚	4 176	287	733	730	520	412	405	407	283	177	115	48	24	11	24	－
死別	1 092	－	1	－	2	4	15	34	51	78	124	101	145	140	397	－
離別	1 515	－	5	40	81	105	158	265	308	245	162	81	34	19	12	－
不詳	278	－	1	6	4	9	10	15	19	19	16	15	6	1	－	157
							女									
総数	**7 166**	**136**	**352**	**327**	**340**	**314**	**392**	**568**	**709**	**630**	**603**	**575**	**618**	**567**	**1 015**	**20**
有配偶	3 223	1	21	78	170	196	226	386	509	434	390	314	260	134	104	－
未婚	1 304	135	322	230	127	76	78	76	67	44	43	35	28	19	24	－
死別	2 057	－	1	4	1	1	7	28	47	98	117	187	301	399	866	－
離別	533	－	7	15	42	40	78	75	83	50	52	38	25	13	15	－
不詳	49	－	1	－	－	1	3	3	3	4	1	1	4	2	6	20

自殺死亡数の年次比較　－平成７・12年－

第11表（２－２）

平成12年

配偶関係	年齢階級別死亡数 総数	15～19歳	20～24	25～29	30～34	35～39	40～44	45～49	50～54	55～59	60～64	65～69	70～74	75～79	80～	不詳
男																
総数	**21 598**	**335**	**938**	**1 194**	**1 259**	**1 332**	**1 430**	**2 175**	**3 086**	**3 101**	**2 176**	**1 612**	**1 098**	**634**	**984**	**244**
有配偶	10 919	2	36	125	321	512	672	1 183	1 836	1 923	1 450	1 116	784	424	535	－
未婚	5 946	331	890	973	761	593	494	549	553	408	186	133	39	20	16	－
死別	1 414	－	－	4	5	11	15	33	92	148	156	188	195	157	410	－
離別	2 930	1	11	86	163	209	239	400	581	597	356	162	75	29	21	－
不詳	389	1	1	6	9	7	10	10	24	25	28	13	5	4	2	244
女																
総数	**8 579**	**138**	**393**	**546**	**481**	**385**	**400**	**538**	**848**	**814**	**791**	**736**	**690**	**661**	**1 135**	**23**
有配偶	3 803	3	11	121	206	220	242	352	547	521	493	410	328	226	123	－
未婚	1 694	134	371	375	209	91	85	81	101	71	42	46	38	21	29	－
死別	2 201	－	4	3	6	9	9	16	56	93	172	220	284	383	946	－
離別	830	1	7	47	57	64	63	86	140	124	81	58	38	28	36	－
不詳	51	－	－	－	3	1	1	3	4	5	3	2	2	3	1	23

第12表　性・手段別自殺死亡数

年　次	総　数								男			
	総数	縊首 (X70)	ガス (X67)	薬物 (X60～X66、X68、X69)	溺死 (X71)	飛び降り (X80)	飛び込み (X81)	その他 (X72～X79、X82～X84)	総数	縊首 (X70)	ガス (X67)	薬物 (X60～X66、X68、X69)
昭和25年	16 311	6 641	39	4 540	2 619	152	…	2 320	9 820	4 503	21	2 800
26	15 415	5 825	61	4 855	2 368	146	…	2 160	9 035	3 836	25	2 942
27	15 776	5 852	84	5 133	2 239	151	…	2 317	9 171	3 795	49	3 059
28	17 731	5 979	115	6 678	2 342	134	…	2 483	10 450	3 890	61	4 017
29	20 635	6 294	259	8 632	2 490	218	…	2 742	12 641	4 266	119	5 403
30	22 477	6 491	296	10 053	2 419	207	…	3 011	13 836	4 431	126	6 272
31	22 107	6 758	367	9 592	2 320	250	…	2 820	13 222	4 412	137	5 785
32	22 136	6 665	540	9 517	2 340	254	…	2 820	13 276	4 366	219	5 820
33	23 641	6 918	766	10 549	2 335	254	2 221	598	13 895	4 546	295	6 218
34	21 090	6 692	778	8 558	2 328	270	1 953	511	12 179	4 295	301	5 001
35	20 143	6 560	834	8 135	2 029	281	1 816	488	11 506	4 200	335	4 646
36	18 446	6 379	586	7 483	1 839	255	1 390	514	10 333	4 100	223	4 042
37	16 724	6 050	756	5 946	1 807	280	1 416	469	9 541	3 925	287	3 345
38	15 490	6 248	641	4 574	1 807	318	1 383	519	8 923	4 047	243	2 583
39	14 707	6 419	818	3 615	1 671	282	1 397	505	8 336	4 065	330	2 015
40	14 444	6 517	925	3 109	1 733	354	1 262	544	8 330	4 226	363	1 741
41	15 050	6 742	1 212	3 156	1 801	380	1 216	543	8 450	4 252	467	1 694
42	14 121	6 376	1 175	2 691	1 636	419	1 184	640	7 940	4 020	467	1 404
43	14 601	6 934	1 151	2 511	1 743	411	1 180	671	8 174	4 302	496	1 334
44	14 844	7 167	1 292	2 425	1 673	495	1 065	727	8 241	4 418	563	1 241
45	15 728	7 542	1 693	2 211	1 762	562	1 142	816	8 761	4 663	770	1 116
46	16 239	7 890	1 812	2 040	1 824	618	1 129	926	9 157	4 939	876	1 033
47	18 015	9 205	2 267	1 784	1 828	696	1 187	1 048	10 231	5 689	1 098	946
48	18 859	9 985	2 458	1 477	1 767	864	1 168	1 140	10 730	6 229	1 183	748
49	19 105	9 759	2 777	1 373	1 815	994	1 192	1 195	10 723	5 959	1 386	679
50	19 975	9 966	3 252	1 445	1 744	1 037	1 204	1 327	11 744	6 223	1 901	723
51	19 786	9 847	3 106	1 419	1 826	1 038	1 204	1 346	11 744	6 143	2 004	723
52	20 269	9 976	3 208	1 452	1 683	1 119	1 211	1 620	12 299	6 353	2 059	765
53	20 199	10 090	3 030	1 391	1 529	1 255	1 203	1 701	12 409	6 411	2 032	700
54	20 823	10 823	2 686	1 341	1 488	1 368	1 101	2 016	12 851	6 846	1 855	710
55	20 542	10 968	2 342	1 335	1 543	1 365	1 166	1 823	12 769	6 990	1 667	693
56	20 096	10 996	2 186	1 364	1 468	1 261	1 119	1 702	12 708	7 164	1 601	731
57	20 668	11 137	2 339	1 596	1 526	1 344	992	1 734	13 203	7 340	1 800	864
58	24 985	14 611	2 836	1 785	1 505	1 613	974	1 661	16 876	10 132	2 292	1 071
59	24 344	13 969	2 635	1 829	1 480	1 723	1 006	1 702	16 251	9 623	2 164	1 031
60	23 383	13 422	1 983	2 288	1 451	1 794	876	1 569	15 356	9 100	1 628	1 341
61	25 667	14 625	1 802	2 563	1 453	2 512	978	1 734	16 499	9 823	1 469	1 507
62	23 831	13 337	1 619	2 204	1 424	2 402	988	1 857	15 281	8 866	1 347	1 295
63	22 795	12 830	1 443	1 858	1 429	2 381	983	1 871	14 290	8 292	1 202	1 037
平成元年	21 125	12 074	1 270	1 481	1 461	2 292	887	1 660	12 939	7 629	1 041	809
2	20 088	11 448	1 027	1 394	1 439	2 223	875	1 682	12 316	7 371	844	731
3	19 875	11 313	1 251	1 360	1 342	2 119	865	1 625	12 477	7 366	1 050	742
4	20 893	12 589	1 158	1 344	1 251	2 106	863	1 582	13 516	8 519	978	723
5	20 516	11 926	1 392	1 274	1 314	2 176	827	1 607	13 540	8 211	1 196	667
6	20 923	12 506	1 151	1 276	1 284	2 200	824	1 682	14 058	8 779	1 007	694
7	21 420	13 379	1 070	1 259	1 168	2 159	827	1 558	14 231	9 229	946	684
8	22 138	13 713	1 191	1 280	1 118	2 288	799	1 749	14 853	9 585	1 033	723
9	23 494	14 398	1 254	1 423	1 212	2 522	803	1 882	15 901	10 185	1 093	775
10	31 755	21 611	1 591	1 359	1 305	3 026	837	2 026	22 349	15 843	1 410	743
11	31 413	21 289	1 648	1 488	1 321	2 943	802	1 922	22 402	15 751	1 470	867
12	30 251	20 846	1 424	1 396	1 178	2 881	639	1 887	21 656	15 513	1 288	816
13	29 375	20 212	1 365	1 376	1 071	2 699	718	1 934	21 085	15 164	1 225	772
14	29 949	20 526	1 514	1 419	1 109	2 729	639	2 013	21 677	15 390	1 357	833
15	32 109	20 669	3 538	1 279	1 129	2 774	807	1 913	23 396	15 535	3 121	697

注：1）昭和25年～32年と平成７年以降の「故意の自傷の続発・後遺症」は自殺の合計には含まない。
　　2）昭和25年～32年の「飛び込み」は分類されず、「その他」に含まれる。
　　3）昭和48年以降は沖縄県を含む。
　　4）総数には、性別「不詳」を含む。
　　5）（　）は「ICD-10基本分類番号」である。（P14「２　用語の解説」を参照）

の年次推移

溺死 (X71)	飛び降り (X80)	飛び込み (X81)	その他 (X72〜X79、X82〜X84)	女 総数	縊首 (X70)	ガス (X67)	薬物 (X60〜X66、X68、X69)	溺死 (X71)	飛び降り (X80)	飛び込み (X81)	その他 (X72〜X79、X82〜X84)	年次
906	109	…	1 481	6 491	2 138	18	1 740	1 713	43	…	839	昭和25年
749	94	…	1 389	6 380	1 989	36	1 913	1 619	52	…	771	26
688	97	…	1 483	6 605	2 057	35	2 074	1 551	54	…	834	27
758	88	…	1 636	7 281	2 089	54	2 661	1 584	46	…	847	28
827	142	…	1 884	7 994	2 028	140	3 229	1 663	76	…	858	29
809	155	…	2 043	8 641	2 060	170	3 781	1 610	52	…	968	30
773	177	…	1 938	8 885	2 346	230	3 807	1 547	73	…	882	31
808	173	…	1 890	8 860	2 299	321	3 697	1 532	81	…	930	32
792	178	1 407	459	9 746	2 372	471	4 331	1 543	76	814	139	33
781	182	1 230	389	8 911	2 397	477	3 557	1 547	88	723	122	34
617	191	1 154	363	8 637	2 360	499	3 489	1 412	90	662	125	35
593	167	840	368	8 113	2 279	363	3 441	1 246	88	550	146	36
605	173	868	338	7 183	2 125	469	2 601	1 202	107	548	131	37
605	213	845	387	6 567	2 201	398	1 991	1 202	105	538	132	38
504	181	854	387	6 371	2 354	488	1 600	1 167	101	543	118	39
565	239	799	397	6 114	2 291	562	1 368	1 168	115	463	147	40
576	248	788	425	6 600	2 490	745	1 462	1 225	132	428	118	41
528	282	778	461	6 181	2 356	708	1 287	1 108	137	406	179	42
543	260	755	484	6 427	2 632	655	1 177	1 200	151	425	187	43
519	318	647	535	6 603	2 749	729	1 184	1 154	177	418	192	44
577	362	706	567	6 967	2 879	923	1 095	1 185	200	436	249	45
564	398	702	645	7 082	2 951	936	1 007	1 260	220	427	281	46
578	448	729	743	7 784	3 516	1 169	838	1 250	248	458	305	47
538	534	714	784	8 129	3 756	1 275	729	1 229	330	454	356	48
554	605	713	827	8 382	3 800	1 391	694	1 261	389	479	368	49
550	673	743	931	8 231	3 743	1 351	722	1 194	364	461	396	50
599	653	713	909	8 042	3 704	1 102	696	1 227	385	491	437	51
600	675	728	1 119	7 970	3 623	1 149	687	1 083	444	483	501	52
505	784	733	1 244	7 790	3 679	998	691	1 024	471	470	457	53
478	826	677	1 459	7 972	3 977	831	631	1 010	542	424	557	54
558	830	722	1 309	7 773	3 978	675	642	985	535	444	514	55
548	792	702	1 170	7 388	3 832	585	633	920	469	417	532	56
549	812	603	1 235	7 465	3 797	539	732	977	532	389	499	57
572	1 011	607	1 191	8 109	4 479	544	714	933	602	367	470	58
591	1 045	625	1 172	8 093	4 346	471	798	889	678	381	530	59
549	1 101	548	1 089	8 027	4 322	355	947	902	693	328	480	60
544	1 432	579	1 145	9 168	4 802	333	1 056	909	1 080	399	589	61
528	1 369	600	1 276	8 550	4 471	272	909	896	1 033	388	581	62
552	1 378	581	1 248	8 505	4 538	241	821	877	1 003	402	623	63
541	1 335	506	1 078	8 186	4 445	229	672	920	957	381	582	平成元年
513	1 294	481	1 082	7 772	4 077	183	663	926	929	394	600	2
487	1 275	503	1 054	7 398	3 947	201	618	855	844	362	571	3
497	1 240	518	1 041	7 377	4 070	180	621	754	866	345	541	4
523	1 337	495	1 111	6 976	3 715	196	607	791	839	332	496	5
524	1 350	498	1 206	6 865	3 727	144	582	760	850	326	476	6
463	1 339	476	1 094	7 189	4 150	124	575	705	820	351	464	7
458	1 398	478	1 178	7 285	4 128	158	557	660	890	321	571	8
525	1 514	491	1 318	7 593	4 213	161	648	687	1 008	312	564	9
586	1 826	513	1 428	9 406	5 768	181	616	719	1 200	324	598	10
605	1 827	517	1 365	9 011	5 538	178	621	716	1 116	285	557	11
525	1 772	383	1 359	8 595	5 333	136	580	653	1 109	256	528	12
480	1 615	458	1 371	8 290	5 048	140	604	591	1 084	260	563	13
531	1 707	403	1 456	8 272	5 136	157	586	578	1 022	236	557	14
542	1 660	491	1 350	8 713	5 134	417	582	587	1 114	316	563	15

第13表　性・年齢（５歳階級）・手段（基本分類）別自殺死亡数

第13表（21－１）

全　年　齢

ICD-10 基本分類番号	死　　因　　名	昭和25年	30年	35年	40年	45年	50年
X60～X84	**故意の自傷および自殺**	**16 311**	**22 477**	**20 143**	**14 444**	**15 728**	**19 975**
X60, X61	鎮痛薬および睡眠薬による中毒および曝露にもとづく自傷および自殺	1 741	4 563	5 206	1 253	506	207
X62～X66, X69	その他および詳細不明の薬物による中毒および曝露にもとづく自傷および自殺	2 799	5 490	2 929	1 856	637	391
X67	その他のガスおよび蒸気による中毒および曝露にもとづく自傷および自殺	39	296	834	925	1 693	3 252
X68	農薬による中毒および曝露にもとづく自傷および自殺	…	…	…	…	1 068	847
X70	縊首, 絞首および窒息による故意の自傷および自殺	6 641	6 491	6 560	6 517	7 542	9 966
X71	溺死および溺水による故意の自傷および自殺	2 619	2 419	2 029	1 733	1 762	1 744
X72～X75	銃器および爆発物による故意の自傷および自殺	187	157	99	68	65	86
X76	煙, 火および火災による故意の自傷および自殺	…	…	…	…	…	…
X78	鋭利な物体による故意の自傷および自殺	397	390	284	321	362	483
X80	高所からの飛び降りによる故意の自傷および自殺	152	207	281	354	562	1 037
X80.0	住　　　　宅	…	…	…	…	…	…
X81	移動中の物体の前への飛び込みまたは横臥による故意の自傷および自殺	…	…	1 816	1 262	1 142	1 204
X77, X79, X82～X84	その他の明示されたおよび詳細不明の手段による故意の自傷および自殺	1 736	2 464	105	152	388	755
(Y87.0)	故意の自傷の続発・後遺症	2	－	－	3	1	3

全　年　齢

ICD-10 基本分類番号	死　　因　　名	昭和25年	30年	35年	40年	45年	50年
X60～X84	**故意の自傷および自殺**	**9 820**	**13 836**	**11 506**	**8 330**	**8 761**	**11 744**
X60, X61	鎮痛薬および睡眠薬による中毒および曝露にもとづく自傷および自殺	1 172	2 874	2 968	725	246	91
X62～X66, X69	その他および詳細不明の薬物による中毒および曝露にもとづく自傷および自殺	1 628	3 398	1 678	1 016	308	203
X67	その他のガスおよび蒸気による中毒および曝露にもとづく自傷および自殺	21	126	335	363	770	1 901
X68	農薬による中毒および曝露にもとづく自傷および自殺	…	…	…	…	562	429
X70	縊首, 絞首および窒息による故意の自傷および自殺	4 503	4 431	4 200	4 226	4 663	6 223
X71	溺死および溺水による故意の自傷および自殺	906	809	617	565	577	550
X72～X75	銃器および爆発物による故意の自傷および自殺	119	139	93	67	60	81
X76	煙, 火および火災による故意の自傷および自殺	…	…	…	…	…	…
X78	鋭利な物体による故意の自傷および自殺	297	289	201	233	265	350
X80	高所からの飛び降りによる故意の自傷および自殺	109	155	191	239	362	673
X80.0	住　　　　宅	…	…	…	…	…	…
X81	移動中の物体の前への飛び込みまたは横臥による故意の自傷および自殺	…	…	1 154	799	706	743
X77, X79, X82～X84	その他の明示されたおよび詳細不明の手段による故意の自傷および自殺	1 065	1 615	69	97	242	499
(Y87.0)	故意の自傷の続発・後遺症	－	－	－	－	－	1

全　年　齢

ICD-10 基本分類番号	死　　因　　名	昭和25年	30年	35年	40年	45年	50年
X60～X84	**故意の自傷および自殺**	**6 491**	**8 641**	**8 637**	**6 114**	**6 967**	**8 231**
X60, X61	鎮痛薬および睡眠薬による中毒および曝露にもとづく自傷および自殺	569	1 689	2 238	528	260	116
X62～X66, X69	その他および詳細不明の薬物による中毒および曝露にもとづく自傷および自殺	1 171	2 092	1 251	840	329	188
X67	その他のガスおよび蒸気による中毒および曝露にもとづく自傷および自殺	18	170	499	562	923	1 351
X68	農薬による中毒および曝露にもとづく自傷および自殺	…	…	…	…	506	418
X70	縊首, 絞首および窒息による故意の自傷および自殺	2 138	2 060	2 360	2 291	2 879	3 743
X71	溺死および溺水による故意の自傷および自殺	1 713	1 610	1 412	1 168	1 185	1 194
X72～X75	銃器および爆発物による故意の自傷および自殺	68	18	6	1	5	5
X76	煙, 火および火災による故意の自傷および自殺	…	…	…	…	…	…
X78	鋭利な物体による故意の自傷および自殺	100	101	83	88	97	133
X80	高所からの飛び降りによる故意の自傷および自殺	43	52	90	115	200	364
X80.0	住　　　　宅	…	…	…	…	…	…
X81	移動中の物体の前への飛び込みまたは横臥による故意の自傷および自殺	…	…	662	463	436	461
X77, X79, X82～X84	その他の明示されたおよび詳細不明の手段による故意の自傷および自殺	671	849	36	55	146	256
(Y87.0)	故意の自傷の続発・後遺症	2	－	－	3	1	2

注：１）昭和25年・30年と平成７年以降は「故意の自傷の続発・後遺症」は自殺の合計には含まない。
　　２）「ICD-10基本分類番号」については、P14「２　用語の解説」を参照

の年次比較　－昭和25・30・35・40・45・50・55・60・平成2・6～15年－

・（総　数）

55年	60年	平成2年	6年	7年	8年	9年	10年	11年	12年	13年	14年	15年	ICD-10 基本分類番号
20 542	**23 383**	**20 088**	**20 923**	**21 420**	**22 138**	**23 494**	**31 755**	**31 413**	**30 251**	**29 375**	**29 949**	**32 109**	**X60～X84**
200	157	152	185	243	240	277	274	341	369	400	345	366	X60, X61
221	241	174	187	181	191	231	202	236	232	244	279	238	X62～X66, X69
2 342	1 983	1 027	1 151	1 070	1 191	1 254	1 591	1 648	1 424	1 365	1 514	3 538	X67
914	1 890	1 068	904	835	849	915	883	911	795	732	795	675	X68
10 968	13 422	11 448	12 506	13 379	13 713	14 398	21 611	21 289	20 846	20 212	20 526	20 669	X70
1 543	1 451	1 439	1 284	1 168	1 118	1 212	1 305	1 321	1 178	1 071	1 109	1 129	X71
92	67	50	54	42	52	47	47	47	62	52	52	40	X72～X75
707	703	793	680	620	773	829	944	811	743	815	862	789	X76
517	530	635	642	615	680	742	763	794	793	794	852	805	X78
1 365	1 794	2 223	2 200	2 159	2 288	2 522	3 026	2 943	2 881	2 699	2 729	2 774	X80
431	699	928	1 023	915	1 082	1 278	1 523	1 545	1 565	1 479	1 475	1 506	X80.0
1 166	876	875	824	827	799	803	837	802	639	718	639	807	X81
503	264	202	306	281	244	264	272	270	289	273	247	279	X77, X79, X82～X84
4	5	2	－	6	5	8	3	8	5	9	4	9	(Y87.0)

・（　男　）

55年	60年	平成2年	6年	7年	8年	9年	10年	11年	12年	13年	14年	15年	ICD-10 基本分類番号
12 769	**15 356**	**12 316**	**14 058**	**14 231**	**14 853**	**15 901**	**22 349**	**22 402**	**21 656**	**21 085**	**21 677**	**23 396**	**X60～X84**
89	69	71	97	126	130	141	145	177	200	201	173	168	X60, X61
128	146	86	108	97	100	136	125	143	144	141	151	138	X62～X66, X69
1 667	1 628	844	1 007	946	1 033	1 093	1 410	1 470	1 288	1 225	1 357	3 121	X67
476	1 126	574	489	461	493	498	473	547	472	430	509	391	X68
6 990	9 100	7 371	8 779	9 229	9 585	10 185	15 843	15 751	15 513	15 164	15 390	15 535	X70
558	549	513	524	463	458	525	586	605	525	480	531	542	X71
85	66	48	53	40	50	46	47	45	61	52	52	38	X72～X75
399	421	434	432	377	464	522	615	541	493	537	583	537	X76
378	389	442	477	465	477	553	563	588	600	601	648	585	X78
830	1 101	1 294	1 350	1 339	1 398	1 514	1 826	1 827	1 772	1 615	1 707	1 660	X80
256	378	488	575	522	593	700	813	885	897	787	848	801	X80.0
722	548	481	498	476	478	491	513	517	383	458	403	491	X81
443	210	158	244	212	187	197	203	191	205	181	173	190	X77, X79, X82～X84
4	3	－	－	5	3	5	2	5	3	7	1	5	(Y87.0)

・（　女　）

55年	60年	平成2年	6年	7年	8年	9年	10年	11年	12年	13年	14年	15年	ICD-10 基本分類番号
7 773	**8 027**	**7 772**	**6 865**	**7 189**	**7 285**	**7 593**	**9 406**	**9 011**	**8 595**	**8 290**	**8 272**	**8 713**	**X60～X84**
111	88	81	88	117	110	136	129	164	169	199	172	198	X60, X61
93	95	88	79	84	91	95	77	93	88	103	128	100	X62～X66, X69
675	355	183	144	124	158	161	181	178	136	140	157	417	X67
438	764	494	415	374	356	417	410	364	323	302	286	284	X68
3 978	4 322	4 077	3 727	4 150	4 128	4 213	5 768	5 538	5 333	5 048	5 136	5 134	X70
985	902	926	760	705	660	687	719	716	653	591	578	587	X71
7	1	2	1	2	2	1	－	2	1	－	－	2	X72～X75
308	282	359	248	243	309	307	329	270	250	278	279	252	X76
139	141	193	165	150	203	189	200	206	193	193	204	220	X78
535	693	929	850	820	890	1 008	1 200	1 116	1 109	1 084	1 022	1 114	X80
175	321	440	448	393	489	578	710	660	668	692	627	705	X80.0
444	328	394	326	351	321	312	324	285	256	260	236	316	X81
60	54	44	62	69	57	67	69	79	84	92	74	89	X77, X79, X82～X84
－	2	2	－	1	2	3	1	3	2	2	3	4	(Y87.0)

第13表　性・年齢（５歳階級）・手段（基本分類）別自殺死亡数

第13表（21－２）　　　　５～　９歳

ICD-10 基本分類番号	死因名	昭和25年	30年	35年	40年	45年	50年
X60～X84	**故意の自傷および自殺**	－	3	1	－	－	1
X60, X61	鎮痛薬および睡眠薬による中毒および曝露にもとづく自傷および自殺	－	－	－	－	－	－
X62～X66, X69	その他および詳細不明の薬物による中毒および曝露にもとづく自傷および自殺	－	－	－	－	－	－
X67	その他のガスおよび蒸気による中毒および曝露にもとづく自傷および自殺	－	－	－	－	－	－
X68	農薬による中毒および曝露にもとづく自傷および自殺	…	…	…	…	－	－
X70	縊首, 絞首および窒息による故意の自傷および自殺	－	－	1	－	－	－
X71	溺死および溺水による故意の自傷および自殺	－	1	－	－	－	－
X72～X75	銃器および爆発物による故意の自傷および自殺	－	－	－	－	－	－
X76	煙, 火および火災による故意の自傷および自殺	…	…	…	…	…	…
X78	鋭利な物体による故意の自傷および自殺	－	－	－	－	－	－
X80	高所からの飛び降りによる故意の自傷および自殺	－	－	－	－	－	－
X80.0	住宅	…	…	…	…	…	…
X81	移動中の物体の前への飛び込みまたは横臥による故意の自傷および自殺	…	…	－	－	－	1
X77, X79, X82～X84	その他の明示されたおよび詳細不明の手段による故意の自傷および自殺	－	2	－	－	－	－
(Y87.0)	故意の自傷の続発・後遺症	－	－	－	－	－	－

５　～　９歳

ICD-10 基本分類番号	死因名	昭和25年	30年	35年	40年	45年	50年
X60～X84	**故意の自傷および自殺**	－	3	－	－	－	1
X60, X61	鎮痛薬および睡眠薬による中毒および曝露にもとづく自傷および自殺	－	－	－	－	－	－
X62～X66, X69	その他および詳細不明の薬物による中毒および曝露にもとづく自傷および自殺	－	－	－	－	－	－
X67	その他のガスおよび蒸気による中毒および曝露にもとづく自傷および自殺	－	－	－	－	－	－
X68	農薬による中毒および曝露にもとづく自傷および自殺	…	…	…	…	－	－
X70	縊首, 絞首および窒息による故意の自傷および自殺	－	－	－	－	－	－
X71	溺死および溺水による故意の自傷および自殺	－	1	－	－	－	－
X72～X75	銃器および爆発物による故意の自傷および自殺	－	－	－	－	－	－
X76	煙, 火および火災による故意の自傷および自殺	…	…	…	…	…	…
X78	鋭利な物体による故意の自傷および自殺	－	－	－	－	－	－
X80	高所からの飛び降りによる故意の自傷および自殺	－	－	－	－	－	－
X80.0	住宅	…	…	…	…	…	…
X81	移動中の物体の前への飛び込みまたは横臥による故意の自傷および自殺	…	…	－	－	－	1
X77, X79, X82～X84	その他の明示されたおよび詳細不明の手段による故意の自傷および自殺	－	2	－	－	－	－
(Y87.0)	故意の自傷の続発・後遺症	－	－	－	－	－	－

５　～　９歳

ICD-10 基本分類番号	死因名	昭和25年	30年	35年	40年	45年	50年
X60～X84	**故意の自傷および自殺**	－	－	1	－	－	－
X60, X61	鎮痛薬および睡眠薬による中毒および曝露にもとづく自傷および自殺	－	－	－	－	－	－
X62～X66, X69	その他および詳細不明の薬物による中毒および曝露にもとづく自傷および自殺	－	－	－	－	－	－
X67	その他のガスおよび蒸気による中毒および曝露にもとづく自傷および自殺	－	－	－	－	－	－
X68	農薬による中毒および曝露にもとづく自傷および自殺	…	…	…	…	－	－
X70	縊首, 絞首および窒息による故意の自傷および自殺	－	－	1	－	－	－
X71	溺死および溺水による故意の自傷および自殺	－	－	－	－	－	－
X72～X75	銃器および爆発物による故意の自傷および自殺	－	－	－	－	－	－
X76	煙, 火および火災による故意の自傷および自殺	…	…	…	…	…	…
X78	鋭利な物体による故意の自傷および自殺	－	－	－	－	－	－
X80	高所からの飛び降りによる故意の自傷および自殺	…	…	－	－	－	－
X80.0	住宅	…	…	…	…	…	…
X81	移動中の物体の前への飛び込みまたは横臥による故意の自傷および自殺	…	…	－	－	－	－
X77, X79, X82～X84	その他の明示されたおよび詳細不明の手段による故意の自傷および自殺	－	－	－	－	－	－
(Y87.0)	故意の自傷の続発・後遺症	－	－	－	－	－	－

注：１）昭和25年・30年と平成７年以降は「故意の自傷の続発・後遺症」は自殺の合計には含まない。
　　２）「ICD-10基本分類番号」については、P14「２　用語の解説」を参照

の年次比較　－昭和25・30・35・40・45・50・55・60・平成２・６～15年－

・（総　数）

55年	60年	平成２年	６年	７年	８年	９年	10年	11年	12年	13年	14年	15年	ICD-10 基本分類番号
2	**4**	**－**	**2**	**－**	**－**	**4**	**1**	**1**	**－**	**1**	**－**	**1**	**X60～X84**
－	－	－	－	－	－	－	－	－	－	－	－	－	X60, X61
－	－	－	－	－	－	－	－	－	－	－	－	－	X62～X66, X69
－	1	－	－	－	－	－	－	－	－	－	－	1	X67
－	－	－	－	－	－	－	－	－	－	－	－	－	X68
2	3	－	2	－	－	4	1	1	－	1	－	－	X70
－	－	－	－	－	－	－	－	－	－	－	－	－	X71
－	－	－	－	－	－	－	－	－	－	－	－	－	X72～X75
－	－	－	－	－	－	－	－	－	－	－	－	－	X76
－	－	－	－	－	－	－	－	－	－	－	－	－	X78
－	－	－	－	－	－	－	－	－	－	－	－	－	X80
－	－	－	－	－	－	－	－	－	－	－	－	－	X80.0
－	－	－	－	－	－	－	－	－	－	－	－	－	X81
－	－	－	－	－	－	－	－	－	－	－	－	－	X77, X79, X82～X84
－	－	－	－	－	－	－	－	－	－	－	－	－	(Y87.0)

・（　男　）

55年	60年	平成２年	６年	７年	８年	９年	10年	11年	12年	13年	14年	15年	ICD-10 基本分類番号
2	**4**	**－**	**1**	**－**	**－**	**2**	**1**	**－**	**－**	**1**	**－**	**－**	**X60～X84**
－	－	－	－	－	－	－	－	－	－	－	－	－	X60, X61
－	－	－	－	－	－	－	－	－	－	－	－	－	X62～X66, X69
－	1	－	－	－	－	－	－	－	－	－	－	－	X67
－	－	－	－	－	－	－	－	－	－	－	－	－	X68
2	3	－	1	－	－	2	1	－	－	1	－	－	X70
－	－	－	－	－	－	－	－	－	－	－	－	－	X71
－	－	－	－	－	－	－	－	－	－	－	－	－	X72～X75
－	－	－	－	－	－	－	－	－	－	－	－	－	X76
－	－	－	－	－	－	－	－	－	－	－	－	－	X78
－	－	－	－	－	－	－	－	－	－	－	－	－	X80
－	－	－	－	－	－	－	－	－	－	－	－	－	X80.0
－	－	－	－	－	－	－	－	－	－	－	－	－	X81
－	－	－	－	－	－	－	－	－	－	－	－	－	X77, X79, X82～X84
－	－	－	－	－	－	－	－	－	－	－	－	－	(Y87.0)

・（　女　）

55年	60年	平成２年	６年	７年	８年	９年	10年	11年	12年	13年	14年	15年	ICD-10 基本分類番号
－	**－**	**－**	**1**	**－**	**－**	**2**	**－**	**1**	**－**	**－**	**－**	**1**	**X60～X84**
－	－	－	－	－	－	－	－	－	－	－	－	－	X60, X61
－	－	－	－	－	－	－	－	－	－	－	－	－	X62～X66, X69
－	－	－	－	－	－	－	－	－	－	－	－	1	X67
－	－	－	－	－	－	－	－	－	－	－	－	－	X68
－	－	－	1	－	－	2	－	1	－	－	－	－	X70
－	－	－	－	－	－	－	－	－	－	－	－	－	X71
－	－	－	－	－	－	－	－	－	－	－	－	－	X72～X75
－	－	－	－	－	－	－	－	－	－	－	－	－	X76
－	－	－	－	－	－	－	－	－	－	－	－	－	X78
－	－	－	－	－	－	－	－	－	－	－	－	－	X80
－	－	－	－	－	－	－	－	－	－	－	－	－	X80.0
－	－	－	－	－	－	－	－	－	－	－	－	－	X81
－	－	－	－	－	－	－	－	－	－	－	－	－	X77, X79, X82～X84
－	－	－	－	－	－	－	－	－	－	－	－	－	(Y87.0)

第13表　性・年齢（５歳階級）・手段（基本分類）別自殺死亡数

第13表（21－３）

10　～　14歳

ICD-10 基本分類番号	死　　因　　名	昭和25年	30年	35年	40年	45年	50年
X60～X84	**故意の自傷および自殺**	**2**	**88**	**62**	**46**	**55**	**88**
X60, X61	鎮痛薬および睡眠薬による中毒および曝露にもとづく自傷および自殺	1	5	6	−	−	−
X62～X66, X69	その他および詳細不明の薬物による中毒および曝露にもとづく自傷および自殺	1	15	11	6	−	−
X67	その他のガスおよび蒸気による中毒および曝露にもとづく自傷および自殺	−	1	4	4	6	11
X68	農薬による中毒および曝露にもとづく自傷および自殺	…	…	…	…	4	6
X70	縊首，絞首および窒息による故意の自傷および自殺	−	31	25	19	38	53
X71	溺死および溺水による故意の自傷および自殺	−	6	5	5	3	2
X72～X75	銃器および爆発物による故意の自傷および自殺	−	−	1	−	−	−
X76	煙，火および火災による故意の自傷および自殺	…	…	…	…	…	…
X78	鋭利な物体による故意の自傷および自殺	−	1	−	−	−	−
X80	高所からの飛び降りによる故意の自傷および自殺	−	1	−	−	−	9
X80.0	住　　　　宅	…	…	…	…	…	…
X81	移動中の物体の前への飛び込みまたは横臥による故意の自傷および自殺	…	…	10	12	3	5
X77, X79, X82～X84	その他の明示されたおよび詳細不明の手段による故意の自傷および自殺	−	28	−	−	1	2
(Y87.0)	故意の自傷の続発・後遺症	−	−	−	−	−	−

10　～　14歳

ICD-10 基本分類番号	死　　因　　名	昭和25年	30年	35年	40年	45年	50年
X60～X84	**故意の自傷および自殺**	**−**	**55**	**40**	**32**	**40**	**64**
X60, X61	鎮痛薬および睡眠薬による中毒および曝露にもとづく自傷および自殺	−	−	4	−	−	−
X62～X66, X69	その他および詳細不明の薬物による中毒および曝露にもとづく自傷および自殺	−	12	5	2	−	−
X67	その他のガスおよび蒸気による中毒および曝露にもとづく自傷および自殺	−	1	3	1	2	5
X68	農薬による中毒および曝露にもとづく自傷および自殺	…	…	…	…	2	4
X70	縊首，絞首および窒息による故意の自傷および自殺	−	28	21	18	31	43
X71	溺死および溺水による故意の自傷および自殺	−	−	1	4	2	1
X72～X75	銃器および爆発物による故意の自傷および自殺	−	−	1	−	−	−
X76	煙，火および火災による故意の自傷および自殺	…	…	…	…	…	…
X78	鋭利な物体による故意の自傷および自殺	−	1	−	−	−	−
X80	高所からの飛び降りによる故意の自傷および自殺	−	1	−	−	−	6
X80.0	住　　　　宅	…	…	…	…	…	…
X81	移動中の物体の前への飛び込みまたは横臥による故意の自傷および自殺	…	…	5	7	3	3
X77, X79, X82～X84	その他の明示されたおよび詳細不明の手段による故意の自傷および自殺	−	12	−	−	−	2
(Y87.0)	故意の自傷の続発・後遺症	−	−	−	−	−	−

10　～　14歳

ICD-10 基本分類番号	死　　因　　名	昭和25年	30年	35年	40年	45年	50年
X60～X84	**故意の自傷および自殺**	**2**	**33**	**22**	**14**	**15**	**24**
X60, X61	鎮痛薬および睡眠薬による中毒および曝露にもとづく自傷および自殺	1	5	2	−	−	−
X62～X66, X69	その他および詳細不明の薬物による中毒および曝露にもとづく自傷および自殺	1	3	6	4	−	−
X67	その他のガスおよび蒸気による中毒および曝露にもとづく自傷および自殺	−	−	1	3	4	6
X68	農薬による中毒および曝露にもとづく自傷および自殺	…	…	…	…	2	2
X70	縊首，絞首および窒息による故意の自傷および自殺	−	3	4	1	7	10
X71	溺死および溺水による故意の自傷および自殺	−	6	4	1	1	1
X72～X75	銃器および爆発物による故意の自傷および自殺	−	−	−	−	−	−
X76	煙，火および火災による故意の自傷および自殺	…	…	…	…	…	…
X78	鋭利な物体による故意の自傷および自殺	−	−	−	−	−	−
X80	高所からの飛び降りによる故意の自傷および自殺	−	−	−	−	−	3
X80.0	住　　　　宅	…	…	…	…	…	…
X81	移動中の物体の前への飛び込みまたは横臥による故意の自傷および自殺	…	…	5	5	−	2
X77, X79, X82～X84	その他の明示されたおよび詳細不明の手段による故意の自傷および自殺	−	16	−	−	1	−
(Y87.0)	故意の自傷の続発・後遺症	−	−	−	−	−	−

注：１）昭和25年・30年と平成７年以降は「故意の自傷の続発・後遺症」は自殺の合計には含まない。
　　２）「ICD-10基本分類番号」については、P14「２　用語の解説」を参照

の年次比較　－昭和25・30・35・40・45・50・55・60・平成２・６～15年－

・（総　数）

55年	60年	平成２年	６年	７年	８年	９年	10年	11年	12年	13年	14年	15年	ICD-10 基本分類番号
53	**81**	**47**	**74**	**66**	**64**	**49**	**93**	**72**	**74**	**60**	**37**	**64**	**X60～X84**
—	—	—	—	—	—	—	—	—	—	—	1	—	X60, X61
—	—	—	—	—	—	3	—	—	1	—	—	—	X62～X66, X69
6	1	2	—	1	2	—	1	—	—	—	2	—	X67
—	1	—	—	—	—	—	—	—	—	—	—	—	X68
34	50	20	54	51	47	33	60	56	56	42	19	32	X70
1	4	2	—	—	—	—	—	—	—	1	2	3	X71
—	—	—	1	—	—	—	—	—	—	—	—	—	X72～X75
2	1	1	—	—	1	—	2	—	—	1	1	—	X76
—	—	—	—	—	—	—	1	—	—	—	—	2	X78
8	20	21	12	11	9	10	23	14	16	12	12	21	X80
1	9	14	9	7	5	9	14	9	9	7	9	17	X80.0
2	3	1	5	2	4	2	6	1	1	4	—	5	X81
—	1	—	2	1	1	1	—	1	—	—	—	1	X77, X79, X82～X84
—	—	—	—	—	—	—	—	—	—	—	—	—	(Y87.0)

・（　男　）

55年	60年	平成２年	６年	７年	８年	９年	10年	11年	12年	13年	14年	15年	ICD-10 基本分類番号
39	**55**	**30**	**54**	**43**	**41**	**32**	**65**	**44**	**58**	**38**	**25**	**32**	**X60～X84**
—	—	—	—	—	—	—	—	—	—	—	—	—	X60, X61
—	—	—	—	—	—	1	—	—	1	—	—	—	X62～X66, X69
3	1	1	—	1	2	—	—	—	—	—	2	—	X67
—	1	—	—	—	—	—	—	—	—	—	—	—	X68
26	42	16	43	36	32	28	44	38	45	29	13	19	X70
—	2	1	—	—	—	—	—	—	—	—	1	—	X71
—	—	—	1	—	—	—	—	—	—	—	—	—	X72～X75
2	1	1	—	—	—	—	2	—	—	1	1	—	X76
—	—	—	—	—	—	—	—	—	—	—	—	2	X78
7	5	11	6	5	5	1	15	6	12	7	8	8	X80
1	2	9	6	4	3	1	11	3	8	4	7	7	X80.0
1	2	—	3	—	1	1	4	—	—	1	—	3	X81
—	1	—	1	1	1	1	—	—	—	—	—	—	X77, X79, X82～X84
—	—	—	—	—	—	—	—	—	—	—	—	—	(Y87.0)

・（　女　）

55年	60年	平成２年	６年	７年	８年	９年	10年	11年	12年	13年	14年	15年	ICD-10 基本分類番号
14	**26**	**17**	**20**	**23**	**23**	**17**	**28**	**28**	**16**	**22**	**12**	**32**	**X60～X84**
—	—	—	—	—	—	—	—	—	—	—	1	—	X60, X61
—	—	—	—	—	—	2	—	—	—	—	—	—	X62～X66, X69
3	—	1	—	—	—	—	1	—	—	—	—	—	X67
—	—	—	—	—	—	—	—	—	—	—	—	—	X68
8	8	4	11	15	15	5	16	18	11	13	6	13	X70
1	2	1	—	—	—	—	—	—	—	1	1	3	X71
—	—	—	—	—	—	—	—	—	—	—	—	—	X72～X75
—	—	—	—	—	1	—	—	—	—	—	—	—	X76
—	—	—	—	—	—	—	1	—	—	—	—	—	X78
1	15	10	6	6	4	9	8	8	4	5	4	13	X80
—	7	5	3	3	2	8	3	6	1	3	2	10	X80.0
1	1	1	2	2	3	1	2	1	1	3	—	2	X81
—	—	—	1	—	—	—	—	1	—	—	—	1	X77, X79, X82～X84
—	—	—	—	—	—	—	—	—	—	—	—	—	(Y87.0)

第13表　性・年齢（５歳階級）・手段（基本分類）別自殺死亡数

第13表（21－４）

15　～　19歳

ICD-10 基本分類番号	死　　因　　名	昭和25年	30年	35年	40年	45年	50年
X60～X84	**故意の自傷および自殺**	**1 310**	**2 735**	**2 217**	**806**	**702**	**768**
X60, X61	鎮痛薬および睡眠薬による中毒および曝露にもとづく自傷および自殺	289	818	939	130	45	7
X62～X66, X69	その他および詳細不明の薬物による中毒および曝露にもとづく自傷および自殺	370	828	352	132	53	11
X67	その他のガスおよび蒸気による中毒および曝露にもとづく自傷および自殺	5	42	77	56	120	191
X68	農薬による中毒および曝露にもとづく自傷および自殺	…	…	…	…	49	21
X70	縊首, 絞首および窒息による故意の自傷および自殺	194	295	267	198	209	292
X71	溺死および溺水による故意の自傷および自殺	119	160	160	82	73	37
X72～X75	銃器および爆発物による故意の自傷および自殺	9	12	13	5	3	4
X76	煙, 火および火災による故意の自傷および自殺	…	…	…	…	…	…
X78	鋭利な物体による故意の自傷および自殺	15	15	7	7	5	14
X80	高所からの飛び降りによる故意の自傷および自殺	28	38	24	24	39	66
X80.0	住　　　　宅	…	…	…	…	…	…
X81	移動中の物体の前への飛び込みまたは横臥による故意の自傷および自殺	…	…	361	157	63	53
X77, X79, X82～X84	その他の明示されたおよび詳細不明の手段による故意の自傷および自殺	281	527	17	15	43	72
(Y87.0)	故意の自傷の続発・後遺症	－	－	－	－	－	－

15　～　19歳

ICD-10 基本分類番号	死　　因　　名	昭和25年	30年	35年	40年	45年	50年
X60～X84	**故意の自傷および自殺**	**757**	**1 615**	**1 182**	**480**	**394**	**506**
X60, X61	鎮痛薬および睡眠薬による中毒および曝露にもとづく自傷および自殺	187	454	466	67	15	2
X62～X66, X69	その他および詳細不明の薬物による中毒および曝露にもとづく自傷および自殺	185	462	179	71	26	4
X67	その他のガスおよび蒸気による中毒および曝露にもとづく自傷および自殺	3	21	29	24	61	104
X68	農薬による中毒および曝露にもとづく自傷および自殺	…	…	…	…	20	12
X70	縊首, 絞首および窒息による故意の自傷および自殺	146	239	218	162	155	232
X71	溺死および溺水による故意の自傷および自殺	31	64	46	30	25	16
X72～X75	銃器および爆発物による故意の自傷および自殺	8	7	10	5	3	4
X76	煙, 火および火災による故意の自傷および自殺	…	…	…	…	…	…
X78	鋭利な物体による故意の自傷および自殺	11	7	5	5	5	11
X80	高所からの飛び降りによる故意の自傷および自殺	22	30	15	13	21	35
X80.0	住　　　　宅	…	…	…	…	…	…
X81	移動中の物体の前への飛び込みまたは横臥による故意の自傷および自殺	…	…	202	91	36	29
X77, X79, X82～X84	その他の明示されたおよび詳細不明の手段による故意の自傷および自殺	164	331	12	12	27	57
(Y87.0)	故意の自傷の続発・後遺症	－	－	－	－	－	－

15　～　19歳

ICD-10 基本分類番号	死　　因　　名	昭和25年	30年	35年	40年	45年	50年
X60～X84	**故意の自傷および自殺**	**553**	**1 120**	**1 035**	**326**	**308**	**262**
X60, X61	鎮痛薬および睡眠薬による中毒および曝露にもとづく自傷および自殺	102	364	473	63	30	5
X62～X66, X69	その他および詳細不明の薬物による中毒および曝露にもとづく自傷および自殺	185	366	173	61	27	7
X67	その他のガスおよび蒸気による中毒および曝露にもとづく自傷および自殺	2	21	48	32	59	87
X68	農薬による中毒および曝露にもとづく自傷および自殺	…	…	…	…	29	9
X70	縊首, 絞首および窒息による故意の自傷および自殺	48	56	49	36	54	60
X71	溺死および溺水による故意の自傷および自殺	88	96	114	52	48	21
X72～X75	銃器および爆発物による故意の自傷および自殺	1	5	3	－	－	－
X76	煙, 火および火災による故意の自傷および自殺	…	…	…	…	…	…
X78	鋭利な物体による故意の自傷および自殺	4	8	2	2	－	3
X80	高所からの飛び降りによる故意の自傷および自殺	6	8	9	11	18	31
X80.0	住　　　　宅	…	…	…	…	…	…
X81	移動中の物体の前への飛び込みまたは横臥による故意の自傷および自殺	…	…	159	66	27	24
X77, X79, X82～X84	その他の明示されたおよび詳細不明の手段による故意の自傷および自殺	117	196	5	3	16	15
(Y87.0)	故意の自傷の続発・後遺症	－	－	－	－	－	－

注：１）昭和25年・30年と平成７年以降は「故意の自傷の続発・後遺症」は自殺の合計には含まない。
　　２）「ICD-10基本分類番号」については、P14「２　用語の解説」を参照

・（総　数）

55年	60年	平成２年	６年	７年	８年	９年	10年	11年	12年	13年	14年	15年	ICD-10 基本分類番号
599	**453**	**381**	**453**	**423**	**400**	**389**	**610**	**540**	**473**	**481**	**410**	**503**	**X60～X84**
8	6	4	8	5	6	10	8	8	10	5	11	10	X60, X61
5	6	1	2	2	3	1	3	2	3	7	9	2	X62～X66, X69
118	50	14	10	8	6	9	16	8	2	4	9	18	X67
9	16	5	4	1	3	1	1	2	1	—	—	—	X68
222	217	141	220	231	200	207	389	354	285	281	257	266	X70
25	22	9	13	7	8	7	9	14	4	7	6	8	X71
2	—	1	1	—	—	—	—	—	—	—	—	—	X72～X75
14	10	15	4	7	8	9	10	7	5	8	6	3	X76
6	4	6	7	5	9	6	5	5	3	8	1	7	X78
88	90	143	124	109	113	94	138	109	130	126	79	123	X80
37	50	75	62	52	67	64	86	66	84	87	51	77	X80.0
42	23	37	43	32	36	36	24	27	21	32	29	54	X81
60	9	5	17	16	8	9	7	4	9	3	3	12	X77, X79, X82～X84
—	—	—	—	—	—	—	—	—	—	—	—	—	(Y87.0)

・（　男　）

55年	60年	平成２年	６年	７年	８年	９年	10年	11年	12年	13年	14年	15年	ICD-10 基本分類番号
400	**310**	**244**	**323**	**287**	**279**	**279**	**427**	**362**	**335**	**314**	**276**	**314**	**X60～X84**
3	2	1	5	3	4	6	3	4	4	1	2	4	X60, X61
3	5	—	1	2	2	—	1	—	3	2	5	—	X62～X66, X69
75	29	8	7	4	4	7	10	8	2	4	5	10	X67
3	10	3	2	1	3	—	—	1	—	—	—	—	X68
170	168	114	170	176	151	156	299	257	219	210	183	183	X70
12	10	2	9	4	5	4	4	7	2	4	4	5	X71
1	—	1	1	—	—	—	—	—	—	—	—	—	X72～X75
6	7	9	4	4	7	6	6	4	5	2	5	3	X76
5	4	3	4	4	5	5	4	3	1	6	1	4	X78
43	53	79	80	63	71	66	80	62	80	63	46	70	X80
14	26	46	41	29	44	48	53	41	51	41	30	44	X80.0
23	13	21	26	17	20	23	15	12	11	20	24	25	X81
56	9	3	14	9	7	6	5	4	8	2	1	10	X77, X79, X82～X84
—	—	—	—	—	—	—	—	—	—	—	—	—	(Y87.0)

・（　女　）

55年	60年	平成２年	６年	７年	８年	９年	10年	11年	12年	13年	14年	15年	ICD-10 基本分類番号
199	**143**	**137**	**130**	**136**	**121**	**110**	**183**	**178**	**138**	**167**	**134**	**189**	**X60～X84**
5	4	3	3	2	2	4	5	4	6	4	9	6	X60, X61
2	1	1	1	—	1	1	2	2	—	5	4	2	X62～X66, X69
43	21	6	3	4	2	2	6	—	—	—	4	8	X67
6	6	2	2	—	—	1	1	1	1	—	—	—	X68
52	49	27	50	55	49	51	90	97	66	71	74	83	X70
13	12	7	4	3	3	3	5	7	2	3	2	3	X71
1	—	—	—	—	—	—	—	—	—	—	—	—	X72～X75
8	3	6	—	3	1	3	4	3	—	6	1	—	X76
1	—	3	3	1	4	1	1	2	2	2	—	3	X78
45	37	64	44	46	42	28	58	47	50	63	33	53	X80
23	24	29	21	23	23	16	33	25	33	46	21	33	X80.0
19	10	16	17	15	16	13	9	15	10	12	5	29	X81
4	—	2	3	7	1	3	2	—	1	1	2	2	X77, X79, X82～X84
—	—	—	—	—	—	—	—	—	—	—	—	—	(Y87.0)

第13表（21－５）

20　～　24歳

ICD-10 基本分類番号	死　因　名	昭和25年	30年	35年	40年	45年	50年
X60～X84	**故意の自傷および自殺**	**2 804**	**5 496**	**4 269**	**1 884**	**1 853**	**1 933**
X60, X61	鎮痛薬および睡眠薬による中毒および曝露にもとづく自傷および自殺	627	1 799	1 916	373	169	36
X62～X66, X69	その他および詳細不明の薬物による中毒および曝露にもとづく自傷および自殺	832	1 787	738	301	108	49
X67	その他のガスおよび蒸気による中毒および曝露にもとづく自傷および自殺	5	70	209	202	367	647
X68	農薬による中毒および曝露にもとづく自傷および自殺	…	…	…	…	122	53
X70	縊首, 絞首および窒息による故意の自傷および自殺	440	584	537	438	507	546
X71	溺死および溺水による故意の自傷および自殺	344	332	248	160	181	133
X72～X75	銃器および爆発物による故意の自傷および自殺	61	47	24	15	12	7
X76	煙, 火および火災による故意の自傷および自殺	…	…	…	…	…	…
X78	鋭利な物体による故意の自傷および自殺	58	57	19	25	31	32
X80	高所からの飛び降りによる故意の自傷および自殺	29	42	54	59	81	139
X80.0	住　宅	…	…	…	…	…	…
X81	移動中の物体の前への飛び込みまたは横臥による故意の自傷および自殺	…	…	509	283	187	144
X77, X79, X82～X84	その他の明示されたおよび詳細不明の手段による故意の自傷および自殺	408	778	15	27	88	147
(Y87.0)	故意の自傷の続発・後遺症	1	－	－	1	－	－

20　～　24歳

ICD-10 基本分類番号	死　因　名	昭和25年	30年	35年	40年	45年	50年
X60～X84	**故意の自傷および自殺**	**1 722**	**3 528**	**2 422**	**1 049**	**994**	**1 177**
X60, X61	鎮痛薬および睡眠薬による中毒および曝露にもとづく自傷および自殺	449	1 175	1 078	192	90	14
X62～X66, X69	その他および詳細不明の薬物による中毒および曝露にもとづく自傷および自殺	484	1 141	389	149	40	20
X67	その他のガスおよび蒸気による中毒および曝露にもとづく自傷および自殺	4	33	80	67	136	367
X68	農薬による中毒および曝露にもとづく自傷および自殺	…	…	…	…	50	22
X70	縊首, 絞首および窒息による故意の自傷および自殺	308	420	380	314	375	389
X71	溺死および溺水による故意の自傷および自殺	115	123	78	65	60	52
X72～X75	銃器および爆発物による故意の自傷および自殺	50	40	23	14	12	6
X76	煙, 火および火災による故意の自傷および自殺	…	…	…	…	…	…
X78	鋭利な物体による故意の自傷および自殺	43	41	11	14	24	16
X80	高所からの飛び降りによる故意の自傷および自殺	23	29	38	41	54	93
X80.0	住　宅	…	…	…	…	…	…
X81	移動中の物体の前への飛び込みまたは横臥による故意の自傷および自殺	…	…	334	173	105	90
X77, X79, X82～X84	その他の明示されたおよび詳細不明の手段による故意の自傷および自殺	246	526	11	20	48	108
(Y87.0)	故意の自傷の続発・後遺症	－	－	－	－	－	－

20　～　24歳

ICD-10 基本分類番号	死　因　名	昭和25年	30年	35年	40年	45年	50年
X60～X84	**故意の自傷および自殺**	**1 082**	**1 968**	**1 847**	**835**	**859**	**756**
X60, X61	鎮痛薬および睡眠薬による中毒および曝露にもとづく自傷および自殺	178	624	838	181	79	22
X62～X66, X69	その他および詳細不明の薬物による中毒および曝露にもとづく自傷および自殺	348	646	349	152	68	29
X67	その他のガスおよび蒸気による中毒および曝露にもとづく自傷および自殺	1	37	129	135	231	280
X68	農薬による中毒および曝露にもとづく自傷および自殺	…	…	…	…	72	31
X70	縊首, 絞首および窒息による故意の自傷および自殺	132	164	157	124	132	157
X71	溺死および溺水による故意の自傷および自殺	229	209	170	95	121	81
X72～X75	銃器および爆発物による故意の自傷および自殺	11	7	1	1	－	1
X76	煙, 火および火災による故意の自傷および自殺	…	…	…	…	…	…
X78	鋭利な物体による故意の自傷および自殺	15	16	8	11	7	16
X80	高所からの飛び降りによる故意の自傷および自殺	6	13	16	18	27	46
X80.0	住　宅	…	…	…	…	…	…
X81	移動中の物体の前への飛び込みまたは横臥による故意の自傷および自殺	…	…	175	110	82	54
X77, X79, X82～X84	その他の明示されたおよび詳細不明の手段による故意の自傷および自殺	162	252	4	7	40	39
(Y87.0)	故意の自傷の続発・後遺症	1	－	－	1	－	－

注：１）昭和25年・30年と平成７年以降は「故意の自傷の続発・後遺症」は自殺の合計には含まない。
　　２）「ICD-10基本分類番号」については、P14「２　用語の解説」を参照

の年次比較 －昭和25・30・35・40・45・50・55・60・平成2・6～15年－

・（総　数）

55年	60年	平成2年	6年	7年	8年	9年	10年	11年	12年	13年	14年	15年	ICD-10 基本分類番号
1 401	**1 177**	**928**	**1 157**	**1 115**	**1 110**	**1 089**	**1 455**	**1 426**	**1 331**	**1 186**	**1 182**	**1 211**	**X60～X84**
25	15	17	16	33	40	27	30	40	45	47	33	43	X60, X61
15	11	8	11	7	13	12	12	13	11	14	17	14	X62～X66, X69
330	190	89	63	52	52	51	57	54	57	39	39	138	X67
42	70	13	12	9	6	7	4	6	6	2	5	2	X68
487	465	356	587	540	553	525	875	839	775	723	724	678	X70
68	46	36	39	29	31	25	26	35	32	17	26	19	X71
－	2	2	4	2	1	1	1	－	1	1	1	3	X72～X75
54	33	37	32	25	31	21	22	30	19	27	18	16	X76
21	25	27	19	24	32	27	18	26	19	14	20	22	X78
139	206	275	279	302	261	305	325	297	287	228	238	195	X80
61	99	156	161	150	146	184	200	194	179	147	147	112	X80.0
84	69	54	45	60	64	56	58	63	55	56	45	65	X81
136	44	14	50	32	26	32	27	23	24	18	16	16	X77, X79, X82～X84
－	1	－	－	－	－	1	－	－	－	1	－	－	(Y87.0)

・（　男　）

55年	60年	平成2年	6年	7年	8年	9年	10年	11年	12年	13年	14年	15年	ICD-10 基本分類番号
954	**829**	**631**	**824**	**763**	**757**	**731**	**1 026**	**1 023**	**938**	**831**	**855**	**844**	**X60～X84**
11	8	8	10	17	27	15	17	20	28	19	20	18	X60, X61
11	5	5	6	3	5	7	4	6	6	6	10	6	X62～X66, X69
234	144	71	49	43	40	42	51	46	50	36	36	111	X67
18	43	6	8	3	2	7	2	5	4	1	2	2	X68
346	358	275	447	409	419	391	651	642	573	544	549	505	X70
38	29	22	25	18	23	15	14	28	19	8	17	13	X71
－	2	2	3	2	1	－	1	－	1	1	1	3	X72～X75
29	20	22	20	14	15	11	17	21	10	17	14	12	X76
12	22	24	12	18	19	20	13	20	12	10	17	11	X78
86	113	154	173	187	148	168	201	186	175	140	147	114	X80
38	48	86	99	88	77	100	119	121	110	82	87	62	X80.0
47	45	30	26	25	36	31	34	31	38	36	30	35	X81
122	40	12	45	24	22	24	21	18	22	13	12	14	X77, X79, X82～X84
－	－	－	－	－	－	1	－	－	－	1	－	－	(Y87.0)

・（　女　）

55年	60年	平成2年	6年	7年	8年	9年	10年	11年	12年	13年	14年	15年	ICD-10 基本分類番号
447	**348**	**297**	**333**	**352**	**353**	**358**	**429**	**403**	**393**	**355**	**327**	**367**	**X60～X84**
14	7	9	6	16	13	12	13	20	17	28	13	25	X60, X61
4	6	3	5	4	8	5	8	7	5	8	7	8	X62～X66, X69
96	46	18	14	9	12	9	6	8	7	3	3	27	X67
24	27	7	4	6	4	－	2	1	2	1	3	－	X68
141	107	81	140	131	134	134	224	197	202	179	175	173	X70
30	17	14	14	11	8	10	12	7	13	9	9	6	X71
－	－	－	1	－	－	1	－	－	－	－	－	－	X72～X75
25	13	15	12	11	16	10	5	9	9	10	4	4	X76
9	3	3	7	6	13	7	5	6	7	4	3	11	X78
53	93	121	106	115	113	137	124	111	112	88	91	81	X80
23	51	70	62	62	69	84	81	73	69	65	60	50	X80.0
37	24	24	19	35	28	25	24	32	17	20	15	30	X81
14	4	2	5	8	4	8	6	5	2	5	4	2	X77, X79, X82～X84
－	1	－	－	－	－	－	－	－	－	－	－	－	(Y87.0)

第13表　性・年齢（５歳階級）・手段（基本分類）別自殺死亡数

第13表（21－６）　　　　25 ～ 29歳

ICD-10 基本分類番号	死　　因　　名	昭和25年	30年	35年	40年	45年	50年
X60～X84	**故意の自傷および自殺**	**1 649**	**3 139**	**2 845**	**1 670**	**1 688**	**2 218**
X60, X61	鎮痛薬および睡眠薬による中毒および曝露にもとづく自傷および自殺	346	956	1 028	258	83	40
X62～X66, X69	その他および詳細不明の薬物による中毒および曝露にもとづく自傷および自殺	428	935	538	245	90	49
X67	その他のガスおよび蒸気による中毒および曝露にもとづく自傷および自殺	4	59	158	205	330	620
X68	農薬による中毒および曝露にもとづく自傷および自殺	…	…	…	…	104	67
X70	縊首, 絞首および窒息による故意の自傷および自殺	293	456	482	463	526	749
X71	溺死および溺水による故意の自傷および自殺	230	261	200	159	152	158
X72～X75	銃器および爆発物による故意の自傷および自殺	46	37	13	7	11	20
X76	煙, 火および火災による故意の自傷および自殺	…	…	…	…	…	…
X78	鋭利な物体による故意の自傷および自殺	57	59	42	35	41	45
X80	高所からの飛び降りによる故意の自傷および自殺	21	25	46	47	75	141
X80.0	住　　　宅	…	…	…	…	…	…
X81	移動中の物体の前への飛び込みまたは横臥による故意の自傷および自殺	…	…	322	233	222	194
X77, X79, X82～X84	その他の明示されたおよび詳細不明の手段による故意の自傷および自殺	224	351	16	18	54	134
(Y87.0)	故意の自傷の続発・後遺症	－	－	－	－	－	1

25 ～ 29歳

ICD-10 基本分類番号	死　　因　　名	昭和25年	30年	35年	40年	45年	50年
X60～X84	**故意の自傷および自殺**	**1 016**	**2 067**	**1 804**	**991**	**987**	**1 403**
X60, X61	鎮痛薬および睡眠薬による中毒および曝露にもとづく自傷および自殺	243	640	638	164	46	15
X62～X66, X69	その他および詳細不明の薬物による中毒および曝露にもとづく自傷および自殺	285	622	355	130	44	30
X67	その他のガスおよび蒸気による中毒および曝露にもとづく自傷および自殺	2	20	56	73	145	367
X68	農薬による中毒および曝露にもとづく自傷および自殺	…	…	…	…	57	26
X70	縊首, 絞首および窒息による故意の自傷および自殺	193	349	368	329	370	551
X71	溺死および溺水による故意の自傷および自殺	83	99	69	58	64	63
X72～X75	銃器および爆発物による故意の自傷および自殺	23	33	12	7	9	18
X76	煙, 火および火災による故意の自傷および自殺	…	…	…	…	…	…
X78	鋭利な物体による故意の自傷および自殺	38	43	37	27	27	30
X80	高所からの飛び降りによる故意の自傷および自殺	15	20	34	35	50	92
X80.0	住　　　宅	…	…	…	…	…	…
X81	移動中の物体の前への飛び込みまたは横臥による故意の自傷および自殺	…	…	223	157	137	117
X77, X79, X82～X84	その他の明示されたおよび詳細不明の手段による故意の自傷および自殺	134	241	12	11	38	94
(Y87.0)	故意の自傷の続発・後遺症	－	－	－	－	－	－

25 ～ 29歳

ICD-10 基本分類番号	死　　因　　名	昭和25年	30年	35年	40年	45年	50年
X60～X84	**故意の自傷および自殺**	**633**	**1 072**	**1 041**	**679**	**701**	**815**
X60, X61	鎮痛薬および睡眠薬による中毒および曝露にもとづく自傷および自殺	103	316	390	94	37	25
X62～X66, X69	その他および詳細不明の薬物による中毒および曝露にもとづく自傷および自殺	143	313	183	115	46	19
X67	その他のガスおよび蒸気による中毒および曝露にもとづく自傷および自殺	2	39	102	132	185	253
X68	農薬による中毒および曝露にもとづく自傷および自殺	…	…	…	…	47	41
X70	縊首, 絞首および窒息による故意の自傷および自殺	100	107	114	134	156	198
X71	溺死および溺水による故意の自傷および自殺	147	162	131	101	88	95
X72～X75	銃器および爆発物による故意の自傷および自殺	23	4	1	－	2	2
X76	煙, 火および火災による故意の自傷および自殺	…	…	…	…	…	…
X78	鋭利な物体による故意の自傷および自殺	19	16	5	8	14	15
X80	高所からの飛び降りによる故意の自傷および自殺	6	5	12	12	25	49
X80.0	住　　　宅	…	…	…	…	…	…
X81	移動中の物体の前への飛び込みまたは横臥による故意の自傷および自殺	…	…	99	76	85	77
X77, X79, X82～X84	その他の明示されたおよび詳細不明の手段による故意の自傷および自殺	90	110	4	7	16	40
(Y87.0)	故意の自傷の続発・後遺症	－	－	－	－	－	1

注：１）昭和25年・30年と平成７年以降は「故意の自傷の続発・後遺症」は自殺の合計には含まない。

　　２）「ICD-10基本分類番号」については、P14「２　用語の解説」を参照

の年次比較　－昭和25・30・35・40・45・50・55・60・平成２・６～15年－

・（総　数）

55年	60年	平成２年	６年	７年	８年	９年	10年	11年	12年	13年	14年	15年	ICD-10 基本分類番号
1 745	**1 303**	**1 065**	**1 215**	**1 202**	**1 228**	**1 322**	**1 801**	**1 844**	**1 740**	**1 702**	**1 596**	**1 868**	**X60～X84**
21	24	16	28	34	26	46	42	52	59	71	49	49	X60, X61
15	13	18	12	22	15	18	13	17	24	25	27	19	X62～X66, X69
346	227	127	98	88	88	85	94	111	101	88	79	266	X67
58	78	21	16	9	4	14	9	11	6	6	6	7	X68
649	550	405	530	599	592	611	1 050	1 044	974	1 008	942	1 009	X70
106	54	54	47	47	42	43	36	42	47	29	41	31	X71
10	4	4	6	1	1	1	3	—	3	—	2	3	X72～X75
88	43	45	49	28	40	49	44	50	29	32	34	39	X76
40	21	37	43	32	48	32	40	47	31	37	42	38	X78
179	191	244	288	257	279	320	375	377	392	323	286	320	X80
75	101	123	162	128	164	183	229	222	242	202	178	192	X80.0
130	61	76	64	50	57	72	70	59	51	57	62	63	X81
102	36	18	34	35	36	31	25	34	23	26	26	24	X77, X79, X82～X84
1	1	—	—	—	—	1	—	—	1	—	1	—	(Y87.0)

・（　男　）

55年	60年	平成２年	６年	７年	８年	９年	10年	11年	12年	13年	14年	15年	ICD-10 基本分類番号
1 195	**933**	**705**	**853**	**875**	**879**	**927**	**1 251**	**1 332**	**1 194**	**1 189**	**1 116**	**1 326**	**X60～X84**
8	10	7	16	17	14	21	26	36	37	37	16	18	X60, X61
9	5	10	9	10	6	11	9	12	14	12	10	11	X62～X66, X69
261	188	99	77	75	74	77	77	95	82	72	74	225	X67
30	47	10	11	4	4	8	5	8	4	4	4	6	X68
487	427	308	407	459	463	458	789	781	718	776	707	748	X70
49	32	25	30	29	29	30	21	26	28	16	23	23	X71
9	4	4	6	1	1	1	3	—	3	—	2	3	X72～X75
46	26	24	26	23	25	30	19	32	22	16	22	31	X76
31	14	30	37	29	37	25	31	38	26	31	28	28	X78
97	109	132	170	168	160	200	204	239	216	170	170	177	X80
41	53	62	87	77	92	108	107	140	130	96	109	102	X80.0
74	38	41	35	30	34	43	44	40	27	35	41	39	X81
93	33	15	29	30	32	23	23	25	17	20	19	17	X77, X79, X82～X84
1	—	—	—	—	—	1	—	—	1	—	1	—	(Y87.0)

・（　女　）

55年	60年	平成２年	６年	７年	８年	９年	10年	11年	12年	13年	14年	15年	ICD-10 基本分類番号
550	**370**	**360**	**362**	**327**	**349**	**395**	**550**	**512**	**546**	**513**	**480**	**542**	**X60～X84**
13	14	9	12	17	12	25	16	16	22	34	33	31	X60, X61
6	8	8	3	12	9	7	4	5	10	13	17	8	X62～X66, X69
85	39	28	21	13	14	8	17	16	19	16	5	41	X67
28	31	11	5	5	—	6	4	3	2	2	2	1	X68
162	123	97	123	140	129	153	261	263	256	232	235	261	X70
57	22	29	17	18	13	13	15	16	19	13	18	8	X71
1	—	—	—	—	—	—	—	—	—	—	—	—	X72～X75
42	17	21	23	5	15	19	25	18	7	16	12	8	X76
9	7	7	6	3	11	7	9	9	5	6	14	10	X78
82	82	112	118	89	119	120	171	138	176	153	116	143	X80
34	48	61	75	51	72	75	122	82	112	106	69	90	X80.0
56	23	35	29	20	23	29	26	19	24	22	21	24	X81
9	3	3	5	5	4	8	2	9	6	6	7	7	X77, X79, X82～X84
—	1	—	—	—	—	—	—	—	—	—	—	—	(Y87.0)

第13表　性・年齢（５歳階級）・手段（基本分類）別自殺死亡数

第13表（21－７）

30　～　34歳

ICD-10 基本分類番号	死　因　名	昭和25年	30年	35年	40年	45年	50年
X60～X84	**故意の自傷および自殺**	**1 034**	**1 448**	**1 495**	**1 202**	**1 275**	**1 786**
X60, X61	鎮痛薬および睡眠薬による中毒および曝露にもとづく自傷および自殺	145	367	470	151	55	27
X62～X66, X69	その他および詳細不明の薬物による中毒および曝露にもとづく自傷および自殺	216	424	281	191	68	38
X67	その他のガスおよび蒸気による中毒および曝露にもとづく自傷および自殺	3	30	88	120	213	477
X68	農薬による中毒および曝露にもとづく自傷および自殺	…	…	…	…	98	53
X70	縊首,絞首および窒息による故意の自傷および自殺	288	253	317	395	415	611
X71	溺死および溺水による故意の自傷および自殺	163	159	141	113	116	136
X72～X75	銃器および爆発物による故意の自傷および自殺	38	14	10	6	13	11
X76	煙,火および火災による故意の自傷および自殺	…	…	…	…	…	…
X78	鋭利な物体による故意の自傷および自殺	41	35	28	34	40	58
X80	高所からの飛び降りによる故意の自傷および自殺	6	15	29	47	58	116
X80.0	住　宅	…	…	…	…	…	…
X81	移動中の物体の前への飛び込みまたは横臥による故意の自傷および自殺	…	…	120	131	161	171
X77, X79, X82～X84	その他の明示されたおよび詳細不明の手段による故意の自傷および自殺	134	151	11	13	38	87
(Y87.0)	故意の自傷の続発・後遺症	1	－	－	1	－	1

30　～　34歳

ICD-10 基本分類番号	死　因　名	昭和25年	30年	35年	40年	45年	50年
X60～X84	**故意の自傷および自殺**	**576**	**848**	**858**	**746**	**763**	**1 145**
X60, X61	鎮痛薬および睡眠薬による中毒および曝露にもとづく自傷および自殺	86	229	288	96	29	10
X62～X66, X69	その他および詳細不明の薬物による中毒および曝露にもとづく自傷および自殺	122	251	153	105	37	25
X67	その他のガスおよび蒸気による中毒および曝露にもとづく自傷および自殺	－	6	32	55	88	289
X68	農薬による中毒および曝露にもとづく自傷および自殺	…	…	…	…	52	28
X70	縊首,絞首および窒息による故意の自傷および自殺	184	161	219	293	287	437
X71	溺死および溺水による故意の自傷および自殺	60	50	34	40	52	58
X72～X75	銃器および爆発物による故意の自傷および自殺	6	13	10	6	11	10
X76	煙,火および火災による故意の自傷および自殺	…	…	…	…	…	…
X78	鋭利な物体による故意の自傷および自殺	31	30	19	24	30	46
X80	高所からの飛び降りによる故意の自傷および自殺	6	11	22	32	45	76
X80.0	住　宅	…	…	…	…	…	…
X81	移動中の物体の前への飛び込みまたは横臥による故意の自傷および自殺	…	…	71	89	105	114
X77, X79, X82～X84	その他の明示されたおよび詳細不明の手段による故意の自傷および自殺	81	97	10	6	27	51
(Y87.0)	故意の自傷の続発・後遺症	－	－	－	－	－	1

30　～　34歳

ICD-10 基本分類番号	死　因　名	昭和25年	30年	35年	40年	45年	50年
X60～X84	**故意の自傷および自殺**	**458**	**600**	**637**	**456**	**512**	**641**
X60, X61	鎮痛薬および睡眠薬による中毒および曝露にもとづく自傷および自殺	59	138	182	55	26	17
X62～X66, X69	その他および詳細不明の薬物による中毒および曝露にもとづく自傷および自殺	94	173	128	86	31	13
X67	その他のガスおよび蒸気による中毒および曝露にもとづく自傷および自殺	3	24	56	65	125	188
X68	農薬による中毒および曝露にもとづく自傷および自殺	…	…	…	…	46	25
X70	縊首,絞首および窒息による故意の自傷および自殺	104	92	98	102	128	174
X71	溺死および溺水による故意の自傷および自殺	103	109	107	73	64	78
X72～X75	銃器および爆発物による故意の自傷および自殺	32	1	－	－	2	1
X76	煙,火および火災による故意の自傷および自殺	…	…	…	…	…	…
X78	鋭利な物体による故意の自傷および自殺	10	5	9	10	10	12
X80	高所からの飛び降りによる故意の自傷および自殺	－	4	7	15	13	40
X80.0	住　宅	…	…	…	…	…	…
X81	移動中の物体の前への飛び込みまたは横臥による故意の自傷および自殺	…	…	49	42	56	57
X77, X79, X82～X84	その他の明示されたおよび詳細不明の手段による故意の自傷および自殺	53	54	1	7	11	36
(Y87.0)	故意の自傷の続発・後遺症	1	－	－	1	－	－

注：１）昭和25年・30年と平成７年以降は「故意の自傷の続発・後遺症」は自殺の合計には含まない。
　　２）「ICD-10基本分類番号」については、P14「２　用語の解説」を参照

の年次比較　－昭和25・30・35・40・45・50・55・60・平成2・6～15年－

・（総　数）

55年	60年	平成2年	6年	7年	8年	9年	10年	11年	12年	13年	14年	15年	ICD-10 基本分類番号
1 864	**1 496**	**1 095**	**1 086**	**1 157**	**1 159**	**1 288**	**1 711**	**1 787**	**1 740**	**1 698**	**1 852**	**2 173**	**X60～X84**
35	14	10	20	38	40	38	41	40	58	55	54	75	X60, X61
24	24	11	11	19	18	20	27	17	21	24	22	32	X62～X66, X69
312	191	123	105	67	111	102	107	134	108	102	133	403	X67
69	107	30	17	14	21	16	13	12	8	15	10	11	X68
720	631	467	499	602	568	630	1 007	1 062	1 026	1 040	1 089	1 108	X70
120	93	70	54	50	36	32	47	46	49	42	39	49	X71
16	5	3	－	2	1	1	1	2	1	2	2	－	X72～X75
98	91	65	44	33	49	54	48	38	43	44	41	45	X76
69	40	37	40	33	24	42	49	50	49	50	57	44	X78
156	183	200	203	212	217	286	297	309	305	268	338	339	X80
62	83	98	106	111	125	169	172	176	196	161	208	220	X80.0
170	83	60	50	60	52	40	46	49	53	37	47	47	X81
74	34	19	43	27	22	27	28	28	19	19	20	20	X77, X79, X82～X84
1	－	－	－	－	1	－	－	－	－	1	－	1	(Y87.0)

・（　男　）

55年	60年	平成2年	6年	7年	8年	9年	10年	11年	12年	13年	14年	15年	ICD-10 基本分類番号
1 294	**1 049**	**757**	**778**	**817**	**811**	**885**	**1 211**	**1 263**	**1 259**	**1 199**	**1 327**	**1 584**	**X60～X84**
18	8	6	12	22	21	22	18	24	33	24	24	29	X60, X61
15	16	9	9	9	5	12	19	7	15	15	13	19	X62～X66, X69
212	160	96	91	55	91	91	94	116	98	89	116	356	X67
41	64	16	10	9	13	7	7	11	6	10	6	10	X68
541	482	345	406	466	446	476	776	810	792	791	832	849	X70
64	42	46	28	29	22	16	28	19	29	22	22	31	X71
16	5	2	－	1	1	1	1	2	1	2	2	－	X72～X75
61	52	40	29	19	20	34	24	18	31	21	22	28	X76
50	24	33	32	26	17	33	33	40	38	39	50	36	X78
100	109	115	104	121	125	148	169	163	172	150	192	185	X80
39	46	46	51	61	65	80	89	87	109	83	105	110	X80.0
109	55	35	24	37	30	22	18	31	26	20	31	26	X81
66	32	14	33	23	20	23	24	22	18	16	17	15	X77, X79, X82～X84
1	－	－	－	－	－	－	－	－	－	－	－	－	(Y87.0)

・（　女　）

55年	60年	平成2年	6年	7年	8年	9年	10年	11年	12年	13年	14年	15年	ICD-10 基本分類番号
570	**447**	**338**	**308**	**340**	**348**	**403**	**500**	**524**	**481**	**499**	**525**	**589**	**X60～X84**
17	6	4	8	16	19	16	23	16	25	31	30	46	X60, X61
9	8	2	2	10	13	8	8	10	6	9	9	13	X62～X66, X69
100	31	27	14	12	20	11	13	18	10	13	17	47	X67
28	43	14	7	5	8	9	6	1	2	5	4	1	X68
179	149	122	93	136	122	154	231	252	234	249	257	259	X70
56	51	24	26	21	14	16	19	27	20	20	17	18	X71
－	－	1	－	1	－	－	－	－	－	－	－	－	X72～X75
37	39	25	15	14	29	20	24	20	12	23	19	17	X76
19	16	4	8	7	7	9	16	10	11	11	7	8	X78
56	74	85	99	91	92	138	128	146	133	118	146	154	X80
23	37	52	55	50	60	89	83	89	87	78	103	110	X80.0
61	28	25	26	23	22	18	28	18	27	17	16	21	X81
8	2	5	10	4	2	4	4	6	1	3	3	5	X77, X79, X82～X84
－	－	－	－	－	1	－	－	－	－	1	－	1	(Y87.0)

第13表　性・年齢（５歳階級）・手段（基本分類）別自殺死亡数

第13表（21－８）

35　～　39歳

ICD-10 基本分類番号	死　　因　　名	昭和25年	30年	35年	40年	45年	50年
X60～X84	**故意の自傷および自殺**	**919**	**1 015**	**940**	**990**	**1 254**	**1 550**
X60, X61	鎮痛薬および睡眠薬による中毒および曝露にもとづく自傷および自殺	95	184	231	101	44	24
X62～X66, X69	その他および詳細不明の薬物による中毒および曝露にもとづく自傷および自殺	185	279	178	160	55	39
X67	その他のガスおよび蒸気による中毒および曝露にもとづく自傷および自殺	6	16	56	73	169	328
X68	農薬による中毒および曝露にもとづく自傷および自殺	…	…	…	…	99	69
X70	縊首，絞首および窒息による故意の自傷および自殺	315	237	263	342	494	659
X71	溺死および溺水による故意の自傷および自殺	166	140	92	109	105	93
X72～X75	銃器および爆発物による故意の自傷および自殺	8	10	2	9	13	10
X76	煙，火および火災による故意の自傷および自殺	…	…	…	…	…	…
X78	鋭利な物体による故意の自傷および自殺	32	40	19	45	53	51
X80	高所からの飛び降りによる故意の自傷および自殺	9	8	18	27	54	83
X80.0	住　　　宅	…	…	…	…	…	…
X81	移動中の物体の前への飛び込みまたは横臥による故意の自傷および自殺	…	…	75	107	131	128
X77, X79, X82～X84	その他の明示されたおよび詳細不明の手段による故意の自傷および自殺	103	101	6	17	37	65
(Y87.0)	故意の自傷の続発・後遺症	－	－	－	－	－	1

35　～　39歳

ICD-10 基本分類番号	死　　因　　名	昭和25年	30年	35年	40年	45年	50年
X60～X84	**故意の自傷および自殺**	**533**	**568**	**515**	**592**	**790**	**1 023**
X60, X61	鎮痛薬および睡眠薬による中毒および曝露にもとづく自傷および自殺	55	103	129	59	19	14
X62～X66, X69	その他および詳細不明の薬物による中毒および曝露にもとづく自傷および自殺	96	155	91	94	31	19
X67	その他のガスおよび蒸気による中毒および曝露にもとづく自傷および自殺	3	6	21	25	89	211
X68	農薬による中毒および曝露にもとづく自傷および自殺	…	…	…	…	61	39
X70	縊首，絞首および窒息による故意の自傷および自殺	219	152	170	230	347	475
X71	溺死および溺水による故意の自傷および自殺	58	45	26	49	42	40
X72～X75	銃器および爆発物による故意の自傷および自殺	7	10	2	9	12	9
X76	煙，火および火災による故意の自傷および自殺	…	…	…	…	…	…
X78	鋭利な物体による故意の自傷および自殺	23	28	12	34	36	39
X80	高所からの飛び降りによる故意の自傷および自殺	6	6	10	17	38	57
X80.0	住　　　宅	…	…	…	…	…	…
X81	移動中の物体の前への飛び込みまたは横臥による故意の自傷および自殺	…	…	49	65	91	80
X77, X79, X82～X84	その他の明示されたおよび詳細不明の手段による故意の自傷および自殺	66	63	5	10	24	40
(Y87.0)	故意の自傷の続発・後遺症	－	－	－	－	－	－

35　～　39歳

ICD-10 基本分類番号	死　　因　　名	昭和25年	30年	35年	40年	45年	50年
X60～X84	**故意の自傷および自殺**	**386**	**447**	**425**	**398**	**464**	**527**
X60, X61	鎮痛薬および睡眠薬による中毒および曝露にもとづく自傷および自殺	40	81	102	42	25	10
X62～X66, X69	その他および詳細不明の薬物による中毒および曝露にもとづく自傷および自殺	89	124	87	66	24	20
X67	その他のガスおよび蒸気による中毒および曝露にもとづく自傷および自殺	3	10	35	48	80	117
X68	農薬による中毒および曝露にもとづく自傷および自殺	…	…	…	…	38	30
X70	縊首，絞首および窒息による故意の自傷および自殺	96	85	93	112	147	184
X71	溺死および溺水による故意の自傷および自殺	108	95	66	60	63	53
X72～X75	銃器および爆発物による故意の自傷および自殺	1	－	－	－	1	1
X76	煙，火および火災による故意の自傷および自殺	…	…	…	…	…	…
X78	鋭利な物体による故意の自傷および自殺	9	12	7	11	17	12
X80	高所からの飛び降りによる故意の自傷および自殺	3	2	8	10	16	26
X80.0	住　　　宅	…	…	…	…	…	…
X81	移動中の物体の前への飛び込みまたは横臥による故意の自傷および自殺	…	…	26	42	40	48
X77, X79, X82～X84	その他の明示されたおよび詳細不明の手段による故意の自傷および自殺	37	38	1	7	13	25
(Y87.0)	故意の自傷の続発・後遺症	－	－	－	－	－	1

注：１）昭和25年・30年と平成７年以降は「故意の自傷の続発・後遺症」は自殺の合計には含まない。
　　２）「ICD-10基本分類番号」については、P14「２　用語の解説」を参照

の年次比較 －昭和25・30・35・40・45・50・55・60・平成２・６～15年－

・（総　数）

55年	60年	平成２年	６年	７年	８年	９年	10年	11年	12年	13年	14年	15年	ICD-10 基本分類番号
1 799	**1 920**	**1 278**	**1 187**	**1 164**	**1 230**	**1 328**	**1 730**	**1 788**	**1 717**	**1 689**	**1 763**	**2 082**	**X60～X84**
27	19	27	17	24	21	37	27	46	29	46	48	48	X60, X61
26	13	8	13	13	12	12	13	20	15	16	32	21	X62～X66, X69
289	271	125	118	108	116	121	151	159	123	143	128	377	X67
65	128	55	30	25	37	23	24	30	24	14	21	14	X68
757	900	563	588	610	678	710	1 042	1 098	1 071	1 021	1 045	1 139	X70
123	123	90	75	58	43	61	57	53	45	48	51	47	X71
11	5	8	2	－	3	5	1	5	5	4	2	2	X72～X75
90	91	83	59	36	55	43	63	48	54	57	55	52	X76
64	55	49	47	37	37	48	38	29	49	49	64	41	X78
160	176	174	169	181	165	194	249	237	236	224	258	261	X80
55	78	78	85	89	105	101	138	150	134	136	154	157	X80.0
143	110	68	44	44	45	44	47	47	41	44	43	57	X81
43	29	28	25	28	18	30	18	16	25	23	16	23	X77, X79, X82～X84
1	－	－	－	－	－	2	－	1	－	－	－	1	(Y87.0)

・（　男　）

55年	60年	平成２年	６年	７年	８年	９年	10年	11年	12年	13年	14年	15年	ICD-10 基本分類番号
1 237	**1 364**	**917**	**895**	**850**	**926**	**978**	**1 301**	**1 370**	**1 332**	**1 304**	**1 288**	**1 557**	**X60～X84**
14	6	16	12	18	12	20	11	15	17	23	25	28	X60, X61
15	7	6	7	8	6	7	9	15	8	7	14	14	X62～X66, X69
207	219	107	97	97	98	104	139	142	111	136	115	327	X67
35	75	43	20	15	21	15	18	25	20	8	12	12	X68
556	707	435	487	469	555	564	838	895	875	838	822	885	X70
53	47	41	40	28	17	34	34	39	24	28	32	29	X71
9	5	8	2	－	3	5	1	4	5	4	2	1	X72～X75
57	54	52	44	20	32	31	40	33	35	39	37	35	X76
54	49	34	40	30	27	42	30	23	36	36	52	29	X78
105	106	114	99	111	110	110	139	138	157	137	147	145	X80
38	36	47	45	51	60	53	67	77	80	77	76	75	X80.0
94	68	36	25	31	29	22	26	31	26	30	19	35	X81
37	21	25	22	23	16	24	16	10	18	18	11	17	X77, X79, X82～X84
1	－	－	－	－	－	1	－	1	－	－	－	1	(Y87.0)

・（　女　）

55年	60年	平成２年	６年	７年	８年	９年	10年	11年	12年	13年	14年	15年	ICD-10 基本分類番号
562	**556**	**361**	**292**	**314**	**304**	**350**	**429**	**418**	**385**	**385**	**475**	**525**	**X60～X84**
13	13	11	5	6	9	17	16	31	12	23	23	20	X60, X61
11	6	2	6	5	6	5	4	5	7	9	18	7	X62～X66, X69
82	52	18	21	11	18	17	12	17	12	7	13	50	X67
30	53	12	10	10	16	8	6	5	4	6	9	2	X68
201	193	128	101	141	123	146	204	203	196	183	223	254	X70
70	76	49	35	30	26	27	23	14	21	20	19	18	X71
2	－	－	－	－	－	－	－	1	－	－	－	1	X72～X75
33	37	31	15	16	23	12	23	15	19	18	18	17	X76
10	6	15	7	7	10	6	8	6	13	13	12	12	X78
55	70	60	70	70	55	84	110	99	79	87	111	116	X80
17	42	31	40	38	45	48	71	73	54	59	78	82	X80.0
49	42	32	19	13	16	22	21	16	15	14	24	22	X81
6	8	3	3	5	2	6	2	6	7	5	5	6	X77, X79, X82～X84
－	－	－	－	－	－	1	－	－	－	－	－	－	(Y87.0)

第13表 性・年齢（５歳階級）・手段（基本分類）別自殺死亡数

第13表（21－９）

40～ 44歳

ICD-10 基本分類番号	死因名	昭和25年	30年	35年	40年	45年	50年
X60～X84	**故意の自傷および自殺**	**862**	**936**	**775**	**701**	**977**	**1 668**
X60, X61	鎮痛薬および睡眠薬による中毒および曝露にもとづく自傷および自殺	54	129	142	50	25	24
X62～X66, X69	その他および詳細不明の薬物による中毒および曝露にもとづく自傷および自殺	140	222	125	123	50	39
X67	その他のガスおよび蒸気による中毒および曝露にもとづく自傷および自殺	5	14	47	55	127	283
X68	農薬による中毒および曝露にもとづく自傷および自殺	…	…	…	…	89	110
X70	縊首，絞首および窒息による故意の自傷および自殺	377	319	265	279	419	777
X71	溺死および溺水による故意の自傷および自殺	162	133	93	80	104	111
X72～X75	銃器および爆発物による故意の自傷および自殺	4	6	4	2	2	7
X76	煙，火および火災による故意の自傷および自殺	…	…	…	…	…	…
X78	鋭利な物体による故意の自傷および自殺	35	23	22	24	50	49
X80	高所からの飛び降りによる故意の自傷および自殺	11	10	9	26	34	90
X80.0	住宅	…	…	…	…	…	…
X81	移動中の物体の前への飛び込みまたは横臥による故意の自傷および自殺	…	…	64	56	55	113
X77, X79, X82～X84	その他の明示されたおよび詳細不明の手段による故意の自傷および自殺	74	80	4	6	22	65
(Y87.0)	故意の自傷の続発・後遺症	—	—	—	—	—	—

40 ～ 44歳

ICD-10 基本分類番号	死因名	昭和25年	30年	35年	40年	45年	50年
X60～X84	**故意の自傷および自殺**	**534**	**549**	**422**	**421**	**599**	**1 128**
X60, X61	鎮痛薬および睡眠薬による中毒および曝露にもとづく自傷および自殺	37	83	78	31	10	7
X62～X66, X69	その他および詳細不明の薬物による中毒および曝露にもとづく自傷および自殺	96	119	77	69	28	21
X67	その他のガスおよび蒸気による中毒および曝露にもとづく自傷および自殺	2	6	15	26	67	176
X68	農薬による中毒および曝露にもとづく自傷および自殺	…	…	…	…	41	63
X70	縊首，絞首および窒息による故意の自傷および自殺	254	221	159	191	301	582
X71	溺死および溺水による故意の自傷および自殺	59	38	25	22	39	42
X72～X75	銃器および爆発物による故意の自傷および自殺	4	6	3	2	2	7
X76	煙，火および火災による故意の自傷および自殺	…	…	…	…	…	…
X78	鋭利な物体による故意の自傷および自殺	28	18	18	21	38	41
X80	高所からの飛び降りによる故意の自傷および自殺	8	7	3	20	25	67
X80.0	住宅	…	…	…	…	…	…
X81	移動中の物体の前への飛び込みまたは横臥による故意の自傷および自殺	…	…	43	35	32	78
X77, X79, X82～X84	その他の明示されたおよび詳細不明の手段による故意の自傷および自殺	46	51	1	4	16	44
(Y87.0)	故意の自傷の続発・後遺症	—	—	—	—	—	—

40 ～ 44歳

ICD-10 基本分類番号	死因名	昭和25年	30年	35年	40年	45年	50年
X60～X84	**故意の自傷および自殺**	**328**	**387**	**353**	**280**	**378**	**540**
X60, X61	鎮痛薬および睡眠薬による中毒および曝露にもとづく自傷および自殺	17	46	64	19	15	17
X62～X66, X69	その他および詳細不明の薬物による中毒および曝露にもとづく自傷および自殺	44	103	48	54	22	18
X67	その他のガスおよび蒸気による中毒および曝露にもとづく自傷および自殺	3	8	32	29	60	107
X68	農薬による中毒および曝露にもとづく自傷および自殺	…	…	…	…	48	47
X70	縊首，絞首および窒息による故意の自傷および自殺	123	98	106	88	118	195
X71	溺死および溺水による故意の自傷および自殺	103	95	68	58	65	69
X72～X75	銃器および爆発物による故意の自傷および自殺	—	—	1	—	—	—
X76	煙，火および火災による故意の自傷および自殺	…	…	…	…	…	…
X78	鋭利な物体による故意の自傷および自殺	7	5	4	3	12	8
X80	高所からの飛び降りによる故意の自傷および自殺	3	3	6	6	9	23
X80.0	住宅	…	…	…	…	…	…
X81	移動中の物体の前への飛び込みまたは横臥による故意の自傷および自殺	…	…	21	21	23	35
X77, X79, X82～X84	その他の明示されたおよび詳細不明の手段による故意の自傷および自殺	28	29	3	2	6	21
(Y87.0)	故意の自傷の続発・後遺症	—	—	—	—	—	—

注：１）昭和25年・30年と平成７年以降は「故意の自傷の続発・後遺症」は自殺の合計には含まない。
　　２）「ICD-10基本分類番号」については、P14「２　用語の解説」を参照

の年次比較 －昭和25・30・35・40・45・50・55・60・平成２・６～15年－

・（総　数）

55年	60年	平成２年	６年	７年	８年	９年	10年	11年	12年	13年	14年	15年	ICD-10 基本分類番号
1 830	**2 270**	**1 728**	**1 606**	**1 558**	**1 478**	**1 514**	**1 897**	**1 920**	**1 830**	**1 920**	**2 011**	**2 352**	**X60～X84**
19	22	23	22	20	19	27	24	30	33	42	22	31	X60, X61
22	25	20	19	16	10	9	12	19	16	15	29	17	X62～X66, X69
256	281	134	160	150	145	166	167	188	133	153	167	432	X67
101	193	81	41	46	38	42	27	31	23	27	35	23	X68
906	1 130	844	842	868	808	857	1 245	1 221	1 210	1 289	1 333	1 395	X70
101	160	122	107	76	82	58	80	60	61	42	51	62	X71
17	15	7	7	5	7	5	1	3	3	4	1	1	X72～X75
85	110	118	76	89	69	79	57	69	55	50	71	66	X76
66	55	55	62	49	52	40	51	45	47	54	57	60	X78
116	163	209	176	158	169	156	171	193	197	189	190	200	X80
31	65	92	85	64	82	77	82	99	102	112	108	116	X80.0
119	93	85	66	56	51	58	44	44	29	34	34	40	X81
22	23	30	28	25	28	17	18	17	23	21	21	25	X77, X79, X82～X84
—	—	—	—	—	—	—	1	1	—	—	1	—	(Y87.0)

・（　男　）

55年	60年	平成２年	６年	７年	８年	９年	10年	11年	12年	13年	14年	15年	ICD-10 基本分類番号
1 292	**1 651**	**1 195**	**1 194**	**1 166**	**1 110**	**1 161**	**1 486**	**1 526**	**1 430**	**1 518**	**1 636**	**1 906**	**X60～X84**
5	10	12	11	7	12	14	13	14	16	23	9	18	X60, X61
11	19	14	13	12	5	4	9	16	12	13	21	11	X62～X66, X69
194	240	108	143	130	128	143	146	175	120	135	154	392	X67
50	123	45	21	29	26	31	23	21	13	16	29	18	X68
689	866	639	679	695	640	703	1 014	993	1 004	1 082	1 126	1 164	X70
41	80	51	48	43	53	26	42	31	39	25	31	38	X71
15	14	7	7	5	7	5	1	3	3	4	1	1	X72～X75
55	70	80	52	56	42	51	39	53	36	28	56	48	X76
45	41	40	46	37	41	36	40	37	38	43	45	50	X78
86	109	124	108	96	105	98	118	133	114	115	127	126	X80
21	34	50	44	33	45	42	49	62	56	55	66	70	X80.0
84	62	50	42	35	30	38	26	34	15	19	19	25	X81
17	17	25	24	21	21	12	15	16	20	15	18	15	X77, X79, X82～X84
—	—	—	—	—	—	—	1	1	—	—	—	—	(Y87.0)

・（　女　）

55年	60年	平成２年	６年	７年	８年	９年	10年	11年	12年	13年	14年	15年	ICD-10 基本分類番号
538	**619**	**533**	**412**	**392**	**368**	**353**	**411**	**394**	**400**	**402**	**375**	**446**	**X60～X84**
14	12	11	11	13	7	13	11	16	17	19	13	13	X60, X61
11	6	6	6	4	5	5	3	3	4	2	8	6	X62～X66, X69
62	41	26	17	20	17	23	21	13	13	18	13	40	X67
51	70	36	20	17	12	11	4	10	10	11	6	5	X68
217	264	205	163	173	168	154	231	228	206	207	207	231	X70
60	80	71	59	33	29	32	38	29	22	17	20	24	X71
2	1	—	—	—	—	—	—	—	—	—	—	—	X72～X75
30	40	38	24	33	27	28	18	16	19	22	15	18	X76
21	14	15	16	12	11	4	11	8	9	11	12	10	X78
30	54	85	68	62	64	58	53	60	83	74	63	74	X80
10	31	42	41	31	37	35	33	37	46	57	42	46	X80.0
35	31	35	24	21	21	20	18	10	14	15	15	15	X81
5	6	5	4	4	7	5	3	1	3	6	3	10	X77, X79, X82～X84
—	—	—	—	—	—	—	—	—	—	—	1	—	(Y87.0)

第13表　性・年齢（５歳階級）・手段（基本分類）別自殺死亡数

第13表（21－10）

45～　49歳

ICD-10 基本分類番号	死因名	昭和25年	30年	35年	40年	45年	50年
X60～X84	**故意の自傷および自殺**	**1 033**	**1 055**	**954**	**764**	**869**	**1 500**
X60, X61	鎮痛薬および睡眠薬による中毒および曝露にもとづく自傷および自殺	49	84	128	38	17	15
X62～X66, X69	その他および詳細不明の薬物による中毒および曝露にもとづく自傷および自殺	126	210	141	109	31	43
X67	その他のガスおよび蒸気による中毒および曝露にもとづく自傷および自殺	1	10	38	39	86	216
X68	農薬による中毒および曝露にもとづく自傷および自殺	…	…	…	…	80	97
X70	縊首，絞首および窒息による故意の自傷および自殺	523	461	392	361	453	763
X71	溺死および溺水による故意の自傷および自殺	175	135	105	106	79	109
X72～X75	銃器および爆発物による故意の自傷および自殺	6	8	10	4	1	16
X76	煙，火および火災による故意の自傷および自殺	…	…	…	…	…	…
X78	鋭利な物体による故意の自傷および自殺	37	28	27	29	21	50
X80	高所からの飛び降りによる故意の自傷および自殺	15	9	27	22	43	77
X80.0	住宅	…	…	…	…	…	…
X81	移動中の物体の前への飛び込みまたは横臥による故意の自傷および自殺	…	…	78	45	37	68
X77, X79, X82～X84	その他の明示されたおよび詳細不明の手段による故意の自傷および自殺	101	110	8	10	21	46
(Y87.0)	故意の自傷の続発・後遺症	－	－	－	1	－	－

45　～　49歳

ICD-10 基本分類番号	死因名	昭和25年	30年	35年	40年	45年	50年
X60～X84	**故意の自傷および自殺**	**656**	**686**	**534**	**460**	**482**	**989**
X60, X61	鎮痛薬および睡眠薬による中毒および曝露にもとづく自傷および自殺	29	54	73	21	7	12
X62～X66, X69	その他および詳細不明の薬物による中毒および曝露にもとづく自傷および自殺	74	136	83	60	14	27
X67	その他のガスおよび蒸気による中毒および曝露にもとづく自傷および自殺	1	4	15	11	46	141
X68	農薬による中毒および曝露にもとづく自傷および自殺	…	…	…	…	48	50
X70	縊首，絞首および窒息による故意の自傷および自殺	388	339	236	250	270	550
X71	溺死および溺水による故意の自傷および自殺	58	50	31	42	25	32
X72～X75	銃器および爆発物による故意の自傷および自殺	6	7	10	4	1	16
X76	煙，火および火災による故意の自傷および自殺	…	…	…	…	…	…
X78	鋭利な物体による故意の自傷および自殺	26	20	16	21	18	38
X80	高所からの飛び降りによる故意の自傷および自殺	11	6	17	14	22	54
X80.0	住宅	…	…	…	…	…	…
X81	移動中の物体の前への飛び込みまたは横臥による故意の自傷および自殺	…	…	48	31	22	39
X77, X79, X82～X84	その他の明示されたおよび詳細不明の手段による故意の自傷および自殺	63	70	5	6	9	30
(Y87.0)	故意の自傷の続発・後遺症	－	－	－	－	－	－

45　～　49歳

ICD-10 基本分類番号	死因名	昭和25年	30年	35年	40年	45年	50年
X60～X84	**故意の自傷および自殺**	**377**	**369**	**420**	**304**	**387**	**511**
X60, X61	鎮痛薬および睡眠薬による中毒および曝露にもとづく自傷および自殺	20	30	55	17	10	3
X62～X66, X69	その他および詳細不明の薬物による中毒および曝露にもとづく自傷および自殺	52	74	58	49	17	16
X67	その他のガスおよび蒸気による中毒および曝露にもとづく自傷および自殺	－	6	23	28	40	75
X68	農薬による中毒および曝露にもとづく自傷および自殺	…	…	…	…	32	47
X70	縊首，絞首および窒息による故意の自傷および自殺	135	122	156	111	183	213
X71	溺死および溺水による故意の自傷および自殺	117	85	74	64	54	77
X72～X75	銃器および爆発物による故意の自傷および自殺	－	1	－	－	－	－
X76	煙，火および火災による故意の自傷および自殺	…	…	…	…	…	…
X78	鋭利な物体による故意の自傷および自殺	11	8	11	8	3	12
X80	高所からの飛び降りによる故意の自傷および自殺	4	3	10	8	21	23
X80.0	住宅	…	…	…	…	…	…
X81	移動中の物体の前への飛び込みまたは横臥による故意の自傷および自殺	…	…	30	14	15	29
X77, X79, X82～X84	その他の明示されたおよび詳細不明の手段による故意の自傷および自殺	38	40	3	4	12	16
(Y87.0)	故意の自傷の続発・後遺症	－	－	－	1	－	－

注：1）昭和25年・30年と平成７年以降は「故意の自傷の続発・後遺症」は自殺の合計には含まない。
　　2）「ICD-10基本分類番号」については、P14「２　用語の解説」を参照

の年次比較 －昭和25・30・35・40・45・50・55・60・平成２・６～15年－

・（総　数）

55年	60年	平成２年	６年	７年	８年	９年	10年	11年	12年	13年	14年	15年	ICD-10 基本分類番号
1 983	**2 614**	**1 981**	**2 062**	**2 227**	**2 458**	**2 505**	**3 227**	**3 090**	**2 713**	**2 446**	**2 486**	**2 708**	**X60～X84**
15	10	14	16	26	22	22	23	36	35	36	25	31	X60, X61
22	42	12	23	14	21	25	15	22	16	26	22	14	X62～X66, X69
268	307	134	154	177	208	209	250	252	208	181	195	454	X67
121	240	74	70	71	80	71	64	81	47	38	44	22	X68
1 058	1 448	1 101	1 194	1 321	1 461	1 429	2 130	2 009	1 823	1 642	1 678	1 675	X70
109	126	152	130	118	130	145	144	133	106	89	69	85	X71
13	13	9	10	11	14	6	8	5	9	3	7	6	X72～X75
78	69	101	104	93	109	123	131	102	80	79	97	80	X76
67	68	74	66	73	92	89	88	93	95	66	62	63	X78
100	153	165	176	193	204	255	267	264	212	214	221	211	X80
35	51	79	71	75	90	126	134	140	111	111	128	123	X80.0
111	121	121	95	101	99	104	82	67	52	47	39	50	X81
20	16	24	24	29	18	27	25	26	30	25	27	17	X77, X79, X82～X84
1	1	－	－	2	1	2	－	1	1	1	－	1	(Y87.0)

・（　男　）

55年	60年	平成２年	６年	７年	８年	９年	10年	11年	12年	13年	14年	15年	ICD-10 基本分類番号
1 402	**1 958**	**1 361**	**1 573**	**1 659**	**1 848**	**1 879**	**2 549**	**2 410**	**2 175**	**1 926**	**2 006**	**2 215**	**X60～X84**
5	5	6	8	16	12	14	13	22	19	24	17	14	X60, X61
12	27	8	16	9	15	24	12	17	14	20	14	10	X62～X66, X69
200	266	113	135	160	181	180	228	225	193	158	172	415	X67
73	158	41	45	42	56	42	40	54	38	26	38	13	X68
775	1 126	813	952	1 049	1 175	1 141	1 779	1 652	1 526	1 363	1 403	1 426	X70
53	62	69	73	50	68	75	75	71	54	44	40	51	X71
13	13	9	10	10	13	6	8	5	8	3	7	6	X72～X75
51	45	53	71	65	70	72	89	63	56	53	69	53	X76
54	52	56	58	57	70	65	69	76	73	56	47	43	X78
74	113	99	121	118	123	169	167	163	141	127	152	141	X80
26	38	40	43	40	46	77	76	72	60	59	79	72	X80.0
74	78	75	65	60	55	65	52	43	33	37	26	31	X81
17	12	19	19	23	10	26	17	19	20	15	21	12	X77, X79, X82～X84
1	1	－	－	2	－	1	－	1	－	1	－	1	(Y87.0)

・（　女　）

55年	60年	平成２年	６年	７年	８年	９年	10年	11年	12年	13年	14年	15年	ICD-10 基本分類番号
581	**656**	**620**	**489**	**568**	**610**	**626**	**678**	**680**	**538**	**520**	**480**	**493**	**X60～X84**
10	5	8	8	10	10	8	10	14	16	12	8	17	X60, X61
10	15	4	7	5	6	1	3	5	2	6	8	4	X62～X66, X69
68	41	21	19	17	27	29	22	27	15	23	23	39	X67
48	82	33	25	29	24	29	24	27	9	12	6	9	X68
283	322	288	242	272	286	288	351	357	297	279	275	249	X70
56	64	83	57	68	62	70	69	62	52	45	29	34	X71
－	－	－	－	1	1	－	－	－	1	－	－	－	X72～X75
27	24	48	33	28	39	51	42	39	24	26	28	27	X76
13	16	18	8	16	22	24	19	17	22	10	15	20	X78
26	40	66	55	75	81	86	100	101	71	87	69	70	X80
9	13	39	28	35	44	49	58	68	51	52	49	51	X80.0
37	43	46	30	41	44	39	30	24	19	10	13	19	X81
3	4	5	5	6	8	1	8	7	10	10	6	5	X77, X79, X82～X84
－	－	－	－	－	1	1	－	－	1	－	－	－	(Y87.0)

第13表　性・年齢（５歳階級）・手段（基本分類）別自殺死亡数

第13表（21－11）

50～　54歳

ICD-10 基本分類番号	死因名	昭和25年	30年	35年	40年	45年	50年
X60～X84	**故意の自傷および自殺**	**1 021**	**1 082**	**1 057**	**891**	**894**	**1 195**
X60, X61	鎮痛薬および睡眠薬による中毒および曝露にもとづく自傷および自殺	30	69	95	36	11	9
X62～X66, X69	その他および詳細不明の薬物による中毒および曝露にもとづく自傷および自殺	104	190	149	127	32	27
X67	その他のガスおよび蒸気による中毒および曝露にもとづく自傷および自殺	1	15	42	36	66	154
X68	農薬による中毒および曝露にもとづく自傷および自殺	…	…	…	…	73	71
X70	縊首, 絞首および窒息による故意の自傷および自殺	589	543	545	469	482	628
X71	溺死および溺水による故意の自傷および自殺	178	156	120	108	87	98
X72～X75	銃器および爆発物による故意の自傷および自殺	2	7	3	2	3	3
X76	煙, 火および火災による故意の自傷および自殺	…	…	…	…	…	…
X78	鋭利な物体による故意の自傷および自殺	23	26	31	32	33	60
X80	高所からの飛び降りによる故意の自傷および自殺	5	10	13	22	31	55
X80.0	住宅	…	…	…	…	…	…
X81	移動中の物体の前への飛び込みまたは横臥による故意の自傷および自殺	…	…	56	52	54	59
X77, X79, X82～X84	その他の明示されたおよび詳細不明の手段による故意の自傷および自殺	89	66	3	7	21	31
(Y87.0)	故意の自傷の続発・後遺症	—	—	—	—	1	—

50　～　54歳

ICD-10 基本分類番号	死因名	昭和25年	30年	35年	40年	45年	50年
X60～X84	**故意の自傷および自殺**	**683**	**725**	**640**	**518**	**490**	**677**
X60, X61	鎮痛薬および睡眠薬による中毒および曝露にもとづく自傷および自殺	21	42	59	23	6	3
X62～X66, X69	その他および詳細不明の薬物による中毒および曝露にもとづく自傷および自殺	65	134	89	64	11	14
X67	その他のガスおよび蒸気による中毒および曝露にもとづく自傷および自殺	—	10	20	16	26	83
X68	農薬による中毒および曝露にもとづく自傷および自殺	…	…	…	…	36	36
X70	縊首, 絞首および窒息による故意の自傷および自殺	436	410	355	300	291	372
X71	溺死および溺水による故意の自傷および自殺	75	49	47	32	29	35
X72～X75	銃器および爆発物による故意の自傷および自殺	2	7	3	2	3	3
X76	煙, 火および火災による故意の自傷および自殺	…	…	…	…	…	…
X78	鋭利な物体による故意の自傷および自殺	16	19	19	23	23	47
X80	高所からの飛び降りによる故意の自傷および自殺	4	10	7	16	19	35
X80.0	住宅	…	…	…	…	…	…
X81	移動中の物体の前への飛び込みまたは横臥による故意の自傷および自殺	…	…	39	38	33	36
X77, X79, X82～X84	その他の明示されたおよび詳細不明の手段による故意の自傷および自殺	64	44	2	4	13	13
(Y87.0)	故意の自傷の続発・後遺症	—	—	—	—	—	—

50　～　54歳

ICD-10 基本分類番号	死因名	昭和25年	30年	35年	40年	45年	50年
X60～X84	**故意の自傷および自殺**	**338**	**357**	**417**	**373**	**404**	**518**
X60, X61	鎮痛薬および睡眠薬による中毒および曝露にもとづく自傷および自殺	9	27	36	13	5	6
X62～X66, X69	その他および詳細不明の薬物による中毒および曝露にもとづく自傷および自殺	39	56	60	63	21	13
X67	その他のガスおよび蒸気による中毒および曝露にもとづく自傷および自殺	1	5	22	20	40	71
X68	農薬による中毒および曝露にもとづく自傷および自殺	…	…	…	…	37	35
X70	縊首, 絞首および窒息による故意の自傷および自殺	153	133	190	169	191	256
X71	溺死および溺水による故意の自傷および自殺	103	107	73	76	58	63
X72～X75	銃器および爆発物による故意の自傷および自殺	—	—	—	—	—	—
X76	煙, 火および火災による故意の自傷および自殺	…	…	…	…	…	…
X78	鋭利な物体による故意の自傷および自殺	7	7	12	9	10	13
X80	高所からの飛び降りによる故意の自傷および自殺	1	—	6	6	12	20
X80.0	住宅	…	…	…	…	…	…
X81	移動中の物体の前への飛び込みまたは横臥による故意の自傷および自殺	…	…	17	14	21	23
X77, X79, X82～X84	その他の明示されたおよび詳細不明の手段による故意の自傷および自殺	25	22	1	3	8	18
(Y87.0)	故意の自傷の続発・後遺症	—	—	—	—	1	—

注：1）昭和25年・30年と平成７年以降は「故意の自傷の続発・後遺症」は自殺の合計には含まない。
　　2）「ICD-10基本分類番号」については、P14「２　用語の解説」を参照

の年次比較 －昭和25・30・35・40・45・50・55・60・平成２・６～15年－

・（総　数）

55年	60年	平成２年	６年	７年	８年	９年	10年	11年	12年	13年	14年	15年	ICD-10 基本分類番号
1 695	**2 740**	**2 019**	**2 430**	**2 539**	**2 502**	**2 677**	**3 914**	**3 850**	**3 934**	**4 004**	**4 126**	**4 030**	**X60～X84**
20	20	11	14	19	20	24	19	25	38	37	34	32	X60, X61
18	30	20	18	15	16	29	24	23	20	27	28	27	X62～X66, X69
175	217	123	175	167	180	181	259	274	265	241	298	571	X67
98	253	124	97	75	80	84	91	109	88	70	84	69	X68
993	1 657	1 140	1 430	1 660	1 546	1 650	2 648	2 612	2 722	2 771	2 830	2 608	X70
111	123	134	156	147	145	142	161	168	150	154	160	133	X71
14	9	8	8	8	12	12	11	9	13	13	10	2	X72～X75
58	88	96	105	87	117	123	158	122	124	153	162	134	X76
39	78	77	80	81	84	118	111	111	107	123	123	95	X78
87	147	170	210	158	193	212	297	270	302	296	282	265	X80
20	56	65	99	60	79	96	141	126	171	170	144	128	X80.0
68	98	102	117	101	92	80	106	94	69	94	76	68	X81
14	20	14	20	21	17	22	29	33	36	25	39	26	X77, X79, X82～X84
—	—	—	—	1	—	1	—	2	—	1	2	1	(Y87.0)

・（　男　）

55年	60年	平成２年	６年	７年	８年	９年	10年	11年	12年	13年	14年	15年	ICD-10 基本分類番号
1 113	**1 989**	**1 349**	**1 777**	**1 830**	**1 841**	**1 963**	**3 047**	**3 030**	**3 086**	**3 164**	**3 272**	**3 268**	**X60～X84**
10	8	5	6	9	8	13	12	11	20	23	22	20	X60, X61
12	22	10	11	9	13	16	16	11	14	16	19	17	X62～X66, X69
127	194	111	160	155	161	160	229	249	240	218	263	510	X67
54	161	76	48	44	52	51	52	74	56	51	64	53	X68
681	1 246	817	1 109	1 245	1 187	1 263	2 170	2 130	2 218	2 277	2 332	2 184	X70
45	61	54	70	69	56	82	87	87	85	72	82	74	X71
14	9	8	8	8	12	12	11	9	13	13	10	2	X72～X75
23	50	46	69	53	84	87	107	91	80	121	113	102	X76
34	58	52	64	59	59	91	85	92	89	100	104	76	X78
57	102	99	146	103	131	126	178	182	200	195	192	171	X80
15	31	30	60	36	46	44	69	74	97	98	94	68	X80.0
43	59	60	68	61	64	45	75	71	43	62	46	42	X81
13	19	11	18	15	14	17	25	23	28	16	25	17	X77, X79, X82～X84
—	—	—	—	—	—	1	—	1	—	—	—	—	(Y87.0)

・（　女　）

55年	60年	平成２年	６年	７年	８年	９年	10年	11年	12年	13年	14年	15年	ICD-10 基本分類番号
582	**751**	**670**	**653**	**709**	**661**	**714**	**867**	**820**	**848**	**840**	**854**	**762**	**X60～X84**
10	12	6	8	10	12	11	7	14	18	14	12	12	X60, X61
6	8	10	7	6	3	13	8	12	6	11	9	10	X62～X66, X69
48	23	12	15	12	19	21	30	25	25	23	35	61	X67
44	92	48	49	31	28	33	39	35	32	19	20	16	X68
312	411	323	321	415	359	387	478	482	504	494	498	424	X70
66	62	80	86	78	89	60	74	81	65	82	78	59	X71
—	—	—	—	—	—	—	—	—	—	—	—	—	X72～X75
35	38	50	36	34	33	36	51	31	44	32	49	32	X76
5	20	25	16	22	25	27	26	19	18	23	19	19	X78
30	45	71	64	55	62	86	119	88	102	101	90	94	X80
5	25	35	39	24	33	52	72	52	74	72	50	60	X80.0
25	39	42	49	40	28	35	31	23	26	32	30	26	X81
1	1	3	2	6	3	5	4	10	8	9	14	9	X77, X79, X82～X84
—	—	—	—	1	—	—	—	1	—	1	2	1	(Y87.0)

第13表（21－12） 55～ 59歳

ICD-10 基本分類番号	死因名	昭和25年	30年	35年	40年	45年	50年
X60～X84	**故意の自傷および自殺**	**1 103**	**1 128**	**1 087**	**962**	**1 052**	**1 080**
X60, X61	鎮痛薬および睡眠薬による中毒および曝露にもとづく自傷および自殺	30	62	76	35	16	4
X62～X66, X69	その他および詳細不明の薬物による中毒および曝露にもとづく自傷および自殺	114	159	120	102	37	23
X67	その他のガスおよび蒸気による中毒および曝露にもとづく自傷および自殺	1	15	26	40	59	80
X68	農薬による中毒および曝露にもとづく自傷および自殺	…	…	…	…	79	79
X70	縊首，絞首および窒息による故意の自傷および自殺	658	619	621	570	622	639
X71	溺死および溺水による故意の自傷および自殺	171	159	134	102	113	110
X72～X75	銃器および爆発物による故意の自傷および自殺	4	3	4	7	1	2
X76	煙，火および火災による故意の自傷および自殺	…	…	…	…	…	…
X78	鋭利な物体による故意の自傷および自殺	30	39	25	27	27	36
X80	高所からの飛び降りによる故意の自傷および自殺	5	12	25	20	36	40
X80.0	住宅	…	…	…	…	…	…
X81	移動中の物体の前への飛び込みまたは横臥による故意の自傷および自殺	…	…	51	52	49	49
X77, X79, X82～X84	その他の明示されたおよび詳細不明の手段による故意の自傷および自殺	90	60	5	7	13	18
(Y87.0)	故意の自傷の続発・後遺症	－	－	－	－	－	－

55 ～ 59歳

ICD-10 基本分類番号	死因名	昭和25年	30年	35年	40年	45年	50年
X60～X84	**故意の自傷および自殺**	**773**	**768**	**707**	**631**	**602**	**612**
X60, X61	鎮痛薬および睡眠薬による中毒および曝露にもとづく自傷および自殺	20	40	55	26	8	2
X62～X66, X69	その他および詳細不明の薬物による中毒および曝露にもとづく自傷および自殺	70	99	77	64	21	11
X67	その他のガスおよび蒸気による中毒および曝露にもとづく自傷および自殺	1	9	13	18	29	42
X68	農薬による中毒および曝露にもとづく自傷および自殺	…	…	…	…	40	38
X70	縊首，絞首および窒息による故意の自傷および自殺	499	457	424	399	390	397
X71	溺死および溺水による故意の自傷および自殺	85	72	49	37	36	36
X72～X75	銃器および爆発物による故意の自傷および自殺	4	3	4	7	1	2
X76	煙，火および火災による故意の自傷および自殺	…	…	…	…	…	…
X78	鋭利な物体による故意の自傷および自殺	27	30	17	23	21	23
X80	高所からの飛び降りによる故意の自傷および自殺	3	11	22	16	21	25
X80.0	住宅	…	…	…	…	…	…
X81	移動中の物体の前への飛び込みまたは横臥による故意の自傷および自殺	…	…	42	35	25	30
X77, X79, X82～X84	その他の明示されたおよび詳細不明の手段による故意の自傷および自殺	64	47	4	6	10	6
(Y87.0)	故意の自傷の続発・後遺症	－	－	－	－	－	－

55 ～ 59歳

ICD-10 基本分類番号	死因名	昭和25年	30年	35年	40年	45年	50年
X60～X84	**故意の自傷および自殺**	**330**	**360**	**380**	**331**	**450**	**468**
X60, X61	鎮痛薬および睡眠薬による中毒および曝露にもとづく自傷および自殺	10	22	21	9	8	2
X62～X66, X69	その他および詳細不明の薬物による中毒および曝露にもとづく自傷および自殺	44	60	43	38	16	12
X67	その他のガスおよび蒸気による中毒および曝露にもとづく自傷および自殺	－	6	13	22	30	38
X68	農薬による中毒および曝露にもとづく自傷および自殺	…	…	…	…	39	41
X70	縊首，絞首および窒息による故意の自傷および自殺	159	162	197	171	232	242
X71	溺死および溺水による故意の自傷および自殺	86	87	85	65	77	74
X72～X75	銃器および爆発物による故意の自傷および自殺	－	－	－	－	－	－
X76	煙，火および火災による故意の自傷および自殺	…	…	…	…	…	…
X78	鋭利な物体による故意の自傷および自殺	3	9	8	4	6	13
X80	高所からの飛び降りによる故意の自傷および自殺	2	1	3	4	15	15
X80.0	住宅	…	…	…	…	…	…
X81	移動中の物体の前への飛び込みまたは横臥による故意の自傷および自殺	…	…	9	17	24	19
X77, X79, X82～X84	その他の明示されたおよび詳細不明の手段による故意の自傷および自殺	26	13	1	1	3	12
(Y87.0)	故意の自傷の続発・後遺症	－	－	－	－	－	－

注：１）昭和25年・30年と平成７年以降は「故意の自傷の続発・後遺症」は自殺の合計には含まない。
　　２）「ICD-10基本分類番号」については、P14「２　用語の解説」を参照

・（総　数）

55年	60年	平成2年	6年	7年	8年	9年	10年	11年	12年	13年	14年	15年	ICD-10 基本分類番号
1 341	2 125	1 937	2 154	2 228	2 314	2 578	3 785	4 032	3 915	3 493	3 796	3 989	X60～X84
8	10	9	14	8	13	17	20	11	22	17	22	14	X60, X61
14	24	14	18	20	16	25	26	35	30	17	18	21	X62～X66, X69
95	132	70	141	120	121	138	224	226	202	199	231	427	X67
84	240	130	105	102	90	111	99	109	103	78	96	80	X68
816	1 311	1 219	1 371	1 444	1 487	1 619	2 656	2 836	2 779	2 450	2 721	2 696	X70
105	114	114	133	128	110	147	157	185	159	150	166	145	X71
4	8	3	5	3	8	9	8	12	16	11	12	7	X72～X75
30	49	58	56	71	104	118	155	119	117	118	134	106	X76
38	55	73	81	89	75	95	86	122	113	112	106	126	X78
69	116	161	133	131	181	193	248	255	263	222	206	242	X80
18	31	49	56	60	65	88	101	116	139	102	92	107	X80.0
71	53	71	87	97	91	88	87	97	84	86	58	88	X81
7	12	15	10	15	18	18	19	25	27	33	26	37	X77, X79, X82～X84
—	1	—	—	1	1	—	—	2	2	2	—	—	(Y87.0)

・（　男　）

55年	60年	平成2年	6年	7年	8年	9年	10年	11年	12年	13年	14年	15年	ICD-10 基本分類番号
810	1 509	1 277	1 566	1 598	1 695	1 912	2 926	3 157	3 101	2 728	3 006	3 197	X60～X84
5	4	3	7	4	6	7	15	5	11	7	14	9	X60, X61
12	19	7	9	10	10	13	19	26	20	10	11	15	X62～X66, X69
70	109	58	133	110	115	128	201	211	188	187	210	377	X67
45	158	79	69	71	58	76	62	77	71	59	68	52	X68
518	964	855	1 037	1 070	1 135	1 263	2 118	2 286	2 309	1 983	2 228	2 225	X70
35	50	39	60	64	46	72	81	103	72	77	92	78	X71
3	8	2	5	3	7	9	8	12	16	11	12	7	X72～X75
9	33	34	37	43	71	80	114	85	79	83	100	73	X76
27	41	49	57	70	58	75	71	93	92	90	80	103	X78
39	75	102	84	86	118	114	166	170	171	142	133	168	X80
7	20	21	32	34	33	45	57	71	80	59	49	60	X80.0
40	39	36	60	57	55	60	56	69	54	59	40	63	X81
7	8	13	8	10	16	15	15	20	18	20	18	27	X77, X79, X82～X84
—	1	—	—	1	1	—	—	1	1	2	—	—	(Y87.0)

・（　女　）

55年	60年	平成2年	6年	7年	8年	9年	10年	11年	12年	13年	14年	15年	ICD-10 基本分類番号
531	616	660	588	630	619	666	859	875	814	765	790	792	X60～X84
3	6	6	7	4	7	10	5	6	11	10	8	5	X60, X61
2	5	7	9	10	6	12	7	9	10	7	7	6	X62～X66, X69
25	23	12	8	10	6	10	23	15	14	12	21	50	X67
39	82	51	36	31	32	35	37	32	32	19	28	28	X68
298	347	364	334	374	352	356	538	550	470	467	493	471	X70
70	64	75	73	64	64	75	76	82	87	73	74	67	X71
1	—	1	—	—	1	—	—	—	—	—	—	—	X72～X75
21	16	24	19	28	33	38	41	34	38	35	34	33	X76
11	14	24	24	19	17	20	15	29	21	22	26	23	X78
30	41	59	49	45	63	79	82	85	92	80	73	74	X80
11	11	28	24	26	32	43	44	45	59	43	43	47	X80.0
31	14	35	27	40	36	28	31	28	30	27	18	25	X81
—	4	2	2	5	2	3	4	5	9	13	8	10	X77, X79, X82～X84
—	—	—	—	—	—	—	—	1	1	—	—	—	(Y87.0)

第13表　性・年齢（５歳階級）・手段（基本分類）別自殺死亡数

第13表（21－13）

60　～　64歳

ICD-10 基本分類番号	死　因　名	昭和25年	30年	35年	40年	45年	50年
X60～X84	**故意の自傷および自殺**	**1 150**	**1 070**	**1 151**	**1 087**	**1 074**	**1 263**
X60, X61	鎮痛薬および睡眠薬による中毒および曝露にもとづく自傷および自殺	27	33	63	32	8	7
X62～X66, X69	その他および詳細不明の薬物による中毒および曝露にもとづく自傷および自殺	87	131	100	111	30	17
X67	その他のガスおよび蒸気による中毒および曝露にもとづく自傷および自殺	2	11	23	30	38	84
X68	農薬による中毒および曝露にもとづく自傷および自殺	…	…	…	…	74	77
X70	縊首, 絞首および窒息による故意の自傷および自殺	737	647	717	691	687	815
X71	溺死および溺水による故意の自傷および自殺	189	148	153	141	124	108
X72～X75	銃器および爆発物による故意の自傷および自殺	4	7	8	2	3	－
X76	煙, 火および火災による故意の自傷および自殺	…	…	…	…	…	…
X78	鋭利な物体による故意の自傷および自殺	29	25	20	22	24	28
X80	高所からの飛び降りによる故意の自傷および自殺	3	5	10	19	30	55
X80.0	住　宅	…	…	…	…	…	…
X81	移動中の物体の前への飛び込みまたは横臥による故意の自傷および自殺	…	…	48	37	42	53
X77, X79, X82～X84	その他の明示されたおよび詳細不明の手段による故意の自傷および自殺	72	63	9	2	14	19
(Y87.0)	故意の自傷の続発・後遺症	－	－	－	－	－	－

60　～　64歳

ICD-10 基本分類番号	死　因　名	昭和25年	30年	35年	40年	45年	50年
X60～X84	**故意の自傷および自殺**	**751**	**679**	**711**	**684**	**626**	**707**
X60, X61	鎮痛薬および睡眠薬による中毒および曝露にもとづく自傷および自殺	15	20	42	18	1	3
X62～X66, X69	その他および詳細不明の薬物による中毒および曝露にもとづく自傷および自殺	59	88	72	74	16	8
X67	その他のガスおよび蒸気による中毒および曝露にもとづく自傷および自殺	2	5	13	18	15	42
X68	農薬による中毒および曝露にもとづく自傷および自殺	…	…	…	…	40	46
X70	縊首, 絞首および窒息による故意の自傷および自殺	531	450	472	469	434	484
X71	溺死および溺水による故意の自傷および自殺	64	43	42	48	38	21
X72～X75	銃器および爆発物による故意の自傷および自殺	4	7	8	2	3	－
X76	煙, 火および火災による故意の自傷および自殺	…	…	…	…	…	…
X78	鋭利な物体による故意の自傷および自殺	25	19	16	16	17	21
X80	高所からの飛び降りによる故意の自傷および自殺	2	3	10	15	21	37
X80.0	住　宅	…	…	…	…	…	…
X81	移動中の物体の前への飛び込みまたは横臥による故意の自傷および自殺	…	…	33	23	30	32
X77, X79, X82～X84	その他の明示されたおよび詳細不明の手段による故意の自傷および自殺	49	44	3	1	11	13
(Y87.0)	故意の自傷の続発・後遺症	－	－	－	－	－	－

60　～　64歳

ICD-10 基本分類番号	死　因　名	昭和25年	30年	35年	40年	45年	50年
X60～X84	**故意の自傷および自殺**	**399**	**391**	**440**	**403**	**448**	**556**
X60, X61	鎮痛薬および睡眠薬による中毒および曝露にもとづく自傷および自殺	12	13	21	14	7	4
X62～X66, X69	その他および詳細不明の薬物による中毒および曝露にもとづく自傷および自殺	28	43	28	37	14	9
X67	その他のガスおよび蒸気による中毒および曝露にもとづく自傷および自殺	－	6	10	12	23	42
X68	農薬による中毒および曝露にもとづく自傷および自殺	…	…	…	…	34	31
X70	縊首, 絞首および窒息による故意の自傷および自殺	206	197	245	222	253	331
X71	溺死および溺水による故意の自傷および自殺	125	105	111	93	86	87
X72～X75	銃器および爆発物による故意の自傷および自殺	－	－	－	－	－	－
X76	煙, 火および火災による故意の自傷および自殺	…	…	…	…	…	…
X78	鋭利な物体による故意の自傷および自殺	4	6	4	6	7	7
X80	高所からの飛び降りによる故意の自傷および自殺	1	2	－	4	9	18
X80.0	住　宅	…	…	…	…	…	…
X81	移動中の物体の前への飛び込みまたは横臥による故意の自傷および自殺	…	…	15	14	12	21
X77, X79, X82～X84	その他の明示されたおよび詳細不明の手段による故意の自傷および自殺	23	19	6	1	3	6
(Y87.0)	故意の自傷の続発・後遺症	－	－	－	－	－	－

注：１）昭和25年・30年と平成７年以降は「故意の自傷の続発・後遺症」は自殺の合計には含まない。
　　２）「ICD-10基本分類番号」については、P14「２　用語の解説」を参照

の年次比較　－昭和25・30・35・40・45・50・55・60・平成２・６～15年－

・（総　数）

55年	60年	平成２年	６年	７年	８年	９年	10年	11年	12年	13年	14年	15年	ICD-10 基本分類番号
1 099	**1 473**	**1 651**	**1 881**	**1 937**	**2 151**	**2 299**	**3 184**	**2 896**	**2 967**	**2 890**	**2 977**	**3 117**	**X60～X84**
7	4	8	12	15	19	8	12	13	20	16	13	13	X60, X61
13	23	15	21	19	26	22	17	19	15	23	22	15	X62～X66, X69
43	52	35	82	71	82	98	133	107	128	108	137	237	X67
65	152	120	116	111	125	122	119	108	94	92	94	79	X68
736	951	1 053	1 231	1 303	1 446	1 555	2 330	2 081	2 203	2 083	2 112	2 146	X70
90	92	130	106	91	97	120	121	123	112	108	130	156	X71
2	2	5	8	7	2	4	6	4	6	8	7	6	X72～X75
17	27	49	53	46	66	65	94	91	75	90	87	82	X76
30	44	61	67	63	74	84	83	80	77	91	108	87	X78
45	79	110	110	119	137	132	169	182	147	171	187	180	X80
6	17	30	44	36	47	54	77	81	62	90	84	92	X80.0
45	37	60	60	79	61	74	85	78	67	82	65	92	X81
6	10	5	15	13	16	15	15	10	23	18	15	24	X77, X79, X82～X84
－	－	－	－	－	1	1	－	－	－	1	－	－	(Y87.0)

・（　男　）

55年	60年	平成２年	６年	７年	８年	９年	10年	11年	12年	13年	14年	15年	ICD-10 基本分類番号
628	**867**	**1 006**	**1 294**	**1 334**	**1 490**	**1 609**	**2 304**	**2 126**	**2 176**	**2 166**	**2 263**	**2 341**	**X60～X84**
3	1	3	5	6	9	4	5	4	8	3	9	5	X60, X61
8	10	3	8	12	14	13	8	13	7	18	10	10	X62～X66, X69
26	47	30	74	62	78	88	118	94	115	99	127	220	X67
34	91	66	71	67	73	67	70	71	61	64	62	50	X68
438	576	697	897	927	1 036	1 138	1 745	1 602	1 656	1 622	1 666	1 670	X70
21	24	33	35	38	47	54	49	58	48	54	68	78	X71
2	2	5	8	7	2	4	6	3	6	8	7	6	X72～X75
9	15	18	30	29	40	41	65	64	53	61	60	54	X76
23	34	43	48	49	47	61	59	47	59	68	76	56	X78
30	46	71	67	85	99	85	111	112	105	108	130	114	X80
6	12	14	24	24	28	29	46	44	42	47	53	51	X80.0
30	19	32	41	43	33	47	59	51	45	50	37	59	X81
4	2	5	10	9	12	7	9	7	13	11	11	19	X77, X79, X82～X84
－	－	－	－	－	1	－	－	－	－	1	－	－	(Y87.0)

・（　女　）

55年	60年	平成２年	６年	７年	８年	９年	10年	11年	12年	13年	14年	15年	ICD-10 基本分類番号
471	**606**	**645**	**587**	**603**	**661**	**690**	**880**	**770**	**791**	**724**	**714**	**776**	**X60～X84**
4	3	5	7	9	10	4	7	9	12	13	4	8	X60, X61
5	13	12	13	7	12	9	9	6	8	5	12	5	X62～X66, X69
17	5	5	8	9	4	10	15	13	13	9	10	17	X67
31	61	54	45	44	52	55	49	37	33	28	32	29	X68
298	375	356	334	376	410	417	585	479	547	461	446	476	X70
69	68	97	71	53	50	66	72	65	64	54	62	78	X71
－	－	－	－	－	－	－	－	1	－	－	－	－	X72～X75
8	12	31	23	17	26	24	29	27	22	29	27	28	X76
7	10	18	19	14	27	23	24	33	18	23	32	31	X78
15	33	39	43	34	38	47	58	70	42	63	57	66	X80
－	5	16	20	12	19	25	31	37	20	43	31	41	X80.0
15	18	28	19	36	28	27	26	27	22	32	28	33	X81
2	8	－	5	4	4	8	6	3	10	7	4	5	X77, X79, X82～X84
－	－	－	－	－	－	1	－	－	－	－	－	－	(Y87.0)

第13表　性・年齢（５歳階級）・手段（基本分類）別自殺死亡数

第13表（21－14）

65 ～ 69歳

ICD-10 基本分類番号	死因名	昭和25年	30年	35年	40年	45年	50年
X60～X84	**故意の自傷および自殺**	**1 201**	**1 046**	**1 104**	**1 090**	**1 194**	**1 276**
X60, X61	鎮痛薬および睡眠薬による中毒および曝露にもとづく自傷および自殺	18	26	47	17	14	2
X62～X66, X69	その他および詳細不明の薬物による中毒および曝露にもとづく自傷および自殺	80	127	82	121	23	16
X67	その他のガスおよび蒸気による中毒および曝露にもとづく自傷および自殺	4	9	30	25	47	60
X68	農薬による中毒および曝露にもとづく自傷および自殺	…	…	…	…	65	43
X70	縊首，絞首および窒息による故意の自傷および自殺	778	624	705	694	785	874
X71	溺死および溺水による故意の自傷および自殺	237	179	162	155	169	144
X72～X75	銃器および爆発物による故意の自傷および自殺	2	3	2	1	1	3
X76	煙，火および火災による故意の自傷および自殺	…	…	…	…	…	…
X78	鋭利な物体による故意の自傷および自殺	17	17	19	15	11	20
X80	高所からの飛び降りによる故意の自傷および自殺	8	10	10	17	34	51
X80.0	住宅	…	…	…	…	…	…
X81	移動中の物体の前への飛び込みまたは横臥による故意の自傷および自殺	…	…	42	37	36	44
X77, X79, X82～X84	その他の明示されたおよび詳細不明の手段による故意の自傷および自殺	57	51	5	8	9	19
(Y87.0)	故意の自傷の続発・後遺症	－	－	－	－	－	－

65 ～ 69歳

ICD-10 基本分類番号	死因名	昭和25年	30年	35年	40年	45年	50年
X60～X84	**故意の自傷および自殺**	**677**	**623**	**619**	**638**	**637**	**641**
X60, X61	鎮痛薬および睡眠薬による中毒および曝露にもとづく自傷および自殺	10	14	22	7	9	2
X62～X66, X69	その他および詳細不明の薬物による中毒および曝露にもとづく自傷および自殺	33	80	50	70	12	8
X67	その他のガスおよび蒸気による中毒および曝露にもとづく自傷および自殺	2	4	19	13	27	27
X68	農薬による中毒および曝露にもとづく自傷および自殺	…	…	…	…	35	18
X70	縊首，絞首および窒息による故意の自傷および自殺	496	409	433	451	451	461
X71	溺死および溺水による故意の自傷および自殺	82	55	50	49	53	37
X72～X75	銃器および爆発物による故意の自傷および自殺	2	3	2	1	1	3
X76	煙，火および火災による故意の自傷および自殺	…	…	…	…	…	…
X78	鋭利な物体による故意の自傷および自殺	15	15	14	9	7	15
X80	高所からの飛び降りによる故意の自傷および自殺	5	7	5	11	17	30
X80.0	住宅	…	…	…	…	…	…
X81	移動中の物体の前への飛び込みまたは横臥による故意の自傷および自殺	…	…	23	23	21	25
X77, X79, X82～X84	その他の明示されたおよび詳細不明の手段による故意の自傷および自殺	32	36	1	4	4	15
(Y87.0)	故意の自傷の続発・後遺症	－	－	－	－	－	－

65 ～ 69歳

ICD-10 基本分類番号	死因名	昭和25年	30年	35年	40年	45年	50年
X60～X84	**故意の自傷および自殺**	**524**	**423**	**485**	**452**	**557**	**635**
X60, X61	鎮痛薬および睡眠薬による中毒および曝露にもとづく自傷および自殺	8	12	25	10	5	－
X62～X66, X69	その他および詳細不明の薬物による中毒および曝露にもとづく自傷および自殺	47	47	32	51	11	8
X67	その他のガスおよび蒸気による中毒および曝露にもとづく自傷および自殺	2	5	11	12	20	33
X68	農薬による中毒および曝露にもとづく自傷および自殺	…	…	…	…	30	25
X70	縊首，絞首および窒息による故意の自傷および自殺	282	215	272	243	334	413
X71	溺死および溺水による故意の自傷および自殺	155	124	112	106	116	107
X72～X75	銃器および爆発物による故意の自傷および自殺	－	－	－	－	－	－
X76	煙，火および火災による故意の自傷および自殺	…	…	…	…	…	…
X78	鋭利な物体による故意の自傷および自殺	2	2	5	6	4	5
X80	高所からの飛び降りによる故意の自傷および自殺	3	3	5	6	17	21
X80.0	住宅	…	…	…	…	…	…
X81	移動中の物体の前への飛び込みまたは横臥による故意の自傷および自殺	…	…	19	14	15	19
X77, X79, X82～X84	その他の明示されたおよび詳細不明の手段による故意の自傷および自殺	25	15	4	4	5	4
(Y87.0)	故意の自傷の続発・後遺症	－	－	－	－	－	－

注：1）昭和25年・30年と平成７年以降は「故意の自傷の続発・後遺症」は自殺の合計には含まない。
　　2）「ICD-10基本分類番号」については、P14「2　用語の解説」を参照

・（総　数）

55年	60年	平成２年	6年	7年	8年	9年	10年	11年	12年	13年	14年	15年	ICD-10 基本分類番号
1 273	**1 314**	**1 348**	**1 395**	**1 437**	**1 584**	**1 677**	**2 504**	**2 413**	**2 348**	**2 342**	**2 410**	**2 529**	**X60～X84**
4	2	9	12	8	4	5	7	14	11	12	11	6	X60, X61
17	11	16	16	7	11	18	8	13	16	17	18	18	X62～X66, X69
38	24	24	27	36	31	45	82	83	60	64	57	118	X67
76	143	121	115	103	97	120	118	108	84	88	103	83	X68
852	853	871	913	986	1 105	1 141	1 804	1 726	1 767	1 711	1 792	1 832	X70
118	107	108	90	85	92	91	117	140	110	107	85	109	X71
2	1	—	2	1	2	1	3	5	5	6	4	7	X72～X75
28	33	38	27	30	48	53	65	51	61	62	63	62	X76
27	33	36	48	42	52	55	75	73	82	70	81	76	X78
59	67	81	90	83	95	98	148	133	109	129	144	144	X80
13	15	18	24	24	39	41	47	56	43	62	66	64	X80.0
47	35	36	44	53	41	45	59	54	36	58	39	60	X81
5	5	7	11	3	6	5	18	13	7	18	13	14	X77, X79, X82～X84
—	—	1	—	2	—	—	1	—	—	—	—	2	(Y87.0)

・（　男　）

55年	60年	平成２年	6年	7年	8年	9年	10年	11年	12年	13年	14年	15年	ICD-10 基本分類番号
604	**681**	**716**	**814**	**862**	**980**	**1 084**	**1 716**	**1 646**	**1 612**	**1 641**	**1 649**	**1 727**	**X60～X84**
1	2	4	4	4	2	3	3	7	5	8	7	3	X60, X61
6	4	6	6	2	6	11	5	5	14	9	9	8	X62～X66, X69
24	12	21	26	34	25	37	74	75	56	59	47	100	X67
36	74	62	58	54	54	68	66	70	45	55	60	47	X68
412	469	483	556	623	712	765	1 277	1 224	1 252	1 257	1 257	1 312	X70
31	26	32	31	18	30	31	54	55	47	41	33	41	X71
2	1	—	2	1	2	1	3	5	5	6	4	6	X72～X75
16	21	20	16	19	30	34	44	31	36	37	35	36	X76
18	21	21	31	31	38	35	52	49	59	45	64	53	X78
28	34	44	56	47	56	67	95	83	69	81	94	86	X80
4	8	6	15	12	20	27	20	28	24	38	36	27	X80.0
26	14	18	19	27	22	28	30	33	20	31	28	30	X81
4	3	5	9	2	3	4	13	9	4	12	11	5	X77, X79, X82～X84
—	—	—	—	2	—	—	1	—	—	—	—	2	(Y87.0)

・（　女　）

55年	60年	平成２年	6年	7年	8年	9年	10年	11年	12年	13年	14年	15年	ICD-10 基本分類番号
669	**633**	**632**	**581**	**575**	**604**	**593**	**788**	**767**	**736**	**701**	**761**	**802**	**X60～X84**
3	—	5	8	4	2	2	4	7	6	4	4	3	X60, X61
11	7	10	10	5	5	7	3	8	2	8	9	10	X62～X66, X69
14	12	3	1	2	6	8	8	8	4	5	10	18	X67
40	69	59	57	49	43	52	52	38	39	33	43	36	X68
440	384	388	357	363	393	376	527	502	515	454	535	520	X70
87	81	76	59	67	62	60	63	85	63	66	52	68	X71
—	—	—	—	—	—	—	—	—	—	—	—	1	X72～X75
12	12	18	11	11	18	19	21	20	25	25	28	26	X76
9	12	15	17	11	14	20	23	24	23	25	17	23	X78
31	33	37	34	36	39	31	53	50	40	48	50	58	X80
9	7	12	9	12	19	14	27	28	19	24	30	37	X80.0
21	21	18	25	26	19	17	29	21	16	27	11	30	X81
1	2	2	2	1	3	1	5	4	3	6	2	9	X77, X79, X82～X84
—	—	1	—	—	—	—	—	—	—	—	—	—	(Y87.0)

第13表　性・年齢（５歳階級）・手段（基本分類）別自殺死亡数

第13表（21－15）

70　～　74歳

ICD-10 基本分類番号	死　因　名	昭和25年	30年	35年	40年	45年	50年
X60～X84	**故意の自傷および自殺**	**1 010**	**974**	**948**	**935**	**1 111**	**1 318**
X60, X61	鎮痛薬および睡眠薬による中毒および曝露にもとづく自傷および自殺	10	17	35	13	7	8
X62～X66, X69	その他および詳細不明の薬物による中毒および曝露にもとづく自傷および自殺	58	91	59	66	25	17
X67	その他のガスおよび蒸気による中毒および曝露にもとづく自傷および自殺	1	3	19	25	34	43
X68	農薬による中毒および曝露にもとづく自傷および自殺	…	…	…	…	69	51
X70	縊首，絞首および窒息による故意の自傷および自殺	679	595	604	612	752	903
X71	溺死および溺水による故意の自傷および自殺	213	186	160	156	150	171
X72～X75	銃器および爆発物による故意の自傷および自殺	1	2	2	4	－	－
X76	煙，火および火災による故意の自傷および自殺	…	…	…	…	…	…
X78	鋭利な物体による故意の自傷および自殺	11	17	12	11	12	18
X80	高所からの飛び降りによる故意の自傷および自殺	3	13	11	12	22	50
X80.0	住　　宅	…	…	…	…	…	…
X81	移動中の物体の前への飛び込みまたは横臥による故意の自傷および自殺	…	…	44	27	31	37
X77, X79, X82～X84	その他の明示されたおよび詳細不明の手段による故意の自傷および自殺	34	50	2	9	9	20
(Y87.0)	故意の自傷の続発・後遺症	－	－	－	－	－	－

70　～　74歳

ICD-10 基本分類番号	死　因　名	昭和25年	30年	35年	40年	45年	50年
X60～X84	**故意の自傷および自殺**	**569**	**515**	**504**	**466**	**552**	**604**
X60, X61	鎮痛薬および睡眠薬による中毒および曝露にもとづく自傷および自殺	8	12	21	8	1	4
X62～X66, X69	その他および詳細不明の薬物による中毒および曝露にもとづく自傷および自殺	30	54	34	37	13	6
X67	その他のガスおよび蒸気による中毒および曝露にもとづく自傷および自殺	－	1	10	10	23	22
X68	農薬による中毒および曝露にもとづく自傷および自殺	…	…	…	…	44	27
X70	縊首，絞首および窒息による故意の自傷および自殺	438	349	350	341	382	451
X71	溺死および溺水による故意の自傷および自殺	68	50	51	38	44	36
X72～X75	銃器および爆発物による故意の自傷および自殺	1	2	2	4	－	－
X76	煙，火および火災による故意の自傷および自殺	…	…	…	…	…	…
X78	鋭利な物体による故意の自傷および自殺	8	11	8	6	9	12
X80	高所からの飛び降りによる故意の自傷および自殺	1	8	6	3	13	24
X80.0	住　　宅	…	…	…	…	…	…
X81	移動中の物体の前への飛び込みまたは横臥による故意の自傷および自殺	…	…	22	15	19	14
X77, X79, X82～X84	その他の明示されたおよび詳細不明の手段による故意の自傷および自殺	15	28	－	4	4	8
(Y87.0)	故意の自傷の続発・後遺症	－	－	－	－	－	－

70　～　74歳

ICD-10 基本分類番号	死　因　名	昭和25年	30年	35年	40年	45年	50年
X60～X84	**故意の自傷および自殺**	**441**	**459**	**444**	**469**	**559**	**714**
X60, X61	鎮痛薬および睡眠薬による中毒および曝露にもとづく自傷および自殺	2	5	14	5	6	4
X62～X66, X69	その他および詳細不明の薬物による中毒および曝露にもとづく自傷および自殺	28	37	25	29	12	11
X67	その他のガスおよび蒸気による中毒および曝露にもとづく自傷および自殺	1	2	9	15	11	21
X68	農薬による中毒および曝露にもとづく自傷および自殺	…	…	…	…	25	24
X70	縊首，絞首および窒息による故意の自傷および自殺	241	246	254	271	370	452
X71	溺死および溺水による故意の自傷および自殺	145	136	109	118	106	135
X72～X75	銃器および爆発物による故意の自傷および自殺	－	－	－	－	－	－
X76	煙，火および火災による故意の自傷および自殺	…	…	…	…	…	…
X78	鋭利な物体による故意の自傷および自殺	3	6	4	5	3	6
X80	高所からの飛び降りによる故意の自傷および自殺	2	5	5	9	9	26
X80.0	住　　宅	…	…	…	…	…	…
X81	移動中の物体の前への飛び込みまたは横臥による故意の自傷および自殺	…	…	22	12	12	23
X77, X79, X82～X84	その他の明示されたおよび詳細不明の手段による故意の自傷および自殺	19	22	2	5	5	12
(Y87.0)	故意の自傷の続発・後遺症	－	－	－	－	－	－

注：1）昭和25年・30年と平成７年以降は「故意の自傷の続発・後遺症」は自殺の合計には含まない。
　　2）「ICD-10基本分類番号」については、P14「2　用語の解説」を参照

の年次比較　－昭和25・30・35・40・45・50・55・60・平成2・6～15年－

・（総　数）

55年	60年	平成2年	6年	7年	8年	9年	10年	11年	12年	13年	14年	15年	ICD-10 基本分類番号
1 350	**1 394**	**1 325**	**1 140**	**1 250**	**1 331**	**1 450**	**1 799**	**1 773**	**1 788**	**1 831**	**1 692**	**1 870**	**X60～X84**
6	1	1	2	7	6	6	4	10	3	6	12	5	X60, X61
7	10	9	5	13	10	17	12	13	17	10	8	18	X62～X66, X69
31	17	7	11	14	29	30	33	27	21	29	27	54	X67
53	131	110	105	92	84	107	102	106	118	104	118	92	X68
950	973	906	776	868	940	1 016	1 291	1 308	1 314	1 347	1 218	1 363	X70
152	104	91	82	88	80	100	104	87	95	83	78	88	X71
—	2	—	—	1	1	2	3	1	—	—	2	3	X72～X75
16	20	33	28	36	31	31	30	35	25	47	43	43	X76
25	20	36	32	24	31	37	65	33	46	47	53	60	X78
63	79	85	64	74	80	69	107	101	111	117	99	92	X80
4	13	15	20	12	21	30	37	34	27	38	43	35	X80.0
44	29	38	29	24	29	28	35	38	29	26	29	35	X81
3	8	9	6	9	10	7	13	14	9	15	5	17	X77, X79, X82～X84
—	—	—	—	—	1	—	—	1	—	1	—	2	(Y87.0)

・（　男　）

55年	60年	平成2年	6年	7年	8年	9年	10年	11年	12年	13年	14年	15年	ICD-10 基本分類番号
637	**706**	**655**	**582**	**632**	**702**	**830**	**1 034**	**1 041**	**1 098**	**1 151**	**1 038**	**1 141**	**X60～X84**
3	1	—	—	1	1	—	—	7	1	3	4	2	X60, X61
2	5	3	3	5	3	10	7	5	8	3	4	6	X62～X66, X69
16	8	6	10	12	23	21	30	20	20	22	25	47	X67
26	59	50	50	42	48	45	42	54	64	51	73	45	X68
482	512	471	424	461	511	631	776	798	845	883	769	856	X70
37	30	22	15	20	23	30	32	28	32	28	26	32	X71
—	2	—	—	1	1	2	3	1	—	—	2	3	X72～X75
6	10	15	14	12	16	13	17	19	17	27	24	26	X76
11	13	18	20	15	16	25	44	23	30	36	37	43	X78
31	46	49	29	49	38	37	57	61	66	73	55	49	X80
1	8	7	6	7	8	13	14	19	15	20	17	17	X80.0
22	15	15	14	8	16	13	19	17	12	15	15	22	X81
1	5	6	3	6	6	3	7	8	3	10	4	10	X77, X79, X82～X84
—	—	—	—	—	1	—	—	—	—	1	—	1	(Y87.0)

・（　女　）

55年	60年	平成2年	6年	7年	8年	9年	10年	11年	12年	13年	14年	15年	ICD-10 基本分類番号
713	**688**	**670**	**558**	**618**	**629**	**620**	**765**	**732**	**690**	**680**	**654**	**729**	**X60～X84**
3	—	1	2	6	5	6	4	3	2	3	8	3	X60, X61
5	5	6	2	8	7	7	5	8	9	7	4	12	X62～X66, X69
15	9	1	1	2	6	9	3	7	1	7	2	7	X67
27	72	60	55	50	36	62	60	52	54	53	45	47	X68
468	461	435	352	407	429	385	515	510	469	464	449	507	X70
115	74	69	67	68	57	70	72	59	63	55	52	56	X71
—	—	—	—	—	—	—	—	—	—	—	—	—	X72～X75
10	10	18	14	24	15	18	13	16	8	20	19	17	X76
14	7	18	12	9	15	12	21	10	16	11	16	17	X78
32	33	36	35	25	42	32	50	40	45	44	44	43	X80
3	5	8	14	5	13	17	23	15	12	18	26	18	X80.0
22	14	23	15	16	13	15	16	21	17	11	14	13	X81
2	3	3	3	3	4	4	6	6	6	5	1	7	X77, X79, X82～X84
—	—	—	—	—	—	—	—	1	—	—	—	1	(Y87.0)

第13表　性・年齢（５歳階級）・手段（基本分類）別自殺死亡数

第13表（21－16）

75　～　79歳

ICD-10 基本分類番号	死　因　名	昭和25年	30年	35年	40年	45年	50年
X60～X84	**故意の自傷および自殺**	**672**	**730**	**688**	**727**	**846**	**1 149**
X60, X61	鎮痛薬および睡眠薬による中毒および曝露にもとづく自傷および自殺	3	10	18	11	6	2
X62～X66, X69	その他および詳細不明の薬物による中毒および曝露にもとづく自傷および自殺	26	54	32	38	16	14
X67	その他のガスおよび蒸気による中毒および曝露にもとづく自傷および自殺	1	1	10	10	14	32
X68	農薬による中毒および曝露にもとづく自傷および自殺	…	…	…	…	42	30
X70	縊首, 絞首および窒息による故意の自傷および自殺	460	472	453	498	571	828
X71	溺死および溺水による故意の自傷および自殺	145	153	134	132	145	171
X72～X75	銃器および爆発物による故意の自傷および自殺	2	－	3	3	2	1
X76	煙, 火および火災による故意の自傷および自殺	…	…	…	…	…	…
X78	鋭利な物体による故意の自傷および自殺	6	3	8	6	6	12
X80	高所からの飛び降りによる故意の自傷および自殺	2	6	3	3	13	20
X80.0	住　宅	…	…	…	…	…	…
X81	移動中の物体の前への飛び込みまたは横臥による故意の自傷および自殺	…	…	24	19	22	26
X77, X79, X82～X84	その他の明示されたおよび詳細不明の手段による故意の自傷および自殺	27	31	3	7	9	13
(Y87.0)	故意の自傷の続発・後遺症	－	－	－	－	－	－

75　～　79歳

ICD-10 基本分類番号	死　因　名	昭和25年	30年	35年	40年	45年	50年
X60～X84	**故意の自傷および自殺**	**324**	**380**	**325**	**344**	**394**	**507**
X60, X61	鎮痛薬および睡眠薬による中毒および曝露にもとづく自傷および自殺	－	4	9	8	2	2
X62～X66, X69	その他および詳細不明の薬物による中毒および曝露にもとづく自傷および自殺	12	27	16	19	6	8
X67	その他のガスおよび蒸気による中毒および曝露にもとづく自傷および自殺	1	－	4	4	7	13
X68	農薬による中毒および曝露にもとづく自傷および自殺	…	…	…	…	25	11
X70	縊首, 絞首および窒息による故意の自傷および自殺	251	273	229	266	297	398
X71	溺死および溺水による故意の自傷および自殺	40	52	43	25	27	37
X72～X75	銃器および爆発物による故意の自傷および自殺	2	－	3	3	2	1
X76	煙, 火および火災による故意の自傷および自殺	…	…	…	…	…	…
X78	鋭利な物体による故意の自傷および自殺	2	2	5	3	4	5
X80	高所からの飛び降りによる故意の自傷および自殺	－	4	1	1	11	14
X80.0	住　宅	…	…	…	…	…	…
X81	移動中の物体の前への飛び込みまたは横臥による故意の自傷および自殺	…	…	13	9	9	11
X77, X79, X82～X84	その他の明示されたおよび詳細不明の手段による故意の自傷および自殺	16	18	2	6	4	7
(Y87.0)	故意の自傷の続発・後遺症	－	－	－	－	－	－

75　～　79歳

ICD-10 基本分類番号	死　因　名	昭和25年	30年	35年	40年	45年	50年
X60～X84	**故意の自傷および自殺**	**348**	**350**	**363**	**383**	**452**	**642**
X60, X61	鎮痛薬および睡眠薬による中毒および曝露にもとづく自傷および自殺	3	6	9	3	4	－
X62～X66, X69	その他および詳細不明の薬物による中毒および曝露にもとづく自傷および自殺	14	27	16	19	10	6
X67	その他のガスおよび蒸気による中毒および曝露にもとづく自傷および自殺	－	1	6	6	7	19
X68	農薬による中毒および曝露にもとづく自傷および自殺	…	…	…	…	17	19
X70	縊首, 絞首および窒息による故意の自傷および自殺	209	199	224	232	274	430
X71	溺死および溺水による故意の自傷および自殺	105	101	91	107	118	134
X72～X75	銃器および爆発物による故意の自傷および自殺	－	－	－	－	－	－
X76	煙, 火および火災による故意の自傷および自殺	…	…	…	…	…	…
X78	鋭利な物体による故意の自傷および自殺	4	1	3	3	2	7
X80	高所からの飛び降りによる故意の自傷および自殺	2	2	2	2	2	6
X80.0	住　宅	…	…	…	…	…	…
X81	移動中の物体の前への飛び込みまたは横臥による故意の自傷および自殺	…	…	11	10	13	15
X77, X79, X82～X84	その他の明示されたおよび詳細不明の手段による故意の自傷および自殺	11	13	1	1	5	6
(Y87.0)	故意の自傷の続発・後遺症	－	－	－	－	－	－

注：１）昭和25年・30年と平成７年以降は「故意の自傷の続発・後遺症」は自殺の合計には含まない。
　　２）「ICD-10基本分類番号」については、P14「２　用語の解説」を参照

の年次比較 －昭和25・30・35・40・45・50・55・60・平成２・６～15年－

・（総　数）

55年	60年	平成２年	６年	７年	８年	９年	10年	11年	12年	13年	14年	15年	ICD-10 基本分類番号
1 187	**1 341**	**1 373**	**1 088**	**1 100**	**1 128**	**1 116**	**1 390**	**1 417**	**1 295**	**1 306**	**1 361**	**1 349**	**X60～X84**
3	6	1	—	2	2	5	9	4	4	6	4	6	X60, X61
14	4	12	8	7	10	8	9	7	8	8	12	12	X62～X66, X69
22	9	14	3	8	12	9	11	14	10	10	9	28	X67
47	75	95	76	74	83	88	101	82	89	83	82	85	X68
823	1 005	936	788	782	778	771	1 014	1 060	974	981	1 026	968	X70
157	118	131	86	96	80	88	87	85	79	67	73	83	X71
1	—	—	—	—	—	—	—	1	—	—	2	—	X72～X75
25	20	27	23	18	24	22	28	18	21	16	21	27	X76
13	14	32	17	34	33	30	15	35	31	36	39	38	X78
50	57	88	61	55	76	61	85	69	60	73	64	67	X80
4	9	11	8	11	17	19	21	26	22	22	22	24	X80.0
26	26	31	20	16	23	25	22	29	11	20	24	29	X81
6	7	5	6	8	7	9	9	13	8	6	5	6	X77, X79, X82～X84
—	—	1	—	—	—	—	—	—	1	1	—	—	(Y87.0)

・（　男　）

55年	60年	平成２年	６年	７年	８年	９年	10年	11年	12年	13年	14年	15年	ICD-10 基本分類番号
528	**653**	**604**	**550**	**533**	**502**	**554**	**645**	**739**	**634**	**711**	**764**	**758**	**X60～X84**
2	3	—	—	1	1	1	4	2	1	4	2	—	X60, X61
5	1	2	5	4	6	3	—	3	2	3	6	5	X62～X66, X69
10	3	11	2	6	7	9	10	7	8	6	8	19	X67
19	33	42	37	33	38	35	41	34	39	37	40	41	X68
399	522	430	415	395	362	401	491	581	506	557	602	577	X70
35	20	35	20	21	19	22	21	20	18	20	20	22	X71
1	—	—	—	—	—	—	—	1	—	—	2	—	X72～X75
13	7	11	8	10	5	12	13	9	10	14	11	15	X76
8	8	18	8	19	15	17	8	20	15	22	22	21	X78
20	38	42	37	31	38	40	44	41	25	36	38	40	X80
—	3	5	4	6	7	13	8	15	9	10	12	12	X80.0
14	15	11	14	7	10	9	11	16	6	10	11	15	X81
2	3	2	4	6	1	5	2	5	4	2	2	3	X77, X79, X82～X84
—	—	—	—	—	—	—	—	—	1	1	—	—	(Y87.0)

・（　女　）

55年	60年	平成２年	６年	７年	８年	９年	10年	11年	12年	13年	14年	15年	ICD-10 基本分類番号
659	**688**	**769**	**538**	**567**	**626**	**562**	**745**	**678**	**661**	**595**	**597**	**591**	**X60～X84**
1	3	1	—	1	1	4	5	2	3	2	2	6	X60, X61
9	3	10	3	3	4	5	9	4	6	5	6	7	X62～X66, X69
12	6	3	1	2	5	—	1	7	2	4	1	9	X67
28	42	53	39	41	45	53	60	48	50	46	42	44	X68
424	483	506	373	387	416	370	523	479	468	424	424	391	X70
122	98	96	66	75	61	66	66	65	61	47	53	61	X71
—	—	—	—	—	—	—	—	—	—	—	—	—	X72～X75
12	13	16	15	8	19	10	15	9	11	2	10	12	X76
5	6	14	9	15	18	13	7	15	16	14	17	17	X78
30	19	46	24	24	38	21	41	28	35	37	26	27	X80
4	6	6	4	5	10	6	13	11	13	12	10	12	X80.0
12	11	20	6	9	13	16	11	13	5	10	13	14	X81
4	4	3	2	2	6	4	7	8	4	4	3	3	X77, X79, X82～X84
—	—	1	—	—	—	—	—	—	—	—	—	—	(Y87.0)

第13表　性・年齢（5歳階級）・手段（基本分類）別自殺死亡数

第13表（21－17）

80～　84歳

ICD-10 基本分類番号	死　因　名	昭和25年	30年	35年	40年	45年	50年
X60～X84	**故意の自傷および自殺**	**297**	**350**	**398**	**480**	**474**	**711**
X60, X61	鎮痛薬および睡眠薬による中毒および曝露にもとづく自傷および自殺	2	3	10	6	4	1
X62～X66, X69	その他および詳細不明の薬物による中毒および曝露にもとづく自傷および自殺	11	24	17	17	6	5
X67	その他のガスおよび蒸気による中毒および曝露にもとづく自傷および自殺	—	—	7	4	10	18
X68	農薬による中毒および曝露にもとづく自傷および自殺	…	…	…	…	18	15
X70	縊首, 絞首および窒息による故意の自傷および自殺	185	239	263	334	336	526
X71	溺死および溺水による故意の自傷および自殺	83	70	85	88	81	91
X72～X75	銃器および爆発物による故意の自傷および自殺	—	1	—	1	—	2
X76	煙, 火および火災による故意の自傷および自殺	…	…	…	…	…	…
X78	鋭利な物体による故意の自傷および自殺	3	4	4	7	6	7
X80	高所からの飛び降りによる故意の自傷および自殺	4	2	2	9	6	20
X80.0	住　宅	…	…	…	…	…	…
X81	移動中の物体の前への飛び込みまたは横臥による故意の自傷および自殺	…	…	9	11	6	17
X77, X79, X82～X84	その他の明示されたおよび詳細不明の手段による故意の自傷および自殺	9	7	1	3	1	9
(Y87.0)	故意の自傷の続発・後遺症	—	—	—	—	—	—

80　～　84歳

ICD-10 基本分類番号	死　因　名	昭和25年	30年	35年	40年	45年	50年
X60～X84	**故意の自傷および自殺**	**117**	**163**	**165**	**206**	**205**	**321**
X60, X61	鎮痛薬および睡眠薬による中毒および曝露にもとづく自傷および自殺	1	3	4	3	1	1
X62～X66, X69	その他および詳細不明の薬物による中毒および曝露にもとづく自傷および自殺	4	11	6	5	3	1
X67	その他のガスおよび蒸気による中毒および曝露にもとづく自傷および自殺	—	—	5	2	6	6
X68	農薬による中毒および曝露にもとづく自傷および自殺	…	…	…	…	9	8
X70	縊首, 絞首および窒息による故意の自傷および自殺	86	129	120	153	161	247
X71	溺死および溺水による故意の自傷および自殺	20	12	20	24	15	29
X72～X75	銃器および爆発物による故意の自傷および自殺	—	1	—	1	—	2
X76	煙, 火および火災による故意の自傷および自殺	…	…	…	…	…	…
X78	鋭利な物体による故意の自傷および自殺	1	4	3	5	4	4
X80	高所からの飛び降りによる故意の自傷および自殺	2	1	1	5	3	9
X80.0	住　宅	…	…	…	…	…	…
X81	移動中の物体の前への飛び込みまたは横臥による故意の自傷および自殺	…	…	5	7	2	9
X77, X79, X82～X84	その他の明示されたおよび詳細不明の手段による故意の自傷および自殺	3	2	1	1	1	5
(Y87.0)	故意の自傷の続発・後遺症	—	—	—	—	—	—

80　～　84歳

ICD-10 基本分類番号	死　因　名	昭和25年	30年	35年	40年	45年	50年
X60～X84	**故意の自傷および自殺**	**180**	**187**	**233**	**274**	**269**	**390**
X60, X61	鎮痛薬および睡眠薬による中毒および曝露にもとづく自傷および自殺	1	—	6	3	3	—
X62～X66, X69	その他および詳細不明の薬物による中毒および曝露にもとづく自傷および自殺	7	13	11	12	3	4
X67	その他のガスおよび蒸気による中毒および曝露にもとづく自傷および自殺	—	—	2	2	4	12
X68	農薬による中毒および曝露にもとづく自傷および自殺	…	…	…	…	9	7
X70	縊首, 絞首および窒息による故意の自傷および自殺	99	110	143	181	175	279
X71	溺死および溺水による故意の自傷および自殺	63	58	65	64	66	62
X72～X75	銃器および爆発物による故意の自傷および自殺	—	—	—	—	—	—
X76	煙, 火および火災による故意の自傷および自殺	…	…	…	…	…	…
X78	鋭利な物体による故意の自傷および自殺	2	—	1	2	2	3
X80	高所からの飛び降りによる故意の自傷および自殺	2	1	1	4	3	11
X80.0	住　宅	…	…	…	…	…	…
X81	移動中の物体の前への飛び込みまたは横臥による故意の自傷および自殺	…	…	4	4	4	8
X77, X79, X82～X84	その他の明示されたおよび詳細不明の手段による故意の自傷および自殺	6	5	—	2	—	4
(Y87.0)	故意の自傷の続発・後遺症	—	—	—	—	—	—

注：1）昭和25年・30年と平成７年以降は「故意の自傷の続発・後遺症」は自殺の合計には含まない。
　　2）「ICD-10基本分類番号」については、P14「2　用語の解説」を参照

の年次比較　－昭和25・30・35・40・45・50・55・60・平成２・６～15年－

・（総　数）

55年	60年	平成２年	６年	７年	８年	９年	10年	11年	12年	13年	14年	15年	ICD-10 基本分類番号
777	**974**	**1 074**	**1 019**	**1 000**	**989**	**1 038**	**1 264**	**1 129**	**1 063**	**1 013**	**950**	**973**	**X60～X84**
1	3	－	2	2	1	4	5	3	2	1	2	2	X60, X61
1	3	7	4	4	5	5	5	10	9	4	4	2	X62～X66, X69
8	10	1	4	1	6	7	5	6	3	3	1	8	X67
19	43	50	68	71	61	58	62	75	61	62	48	65	X68
570	736	797	747	759	740	762	986	856	840	786	727	730	X70
104	102	109	81	74	72	78	79	75	55	65	71	54	X71
－	1	－	－	1	－	－	1	－	－	－	－	－	X72～X75
15	12	20	9	11	13	19	24	22	14	11	12	13	X76
7	13	18	19	12	20	26	20	16	19	22	24	21	X78
28	36	60	58	44	50	64	51	45	41	40	44	56	X80
5	10	16	18	11	12	8	15	10	19	10	13	15	X80.0
24	13	9	21	12	15	11	19	14	8	10	13	13	X81
－	2	3	6	9	6	4	7	7	11	9	4	9	X77, X79, X82～X84
－	－	－	－	－	－	－	1	－	－	－	－	1	(Y87.0)

・（　男　）

55年	60年	平成２年	６年	７年	８年	９年	10年	11年	12年	13年	14年	15年	ICD-10 基本分類番号
336	**435**	**474**	**458**	**447**	**475**	**459**	**599**	**539**	**506**	**502**	**476**	**470**	**X60～X84**
1	1	－	－	1	－	－	2	－	－	1	1	－	X60, X61
1	1	3	－	1	3	1	3	4	4	3	1	1	X62～X66, X69
6	5	1	3	－	4	3	3	5	3	3	1	6	X67
10	24	21	27	31	26	24	30	28	29	25	29	21	X68
254	345	369	346	358	374	341	482	434	411	393	374	369	X70
28	21	20	17	17	8	16	20	12	6	21	22	15	X71
－	1	－	－	1	－	－	1	－	－	－	－	－	X72～X75
7	5	5	4	5	4	8	7	10	8	7	5	6	X76
4	6	13	11	7	12	18	10	12	13	13	15	12	X78
16	20	36	37	20	31	40	31	24	25	25	19	29	X80
3	5	13	10	1	7	5	7	2	9	5	7	4	X80.0
9	6	5	11	4	10	8	7	7	3	7	8	6	X81
－	－	1	2	2	3	－	3	3	4	4	1	5	X77, X79, X82～X84
－	－	－	－	－	－	－	－	－	－	－	－	－	(Y87.0)

・（　女　）

55年	60年	平成２年	６年	７年	８年	９年	10年	11年	12年	13年	14年	15年	ICD-10 基本分類番号
441	**539**	**600**	**561**	**553**	**514**	**579**	**665**	**590**	**557**	**511**	**474**	**503**	**X60～X84**
－	2	－	2	1	1	4	3	3	2	－	1	2	X60, X61
－	2	4	4	3	2	4	2	6	5	1	3	1	X62～X66, X69
2	5	－	1	1	2	4	2	1	－	－	－	2	X67
9	19	29	41	40	35	34	32	47	32	37	19	44	X68
316	391	428	401	401	366	421	504	422	429	393	353	361	X70
76	81	89	64	57	64	62	59	63	49	44	49	39	X71
－	－	－	－	－	－	－	－	－	－	－	－	－	X72～X75
8	7	15	5	6	9	11	17	12	6	4	7	7	X76
3	7	5	8	5	8	8	10	4	6	9	9	9	X78
12	16	24	21	24	19	24	20	21	16	15	25	27	X80
2	5	3	8	10	5	3	8	8	10	5	6	11	X80.0
15	7	4	10	8	5	3	12	7	5	3	5	7	X81
－	2	2	4	7	3	4	4	4	7	5	3	4	X77, X79, X82～X84
－	－	－	－	－	－	－	1	－	－	－	－	1	(Y87.0)

第13表　性・年齢（５歳階級）・手段（基本分類）別自殺死亡数

第13表（21－18）

85～　89歳

ICD-10 基本分類番号	死　因　名	昭和25年	30年	35年	40年	45年	50年
X60～X84	**故意の自傷および自殺**	**110**	**140**	**124**	**159**	**228**	**271**
X60, X61	鎮痛薬および睡眠薬による中毒および曝露にもとづく自傷および自殺	－	－	－	－	－	1
X62～X66, X69	その他および詳細不明の薬物による中毒および曝露にもとづく自傷および自殺	4	12	2	6	6	3
X67	その他のガスおよび蒸気による中毒および曝露にもとづく自傷および自殺	－	－	－	1	2	4
X68	農薬による中毒および曝露にもとづく自傷および自殺	…	…	…	…	3	4
X70	縊首, 絞首および窒息による故意の自傷および自殺	73	92	86	119	163	202
X71	溺死および溺水による故意の自傷および自殺	26	29	33	28	49	44
X72～X75	銃器および爆発物による故意の自傷および自殺	－	－	－	－	－	－
X76	煙, 火および火災による故意の自傷および自殺	…	…	…	…	…	…
X78	鋭利な物体による故意の自傷および自殺	2	1	1	2	1	3
X80	高所からの飛び降りによる故意の自傷および自殺	1	1	－	－	－	4
X80.0	住　宅	…	…	…	…	…	…
X81	移動中の物体の前への飛び込みまたは横臥による故意の自傷および自殺	…	…	2	2	2	3
X77, X79, X82～X84	その他の明示されたおよび詳細不明の手段による故意の自傷および自殺	4	5	－	1	2	3
(Y87.0)	故意の自傷の続発・後遺症	－	－	－	－	－	－

85　～　89歳

ICD-10 基本分類番号	死　因　名	昭和25年	30年	35年	40年	45年	50年
X60～X84	**故意の自傷および自殺**	**43**	**44**	**44**	**54**	**91**	**97**
X60, X61	鎮痛薬および睡眠薬による中毒および曝露にもとづく自傷および自殺	－	－	－	－	－	－
X62～X66, X69	その他および詳細不明の薬物による中毒および曝露にもとづく自傷および自殺	1	5	－	2	3	－
X67	その他のガスおよび蒸気による中毒および曝露にもとづく自傷および自殺	－	－	－	－	1	2
X68	農薬による中毒および曝露にもとづく自傷および自殺	…	…	…	…	2	1
X70	縊首, 絞首および窒息による故意の自傷および自殺	33	32	38	48	67	78
X71	溺死および溺水による故意の自傷および自殺	5	4	4	2	16	7
X72～X75	銃器および爆発物による故意の自傷および自殺	－	－	－	－	－	－
X76	煙, 火および火災による故意の自傷および自殺	…	…	…	…	…	…
X78	鋭利な物体による故意の自傷および自殺	2	1	1	2	1	2
X80	高所からの飛び降りによる故意の自傷および自殺	－	1	－	－	－	3
X80.0	住　宅	…	…	…	…	…	…
X81	移動中の物体の前への飛び込みまたは横臥による故意の自傷および自殺	…	…	1	－	－	2
X77, X79, X82～X84	その他の明示されたおよび詳細不明の手段による故意の自傷および自殺	2	1	－	－	1	2
(Y87.0)	故意の自傷の続発・後遺症	－	－	－	－	－	－

85　～　89歳

ICD-10 基本分類番号	死　因　名	昭和25年	30年	35年	40年	45年	50年
X60～X84	**故意の自傷および自殺**	**67**	**96**	**80**	**105**	**137**	**174**
X60, X61	鎮痛薬および睡眠薬による中毒および曝露にもとづく自傷および自殺	－	－	－	－	－	1
X62～X66, X69	その他および詳細不明の薬物による中毒および曝露にもとづく自傷および自殺	3	7	2	4	3	3
X67	その他のガスおよび蒸気による中毒および曝露にもとづく自傷および自殺	－	－	－	1	1	2
X68	農薬による中毒および曝露にもとづく自傷および自殺	…	…	…	…	1	3
X70	縊首, 絞首および窒息による故意の自傷および自殺	40	60	48	71	96	124
X71	溺死および溺水による故意の自傷および自殺	21	25	29	26	33	37
X72～X75	銃器および爆発物による故意の自傷および自殺	－	－	－	－	－	－
X76	煙, 火および火災による故意の自傷および自殺	…	…	…	…	…	…
X78	鋭利な物体による故意の自傷および自殺	－	－	－	－	－	1
X80	高所からの飛び降りによる故意の自傷および自殺	1	－	－	－	－	1
X80.0	住　宅	…	…	…	…	…	…
X81	移動中の物体の前への飛び込みまたは横臥による故意の自傷および自殺	…	…	1	2	2	1
X77, X79, X82～X84	その他の明示されたおよび詳細不明の手段による故意の自傷および自殺	2	4	－	1	1	1
(Y87.0)	故意の自傷の続発・後遺症	－	－	－	－	－	－

注：１）昭和25年・30年と平成７年以降は「故意の自傷の続発・後遺症」は自殺の合計には含まない。
　　２）「ICD-10基本分類番号」については、P14「２　用語の解説」を参照

の年次比較 −昭和25・30・35・40・45・50・55・60・平成２・６〜15年−

・（総　数）

55年	60年	平成２年	６年	７年	８年	９年	10年	11年	12年	13年	14年	15年	ICD-10 基本分類番号
324	**458**	**584**	**578**	**581**	**606**	**705**	**769**	**795**	**721**	**734**	**684**	**692**	**X60〜X84**
—	—	1	2	1	1	1	—	5	—	—	1	—	X60, X61
3	1	2	3	2	4	5	3	5	7	10	9	4	X62〜X66, X69
2	3	3	—	2	—	3	1	4	3	1	—	4	X67
4	15	35	23	16	25	40	38	36	34	41	30	33	X68
263	366	438	440	462	485	553	619	644	560	601	543	557	X70
35	44	61	57	44	47	47	48	41	40	32	32	34	X71
—	—	—	—	—	—	—	—	—	—	—	—	—	X72〜X75
—	2	5	5	3	5	7	5	3	9	11	9	10	X76
3	4	12	10	11	6	7	6	15	18	4	10	14	X78
7	17	21	27	25	21	36	29	31	36	26	39	24	X80
1	5	3	6	6	3	15	8	7	8	4	10	10	X80.0
6	4	5	5	11	8	6	14	7	8	3	6	8	X81
1	1	1	6	4	4	—	6	4	6	5	5	4	X77, X79, X82〜X84
—	1	—	—	—	—	—	—	—	—	—	—	—	(Y87.0)

・（ 男 ）

55年	60年	平成２年	６年	７年	８年	９年	10年	11年	12年	13年	14年	15年	ICD-10 基本分類番号
150	**196**	**248**	**255**	**264**	**252**	**304**	**350**	**359**	**339**	**339**	**307**	**336**	**X60〜X84**
—	—	—	1	—	1	1	—	3	—	—	—	—	X60, X61
2	—	—	2	—	1	2	3	2	2	4	4	3	X62〜X66, X69
—	2	1	—	2	—	3	—	2	2	1	—	4	X67
2	3	12	9	8	10	17	13	13	19	17	14	11	X68
130	162	201	207	211	209	244	280	300	273	281	239	279	X70
8	10	10	12	7	7	7	10	8	8	6	8	4	X71
—	—	—	—	—	—	—	—	—	—	—	—	—	X72〜X75
—	1	3	3	2	1	3	5	2	3	5	3	5	X76
1	2	6	5	10	5	3	5	5	12	1	6	10	X78
3	12	12	15	13	11	20	20	18	15	18	28	12	X80
—	2	2	2	4	1	7	6	2	2	1	6	5	X80.0
4	3	3	—	9	6	4	10	5	2	3	4	6	X81
—	—	—	1	2	1	—	4	1	3	3	1	2	X77, X79, X82〜X84
—	1	—	—	—	—	—	—	—	—	—	—	—	(Y87.0)

・（ 女 ）

55年	60年	平成２年	６年	７年	８年	９年	10年	11年	12年	13年	14年	15年	ICD-10 基本分類番号
174	**262**	**336**	**323**	**317**	**354**	**401**	**419**	**436**	**382**	**395**	**377**	**356**	**X60〜X84**
—	—	1	1	1	—	—	—	2	—	1	—	—	X60, X61
1	1	2	1	2	3	3	—	3	5	6	5	1	X62〜X66, X69
2	1	2	—	—	—	—	1	2	1	—	—	—	X67
2	12	23	14	8	15	23	25	23	15	24	16	22	X68
133	204	237	233	251	276	309	339	344	287	320	304	278	X70
27	34	51	45	37	40	40	38	33	32	26	24	30	X71
—	—	—	—	—	—	—	—	—	—	—	—	—	X72〜X75
—	1	2	2	1	4	4	—	1	6	6	6	5	X76
2	2	6	5	1	1	4	1	10	6	3	4	4	X78
4	5	9	12	12	10	16	9	13	21	8	11	12	X80
1	3	1	4	2	2	8	2	5	6	3	4	5	X80.0
2	1	2	5	2	2	2	4	2	6	—	2	2	X81
1	1	1	5	2	3	—	2	3	3	2	4	2	X77, X79, X82〜X84
—	—	—	—	—	—	—	—	—	—	—	—	—	(Y87.0)

第13表（21－19）

90　歳　以　上

ICD-10 基本分類番号	死　因　名	昭和25年	30年	35年	40年	45年	50年
X60～X84	**故意の自傷および自殺**	**24**	**27**	**17**	**42**	**56**	**64**
X60, X61	鎮痛薬および睡眠薬による中毒および曝露にもとづく自傷および自殺	－	－	－	－	－	－
X62～X66, X69	その他および詳細不明の薬物による中毒および曝露にもとづく自傷および自殺	1	－	1	－	1	－
X67	その他のガスおよび蒸気による中毒および曝露にもとづく自傷および自殺	－	－	－	－	2	2
X68	農薬による中毒および曝露にもとづく自傷および自殺	…	…	…	…	－	1
X70	縊首, 絞首および窒息による故意の自傷および自殺	14	17	12	33	42	44
X71	溺死および溺水による故意の自傷および自殺	7	10	4	9	9	14
X72～X75	銃器および爆発物による故意の自傷および自殺	－	－	－	－	－	－
X76	煙, 火および火災による故意の自傷および自殺	…	…	…	…	…	…
X78	鋭利な物体による故意の自傷および自殺	－	－	－	－	－	－
X80	高所からの飛び降りによる故意の自傷および自殺	1	－	－	－	1	2
X80.0	住　宅	…	…	…	…	…	…
X81	移動中の物体の前への飛び込みまたは横臥による故意の自傷および自殺	…	…	－	－	1	－
X77, X79, X82～X84	その他の明示されたおよび詳細不明の手段による故意の自傷および自殺	1	－	－	－	－	1
(Y87.0)	故意の自傷の続発・後遺症	－	－	－	－	－	－

90　歳　以　上

ICD-10 基本分類番号	死　因　名	昭和25年	30年	35年	40年	45年	50年
X60～X84	**故意の自傷および自殺**	**10**	**7**	**4**	**11**	**18**	**24**
X60, X61	鎮痛薬および睡眠薬による中毒および曝露にもとづく自傷および自殺	－	－	－	－	－	－
X62～X66, X69	その他および詳細不明の薬物による中毒および曝露にもとづく自傷および自殺	－	－	－	－	－	－
X67	その他のガスおよび蒸気による中毒および曝露にもとづく自傷および自殺	－	－	－	－	－	2
X68	農薬による中毒および曝露にもとづく自傷および自殺	…	…	…	…	－	－
X70	縊首, 絞首および窒息による故意の自傷および自殺	6	6	3	11	16	21
X71	溺死および溺水による故意の自傷および自殺	2	1	1	－	1	1
X72～X75	銃器および爆発物による故意の自傷および自殺	－	－	－	－	－	－
X76	煙, 火および火災による故意の自傷および自殺	…	…	…	…	…	…
X78	鋭利な物体による故意の自傷および自殺	－	－	－	－	－	－
X80	高所からの飛び降りによる故意の自傷および自殺	1	－	－	－	－	－
X80.0	住　宅	…	…	…	…	…	…
X81	移動中の物体の前への飛び込みまたは横臥による故意の自傷および自殺	…	…	－	－	1	－
X77, X79, X82～X84	その他の明示されたおよび詳細不明の手段による故意の自傷および自殺	1	－	－	－	－	－
(Y87.0)	故意の自傷の続発・後遺症	－	－	－	－	－	－

90　歳　以　上

ICD-10 基本分類番号	死　因　名	昭和25年	30年	35年	40年	45年	50年
X60～X84	**故意の自傷および自殺**	**14**	**20**	**13**	**31**	**38**	**40**
X60, X61	鎮痛薬および睡眠薬による中毒および曝露にもとづく自傷および自殺	－	－	－	－	－	－
X62～X66, X69	その他および詳細不明の薬物による中毒および曝露にもとづく自傷および自殺	1	－	1	－	1	－
X67	その他のガスおよび蒸気による中毒および曝露にもとづく自傷および自殺	－	－	－	－	2	－
X68	農薬による中毒および曝露にもとづく自傷および自殺	…	…	…	…	－	1
X70	縊首, 絞首および窒息による故意の自傷および自殺	8	11	9	22	26	23
X71	溺死および溺水による故意の自傷および自殺	5	9	3	9	8	13
X72～X75	銃器および爆発物による故意の自傷および自殺	－	－	－	－	－	－
X76	煙, 火および火災による故意の自傷および自殺	…	…	…	…	…	…
X78	鋭利な物体による故意の自傷および自殺	－	－	－	－	－	－
X80	高所からの飛び降りによる故意の自傷および自殺	－	－	－	－	1	2
X80.0	住　宅	…	…	…	…	…	…
X81	移動中の物体の前への飛び込みまたは横臥による故意の自傷および自殺	…	…	－	－	－	－
X77, X79, X82～X84	その他の明示されたおよび詳細不明の手段による故意の自傷および自殺	－	－	－	－	－	1
(Y87.0)	故意の自傷の続発・後遺症	－	－	－	－	－	－

注：１）昭和25年・30年と平成７年以降は「故意の自傷の続発・後遺症」は自殺の合計には含まない。
　　２）「ICD-10基本分類番号」については、P14「２　用語の解説」を参照

の年次比較 －昭和25・30・35・40・45・50・55・60・平成２・６～15年－

・（総　数）

55年	60年	平成２年	６年	７年	８年	９年	10年	11年	12年	13年	14年	15年	ICD-10 基本分類番号
94	**120**	**188**	**217**	**259**	**230**	**244**	**321**	**334**	**335**	**327**	**378**	**361**	**X60～X84**
—	—	—	—	1	—	—	—	2	—	1	1	1	X60, X61
—	—	—	1	1	1	1	2	1	2	1	2	1	X62～X66, X69
1	—	1	—	—	—	—	—	1	—	—	—	1	X67
3	3	4	9	16	12	10	11	4	9	12	18	10	X68
73	101	155	179	203	184	201	267	282	288	262	311	309	X70
12	10	17	17	17	14	14	17	19	18	17	21	15	X71
—	—	—	—	—	—	—	—	—	—	—	—	—	X72～X75
—	1	1	3	4	—	2	2	2	1	4	3	3	X76
1	1	3	2	3	5	4	4	6	5	9	2	9	X78
1	4	3	2	13	11	9	14	12	7	16	15	10	X80
—	1	—	1	1	2	3	4	2	—	5	4	2	X80.0
2	—	2	4	1	2	1	2	4	2	2	2	—	X81
1	—	2	—	—	1	2	2	1	3	3	3	2	X77, X79, X82～X84
—	—	—	—	—	—	—	—	—	—	—	—	—	(Y87.0)

・（　男　）

55年	60年	平成２年	６年	７年	８年	９年	10年	11年	12年	13年	14年	15年	ICD-10 基本分類番号
36	**56**	**79**	**101**	**114**	**110**	**112**	**138**	**157**	**139**	**139**	**162**	**169**	**X60～X84**
—	—	—	—	—	—	—	—	2	—	—	—	—	X60, X61
—	—	—	1	1	—	—	—	1	—	—	—	1	X62～X66, X69
—	—	1	—	—	—	—	—	—	—	—	—	1	X67
—	—	2	3	8	6	5	2	—	3	6	8	10	X68
30	52	67	87	93	90	99	123	138	121	116	137	142	X70
4	1	5	3	1	1	4	4	5	5	3	5	4	X71
—	—	—	—	—	—	—	—	—	—	—	—	—	X72～X75
—	1	—	2	—	—	—	1	2	1	—	1	2	X76
—	—	—	2	1	5	—	1	3	5	3	1	6	X78
—	2	2	1	9	8	4	5	5	3	8	9	3	X80
—	1	—	—	1	2	—	1	—	—	3	4	2	X80.0
1	—	2	2	1	—	—	2	—	1	2	1	—	X81
1	—	—	—	—	—	—	—	1	—	1	—	—	X77, X79, X82～X84
—	—	—	—	—	—	—	—	—	—	—	—	—	(Y87.0)

・（　女　）

55年	60年	平成２年	６年	７年	８年	９年	10年	11年	12年	13年	14年	15年	ICD-10 基本分類番号
58	**64**	**109**	**116**	**145**	**120**	**132**	**183**	**177**	**196**	**188**	**216**	**192**	**X60～X84**
—	—	—	—	1	—	—	—	—	—	1	1	1	X60, X61
—	—	—	—	—	1	1	2	—	2	1	2	—	X62～X66, X69
1	—	—	—	—	—	—	—	1	—	—	—	—	X67
3	3	2	6	8	6	5	9	4	6	6	10	—	X68
43	49	88	92	110	94	102	144	144	167	146	174	167	X70
8	9	12	14	16	13	10	13	14	13	14	16	11	X71
—	—	—	—	—	—	—	—	—	—	—	—	—	X72～X75
—	—	1	1	4	—	2	1	—	—	4	2	1	X76
1	1	3	—	2	—	4	3	3	—	6	1	3	X78
1	2	1	1	4	3	5	9	7	4	8	6	7	X80
—	—	—	1	—	—	3	3	2	—	2	—	—	X80.0
1	—	—	2	—	2	1	—	4	1	—	1	—	X81
—	—	2	—	—	1	2	2	—	3	2	3	2	X77, X79, X82～X84
—	—	—	—	—	—	—	—	—	—	—	—	—	(Y87.0)

第13表　性・年齢（５歳階級）・手段（基本分類）別自殺死亡数

第13表（21－20）　　年　齢　不　詳

ICD-10 基本分類番号	死　因　名	昭和25年	30年	35年	40年	45年	50年
X60～X84	**故意の自傷および自殺**	**110**	**15**	**11**	**8**	**126**	**136**
X60, X61	鎮痛薬および睡眠薬による中毒および曝露にもとづく自傷および自殺	15	1	2	2	2	－
X62～X66, X69	その他および詳細不明の薬物による中毒および曝露にもとづく自傷および自殺	16	2	3	1	6	1
X67	その他のガスおよび蒸気による中毒および曝露にもとづく自傷および自殺	－	－	－	－	3	2
X68	農薬による中毒および曝露にもとづく自傷および自殺	…	…	…	…	－	－
X70	縊首, 絞首および窒息による故意の自傷および自殺	38	7	5	2	41	57
X71	溺死および溺水による故意の自傷および自殺	11	2	－	－	22	14
X72～X75	銃器および爆発物による故意の自傷および自殺	－	－	－	－	－	－
X76	煙, 火および火災による故意の自傷および自殺	…	…	…	…	…	…
X78	鋭利な物体による故意の自傷および自殺	1	－	－	－	1	－
X80	高所からの飛び降りによる故意の自傷および自殺	1	－	－	－	5	19
X80.0	住　宅	…	…	…	…	…	…
X81	移動中の物体の前への飛び込みまたは横臥による故意の自傷および自殺	…	…	1	1	40	39
X77, X79, X82～X84	その他の明示されたおよび詳細不明の手段による故意の自傷および自殺	28	3	－	2	6	4
(Y87.0)	故意の自傷の続発・後遺症	－	－	－	－	－	－

年　齢　不　詳

ICD-10 基本分類番号	死　因　名	昭和25年	30年	35年	40年	45年	50年
X60～X84	**故意の自傷および自殺**	**79**	**13**	**10**	**7**	**97**	**118**
X60, X61	鎮痛薬および睡眠薬による中毒および曝露にもとづく自傷および自殺	11	1	2	2	2	－
X62～X66, X69	その他および詳細不明の薬物による中毒および曝露にもとづく自傷および自殺	12	2	2	1	3	1
X67	その他のガスおよび蒸気による中毒および曝露にもとづく自傷および自殺	－	－	－	－	2	2
X68	農薬による中毒および曝露にもとづく自傷および自殺	…	…	…	…	－	－
X70	縊首, 絞首および窒息による故意の自傷および自殺	35	7	5	1	38	55
X71	溺死および溺水による故意の自傷および自殺	1	1	－	－	9	7
X72～X75	銃器および爆発物による故意の自傷および自殺	－	－	－	－	－	－
X76	煙, 火および火災による故意の自傷および自殺	…	…	…	…	…	…
X78	鋭利な物体による故意の自傷および自殺	1	－	－	－	1	－
X80	高所からの飛び降りによる故意の自傷および自殺	－	－	－	－	2	16
X80.0	住　宅	…	…	…	…	…	…
X81	移動中の物体の前への飛び込みまたは横臥による故意の自傷および自殺	…	…	1	1	35	33
X77, X79, X82～X84	その他の明示されたおよび詳細不明の手段による故意の自傷および自殺	19	2	－	2	5	4
(Y87.0)	故意の自傷の続発・後遺症	－	－	－	－	－	－

年　齢　不　詳

ICD-10 基本分類番号	死　因　名	昭和25年	30年	35年	40年	45年	50年
X60～X84	**故意の自傷および自殺**	**31**	**2**	**1**	**1**	**29**	**18**
X60, X61	鎮痛薬および睡眠薬による中毒および曝露にもとづく自傷および自殺	4	－	－	－	－	－
X62～X66, X69	その他および詳細不明の薬物による中毒および曝露にもとづく自傷および自殺	4	－	1	－	3	－
X67	その他のガスおよび蒸気による中毒および曝露にもとづく自傷および自殺	－	－	－	－	1	－
X68	農薬による中毒および曝露にもとづく自傷および自殺	…	…	…	…	－	－
X70	縊首, 絞首および窒息による故意の自傷および自殺	3	－	－	1	3	2
X71	溺死および溺水による故意の自傷および自殺	10	1	－	－	13	7
X72～X75	銃器および爆発物による故意の自傷および自殺	－	－	－	－	－	－
X76	煙, 火および火災による故意の自傷および自殺	…	…	…	…	…	…
X78	鋭利な物体による故意の自傷および自殺	－	－	－	－	－	－
X80	高所からの飛び降りによる故意の自傷および自殺	1	－	－	－	3	3
X80.0	住　宅	…	…	…	…	…	…
X81	移動中の物体の前への飛び込みまたは横臥による故意の自傷および自殺	…	…	－	－	5	6
X77, X79, X82～X84	その他の明示されたおよび詳細不明の手段による故意の自傷および自殺	9	1	－	－	1	－
(Y87.0)	故意の自傷の続発・後遺症	－	－	－	－	－	－

注：１）昭和25年・30年と平成７年以降は「故意の自傷の続発・後遺症」は自殺の合計には含まない。
　　２）「ICD-10基本分類番号」については、P14「２　用語の解説」を参照

の年次比較　－昭和25・30・35・40・45・50・55・60・平成２・６〜15年－

・（総　数）

55年	60年	平成２年	６年	７年	８年	９年	10年	11年	12年	13年	14年	15年	ICD-10 基本分類番号
126	**126**	**86**	**179**	**177**	**176**	**222**	**300**	**306**	**267**	**252**	**238**	**237**	**X60〜X84**
1	1	1	—	—	—	—	3	2	—	2	2	—	X60, X61
5	1	1	2	—	—	1	1	—	1	—	—	1	X62〜X66, X69
2	—	1	—	—	2	—	—	—	—	—	2	1	X67
—	2	—	—	—	3	1	—	1	—	—	1	—	X68
57	75	36	115	90	95	124	197	200	179	173	159	158	X70
6	9	9	11	13	9	14	15	15	16	13	8	8	X71
—	—	—	—	—	—	—	—	—	—	—	—	—	X72〜X75
9	3	1	3	3	3	11	6	4	11	5	5	8	X76
1	—	2	2	3	6	2	8	8	2	2	3	2	X78
10	10	13	18	34	27	28	33	45	30	25	27	24	X80
3	6	6	6	18	13	11	17	31	17	13	14	15	X80.0
32	18	19	25	28	29	33	31	30	22	26	28	33	X81
3	7	3	3	6	2	8	6	1	6	6	3	2	X77, X79, X82〜X84
—	—	—	—	—	—	—	—	—	—	—	—	—	(Y87.0)

・（　男　）

55年	60年	平成２年	６年	７年	８年	９年	10年	11年	12年	13年	14年	15年	ICD-10 基本分類番号
112	**111**	**68**	**166**	**157**	**155**	**200**	**273**	**278**	**244**	**224**	**211**	**211**	**X60〜X84**
—	—	—	—	—	—	—	3	1	—	1	1	—	X60, X61
4	—	—	2	—	—	1	1	—	—	—	—	1	X62〜X66, X69
2	—	1	—	—	2	—	—	—	—	—	2	1	X67
—	2	—	—	—	3	—	—	1	—	—	—	—	X68
54	73	36	109	87	88	121	190	190	170	161	151	142	X70
4	2	6	8	7	4	7	10	8	9	11	5	4	X71
—	—	—	—	—	—	—	—	—	—	—	—	—	X72〜X75
9	3	1	3	3	2	9	6	4	11	5	5	8	X76
1	—	2	2	3	6	2	8	7	2	2	3	2	X78
8	9	9	17	27	21	21	26	41	26	20	20	22	X80
2	5	4	6	14	9	8	14	27	15	9	11	13	X80.0
27	17	11	23	24	27	32	25	26	21	21	23	29	X81
3	5	2	2	6	2	7	4	—	5	3	1	2	X77, X79, X82〜X84
—	—	—	—	—	—	—	—	—	—	—	—	—	(Y87.0)

・（　女　）

55年	60年	平成２年	６年	７年	８年	９年	10年	11年	12年	13年	14年	15年	ICD-10 基本分類番号
14	**15**	**18**	**13**	**20**	**21**	**22**	**27**	**28**	**23**	**28**	**27**	**26**	**X60〜X84**
1	1	1	—	—	—	—	—	1	—	1	1	—	X60, X61
1	1	1	—	—	—	—	—	—	1	—	—	—	X62〜X66, X69
—	—	—	—	—	—	—	—	—	—	—	—	—	X67
—	—	—	—	—	—	1	—	—	—	—	1	—	X68
3	2	—	6	3	7	3	7	10	9	12	8	16	X70
2	7	3	3	6	5	7	5	7	7	2	3	4	X71
—	—	—	—	—	—	—	—	—	—	—	—	—	X72〜X75
—	—	—	—	—	1	2	—	—	—	—	—	—	X76
—	—	—	—	—	—	—	—	1	—	—	—	—	X78
2	1	4	1	7	6	7	7	4	4	5	7	2	X80
1	1	2	—	4	4	3	3	4	2	4	3	2	X80.0
5	1	8	2	4	2	1	6	4	1	5	5	4	X81
—	2	1	1	—	—	1	2	1	1	3	2	—	X77, X79, X82〜X84
—	—	—	—	—	—	—	—	—	—	—	—	—	(Y87.0)

第13表　性・年齢（5歳階級）・手段（基本分類）別自殺死亡数

第13表（21−21）

（再掲）65歳以上

ICD-10 基本分類番号	死　因　名	昭和25年	30年	35年	40年	45年	50年
X60～X84	**故意の自傷および自殺**	**3 314**	**3 267**	**3 279**	**3 433**	**3 909**	**4 789**
X60, X61	鎮痛薬および睡眠薬による中毒および曝露にもとづく自傷および自殺	33	56	110	47	31	14
X62～X66, X69	その他および詳細不明の薬物による中毒および曝露にもとづく自傷および自殺	180	308	193	248	77	55
X67	その他のガスおよび蒸気による中毒および曝露にもとづく自傷および自殺	6	13	66	65	109	159
X68	農薬による中毒および曝露にもとづく自傷および自殺	…	…	…	…	197	144
X70	縊首，絞首および窒息による故意の自傷および自殺	2 189	2 039	2 123	2 290	2 649	3 377
X71	溺死および溺水による故意の自傷および自殺	711	627	578	568	603	635
X72～X75	銃器および爆発物による故意の自傷および自殺	5	6	7	9	3	6
X76	煙，火および火災による故意の自傷および自殺	…	…	…	…	…	…
X78	鋭利な物体による故意の自傷および自殺	39	42	44	41	36	60
X80	高所からの飛び降りによる故意の自傷および自殺	19	32	26	41	76	147
X80.0	住　宅	…	…	…	…	…	…
X81	移動中の物体の前への飛び込みまたは横臥による故意の自傷および自殺	…	…	121	96	98	127
X77, X79, X82～X84	その他の明示されたおよび詳細不明の手段による故意の自傷および自殺	132	144	11	28	30	65
(Y87.0)	故意の自傷の続発・後遺症	−	−	−	−	−	−

（再掲）65歳以上

ICD-10 基本分類番号	死　因　名	昭和25年	30年	35年	40年	45年	50年
X60～X84	**故意の自傷および自殺**	**1 740**	**1 732**	**1 661**	**1 719**	**1 897**	**2 194**
X60, X61	鎮痛薬および睡眠薬による中毒および曝露にもとづく自傷および自殺	19	33	56	26	13	9
X62～X66, X69	その他および詳細不明の薬物による中毒および曝露にもとづく自傷および自殺	80	177	106	133	37	23
X67	その他のガスおよび蒸気による中毒および曝露にもとづく自傷および自殺	3	5	38	29	64	72
X68	農薬による中毒および曝露にもとづく自傷および自殺	…	…	…	…	115	65
X70	縊首，絞首および窒息による故意の自傷および自殺	1 310	1 198	1 173	1 270	1 374	1 656
X71	溺死および溺水による故意の自傷および自殺	217	174	169	138	156	147
X72～X75	銃器および爆発物による故意の自傷および自殺	5	6	7	9	3	6
X76	煙，火および火災による故意の自傷および自殺	…	…	…	…	…	…
X78	鋭利な物体による故意の自傷および自殺	28	33	31	25	25	38
X80	高所からの飛び降りによる故意の自傷および自殺	9	21	13	20	44	80
X80.0	住　宅	…	…	…	…	…	…
X81	移動中の物体の前への飛び込みまたは横臥による故意の自傷および自殺	…	…	64	54	52	61
X77, X79, X82～X84	その他の明示されたおよび詳細不明の手段による故意の自傷および自殺	69	85	4	15	14	37
(Y87.0)	故意の自傷の続発・後遺症	−	−	−	−	−	−

（再掲）65歳以上

ICD-10 基本分類番号	死　因　名	昭和25年	30年	35年	40年	45年	50年
X60～X84	**故意の自傷および自殺**	**1 574**	**1 535**	**1 618**	**1 714**	**2 012**	**2 595**
X60, X61	鎮痛薬および睡眠薬による中毒および曝露にもとづく自傷および自殺	14	23	54	21	18	5
X62～X66, X69	その他および詳細不明の薬物による中毒および曝露にもとづく自傷および自殺	100	131	87	115	40	32
X67	その他のガスおよび蒸気による中毒および曝露にもとづく自傷および自殺	3	8	28	36	45	87
X68	農薬による中毒および曝露にもとづく自傷および自殺	…	…	…	…	82	79
X70	縊首，絞首および窒息による故意の自傷および自殺	879	841	950	1 020	1 275	1 721
X71	溺死および溺水による故意の自傷および自殺	494	453	409	430	447	488
X72～X75	銃器および爆発物による故意の自傷および自殺	−	−	−	−	−	−
X76	煙，火および火災による故意の自傷および自殺	…	…	…	…	…	…
X78	鋭利な物体による故意の自傷および自殺	11	9	13	16	11	22
X80	高所からの飛び降りによる故意の自傷および自殺	10	11	13	21	32	67
X80.0	住　宅	…	…	…	…	…	…
X81	移動中の物体の前への飛び込みまたは横臥による故意の自傷および自殺	…	…	57	42	46	66
X77, X79, X82～X84	その他の明示されたおよび詳細不明の手段による故意の自傷および自殺	63	59	7	13	16	28
(Y87.0)	故意の自傷の続発・後遺症	−	−	−	−	−	−

注：1）昭和25年・30年と平成７年以降は「故意の自傷の続発・後遺症」は自殺の合計には含まない。
　　2）「ICD-10基本分類番号」については、P14「2　用語の解説」を参照

の年次比較 −昭和25・30・35・40・45・50・55・60・平成2・6～15年−

・（総　数）

55年	60年	平成2年	6年	7年	8年	9年	10年	11年	12年	13年	14年	15年	ICD-10 基本分類番号
5 005	**5 601**	**5 892**	**5 437**	**5 627**	**5 868**	**6 230**	**8 047**	**7 861**	**7 550**	**7 553**	**7 475**	**7 774**	**X60～X84**
14	12	12	18	21	14	21	25	38	20	26	31	20	X60, X61
42	29	46	37	34	41	54	39	49	59	50	53	55	X62～X66, X69
102	63	50	45	61	78	94	132	135	97	107	94	213	X67
202	410	415	396	372	362	423	432	411	395	390	399	368	X68
3 531	4 034	4 103	3 843	4 060	4 232	4 444	5 981	5 876	5 743	5 688	5 617	5 759	X70
578	485	517	413	404	385	418	452	447	397	371	360	383	X71
3	4	−	2	3	3	3	7	7	5	6	8	10	X72～X75
84	88	124	95	102	121	134	154	131	131	151	151	158	X76
76	85	137	128	126	147	159	185	178	201	188	209	218	X78
208	260	338	302	294	333	337	434	391	364	401	405	393	X80
27	53	63	77	65	94	116	132	135	119	141	158	150	X80.0
149	107	121	123	117	118	116	151	146	94	119	113	145	X81
16	23	27	35	33	34	27	55	52	44	56	35	52	X77, X79, X82～X84
−	1	2	−	2	1	−	2	1	1	2	−	5	(Y87.0)

・（　男　）

55年	60年	平成2年	6年	7年	8年	9年	10年	11年	12年	13年	14年	15年	ICD-10 基本分類番号
2 291	**2 727**	**2 776**	**2 760**	**2 852**	**3 021**	**3 343**	**4 482**	**4 481**	**4 328**	**4 483**	**4 396**	**4 601**	**X60～X84**
7	7	4	5	7	5	5	9	21	7	16	14	5	X60, X61
16	11	14	17	13	19	27	18	20	30	22	24	24	X62～X66, X69
56	30	41	41	54	59	73	117	109	89	91	81	177	X67
93	193	189	184	176	182	194	194	199	199	191	224	175	X68
1 707	2 062	2 021	2 035	2 141	2 258	2 481	3 429	3 475	3 408	3 487	3 378	3 535	X70
143	108	124	98	84	88	110	141	128	116	119	114	118	X71
3	4	−	2	3	3	3	7	7	5	6	8	9	X72～X75
42	45	54	47	48	56	70	87	73	75	90	79	90	X76
42	50	76	77	83	91	98	120	112	134	120	145	145	X78
98	152	185	175	169	182	208	252	232	203	241	243	219	X80
8	27	33	37	31	45	65	56	66	59	77	82	67	X80.0
76	53	54	60	56	64	62	79	78	44	68	67	79	X81
8	11	14	19	18	14	12	29	27	18	32	19	25	X77, X79, X82～X84
−	1	−	−	2	1	−	1	−	1	2	−	3	(Y87.0)

・（　女　）

55年	60年	平成2年	6年	7年	8年	9年	10年	11年	12年	13年	14年	15年	ICD-10 基本分類番号
2 714	**2 874**	**3 116**	**2 677**	**2 775**	**2 847**	**2 887**	**3 565**	**3 380**	**3 222**	**3 070**	**3 079**	**3 173**	**X60～X84**
7	5	8	13	14	9	16	16	17	13	10	17	15	X60, X61
26	18	32	20	21	22	27	21	29	29	28	29	31	X62～X66, X69
46	33	9	4	7	19	21	15	26	8	16	13	36	X67
109	217	226	212	196	180	229	238	212	196	199	175	193	X68
1 824	1 972	2 082	1 808	1 919	1 974	1 963	2 552	2 401	2 335	2 201	2 239	2 224	X70
435	377	393	315	320	297	308	311	319	281	252	246	265	X71
−	−	−	−	−	−	−	−	−	−	−	−	1	X72～X75
42	43	70	48	54	65	64	67	58	56	61	72	68	X76
34	35	61	51	43	56	61	65	66	67	68	64	73	X78
110	108	153	127	125	151	129	182	159	161	160	162	174	X80
19	26	30	40	34	49	51	76	69	60	64	76	83	X80.0
73	54	67	63	61	54	54	72	68	50	51	46	66	X81
8	12	13	16	15	20	15	26	25	26	24	16	27	X77, X79, X82～X84
−	−	2	−	−	−	−	1	1	−	−	−	2	(Y87.0)

第14表　性・都道府県別自殺死亡数・死亡率（人口10万対）

第14表（3－1）
死亡数（総数）

都道府県	昭和25年	30年	35年	40年	45年	50年	55年	60年	平成2年	7年	12年	13年	14年	15年
全国	**16 311**	**22 477**	**20 143**	**14 444**	**15 728**	**19 975**	**20 542**	**23 383**	**20 088**	**21 420**	**30 251**	**29 375**	**29 949**	**32 109**
北海道	604	997	1 087	703	841	1 002	1 022	1 233	907	953	1 509	1 335	1 391	1 531
青森	155	254	245	198	181	243	309	368	287	297	405	423	537	576
岩手	249	363	335	282	282	344	365	386	360	345	454	479	500	527
宮城	195	246	261	224	214	311	301	420	374	342	541	550	550	621
秋田	230	272	265	201	245	297	285	415	338	385	457	438	494	519
山形	237	297	237	183	211	224	249	293	235	274	323	317	370	370
福島	272	402	334	239	272	301	334	468	358	401	500	514	543	586
茨城	247	352	313	233	250	374	436	541	421	499	709	683	722	748
栃木	256	295	236	176	224	294	344	412	356	368	508	510	464	523
群馬	302	406	327	226	269	347	366	465	348	388	494	497	488	562
埼玉	436	500	413	375	480	723	787	909	885	1 043	1 414	1 438	1 430	1 563
千葉	377	477	397	320	403	590	684	816	742	839	1 269	1 160	1 212	1 326
東京	1 297	2 157	2 234	1 264	1 488	1 835	1 755	1 932	1 692	1 868	2 780	2 567	2 563	2 743
神奈川	456	693	624	548	577	877	896	1 135	1 044	1 207	1 724	1 649	1 670	1 791
新潟	585	675	572	465	513	554	550	723	560	594	812	843	771	833
富山	207	282	191	194	213	199	230	270	219	220	298	300	276	356
石川	174	215	157	127	151	175	186	207	169	188	239	276	271	303
福井	165	205	145	102	105	135	134	146	132	137	173	197	190	246
山梨	157	189	157	100	105	132	145	175	161	158	200	205	220	223
長野	462	509	398	296	293	386	344	435	405	387	576	484	487	576
岐阜	369	434	371	285	279	381	349	419	370	343	489	460	478	546
静岡	441	594	571	401	371	537	561	604	517	527	740	781	772	786
愛知	770	986	928	627	762	1 036	924	961	888	1 014	1 444	1 418	1 432	1 566
三重	314	361	323	240	263	261	281	305	268	295	378	395	379	456
滋賀	202	215	198	150	135	196	164	182	170	175	262	216	284	330
京都	453	487	491	352	365	440	445	469	423	421	659	566	582	602
大阪	743	1 329	1 463	1 079	1 239	1 581	1 403	1 394	1 327	1 374	2 219	2 120	2 144	2 186
兵庫	724	1 036	959	691	719	972	982	1 019	859	895	1 266	1 270	1 223	1 280
奈良	170	225	184	125	114	172	204	226	181	192	256	304	258	296
和歌山	267	362	250	171	188	232	217	285	213	228	276	317	284	271
鳥取	79	149	101	95	91	87	119	120	122	121	138	136	142	145
島根	172	231	187	152	156	196	212	212	182	192	233	226	244	237
岡山	286	391	287	245	257	297	310	334	302	253	378	411	399	397
広島	409	521	514	380	381	449	509	540	499	513	605	623	627	650
山口	334	447	362	270	245	319	337	345	260	297	397	352	383	412
徳島	151	218	156	133	163	146	188	162	137	134	161	152	164	165
香川	189	280	192	175	122	190	200	203	164	160	231	191	210	226
愛媛	265	356	352	198	225	267	274	354	256	253	348	358	362	394
高知	163	196	186	146	139	180	199	215	167	161	207	209	235	236
福岡	617	964	827	532	565	753	816	968	853	814	1 213	1 230	1 280	1 352
佐賀	138	291	190	102	99	126	145	181	140	140	219	215	232	216
長崎	206	362	298	228	245	276	292	344	267	259	372	341	368	449
熊本	256	403	298	223	275	294	313	356	283	308	418	409	463	498
大分	250	254	223	181	198	204	225	266	218	214	323	265	316	309
宮崎	167	248	225	157	220	235	277	273	251	298	381	335	353	369
鹿児島	246	374	381	307	301	346	406	478	386	389	479	476	453	482
沖縄	…	…	…	…	…	148	163	198	214	247	347	312	328	350
不詳	867	977	698	343	294	311	305	221	178	310	427	422	405	380

死亡率（総数）

都道府県	昭和25年	30年	35年	40年	45年	50年	55年	60年	平成2年	7年	12年	13年	14年	15年
全国	**19.6**	**25.2**	**21.6**	**14.7**	**15.3**	**18.0**	**17.7**	**19.4**	**16.4**	**17.2**	**24.1**	**23.3**	**23.8**	**25.5**
北海道	14.1	20.9	21.6	13.6	16.2	18.8	18.4	21.7	16.1	16.8	26.6	23.6	24.6	27.1
青森	12.1	18.4	17.2	14.0	12.7	16.6	20.3	24.2	19.4	20.1	27.5	28.8	36.7	39.5
岩手	18.5	25.4	23.1	20.0	20.6	24.9	25.7	26.5	25.4	24.3	32.1	34.0	35.6	37.8
宮城	11.7	14.2	15.0	12.8	11.8	15.9	14.5	19.4	16.7	14.7	23.0	23.3	23.3	26.3
秋田	17.6	20.2	19.8	15.7	19.8	24.1	22.7	33.1	27.6	31.8	38.5	37.1	42.1	44.6
山形	17.5	21.9	17.9	14.5	17.2	18.4	19.9	23.4	18.7	21.9	26.1	25.7	30.1	30.2
福島	13.2	19.2	16.3	12.0	14.0	15.3	16.4	22.8	17.0	18.9	23.6	24.3	25.7	27.9
茨城	12.1	17.1	15.3	11.3	11.7	16.0	17.1	19.9	14.9	17.0	24.0	23.1	24.4	25.3
栃木	16.5	19.1	15.6	11.6	14.2	17.3	19.2	21.9	18.5	18.7	25.6	25.7	23.4	26.3
群馬	18.9	25.2	20.7	14.1	16.2	19.8	19.8	24.3	17.8	19.6	24.7	24.9	24.4	28.1
埼玉	20.3	22.1	17.0	12.4	12.4	15.0	14.6	15.5	13.9	15.6	20.6	20.8	20.6	22.5
千葉	17.6	21.6	17.2	11.8	12.0	14.3	14.5	15.8	13.4	14.6	21.6	19.6	20.4	22.3
東京	20.7	26.8	23.1	11.6	13.1	15.9	15.3	16.4	14.5	16.2	23.5	21.5	21.4	22.7
神奈川	18.3	23.7	18.1	12.4	10.6	13.8	13.0	15.4	13.2	14.8	20.5	19.5	19.6	20.9
新潟	23.8	27.3	23.4	19.4	21.8	23.2	22.5	29.5	22.7	23.9	32.9	34.2	31.4	34.0
富山	20.5	27.6	18.5	18.9	20.7	18.6	20.9	24.0	19.6	19.7	26.8	27.0	24.8	32.1
石川	18.2	22.3	16.1	13.0	15.1	16.4	16.7	17.9	14.6	16.0	20.3	23.5	23.1	25.8
福井	21.9	27.2	19.3	13.6	14.2	17.6	17.0	17.8	16.1	16.7	21.1	24.1	23.2	30.1
山梨	19.4	23.4	20.1	13.1	13.8	16.9	18.1	21.3	18.9	18.1	22.8	23.4	25.1	25.5
長野	22.4	25.2	20.1	15.1	15.0	19.2	16.5	20.0	18.9	17.8	26.4	22.1	22.3	26.4
岐阜	23.9	27.4	22.6	16.8	15.9	20.5	17.9	20.6	18.0	16.5	23.5	22.1	23.0	26.3
静岡	17.8	22.4	20.7	13.8	12.0	16.3	16.3	16.9	14.2	14.2	19.9	21.0	20.7	21.1
愛知	22.7	26.2	22.1	13.1	14.3	17.6	15.0	14.8	13.4	15.0	20.8	20.3	20.5	22.3
三重	21.5	24.3	21.8	15.8	17.1	16.1	16.7	17.5	15.0	16.2	20.6	21.5	20.7	24.9
滋賀	23.5	25.2	23.5	17.6	15.3	20.0	15.3	15.6	14.0	13.8	19.8	16.2	21.2	24.5
京都	24.7	25.2	24.6	16.7	16.5	18.5	17.9	18.3	16.5	16.4	25.4	21.8	22.4	23.2
大阪	19.3	28.8	26.6	16.2	16.6	19.5	16.9	16.1	15.5	16.0	25.7	24.5	24.8	25.3
兵庫	21.9	28.6	24.5	16.0	15.6	19.8	19.4	19.3	16.1	16.8	23.2	23.1	22.3	23.3
奈良	22.3	29.0	23.6	15.1	12.3	16.0	17.0	17.3	13.2	13.5	17.8	21.2	18.0	20.7
和歌山	27.2	36.0	24.9	16.7	18.1	21.7	20.1	26.2	19.9	21.2	25.9	29.9	26.9	25.8
鳥取	13.2	24.3	16.9	16.4	16.0	15.0	19.8	19.3	19.9	19.8	22.6	22.3	23.3	23.9
島根	18.8	24.9	21.0	18.5	20.2	25.5	27.1	26.6	23.4	25.0	30.8	29.9	32.4	31.6
岡山	17.2	23.1	17.2	14.9	15.1	16.4	16.6	17.4	15.8	13.1	19.5	21.2	20.6	20.5
広島	19.6	24.2	23.5	16.7	15.7	17.1	18.7	19.1	17.6	17.9	21.2	21.8	22.0	22.8
山口	21.7	27.8	22.6	17.5	16.4	20.7	21.4	21.7	16.7	19.3	26.2	23.3	25.4	27.5
徳島	17.2	24.8	18.4	16.3	20.6	18.1	22.8	19.5	16.5	16.1	19.6	18.6	20.1	20.3
香川	20.0	29.7	20.9	19.4	13.5	19.8	20.0	19.6	16.1	15.6	22.7	18.8	20.7	22.3
愛媛	17.4	23.1	23.5	13.7	15.9	18.2	18.2	23.1	16.9	16.8	23.4	24.1	24.4	26.7
高知	18.7	22.2	21.8	18.0	17.7	22.3	24.0	25.5	20.3	19.8	25.5	25.8	29.1	29.4
福岡	17.5	25.0	20.6	13.4	14.1	17.6	18.0	20.4	17.8	16.6	24.3	24.6	25.5	26.9
佐賀	14.6	29.9	20.2	11.7	11.8	15.1	16.8	20.3	16.0	15.9	25.1	24.6	26.6	24.9
長崎	12.5	20.7	16.9	13.9	15.6	17.6	18.4	21.5	17.1	16.8	24.6	22.6	24.5	30.0
熊本	14.0	21.3	16.1	12.6	16.2	17.2	17.5	19.4	15.4	16.6	22.5	22.0	25.0	26.9
大分	20.0	19.9	18.0	15.2	17.2	17.2	18.4	21.3	17.7	17.4	26.6	21.8	26.0	25.5
宮崎	15.3	21.8	19.8	14.5	21.0	21.7	24.1	23.1	21.5	25.4	32.6	28.7	30.3	31.8
鹿児島	13.6	18.3	19.4	16.6	17.4	20.1	22.8	26.1	21.5	21.7	26.9	26.8	25.5	27.2
沖縄	…	…	…	…	…	14.3	14.8	16.8	17.6	19.5	26.5	23.6	24.6	26.1

第14表（３－２）
死 亡 数（男）

都道府県	昭和25年	30年	35年	40年	45年	50年	55年	60年	平成2年	7年	12年	13年	14年	15年
全国	**9 820**	**13 836**	**11 506**	**8 330**	**8 761**	**11 744**	**12 769**	**15 356**	**12 316**	**14 231**	**21 656**	**21 085**	**21 677**	**23 396**
北海道	397	609	628	440	444	571	665	853	592	637	1 103	985	1 006	1 095
青森	109	181	159	126	97	156	209	238	178	211	282	326	407	446
岩手	148	223	180	162	162	196	229	247	209	233	317	331	364	395
宮城	112	145	151	120	114	156	191	256	228	207	388	401	416	469
秋田	146	163	154	123	132	167	179	282	210	249	323	285	366	365
山形	136	173	131	117	114	121	142	175	141	184	223	229	262	273
福島	165	234	191	132	142	171	208	297	190	254	348	364	402	447
茨城	141	212	183	137	134	227	273	350	239	322	518	490	539	554
栃木	128	173	127	100	134	181	197	260	204	263	344	356	350	360
群馬	168	235	176	116	161	198	213	286	204	237	335	333	345	397
埼玉	254	293	212	218	260	412	485	620	519	666	990	1 010	997	1 104
千葉	218	270	212	169	217	368	425	535	443	578	937	855	876	970
東京	797	1 328	1 308	740	834	1 098	1 110	1 209	1 057	1 238	1 933	1 787	1 818	1 933
神奈川	291	441	377	333	333	521	604	780	657	831	1 256	1 156	1 144	1 313
新潟	324	395	298	249	303	324	294	462	317	382	544	581	533	590
富山	129	177	100	102	116	116	136	169	126	151	203	205	188	254
石川	116	134	91	77	82	99	123	135	112	120	180	206	200	222
福井	94	129	77	64	51	76	86	98	80	87	130	154	141	185
山梨	86	114	78	57	62	86	91	105	97	102	154	159	163	171
長野	260	275	215	155	144	212	206	276	218	236	385	341	332	403
岐阜	209	263	217	155	133	213	198	255	201	195	323	333	339	383
静岡	265	379	310	229	217	354	349	407	309	371	559	557	569	590
愛知	429	543	490	342	393	580	532	614	512	648	1 013	975	971	1 083
三重	200	199	173	140	129	141	173	194	152	180	258	288	254	329
滋賀	112	120	109	62	67	101	91	119	106	112	198	150	207	239
京都	273	282	261	164	204	247	270	286	236	281	483	386	420	420
大阪	463	790	806	605	656	894	867	918	864	899	1 609	1 529	1 602	1 588
兵庫	421	639	534	384	393	544	575	670	517	588	896	915	899	927
奈良	102	142	99	66	64	100	116	143	116	112	183	210	189	213
和歌山	134	207	122	105	102	118	122	196	132	146	198	218	196	184
鳥取	48	87	61	56	53	44	76	74	76	88	104	95	107	109
島根	89	149	115	97	88	113	135	137	125	128	174	169	183	172
岡山	147	238	147	129	146	180	190	233	190	171	253	288	296	290
広島	255	350	278	210	220	261	299	374	309	335	425	461	438	475
山口	202	267	232	167	144	178	194	224	165	196	279	258	286	299
徳島	74	116	88	67	83	83	114	101	82	86	114	115	112	118
香川	103	144	101	76	58	113	103	124	95	99	176	123	155	172
愛媛	163	232	212	121	145	154	187	211	164	175	251	260	259	287
高知	97	125	87	103	92	114	135	158	106	107	148	157	169	175
福岡	383	658	524	306	322	485	519	673	548	578	891	935	952	1 016
佐賀	80	180	117	60	63	73	89	132	78	91	164	170	178	182
長崎	132	245	192	148	153	178	181	236	167	172	271	252	276	337
熊本	155	258	180	133	152	169	195	241	180	203	293	287	322	367
大分	138	165	129	96	110	126	142	181	139	140	229	175	228	221
宮崎	118	156	134	106	129	156	192	178	169	193	273	226	260	278
鹿児島	160	223	221	186	173	198	260	308	250	264	338	369	327	378
沖縄	…	…	…	…	…	104	125	141	157	208	272	254	266	276
不詳	649	775	519	280	236	267	274	195	150	277	388	376	368	342

の年次比較　－昭和25・30・35・40・45・50・55・60・平成２・７・12～15年－

死亡率（男）

都道府県	昭和25年	30年	35年	40年	45年	50年	55年	60年	平成2年	7年	12年	13年	14年	15年
全国	**24.1**	**31.5**	**25.1**	**17.3**	**17.3**	**21.5**	**22.3**	**26.0**	**20.4**	**23.4**	**35.2**	**34.2**	**35.2**	**38.0**
北海道	18.3	25.1	24.7	17.0	17.4	21.8	24.3	30.8	21.8	23.4	40.7	36.4	37.2	40.7
青森	17.2	26.7	22.9	18.4	14.2	22.1	28.5	32.8	25.3	30.0	40.2	46.6	58.4	64.4
岩手	22.3	31.9	25.6	23.8	24.6	29.4	33.3	35.3	30.8	34.2	46.6	48.8	54.0	59.0
宮城	13.5	17.1	17.8	14.1	12.9	16.3	18.7	24.2	20.7	18.2	33.6	34.7	36.1	40.7
秋田	22.6	24.7	23.9	20.0	22.3	28.3	29.7	46.9	36.0	43.2	57.3	50.8	65.7	66.1
山形	20.6	26.5	20.8	19.3	19.4	20.6	23.5	29.1	23.3	30.4	37.2	38.3	44.0	46.1
福島	16.4	23.0	19.4	13.8	15.2	18.0	21.0	29.8	18.6	24.4	33.6	35.2	39.0	43.6
茨城	14.2	21.1	18.3	13.6	12.7	19.6	21.5	25.7	16.9	22.0	35.2	33.2	36.6	37.7
栃木	17.0	23.1	17.4	13.6	17.4	21.7	22.3	28.2	21.3	26.9	34.9	36.0	35.5	36.5
群馬	21.6	30.1	23.2	14.9	20.0	23.1	23.5	30.4	21.1	24.2	34.0	33.8	35.0	40.3
埼玉	24.2	26.4	17.7	14.4	13.4	17.0	17.8	21.0	16.1	19.7	28.5	29.0	28.5	31.5
千葉	21.0	25.1	18.8	12.6	12.8	17.6	17.9	20.7	15.9	20.0	31.7	28.8	29.4	32.5
東京	25.1	32.3	26.2	13.3	14.5	18.8	19.2	20.3	18.0	21.5	32.6	30.1	30.5	32.2
神奈川	23.3	30.0	21.6	14.6	11.9	16.0	17.2	20.7	16.2	20.0	29.5	26.9	26.5	30.3
新潟	27.1	33.0	25.3	21.5	26.6	27.9	24.7	38.8	26.4	31.7	45.4	48.6	44.8	49.7
富山	26.4	35.8	20.0	20.7	23.6	22.6	25.6	31.0	23.4	28.1	37.8	38.2	35.1	47.6
石川	25.2	28.9	19.6	16.4	17.1	19.2	22.7	24.4	20.0	21.1	31.6	36.2	35.2	39.1
福井	25.8	35.5	21.4	17.8	14.4	20.5	22.5	24.9	20.1	21.9	32.7	38.7	35.5	46.6
山梨	21.9	29.2	20.6	15.5	16.9	22.7	23.3	26.1	23.2	23.7	35.7	36.8	37.9	39.9
長野	26.0	28.1	22.5	16.5	15.4	21.9	20.5	26.4	20.9	22.2	36.1	31.9	31.2	37.9
岐阜	27.4	34.0	27.2	18.9	15.8	23.6	20.9	25.7	20.1	19.3	32.0	33.0	33.6	38.0
静岡	22.0	29.1	22.9	16.0	14.3	21.8	20.6	23.0	17.2	20.4	30.5	30.4	31.0	32.2
愛知	26.0	29.7	23.7	14.4	14.7	19.7	17.2	19.0	15.4	19.1	29.2	27.9	27.7	30.8
三重	28.4	27.7	24.1	19.2	17.5	18.0	21.3	23.1	17.6	20.3	29.0	32.3	28.6	37.0
滋賀	27.1	29.3	27.0	15.1	15.7	21.1	17.3	20.7	17.8	17.9	30.3	22.8	31.3	36.0
京都	30.6	29.9	26.8	16.0	18.9	21.1	22.2	22.7	19.0	22.5	38.4	30.7	33.5	33.6
大阪	24.4	34.5	29.1	18.0	17.5	22.1	21.1	21.5	20.5	21.3	38.1	36.2	38.0	37.7
兵庫	25.9	36.0	27.8	18.1	17.4	22.5	23.3	26.0	20.0	22.9	34.0	34.6	34.0	35.1
奈良	27.7	37.6	25.9	16.5	14.3	19.2	19.9	22.6	17.6	16.4	26.6	30.6	27.7	31.2
和歌山	28.2	42.2	25.2	21.1	20.4	22.9	23.4	38.0	25.9	28.6	39.2	43.3	39.2	37.0
鳥取	16.6	29.3	21.3	20.3	19.7	15.9	26.3	24.9	25.9	30.0	35.6	32.5	36.6	37.5
島根	20.0	32.6	26.6	24.6	24.0	30.9	35.8	36.0	33.5	34.8	48.0	46.7	50.8	48.0
岡山	18.3	29.2	18.4	16.5	17.9	20.6	21.1	25.2	20.6	18.3	27.2	30.9	31.8	31.2
広島	25.1	33.4	26.3	19.0	18.6	20.3	22.5	27.2	22.4	24.1	30.8	33.4	31.8	34.4
山口	26.6	33.7	29.7	22.5	20.2	24.2	25.8	29.6	22.3	26.8	38.9	36.1	40.2	42.2
徳島	17.3	27.2	21.6	17.2	22.0	21.6	28.8	25.2	20.7	21.8	29.2	29.5	28.9	30.5
香川	22.5	31.5	23.0	17.8	13.5	24.5	21.4	24.8	19.4	20.1	35.9	25.2	31.8	35.3
愛媛	22.0	31.0	29.4	17.6	21.6	22.1	26.1	29.0	22.9	24.6	35.7	37.1	37.1	41.2
高知	22.8	29.1	21.2	26.6	24.8	29.8	34.1	39.7	27.3	27.9	38.7	41.1	44.4	46.2
福岡	21.9	34.7	26.8	16.0	16.8	23.6	23.8	29.3	23.9	24.7	37.5	39.3	39.9	42.6
佐賀	17.6	38.3	26.1	14.6	16.0	18.5	21.7	31.1	18.8	21.8	39.7	41.2	43.2	44.3
長崎	16.3	28.5	22.3	18.8	20.5	23.8	23.9	30.9	22.7	23.7	38.2	35.5	39.1	48.0
熊本	17.6	28.1	20.3	15.9	19.1	20.9	23.0	27.8	20.7	23.1	33.4	32.7	36.8	42.0
大分	22.8	26.8	21.8	17.2	20.4	22.5	24.4	30.8	23.8	24.1	39.9	30.5	39.9	38.7
宮崎	22.1	27.9	24.3	20.5	25.9	30.3	34.9	31.9	30.7	34.8	49.5	41.1	47.4	50.8
鹿児島	18.4	22.6	23.6	21.3	21.5	24.6	31.0	35.9	29.7	31.4	40.4	44.2	39.3	45.5
沖縄	…	…	…	…	…	20.5	23.1	24.1	26.3	33.5	42.2	39.1	40.7	41.9

第14表（３－３）
死 亡 数（女）

都道府県	昭和25年	30年	35年	40年	45年	50年	55年	60年	平成2年	7年	12年	13年	14年	15年
全国	**6 491**	**8 641**	**8 637**	**6 114**	**6 967**	**8 231**	**7 773**	**8 027**	**7 772**	**7 189**	**8 595**	**8 290**	**8 272**	**8 713**
北海道	207	388	459	263	397	431	357	380	315	316	406	350	385	436
青森	46	73	86	72	84	87	100	130	109	86	123	97	130	130
岩手	101	140	155	120	120	148	136	139	151	112	137	148	136	132
宮城	83	101	110	104	100	155	110	164	146	135	153	149	134	152
秋田	84	109	111	78	113	130	106	133	128	136	134	153	128	154
山形	101	124	106	66	97	103	107	118	94	90	100	88	108	97
福島	107	168	143	107	130	130	126	171	168	147	152	150	141	139
茨城	106	140	130	96	116	147	163	191	182	177	191	193	183	194
栃木	128	122	109	76	90	113	147	152	152	105	164	154	114	163
群馬	134	171	151	110	108	149	153	179	144	151	159	164	143	165
埼玉	182	207	201	157	220	311	302	289	366	377	424	428	433	459
千葉	159	207	185	151	186	222	259	281	299	261	332	305	336	356
東京	500	829	926	524	654	737	645	723	635	630	847	780	745	810
神奈川	165	252	247	215	244	356	292	355	387	376	468	493	526	478
新潟	261	280	274	216	210	230	256	261	243	212	268	262	238	243
富山	78	105	91	92	97	83	94	101	93	69	95	95	88	102
石川	58	81	66	50	69	76	63	72	57	68	59	70	71	81
福井	71	76	68	38	54	59	48	48	52	50	43	43	49	61
山梨	71	75	79	43	43	46	54	70	64	56	46	46	57	52
長野	202	234	183	141	149	174	138	159	187	151	191	143	155	173
岐阜	160	171	154	130	146	168	151	164	169	148	166	127	139	163
静岡	176	215	261	172	154	183	212	197	208	156	181	224	203	196
愛知	341	443	438	285	369	456	392	347	376	366	431	443	461	483
三重	114	162	150	100	134	120	108	111	116	115	120	107	125	127
滋賀	90	95	89	88	68	95	73	63	64	63	64	66	77	91
京都	180	205	230	188	161	193	175	183	187	140	176	180	162	182
大阪	280	539	657	474	583	687	536	476	463	475	610	591	542	598
兵庫	303	397	425	307	326	428	407	349	342	307	370	355	324	353
奈良	68	83	85	59	50	72	88	83	65	80	73	94	69	83
和歌山	133	155	128	66	86	114	95	89	81	82	78	99	88	87
鳥取	31	62	40	39	38	43	43	46	46	33	34	41	35	36
島根	83	82	72	55	68	83	77	75	57	64	59	57	61	65
岡山	139	153	140	116	111	117	120	101	112	82	125	123	103	107
広島	154	171	236	170	161	188	210	166	190	178	180	162	189	175
山口	132	180	130	103	101	141	143	121	95	101	118	94	97	113
徳島	77	102	68	66	80	63	74	61	55	48	47	37	52	47
香川	86	136	91	99	64	77	97	79	69	61	55	68	55	54
愛媛	102	124	140	77	80	113	87	143	92	78	97	98	103	107
高知	66	71	99	43	47	66	64	57	61	54	59	52	66	61
福岡	234	306	303	226	243	268	297	295	305	236	322	295	328	336
佐賀	58	111	73	42	36	53	56	49	62	49	55	45	54	34
長崎	74	117	106	80	92	98	111	108	100	87	101	89	92	112
熊本	101	145	118	90	123	125	118	115	103	105	125	122	141	131
大分	112	89	94	85	88	78	83	85	79	74	94	90	88	88
宮崎	49	92	91	51	91	79	85	95	82	105	108	109	93	91
鹿児島	86	151	160	121	128	148	146	170	136	125	141	107	126	104
沖縄	…	…	…	…	…	44	38	57	57	39	75	58	62	74
不詳	218	202	179	63	58	44	31	26	28	33	39	46	37	38

の年次比較 －昭和25・30・35・40・45・50・55・60・平成２・７・12～15年－

死亡率（女）

都道府県	昭和25年	30年	35年	40年	45年	50年	55年	60年	平成２年	７年	12年	13年	14年	15年
全国	**15.3**	**19.0**	**18.2**	**12.2**	**13.3**	**14.6**	**13.1**	**13.1**	**12.4**	**11.3**	**13.4**	**12.9**	**12.8**	**13.5**
北海道	9.7	16.6	18.4	10.2	15.1	15.9	12.6	13.0	10.8	10.7	13.7	11.8	13.0	14.8
青森	7.1	10.4	11.7	9.8	11.3	11.4	12.7	16.3	14.0	11.1	15.9	12.6	16.9	17.0
岩手	14.8	19.2	20.8	16.4	16.8	20.7	18.6	18.4	20.5	15.2	18.7	20.2	18.7	18.2
宮城	9.9	11.5	12.3	11.6	10.8	15.6	10.4	14.8	12.8	11.4	12.7	12.4	11.1	12.6
秋田	12.7	15.8	16.1	11.7	17.4	20.3	16.2	20.4	19.9	21.4	21.5	24.7	20.8	25.2
山形	14.5	17.7	15.4	10.0	15.2	16.3	16.6	18.2	14.4	13.9	15.6	13.8	17.0	15.3
福島	10.1	15.6	13.4	10.4	12.9	12.8	12.1	16.2	15.6	13.5	14.0	13.9	13.1	12.9
茨城	10.1	13.2	12.4	9.2	10.7	12.5	12.7	14.1	12.8	12.1	12.9	13.0	12.3	13.1
栃木	16.0	15.3	13.9	9.7	11.1	13.1	16.2	15.8	15.7	10.6	16.4	15.4	11.4	16.3
群馬	16.3	20.6	18.4	13.3	12.7	16.6	16.3	18.4	14.5	15.0	15.7	16.2	14.1	16.3
埼玉	16.6	18.0	16.3	10.4	11.5	13.1	11.3	10.0	11.6	11.4	12.5	12.5	12.6	13.3
千葉	14.4	18.3	15.7	11.1	11.2	10.8	11.0	10.9	10.9	9.2	11.4	10.4	11.4	12.0
東京	16.1	21.1	19.8	9.9	11.7	12.9	11.3	12.4	10.9	10.9	14.3	13.1	12.4	13.4
神奈川	13.3	17.4	14.6	10.0	9.3	11.5	8.7	9.8	10.0	9.4	11.3	11.8	12.5	11.3
新潟	20.6	21.9	21.7	17.4	17.2	18.7	20.4	20.8	19.1	16.6	21.1	20.7	18.8	19.3
富山	15.0	19.9	17.1	17.2	18.1	15.0	16.5	17.4	16.0	11.9	16.5	16.5	15.3	17.7
石川	11.7	16.1	13.0	9.8	13.3	13.8	11.0	11.9	9.5	11.2	9.7	11.6	11.7	13.4
福井	18.3	19.5	17.3	9.7	14.0	14.8	11.8	11.2	12.4	11.9	10.2	10.2	11.6	14.5
山梨	17.0	18.0	19.6	10.9	10.9	11.4	13.1	16.6	14.8	12.6	10.3	10.3	12.8	11.7
長野	19.1	22.5	17.8	13.8	14.6	16.7	12.9	14.1	16.9	13.6	17.1	12.8	13.9	15.5
岐阜	20.5	21.1	18.3	14.8	16.1	17.6	15.1	15.7	16.0	13.8	15.5	11.9	13.0	15.2
静岡	13.9	15.9	18.6	11.6	9.8	10.9	12.1	10.9	11.2	8.3	9.6	11.9	10.7	10.4
愛知	19.6	22.8	20.5	11.8	13.8	15.5	12.7	10.7	11.4	10.8	12.5	12.7	13.2	13.8
三重	15.1	21.1	19.5	12.7	16.8	14.4	12.5	12.4	12.6	12.2	12.7	11.3	13.2	13.4
滋賀	20.1	21.4	20.3	19.8	14.9	19.0	13.3	10.7	10.4	9.8	9.5	9.8	11.3	13.3
京都	19.1	20.7	22.5	17.5	14.3	15.9	13.8	14.0	14.3	10.6	13.1	13.4	12.0	13.5
大阪	14.3	23.2	24.0	14.4	15.7	16.9	12.8	10.9	10.7	10.8	13.8	13.4	12.2	13.5
兵庫	18.0	21.5	21.4	14.0	14.0	17.1	15.7	12.9	12.5	11.2	13.1	12.5	11.3	12.3
奈良	17.2	20.8	21.3	13.9	10.5	13.1	14.2	12.4	9.2	10.8	9.8	12.6	9.2	11.1
和歌山	26.2	30.0	24.7	12.5	16.0	20.7	16.9	15.6	14.4	14.5	13.9	17.7	15.8	15.7
鳥取	10.0	19.5	12.8	12.8	12.7	14.2	13.7	14.2	14.4	10.3	10.7	12.9	11.0	11.4
島根	17.7	17.4	15.8	12.9	16.8	20.7	18.9	18.0	14.0	15.9	14.9	14.5	15.5	16.6
岡山	16.2	17.5	16.0	13.4	12.6	12.5	12.5	10.2	11.3	8.2	12.4	12.2	10.2	10.6
広島	14.4	15.5	21.0	14.5	13.0	14.0	15.1	11.5	13.1	12.1	12.2	11.0	12.8	11.9
山口	16.9	22.0	15.8	12.8	12.9	17.5	17.4	14.6	11.6	12.4	14.8	11.8	12.2	14.3
徳島	17.1	22.6	15.5	15.5	19.3	15.0	17.3	14.2	12.6	11.0	10.9	8.6	12.1	11.0
香川	17.6	27.9	19.0	20.9	13.4	15.4	18.7	14.8	13.0	11.5	10.4	12.9	10.4	10.2
愛媛	13.1	15.7	18.0	10.2	10.7	14.7	11.1	17.7	11.5	9.8	12.3	12.5	13.2	13.7
高知	14.7	15.7	22.3	10.1	11.3	15.6	14.7	12.8	14.0	12.5	13.8	12.1	15.5	14.4
福岡	13.1	15.6	14.8	11.0	11.7	12.1	12.7	12.0	12.2	9.2	12.3	11.3	12.5	12.8
佐賀	11.9	22.1	14.8	9.1	8.1	12.0	12.3	10.5	13.4	10.5	11.9	9.8	11.8	7.4
長崎	8.9	13.2	11.8	9.4	11.2	12.0	13.4	12.9	12.1	10.7	12.6	11.1	11.5	14.1
熊本	10.7	14.8	12.2	9.7	13.7	13.8	12.6	11.9	10.6	10.7	12.8	12.5	14.4	13.4
大分	17.3	13.5	14.5	13.5	14.3	12.4	12.9	12.9	12.1	11.4	14.6	14.0	13.7	13.8
宮崎	8.8	15.9	15.6	9.1	16.5	13.9	14.1	15.2	13.3	17.0	17.5	17.7	15.1	14.8
鹿児島	9.2	14.3	15.6	12.3	13.8	16.1	15.5	17.4	14.3	13.1	14.9	11.3	13.4	11.1
沖縄	…	…	…	…	…	8.3	6.8	9.6	9.2	6.0	11.2	8.6	9.1	10.8

第15表　性・都道府県別自殺年齢調整死亡率

都道府県	男									
	昭和35年	40年	45年	50年	55年	60年	平成２年	７年	12年	15年
全　国	**30.0**	**21.8**	**20.6**	**24.1**	**24.3**	**26.9**	**20.0**	**21.3**	**30.7**	**33.2** **(32.8)**
北 海 道	33.3	25.1	22.5	26.4	26.9	32.1	21.6	21.6	36.0	35.5
青　森	30.2	25.8	18.8	25.9	31.8	33.7	25.4	28.1	34.8	55.9
岩　手	36.1	33.4	30.6	34.1	35.9	35.6	28.7	31.6	41.0	52.7
宮　城	21.2	18.1	15.1	18.4	20.5	25.3	21.0	17.6	30.7	37.1
秋　田	31.7	28.8	27.6	32.9	30.4	45.8	33.3	36.6	47.2	56.0
山　形	25.8	26.9	23.2	22.0	24.7	28.1	21.3	27.6	32.1	40.1
福　島	25.3	18.8	18.8	19.6	22.2	30.3	18.7	23.6	31.3	39.3
茨　城	22.6	16.5	14.9	21.6	23.3	27.3	16.8	20.6	31.7	33.9
栃　木	24.1	17.5	19.9	24.9	24.1	29.4	21.5	25.3	30.9	31.7
群　馬	29.1	19.0	23.4	25.8	25.2	31.3	20.8	22.1	29.8	34.9
埼　玉	23.0	19.6	20.0	22.3	22.0	23.8	17.1	18.7	25.2	27.7
千　葉	22.1	15.7	15.5	21.8	20.9	22.8	16.3	18.6	27.7	28.1
東　京	27.7	16.8	17.6	20.9	20.8	21.2	17.6	19.2	28.2	27.8
神 奈 川	25.4	19.3	17.0	19.3	20.8	22.3	16.5	18.5	26.1	26.5
新　潟	34.3	30.5	33.0	31.2	26.2	38.9	24.9	28.3	39.1	41.9
富　山	25.1	27.3	26.3	24.7	27.1	32.3	21.5	24.4	31.3	38.9
石　川	24.2	21.6	19.4	20.9	24.7	25.1	19.9	19.1	27.7	34.4
福　井	27.9	24.2	16.7	23.2	24.1	25.4	18.9	19.8	27.6	39.6
山　梨	25.7	18.9	19.9	24.5	24.5	26.1	22.7	22.1	31.4	35.6
長　野	27.7	19.5	16.8	23.5	21.5	26.4	19.6	20.4	31.8	33.1
岐　阜	34.0	25.0	19.9	27.0	22.9	26.8	19.2	17.7	28.5	31.8
静　岡	26.1	20.5	17.4	24.2	22.7	24.1	17.0	18.4	26.1	28.4
愛　知	27.8	19.1	18.6	24.5	20.0	21.1	15.8	18.0	26.2	27.0
三　重	28.9	23.2	20.4	19.7	22.4	23.3	17.0	18.3	25.9	32.5
滋　賀	32.3	17.5	17.4	23.4	19.3	22.5	18.1	17.0	27.7	31.1
京　都	30.8	18.5	20.7	23.6	24.2	24.0	18.5	20.6	32.2	29.0
大　阪	32.3	22.6	22.1	26.1	24.0	23.2	20.9	19.6	33.1	32.1
兵　庫	31.7	21.8	20.2	25.3	25.5	27.6	19.7	21.2	30.2	30.4
奈　良	29.2	18.6	16.5	22.9	22.3	24.2	17.5	14.6	23.2	27.7
和 歌 山	28.2	25.1	22.4	24.8	23.7	37.1	23.6	25.0	33.5	32.2
鳥　取	25.7	23.8	21.8	17.0	27.3	24.7	24.7	27.6	33.2	32.1
島　根	33.2	28.7	25.9	31.3	36.5	34.2	30.1	30.5	41.1	41.0
岡　山	21.5	19.2	19.3	21.3	22.0	25.3	19.5	17.5	23.2	28.5
広　島	30.9	22.3	21.3	22.7	24.4	28.3	21.9	22.4	26.9	30.0
山　口	36.3	27.0	23.3	25.7	27.4	29.7	20.1	24.5	33.6	35.0
徳　島	25.7	20.4	24.2	22.5	30.2	25.9	19.1	20.3	24.5	26.9
香　川	27.6	20.8	14.4	25.9	22.9	25.5	18.8	18.1	32.4	31.1
愛　媛	35.5	20.6	24.1	23.8	27.5	29.6	22.0	22.2	31.0	37.1
高　知	25.1	29.9	25.7	30.7	33.8	38.3	25.7	24.3	32.7	40.7
福　岡	33.7	19.7	19.5	26.4	25.8	31.4	23.9	23.4	33.8	38.2
佐　賀	32.4	17.9	18.4	20.1	23.2	33.4	18.2	20.4	36.3	41.6
長　崎	30.9	24.4	24.7	27.0	26.1	32.7	21.9	22.5	35.1	43.8
熊　本	24.9	20.0	22.1	22.6	24.5	28.1	19.8	22.0	29.8	38.4
大　分	26.7	20.8	22.7	24.6	25.3	30.6	22.2	22.0	34.4	34.4
宮　崎	32.6	26.2	30.8	34.3	37.4	32.4	30.3	31.4	42.9	45.3
鹿 児 島	31.3	26.6	25.2	27.2	32.7	36.1	28.3	29.8	36.4	40.0
沖　縄	…	…	…	23.0	27.5	27.8	29.1	35.7	42.4	40.5

注：1）年齢調整死亡率の基準人口は、昭和60年モデル人口である。
　　2）自殺死亡率算出の分母に用いた人口は、国勢調査の日本人人口である。
　　　ただし、平成15年については、全国は10月１日現在推計人口（５歳階級）の日本人人口、都道府県（全国のカッコ書きを含む。）は10月１日現在推計人口（５歳階級）の総人口である。

（人口10万対）の年次比較　－昭和35・40・45・50・55・60・平成２・７・12・15年－

女									
昭和35年	40年	45年	50年	55年	60年	平成２年	7年	12年	15年
20.6	**14.4**	**14.7**	**15.6**	**13.4**	**12.5**	**10.8**	**9.3**	**10.7**	**10.9** (10.8)
22.5	14.1	18.8	18.0	13.6	12.8	9.6	8.7	10.5	11.9
14.0	13.5	13.4	12.5	13.1	15.5	12.3	8.7	11.8	11.6
26.4	20.4	19.8	22.4	18.3	16.5	15.7	11.0	13.1	11.1
15.1	14.8	12.2	16.7	10.8	14.4	11.5	9.9	9.7	10.0
20.7	14.9	21.0	20.8	15.4	17.5	14.4	15.0	14.8	16.2
19.4	12.7	16.3	15.7	15.1	15.0	10.4	10.1	10.3	11.4
16.6	12.5	14.1	13.2	11.7	14.6	12.6	10.8	10.6	10.1
14.4	10.5	11.5	13.0	13.1	13.8	11.7	9.6	10.9	10.3
15.7	11.6	12.3	14.0	16.6	15.5	13.5	8.7	12.6	12.6
21.9	15.0	13.8	17.6	16.4	17.4	12.2	11.4	11.2	12.3
18.0	12.5	14.3	16.9	13.6	11.1	11.7	10.1	10.4	11.1
17.5	13.3	13.4	12.8	12.6	11.5	10.4	8.1	9.5	10.2
20.2	11.3	13.1	13.7	11.8	12.0	9.8	9.4	11.6	11.3
16.3	12.3	10.9	13.9	10.1	10.4	9.6	8.3	9.6	9.6
26.9	21.2	19.2	18.8	18.9	17.0	14.5	11.3	13.8	12.2
18.9	20.4	19.0	14.9	15.8	15.0	13.0	9.1	11.9	12.6
14.2	10.8	13.5	14.2	11.0	11.4	7.7	9.0	7.7	10.9
19.7	11.4	14.5	14.7	11.0	9.5	9.7	8.3	7.2	11.1
22.0	12.1	11.6	11.4	12.8	15.6	12.7	10.3	8.3	9.8
20.2	15.2	15.0	16.3	12.0	12.3	13.2	10.3	12.8	11.2
22.0	18.2	18.3	19.3	15.3	14.9	13.1	10.6	11.5	11.9
20.5	13.7	10.9	11.9	12.6	10.3	9.8	6.6	7.7	8.0
24.0	15.6	17.4	19.2	14.4	11.2	10.5	9.3	10.4	11.3
21.6	14.3	17.6	14.5	12.0	11.5	10.4	9.0	9.8	9.8
23.1	21.8	15.5	19.5	13.3	10.1	9.1	7.8	7.9	10.1
24.2	19.4	14.9	16.4	13.6	12.9	12.2	8.9	11.2	10.6
25.5	15.9	17.7	19.3	14.2	11.2	9.9	9.4	11.6	11.3
23.2	16.1	15.0	18.2	16.1	12.4	10.9	9.2	10.9	10.5
23.5	15.0	11.4	13.8	14.5	11.9	8.2	9.3	8.0	8.9
26.4	13.8	16.5	20.3	15.9	13.9	10.6	11.0	10.8	11.8
14.6	13.8	12.9	13.2	12.2	13.1	11.7	8.1	8.8	7.8
18.2	13.7	16.5	18.7	17.4	14.4	9.8	12.4	11.1	10.7
18.1	14.7	12.6	12.4	11.8	9.1	9.2	7.0	10.1	8.6
23.2	16.1	13.8	14.5	14.7	10.7	11.1	9.8	9.7	9.4
18.2	14.4	13.2	17.3	16.4	13.2	8.8	10.0	10.9	11.4
17.9	17.2	19.8	14.7	15.5	12.7	10.1	8.2	8.0	8.5
21.9	22.5	13.8	15.0	17.2	13.5	10.9	9.7	7.7	7.9
20.6	11.2	11.2	14.8	10.6	16.1	9.8	8.1	9.5	11.7
24.3	10.5	10.8	14.9	12.9	10.9	10.7	9.2	9.9	11.0
16.4	12.3	12.5	12.7	12.7	11.6	10.7	7.9	10.4	10.6
17.0	10.5	8.4	11.7	12.0	10.1	11.4	8.2	9.8	6.1
14.2	11.3	12.3	12.4	13.0	11.9	10.3	8.8	11.2	11.2
14.0	11.1	14.3	13.6	12.1	10.9	8.9	9.2	10.6	10.2
17.0	15.2	14.8	12.3	12.3	11.3	9.8	8.7	11.3	10.9
20.2	11.2	17.8	14.1	14.0	14.0	11.4	12.0	12.7	10.6
18.7	14.4	14.7	15.5	14.7	15.2	12.7	11.0	11.0	8.4
…	…	…	9.7	7.4	10.7	9.8	6.3	11.1	10.1

第16表　自殺死亡数，

都道府県	総数												
	総　数	縊首 (X70)	ガス (X67)	農薬 (X68)	薬物 (X60～X66, X69)	溺死 (X71)	飛び降り (X80)	飛び込み (X81)	その他 (X72～X79, X82～X84)	総　数	縊首 (X70)	ガス (X67)	農薬 (X68)
全　国	**32 109**	**20 669**	**3 538**	**675**	**604**	**1 129**	**2 774**	**807**	**1 913**	**23 396**	**15 535**	**3 121**	**391**
北海道	1 531	1 062	196	7	24	49	76	19	98	1 095	769	172	4
青　森	576	412	82	14	9	16	10	—	33	446	326	75	8
岩　手	527	352	85	16	4	25	21	3	21	395	257	82	8
宮　城	621	380	112	7	7	35	48	7	25	469	287	107	4
秋　田	519	366	78	9	3	15	12	6	30	365	261	65	4
山　形	370	262	52	4	5	11	11	4	21	273	194	45	3
福　島	586	345	106	22	8	22	23	11	49	447	274	91	8
茨　城	748	452	96	37	13	35	39	13	63	554	345	86	22
栃　木	523	304	80	29	11	8	37	14	40	360	211	69	14
群　馬	562	319	86	36	13	23	41	9	35	397	217	77	25
埼　玉	1 563	924	160	53	43	59	174	57	93	1 104	675	139	35
千　葉	1 326	844	148	19	30	32	116	40	97	970	626	132	17
東　京	2 743	1 583	149	13	96	96	504	137	165	1 933	1 197	133	8
神奈川	1 791	1 105	146	18	34	40	248	71	129	1 313	842	133	11
新　潟	833	575	86	30	13	39	26	9	55	590	420	79	19
富　山	356	255	29	7	4	24	11	7	19	254	190	25	2
石　川	303	201	39	7	6	10	20	4	16	222	152	34	6
福　井	246	166	35	8	1	13	9	3	11	185	136	28	5
山　梨	223	136	30	9	3	11	14	3	17	171	105	26	7
長　野	576	360	83	12	9	28	38	16	30	403	263	68	9
岐　阜	546	361	70	15	9	11	43	6	31	383	268	56	3
静　岡	786	502	92	31	19	20	50	22	50	590	393	82	16
愛　知	1 566	1 015	155	13	26	61	151	39	106	1 083	733	128	6
三　重	456	311	52	10	8	19	25	8	23	329	228	47	2
滋　賀	330	220	30	2	5	17	22	8	26	239	170	21	1
京　都	602	378	61	11	15	22	67	24	24	420	271	53	6
大　阪	2 186	1 348	172	8	58	63	332	82	123	1 588	1 030	149	4
兵　庫	1 280	793	126	11	21	40	168	45	76	927	594	112	5
奈　良	296	196	39	7	5	6	17	11	15	213	150	37	2
和歌山	271	203	26	5	3	6	13	5	10	184	137	23	5
鳥　取	145	100	22	5	1	5	8	1	3	109	73	21	4
島　根	237	185	19	3	4	12	7	—	7	172	133	18	1
岡　山	397	277	54	7	6	12	11	3	27	290	203	49	4
広　島	650	464	79	5	3	20	39	8	32	475	343	71	—
山　口	412	305	41	6	4	20	11	6	19	299	224	37	3
徳　島	165	106	17	8	4	13	4	4	9	118	78	13	4
香　川	226	153	21	9	3	11	18	—	11	172	120	21	4
愛　媛	394	253	51	13	4	17	32	3	21	287	188	44	8
高　知	236	151	35	11	6	7	7	3	16	175	115	31	5
福　岡	1 352	854	191	32	26	54	92	22	81	1 016	664	164	21
佐　賀	216	149	30	9	2	4	6	2	14	182	121	29	8
長　崎	449	320	43	11	6	19	17	3	30	337	249	38	8
熊　本	498	317	69	29	7	12	33	11	20	367	240	57	18
大　分	309	203	41	4	6	13	14	10	18	221	152	38	1
宮　崎	369	266	39	21	4	6	13	3	17	278	200	38	14
鹿児島	482	349	50	25	5	11	24	—	18	378	277	46	14
沖　縄	350	239	30	6	6	17	34	—	18	276	206	27	5
不　詳	380	248	5	1	2	20	38	45	21	342	228	5	—
(再　掲)													
14大都市	6 787	4 112	560	30	182	223	1 054	228	398	4 921	3 128	493	18
市　部	17 195	10 983	2 044	333	325	605	1 405	442	1 058	12 558	8 272	1 791	204
郡　部	7 747	5 326	929	311	95	281	277	92	436	5 575	3 907	832	169

注：（　）は「ICD-10基本分類番号」である。（P14「2　用語の解説」を参照）

都道府県・手段・性別 －平成15年－

男					女								
薬物 (X60～X66, X69)	溺死 (X71)	飛び降り (X80)	飛び込み (X81)	その他 (X72～X79, X82～X84)	総数	縊首 (X70)	ガス (X67)	農薬 (X68)	薬物 (X60～X66, X69)	溺死 (X71)	飛び降り (X80)	飛び込み (X81)	その他 (X72～X79, X82～X84)
306	**542**	**1 660**	**491**	**1 350**	**8 713**	**5 134**	**417**	**284**	**298**	**587**	**1 114**	**316**	**563**
12	25	45	10	58	436	293	24	3	12	24	31	9	40
5	9	6	—	17	130	86	7	6	4	7	4	—	16
3	12	16	2	15	132	95	3	8	1	13	5	1	6
6	15	28	4	18	152	93	5	3	1	20	20	3	7
2	5	9	3	16	154	105	13	5	1	10	3	3	14
3	4	7	3	14	97	68	7	1	2	7	4	1	7
3	11	15	4	41	139	71	15	14	5	11	8	7	8
8	21	24	6	42	194	107	10	15	5	14	15	7	21
6	2	24	7	27	163	93	11	15	5	6	13	7	13
4	7	28	8	31	165	102	9	11	9	16	13	1	4
19	26	117	28	65	459	249	21	18	24	33	57	29	28
15	19	60	30	71	356	218	16	2	15	13	56	10	26
45	57	289	88	116	810	386	16	5	51	39	215	49	49
20	21	151	42	93	478	263	13	7	14	19	97	29	36
6	15	15	3	33	243	155	7	11	7	24	11	6	22
3	9	8	5	12	102	65	4	5	1	15	3	2	7
3	4	9	3	11	81	49	5	1	3	6	11	1	5
1	5	4	1	5	61	30	7	3	—	8	5	2	6
3	2	10	3	15	52	31	4	2	—	9	4	—	2
3	11	23	9	17	173	97	15	3	6	17	15	7	13
4	7	24	2	19	163	93	14	12	5	4	19	4	12
11	11	32	9	36	196	109	10	15	8	9	18	13	14
11	25	84	18	78	483	282	27	7	15	36	67	21	28
4	10	20	4	14	127	83	5	8	4	9	5	4	9
2	7	12	2	24	91	50	9	1	3	10	10	6	2
10	7	35	18	20	182	107	8	5	5	15	32	6	4
27	29	210	54	85	598	318	23	4	31	34	122	28	38
10	20	95	30	61	353	199	14	6	11	20	73	15	15
2	—	7	2	13	83	46	2	5	3	6	10	9	2
—	1	6	4	8	87	66	3	—	3	5	7	1	2
1	1	6	1	2	36	27	1	1	—	4	2	—	1
3	7	5	—	5	65	52	1	2	1	5	2	—	2
3	5	5	2	19	107	74	5	3	3	7	6	1	8
2	9	24	5	21	175	121	8	5	1	11	15	3	11
1	10	5	4	15	113	81	4	3	3	10	6	2	4
1	8	3	3	8	47	28	4	4	3	5	1	1	1
1	2	14	—	10	54	33	—	5	2	9	4	—	1
3	9	17	3	15	107	65	7	5	1	8	15	—	6
4	2	5	2	11	61	36	4	6	2	5	2	1	5
13	32	48	16	58	336	190	27	11	13	22	44	6	23
2	3	5	1	13	34	28	1	1	—	1	1	1	1
3	10	10	1	18	112	71	5	3	3	9	7	2	12
6	6	21	6	13	131	77	12	11	1	6	12	5	7
2	6	9	4	9	88	51	3	3	4	7	5	6	9
2	4	8	2	10	91	66	1	7	2	2	5	1	7
5	9	12	—	15	104	72	4	11	—	2	12	—	3
1	10	14	—	13	74	33	3	1	5	7	20	—	5
2	12	36	39	20	38	20	—	1	—	8	2	6	1
92	129	618	148	295	1 866	984	67	12	90	94	436	80	103
161	283	848	257	742	4 637	2 711	253	129	164	322	557	185	316
51	118	158	47	293	2 172	1 419	97	142	44	163	119	45	143

第17表　15歳以上自殺死亡数・死亡率(人口10万対)，性・職業(大分類)別 －平成７・12年度－

職業（大分類）	自殺死亡数 男	自殺死亡数 女	自殺死亡率 男	自殺死亡率 女
平成７年度				
総数	**13 958**	**7 064**	**27.5**	**13.2**
就業者総数	7 971	1 773	20.9	7.0
A 専門的・技術的職業従事者	657	148	14.4	4.4
B 管理的職業従事者	378	60	15.9	＊23.3
C 事務従事者	721	241	15.9	3.2
D 販売従事者	795	169	13.4	4.8
E サービス職業従事者	578	213	32.2	6.8
F 保安職業従事者	128	12	14.3	＊28.5
G 農林漁業作業者	895	259	41.4	15.8
H 運輸・通信従事者	492	25	21.9	＊20.1
I 生産工程・労務作業者	1 900	175	14.1	3.1
J 分類不能の職業	1 427	471	…	…
無職	5 987	5 291	48.9	18.8
平成12年度				
総数	**22 048**	**8 643**	**42.3**	**15.7**
就業者総数	12 146	2 260	32.9	8.9
A 専門的・技術的職業従事者	1 679	247	35.6	6.7
B 管理的職業従事者	671	64	42.3	＊32.3
C 事務従事者	892	271	19.7	3.6
D 販売従事者	1 223	212	20.3	6.2
E サービス職業従事者	988	302	51.1	8.5
F 保安職業従事者	230	11	24.3	＊21.6
G 農林漁業作業者	975	237	54.2	17.6
H 運輸・通信従事者	754	30	35.2	＊27.9
I 生産工程・労務作業者	2 086	182	16.2	3.4
J 分類不能の職業	2 648	704	…	…
無職	9 902	6 383	70.8	21.9

注：1）「J　分類不能の職業」には仕事の有無不詳を含む。
　　2）表中＊印の付してある数値については、発生件数が100未満のもので数値が特に不安定であることに注意する必要がある。
　　3）自殺死亡率算出の分母に用いた人口は、国勢調査の日本人人口（「無職」＝「完全失業者」＋「非労働力人口」）を使用しており、平成12年度は年齢不詳を按分している。

第18表　15歳以上自殺死亡数・死亡率(人口10万対)，性・産業(大分類)別　－平成７・12年度－

産　業（大分類）	自殺死亡数		自殺死亡率	
	男	女	男	女
		平成７年度		
総　数	**13 958**	**7 064**	**27.5**	**13.2**
就業者総数	7 971	1 773	20.9	7.0
第１次産業	961	282	44.9	16.8
A 農業	832	264	45.2	16.7
B 林業	46	6	*64.4	*42.0
C 漁業	83	12	*36.1	*15.6
第２次産業	2 234	233	15.8	4.0
D 鉱業	80	14	*155.5	*161.5
E 建設業	1 068	69	19.3	*6.7
F 製造業	1 086	150	12.7	3.1
第３次産業	4 776	1 258	13.9	3.9
G 電気・ガス・熱供給・水道業	193	26	62.3	*47.9
H 運輸・通信業	534	29	16.6	*4.5
I 卸売・小売業・飲食店	819	202	11.1	2.8
J 金融・保険業	109	30	11.8	*2.9
K 不動産業	80	22	*18.6	*8.2
L サービス業	939	327	12.1	4.1
M 公務	343	61	20.9	*12.0
N 分類不能の産業	1 759	561	…	…
無業	5 987	5 291	48.9	18.8
		平成12年度		
総　数	**22 048**	**8 643**	**42.3**	**15.7**
就業者総数	12 146	2 260	32.9	8.9
第１次産業	1 134	270	63.6	19.5
A 農業	961	251	62.5	19.1
B 林業	53	3	*95.4	*26.0
C 漁業	120	16	63.4	*25.2
第２次産業	3 205	289	24.2	5.7
D 鉱業	105	16	233.5	*192.5
E 建設業	1 721	70	32.4	*7.5
F 製造業	1 379	203	17.5	4.9
第３次産業	7 807	1 701	21.5	4.7
G 電気・ガス・熱供給・水道業	245	20	81.1	*40.3
H 運輸・通信業	829	47	26.2	*6.4
I 卸売・小売業・飲食店	1 229	246	17.6	3.4
J 金融・保険業	129	23	15.3	*2.5
K 不動産業	115	16	25.4	*5.5
L サービス業	1 616	461	19.8	5.1
M 公務	476	70	29.2	*13.6
N 分類不能の産業	3 168	818	…	…
無業	9 902	6 383	70.8	21.9

注：１）「N　分類不能の産業」には仕事の有無不詳を含む。
　　２）表中＊印の付してある数値については、発生件数が100未満のもので数値が特に不安定であることに注意する必要がある。
　　３）自殺死亡率算出の分母に用いた人口は、国勢調査の日本人人口（「無業」＝「完全失業者」＋「非労働力人口」）を使用しており、平成12年度は年齢不詳を按分している。

第19表　15歳以上自殺死亡数・死亡率（人口10万対），

第19表（２－１）

平成７年度

年齢階級	総数			男			女		
	総数	就業者総数	無職	総数	就業者総数	無職	総数	就業者総数	無職
					自殺死亡数				
総数	**21 022**	**9 744**	**11 278**	**13 958**	**7 971**	**5 987**	**7 064**	**1 773**	**5 291**
15～19歳	403	80	323	274	51	223	129	29	100
20～24	1 092	468	624	745	338	407	347	130	217
25～29	1 222	656	566	871	521	350	351	135	216
30～34	1 159	659	500	807	530	277	352	129	223
35～39	1 160	692	468	864	599	265	296	93	203
40～44	1 511	933	578	1 140	803	337	371	130	241
45～49	2 288	1 423	865	1 700	1 216	484	588	207	381
50～54	2 487	1 525	962	1 790	1 266	524	697	259	438
55～59	2 163	1 243	920	1 550	1 036	514	613	207	406
60～64	1 952	848	1 104	1 339	704	635	613	144	469
65～69	1 427	471	956	858	366	492	569	105	464
70～74	1 215	263	952	618	187	431	597	76	521
75～	2 774	315	2 459	1 254	207	1 047	1 520	108	1 412
不　詳	169	168	1	148	147	1	21	21	－
					自殺死亡率				
総数	**20.1**	**15.3**	**27.9**	**27.5**	**20.9**	**48.9**	**13.2**	**7.0**	**18.8**
15～19歳	4.7	6.3	4.5	6.3	7.3	6.1	3.1	5.1	2.8
20～24	11.2	6.9	21.6	15.0	9.7	28.1	7.3	3.9	15.0
25～29	14.2	9.9	29.9	19.9	13.0	107.9	8.3	5.1	13.7
30～34	14.5	11.3	23.7	20.0	13.9	145.4	8.9	6.4	11.6
35～39	15.0	11.7	26.5	22.2	16.2	167.0	7.7	4.2	12.6
40～44	16.9	13.0	34.1	25.4	18.8	173.5	8.4	4.4	16.0
45～49	21.7	16.6	45.0	32.1	24.2	205.4	11.2	5.8	22.6
50～54	28.0	21.8	52.6	40.7	30.5	240.2	15.6	9.1	27.2
55～59	27.3	21.7	43.0	39.9	29.3	161.4	15.2	9.4	22.3
60～64	26.2	21.4	32.1	37.2	28.0	60.3	15.9	9.9	19.6
65～69	22.4	18.5	25.1	28.7	22.4	37.0	16.8	11.6	18.8
70～74	26.0	20.9	28.0	32.0	23.7	37.8	21.8	16.1	23.0
75～	38.8	38.0	39.1	49.1	38.4	52.1	33.1	37.3	33.0

注：自殺死亡率算出の分母に用いた人口は、国勢調査の日本人人口（「無職」＝「完全失業者」＋「非労働力人口」）を使用しており、平成12年度は年齢不詳を按分している。

性・年齢（５歳階級）・職業の有無別　－平成７・12年度－

第19表（２－２）

平成12年度

年齢階級	総数 総数	総数 就業者総数	総数 無職	男 総数	男 就業者総数	男 無職	女 総数	女 就業者総数	女 無職
					自殺死亡数				
総数	**30 691**	**14 406**	**16 285**	**22 048**	**12 146**	**9 902**	**8 643**	**2 260**	**6 383**
15～19歳	480	119	361	341	81	260	139	38	101
20～24	1 345	523	822	947	377	570	398	146	252
25～29	1 775	946	829	1 231	717	514	544	229	315
30～34	1 796	1 007	789	1 274	830	444	522	177	345
35～39	1 715	1 049	666	1 347	925	422	368	124	244
40～44	1 905	1 179	726	1 494	1 019	475	411	160	251
45～49	2 732	1 678	1 054	2 173	1 478	695	559	200	359
50～54	4 059	2 436	1 623	3 170	2 111	1 059	889	325	564
55～59	3 888	2 169	1 719	3 076	1 915	1 161	812	254	558
60～64	3 001	1 336	1 665	2 220	1 141	1 079	781	195	586
65～69	2 439	804	1 635	1 694	670	1 024	745	134	611
70～74	1 799	436	1 363	1 126	340	786	673	96	577
75～	3 484	462	3 022	1 709	306	1 403	1 775	156	1 619
不詳	273	262	11	246	236	10	27	26	1
					自殺死亡率				
総数	**28.6**	**23.1**	**37.7**	**42.3**	**32.9**	**70.8**	**15.7**	**8.9**	**21.9**
15～19歳	6.5	11.3	5.7	9.0	14.4	8.1	3.8	7.8	3.2
20～24	16.2	9.8	30.4	22.3	13.9	41.2	9.8	5.5	19.0
25～29	18.4	12.9	40.7	25.2	16.9	108.5	11.5	7.4	20.1
30～34	20.9	16.1	35.8	29.2	21.0	149.5	12.3	7.7	18.1
35～39	21.5	17.5	35.9	33.4	24.8	186.9	9.3	5.4	15.0
40～44	24.7	19.1	49.6	38.5	28.2	229.9	10.7	6.3	20.0
45～49	30.9	23.5	64.7	49.0	36.1	258.8	12.7	6.6	26.4
50～54	39.1	30.0	74.9	61.1	44.4	300.4	17.1	9.7	31.1
55～59	44.7	34.7	72.8	72.0	50.6	273.7	18.4	10.3	28.8
60～64	38.9	34.4	44.7	59.4	47.5	85.5	19.7	13.2	23.8
65～69	34.4	32.1	36.6	50.5	41.9	61.1	19.9	14.8	21.8
70～74	30.5	30.9	31.2	42.2	38.3	46.0	20.9	18.3	21.7
75～	38.8	48.0	38.6	53.6	51.8	56.2	30.6	41.9	30.4

第20表　15歳以上自殺死亡数、

職業（大分類）	総数	縊首 (X70)	ガス (X67)	薬物 (X60～X66, X68, X69)
				総
総数	30 691	21 462	1 389	1 427
就業者総数	14 406	10 173	950	628
A 専門的・技術的職業従事者	1 926	1 401	107	76
B 管理的職業従事者	735	554	43	27
C 事務従事者	1 163	755	73	40
D 販売従事者	1 435	1 015	115	44
E サービス職業従事者	1 290	933	90	46
F 保安職業従事者	241	178	12	4
G 農林漁業作業者	1 212	891	46	171
H 運輸・通信従事者	784	535	114	16
I 生産工程・労務作業者	2 268	1 642	207	89
J 分類不能の職業	3 352	2 269	143	115
無職	16 285	11 289	439	799
				男
総数	22 048	16 010	1 256	831
就業者総数	12 146	8 830	886	440
A 専門的・技術的職業従事者	1 679	1 271	102	57
B 管理的職業従事者	671	518	41	20
C 事務従事者	892	600	66	22
D 販売従事者	1 223	883	104	31
E サービス職業従事者	988	730	80	30
F 保安職業従事者	230	169	12	3
G 農林漁業作業者	975	734	45	120
H 運輸・通信従事者	754	515	111	15
I 生産工程・労務作業者	2 086	1 522	197	75
J 分類不能の職業	2 648	1 888	128	67
無職	9 902	7 180	370	391
				女
総数	8 643	5 452	133	596
就業者総数	2 260	1 343	64	188
A 専門的・技術的職業従事者	247	130	5	19
B 管理的職業従事者	64	36	2	7
C 事務従事者	271	155	7	18
D 販売従事者	212	132	11	13
E サービス職業従事者	302	203	10	16
F 保安職業従事者	11	9	—	1
G 農林漁業作業者	237	157	1	51
H 運輸・通信従事者	30	20	3	1
I 生産工程・労務作業者	182	120	10	14
J 分類不能の職業	704	381	15	48
無職	6 383	4 109	69	408

注：1）「J　分類不能の職業」には仕事の有無不詳を含む。
　　2）（　）は「ICD-10基本分類番号」である。（P14「2　用語の解説」を参照）

手段・職業（大分類）・性別　－平成12年度－

溺死 (X71)	飛び降り (X80)	飛び込み (X81)	その他 (X72～X79, X82～X84)	職業（大分類）
数				
1 118	**2 824**	**626**	**1 845**	**総数**
406	1 184	237	828	就業者総数
44	166	21	111	A 専門的・技術的職業従事者
13	43	11	44	B 管理的職業従事者
43	150	32	70	C 事務従事者
33	111	15	102	D 販売従事者
38	96	19	68	E サービス職業従事者
3	17	6	21	F 保安職業従事者
27	21	3	53	G 農林漁業作業者
23	47	10	39	H 運輸・通信従事者
51	124	23	132	I 生産工程・労務作業者
131	409	97	188	J 分類不能の職業
712	1 640	389	1 017	無職
517	**1 733**	**396**	**1 305**	**総数**
274	846	175	695	就業者総数
33	110	11	95	A 専門的・技術的職業従事者
8	35	9	40	B 管理的職業従事者
27	99	22	56	C 事務従事者
20	87	11	87	D 販売従事者
17	61	14	56	E サービス職業従事者
3	16	6	21	F 保安職業従事者
17	18	—	41	G 農林漁業作業者
22	45	9	37	H 運輸・通信従事者
44	108	21	119	I 生産工程・労務作業者
83	267	72	143	J 分類不能の職業
243	887	221	610	無職
601	**1 091**	**230**	**540**	**総数**
132	338	62	133	就業者総数
11	56	10	16	A 専門的・技術的職業従事者
5	8	2	4	B 管理的職業従事者
16	51	10	14	C 事務従事者
13	24	4	15	D 販売従事者
21	35	5	12	E サービス職業従事者
—	1	—	—	F 保安職業従事者
10	3	3	12	G 農林漁業作業者
1	2	1	2	H 運輸・通信従事者
7	16	2	13	I 生産工程・労務作業者
48	142	25	45	J 分類不能の職業
469	753	168	407	無職

第21表 性・国別

国名	年	男	女
アルバニア	2001	5.5	2.3
アンティグア・バーブーダ	1995	—	—
アルゼンチン	1996	9.9	3.0
アルメニア	2002	4.0	0.7
オーストラリア	2001	20.1	5.3
オーストリア	2002	30.5	8.7
アゼルバイジャン	2002	1.8	0.5
バハマ	1995	2.2	—
バーレーン	1988	4.9	0.5
バルバドス	1995	9.6	3.7
ベラルーシ	2001	60.3	9.3
ベルギー	1997	31.2	11.4
ベリーズ	1995	12.1	0.9
ボスニア・ヘルツェゴビナ	1991	20.3	3.3
ブラジル	1995	6.6	1.8
ブルガリア	2002	25.6	8.3
カナダ	2000	18.4	5.2
チリ	1994	10.2	1.4
中国	1999	13.0	14.8
香港	1999	16.7	9.8
コロンビア	1994	5.5	1.5
コスタリカ	1995	9.7	2.1
クロアチア	2002	30.2	10.0
キューバ	1996	24.5	12.0
チェコ	2001	26.0	6.3
デンマーク	1999	21.4	7.4
ドミニカ	1994	—	—
エクアドル	1995	6.4	3.2
エジプト	1987	0.1	0.0
エルサルバドル	1993	10.4	5.5
エストニア	2002	47.7	9.8
フィンランド	2002	32.3	10.2
フランス	1999	26.1	9.4
ジョージア	2000	4.8	1.2
ドイツ	2001	20.4	7.0
ギリシャ	1999	5.7	1.6
グアテマラ	1984	0.9	0.1
ガイアナ	1994	14.6	6.5
ホンジュラス	1978	0.0	0.0
ハンガリー	2002	45.5	12.2
アイスランド	1999	17.3	5.1
インド	1998	12.2	9.1
イラン	1991	0.3	0.1
アイルランド	2000	20.3	4.3
イスラエル	1999	9.8	2.3
イタリア	2000	10.9	3.5
ジャマイカ	1985	0.5	0.2
日本	2000	35.2	13.4
ヨルダン	1979	0.0	0.0
カザフスタン	2002	50.2	8.8

自殺死亡率（人口10万対）

国　名	年	男	女
クウェート	2001	1.9	0.9
キルギス	2002	19.1	4.0
ラトビア	2002	48.4	11.8
リトアニア	2002	80.7	13.1
ルクセンブルク	2002	28.6	10.2
マルタ	2002	5.6	4.0
マレーシア	2000	18.8	5.2
メキシコ	1995	5.4	1.0
オランダ	2000	12.7	6.2
ニュージーランド	2000	19.8	4.2
ニカラグア	1994	4.7	2.2
ノルウェー	2001	18.4	6.0
パナマ	1987	5.6	1.9
パラグアイ	1994	3.4	1.2
ペルー	1989	0.6	0.4
フィリピン	1993	2.5	1.7
ポーランド	2001	26.7	4.3
ポルトガル	2000	8.5	2.0
プエルトリコ	1992	16.0	1.9
韓国	2001	20.3	8.6
モルドバ	2002	27.9	5.2
ルーマニア	2002	23.9	4.7
ロシア	2002	69.3	11.9
セイントキッツ・ネイビス	1995	—	—
セントルシア	1988	9.3	5.8
セントビンセントおよびグレナディーン諸島	1986	—	—
サントメ・プリンシペ	1987	—	1.8
セイシェル	1987	9.1	—
シンガポール	2001	11.5	6.9
スロバキア	2001	22.2	4.0
スロベニア	2002	44.4	10.5
スペイン	2000	13.1	4.0
スリランカ	1991	44.6	16.8
スリナム	1992	16.6	7.2
スウェーデン	2001	18.9	8.1
スイス	2000	27.8	10.8
シリア	1985	0.2	—
タジキスタン	1999	4.2	1.6
タイ	1994	5.6	2.4
マケドニア	2000	10.3	4.5
トリニダード・トバゴ	1994	17.4	5.0
トルクメニスタン	1998	13.8	3.5
ウクライナ	2000	52.1	10.0
イギリス	1999	11.8	3.3
アメリカ	2000	17.1	4.0
ウルグアイ	1990	16.6	4.2
ウズベキスタン	2000	11.8	3.8
ベネズエラ	1994	8.3	1.9
ジンバブエ	1990	10.6	5.2

資料：WHO「World Health Staticstics Annual」Most recent year available.As of June 2004.

第22表　性・国別自殺死亡数・死亡率

22表（6－1）
自殺死亡数

年次		日本[1]			韓国			オーストラリア[2]			アメリカ合衆国[3]		
		総数	男	女	総数	男	女	総数	男	女	総数	男	女
明治34年	1901	7 847	4 872	2 974	…	…	…	…	…	…	2 105	1 570	535
35	1902	8 059	4 986	3 073	…	…	…	…	…	…	2 124	1 589	535
36	1903	8 814	5 547	3 267	…	…	…	…	…	…	2 371	1 807	564
37	1904	8 966	5 585	3 381	…	…	…	…	…	…	2 611	1 973	638
38	1905	8 089	5 020	3 069	…	…	…	…	…	…	2 940	2 206	734
39	1906	7 657	4 665	2 992	…	…	…	…	…	…	4 323	3 364	959
40	1907	7 999	4 836	3 163	…	…	…	461	385	76	5 027	3 858	1 169
41	1908	8 324	5 100	3 224	…	…	…	497	413	84	6 506	5 044	1 462
42	1909	9 141	5 735	3 405	…	…	…	495	398	97	7 061	5 488	1 573
43	1910	9 372	5 928	3 444	…	…	…	516	432	84	7 309	5 632	1 677
44	1911	9 373	5 847	3 526	…	…	…	544	446	98	8 635	6 650	1 985
大正元年	1912	9 475	5 955	3 520	…	…	…	632	514	118	8 575	6 610	1 965
2	1913	10 367	6 474	3 893	…	…	…	647	516	131	8 961	6 940	2 021
3	1914	10 902	6 894	4 008	…	…	…	643	534	109	9 833	7 545	2 288
4	1915	10 153	6 503	3 650	…	…	…	658	536	122	10 045	7 740	2 305
5	1916	9 599	6 065	3 534	…	…	…	577	466	111	9 181	7 085	2 096
6	1917	9 254	5 724	3 530	…	…	…	502	408	94	9 053	6 800	2 253
7	1918	10 101	6 147	3 954	…	…	…	498	408	90	9 398	7 100	2 298
8	1919	9 924	6 158	3 766	…	…	…	546	440	106	9 543	6 959	2 584
9	1920	10 630	6 521	4 109	…	…	…	636	516	120	8 790	6 364	2 426
10	1921	11 358	6 923	4 435	…	…	…	621	510	111	10 906	8 430	2 476
11	1922	11 546	6 984	4 562	…	…	…	533	441	92	10 876	8 259	2 617
12	1923	11 488	7 065	4 423	…	…	…	599	492	107	11 096	8 344	2 752
13	1924	11 261	6 958	4 303	…	…	…	653	534	119	11 846	9 100	2 746
14	1925	12 249	7 521	4 728	…	…	…	700	569	131	12 209	9 297	2 912
昭和元年	1926	12 484	7 675	4 805	…	…	…	711	583	128	13 082	9 894	3 188
2	1927	12 845	7 912	4 933	…	…	…	740	598	142	14 096	10 831	3 265
3	1928	13 032	7 984	5 048	…	…	…	777	635	142	15 390	11 905	3 485
4	1929	12 740	7 915	4 825	…	…	…	785	644	141	16 045	12 305	3 740
5	1930	13 942	8 810	5 132	…	…	…	943	791	152	18 323	14 319	4 004
6	1931	14 353	9 102	5 251	…	…	…	827	689	138	19 807	15 662	4 145
7	1932	14 746	9 272	5 474	…	…	…	754	598	156	20 646	16 453	4 193
8	1933	14 805	9 110	5 695	…	…	…	790	633	157	19 993	15 785	4 208
9	1934	14 554	9 065	5 489	…	…	…	826	643	183	18 828	14 564	4 264
10	1935	14 172	8 733	5 438	…	…	…	791	612	179	18 214	13 942	4 272
11	1936	15 423	9 766	5 657	…	…	…	789	611	178	18 294	13 971	4 323
12	1937	14 295	8 923	5 372	…	…	…	721	573	148	19 294	14 793	4 501
13	1938	12 223	7 585	4 638	…	…	…	746	574	172	19 802	15 376	4 426
14	1939	10 785	6 502	4 283	…	…	…	781	602	179	18 511	14 259	4 252
15	1940	9 877	5 841	4 036	…	…	…	743	568	175	18 907	14 466	4 441
16	1941	9 713	5 667	4 046	…	…	…	624	463	161	17 102	12 903	4 199
17	1942	9 393	5 498	3 895	…	…	…	594	432	162	16 117	12 189	3 928
18	1943	8 784	5 115	3 669	…	…	…	516	376	140	13 725	10 014	3 711
19	1944	…	…	…	…	…	…	540	362	178	13 231	9 497	3 734
20	1945	…	…	…	…	…	…	567	394	173	14 782	10 754	4 028
21	1946	…	…	…	…	…	…	732	513	219	16 152	12 074	4 078
22	1947	12 262	7 108	5 154	…	…	…	746	546	200	16 538	12 560	3 978
23	1948	12 753	7 331	5 422	…	…	…	737	578	159	16 354	12 505	3 849
24	1949	14 201	8 391	5 810	…	…	…	773	599	174	16 993	13 209	3 784
25	1950	16 311	9 820	6 491	…	…	…	760	567	193	17 145	13 297	3 848
26	1951	15 415	9 035	6 380	…	…	…	805	608	197	15 909	12 300	3 609

資料：厚生労働省「人口動態統計」
　1901～1954「EPIDEMIOLOGICAL AND VITAL STATISTICS REPORT VOL. 9, NO. 4, 1956」
　1955～2002「ANNUAL EPIDEMIOLOGICAL AND VITAL STATISTICS WORLD HEALTH STATISTICS ANNUAL」

注：1）昭和18年のみ樺太を含み、昭和19～21年は資料不備のため省略し、昭和18年以前及び昭和48年以降は沖縄県を含む。また、総数には、性別「不詳」を含む。
　2）1939年9月～1947年6月は軍隊の自殺死亡数を除くが、率は全人口で計算している。
　3）1932年以前は、死亡登録が確立していた州のみ、1933年以降は、合衆国全体である。1940年以降は、海外派遣の軍隊の自殺死亡数を除く。

（人口10万対）の年次推移 －1901年以降－

年次		日本[1)]			韓国			オーストラリア[2)]			アメリカ合衆国[3)]		
		総数	男	女	総数	男	女	総数	男	女	総数	男	女
昭和27年	1952	15 776	9 171	6 605	…	…	…	919	694	225	15 567	12 115	3 452
28	1953	17 731	10 450	7 281	…	…	…	959	698	261	15 947	12 534	3 413
29	1954	20 635	12 641	7 994	…	…	…	969	724	245	16 356	12 964	3 392
30	1955	22 477	13 836	8 641	…	…	…	946	701	245	16 760	12 961	3 799
31	1956	22 107	13 222	8 885	…	…	…	1 021	751	270	16 727	12 968	3 759
32	1957	22 136	13 276	8 860	…	…	…	1 170	844	326	16 632	12 951	3 681
33	1958	23 641	13 895	9 746	…	…	…	1 207	910	297	18 519	14 366	4 153
34	1959	21 090	12 179	8 911	…	…	…	1 115	827	288	18 633	14 441	4 192
35	1960	20 143	11 506	8 637	…	…	…	1 092	778	314	19 041	14 539	4 502
36	1961	18 446	10 333	8 113	…	…	…	1 249	901	348	18 999	14 460	4 539
37	1962	16 724	9 541	7 183	…	…	…	1 469	1 011	458	20 207	15 062	5 145
38	1963	15 490	8 923	6 567	…	…	…	1 718	1 143	575	20 825	15 276	5 549
39	1964	14 707	8 336	6 371	…	…	…	1 620	1 071	549	20 588	15 092	5 496
40	1965	14 444	8 330	6 114	…	…	…	1 685	1 075	610	21 507	15 490	6 017
41	1966	15 050	8 450	6 600	…	…	…	1 624	1 017	607	21 281	15 416	5 865
42	1967	14 121	7 940	6 181	…	…	…	1 778	1 125	653	21 325	15 187	6 138
43	1968	14 601	8 174	6 427	…	…	…	1 527	1 022	505	21 372	15 379	5 993
44	1969	14 844	8 241	6 603	…	…	…	1 502	1 025	477	22 364	15 857	6 507
45	1970	15 728	8 761	6 967	…	…	…	1 551	1 076	475	23 480	16 629	6 851
46	1971	16 239	9 157	7 082	…	…	…	1 738	1 150	588	24 092	16 860	7 232
47	1972	18 015	10 231	7 784	…	…	…	1 625	1 085	540	25 004	17 768	7 236
48	1973	18 859	10 730	8 129	…	…	…	1 528	1 036	492	25 118	18 108	7 010
49	1974	19 105	10 723	8 382	…	…	…	1 567	1 073	494	25 683	18 595	7 088
50	1975	19 975	11 744	8 231	…	…	…	1 528	1 050	478	27 063	19 622	7 441
51	1976	19 786	11 744	8 042	…	…	…	1 504	1 098	406	26 832	19 493	7 339
52	1977	20 269	12 299	7 970	…	…	…	1 566	1 128	438	28 681	21 109	7 572
53	1978	20 199	12 409	7 790	…	…	…	1 595	1 126	469	27 294	20 188	7 106
54	1979	20 823	12 851	7 972	…	…	…	1 677	1 198	479	27 206	20 256	6 950
55	1980	20 542	12 769	7 773	…	…	…	1 607	1 199	408	26 869	20 505	6 364
56	1981	20 096	12 708	7 388	…	…	…	1 672	1 259	413	27 596	20 809	6 787
57	1982	20 668	13 203	7 465	…	…	…	1 777	1 318	459	28 242	21 625	6 617
58	1983	24 985	16 876	8 109	…	…	…	1 726	1 308	418	28 295	21 786	6 509
59	1984	24 344	16 251	8 093	…	…	…	1 712	1 309	403	28 286	22 689	6 597
60	1985	23 383	15 356	8 027	3 689	2 691	998	1 827	1 428	399	29 453	23 145	6 308
61	1986	25 667	16 499	9 168	3 458	2 568	890	1 982	1 531	451	30 904	24 226	6 678
62	1987	23 831	15 281	8 550	3 301	2 400	901	2 240	1 773	467	30 796	24 272	6 524
63	1988	22 795	14 290	8 505	2 949	2 118	831	2 197	1 730	467	30 407	24 078	6 329
平成元年	1989	21 125	12 939	8 186	3 023	2 124	899	2 066	1 642	424	30 232	24 102	6 130
2	1990	20 088	12 316	7 772	3 159	2 197	962	2 202	1 758	444	30 906	24 724	6 182
3	1991	19 875	12 477	7 398	3 069	2 139	930	2 288	1 806	482	30 810	24 769	6 041
4	1992	20 893	13 516	7 377	3 533	2 467	1 066	2 252	1 786	466	30 484	24 457	6 027
5	1993	20 516	13 540	6 976	4 124	2 848	1 276	2 039	1 641	398	31 102	25 007	6 095
6	1994	20 923	14 058	6 865	4 212	2 862	1 350	2 283	1 865	418	31 142	25 174	5 968
7	1995	21 420	14 231	7 189	4 840	3 319	1 521	2 170	1 711	459	31 284	25 369	5 915
8	1996	22 138	14 853	7 285	5 856	4 041	1 815	2 426	1 966	460	30 903	24 998	5 905
9	1997	23 494	15 901	7 593	6 022	4 161	1 861	2 646	2 089	557	30 535	24 492	6 043
10	1998	31 755	22 349	9 406	8 569	6 200	2 369	2 633	2 108	525	30 575	24 538	6 037
11	1999	31 413	22 402	9 011	7 075	4 968	2 107	2 488	1 999	489	29 180	23 443	5 737
12	2000	30 251	21 656	8 595	6 460	4 491	1 969	2 388	1 883	505	29 319	23 597	5 722
13	2001	29 375	21 085	8 290	6 933	4 871	2 062	2 456	1 935	521	…	…	…
14	2002	29 949	21 677	8 272	8 631	5 954	2 677	…	…	…	…	…	…

第22表（6－2）
自殺死亡数

年	次	カナダ[4)] 総数	カナダ 男	カナダ 女	フランス 総数	フランス 男	フランス 女	ドイツ連邦共和国[7)] 総数	ドイツ連邦共和国 男	ドイツ連邦共和国 女	イタリア 総数	イタリア 男	イタリア 女
明治34年	1901	…	…	…	…	…	…	11 836	9 451	2 385	2 014	1 597	417
35	1902	…	…	…	…	…	…	12 339	9 765	2 571	2 010	1 580	430
36	1903	…	…	…	…	…	…	12 730	10 017	2 713	1 922	1 537	385
37	1904	…	…	…	…	…	…	12 468	9 704	2 764	2 156	1 705	451
38	1905	…	…	…	…	…	…	12 810	9 913	2 897	2 379	1 869	510
39	1906	…	…	…	8 018	…	…	12 495	9 573	2 922	2 319	1 755	564
40	1907	…	…	…	8 877	…	…	12 777	9 753	3 024	2 445	1 821	624
41	1908	…	…	…	8 455	…	…	13 765	10 659	3 106	2 693	2 079	614
42	1909	…	…	…	8 743	…	…	14 225	10 939	3 286	2 969	2 275	694
43	1910	…	…	…	6 817	…	…	13 935	10 574	3 361	2 880	2 190	690
44	1911	…	…	…	8 662	…	…	14 181	10 783	3 398	2 754	1 939	815
大正元年	1912	…	…	…	9 096	…	…	14 864	11 313	3 551	2 986	2 161	825
2	1913	…	…	…	9 053	…	…	15 564	11 596	3 968	3 107	2 276	831
3	1914	…	…	…	7 742	…	…	14 773	10 984	3 789	3 185	2 294	891
4	1915	…	…	…	5 584	…	…	11 260	7 560	3 700	8) 3 092	8) 2 287	8) 805
5	1916	…	…	…	5 269	…	…	11 748	7 438	4 310	8) 2 531	8) 1 799	8) 732
6	1917	…	…	…	4 866	…	…	10 734	6 711	4 023	8) 2 439	8) 1 754	8) 685
7	1918	…	…	…	4 641	…	…	10 159	6 216	3 943	8) 2 642	8) 1 865	8) 777
8	1919	…	…	…	5 538	…	…	11 555	7 106	4 449	2 630	1 861	769
9	1920	…	…	…	6 831	…	…	13 372	8 690	4 682	2 664	1 841	823
10	1921	431	342	89	7 673	…	…	12 729	8 627	4 102	2 885	2 108	777
11	1922	487	376	111	…	…	…	13 317	9 113	4 204	3 030	2 226	804
12	1923	538	404	134	…	…	…	13 149	8 904	4 245	3 222	2 383	839
13	1924	535	399	136	…	…	…	14 338	10 418	3 920	3 778	2 778	1 000
14	1925	586	466	120	7 822	5 960	1 862	15 273	10 982	4 291	3 666	2 699	967
昭和元年	1926	680	543	137	7 861	5 872	1 989	16 480	11 846	4 634	3 871	2 917	954
2	1927	759	612	147	7 907	5 919	1 988	15 974	11 327	4 647	4 210	3 183	1 027
3	1928	751	593	158	7 744	5 790	1 954	16 036	11 239	4 797	3 903	2 900	1 003
4	1929	835	649	186	7 568	5 740	1 828	16 665	11 836	4 829	3 636	2 667	969
5	1930	1 010	805	205	7 915	5 987	1 928	17 880	12 672	5 208	3 915	2 937	978
6	1931	1 004	795	209	7 947	6 017	1 930	18 625	13 134	5 491	4 141	3 142	999
7	1932	1 024	812	212	8 629	6 605	2 024	18 934	13 116	5 818	4 058	3 035	1 023
8	1933	922	733	189	8 381	6 382	1 999	18 723	13 104	5 619	3 712	2 795	917
9	1934	927	725	202	8 995	6 973	2 022	18 801	13 335	5 466	3 686	2 703	983
10	1935	905	713	192	8 430	6 489	1 941	18 422	12 878	5 544	3 267	2 379	888
11	1936	928	707	221	8 185	6 251	1 934	19 288	13 443	5 845	3 399	2 520	879
12	1937	978	750	228	…	…	…	19 614	13 687	5 927	3 291	2 420	871
13	1938	948	749	199	…	…	…	19 415	13 364	6 051	3 148	2 331	817
14	1939	978	765	213	…	…	…	…	…	…	3 032	2 220	812
15	1940	5) 948	5) 711	5) 237	6) 7 297	6) 5 145	6) 2 152	…	…	…	8) 2 632	8) 1 928	8) 706
16	1941	5) 896	5) 664	5) 232	6) 6 519	6) 4 633	6) 1 886	…	…	…	8) 2 364	8) 1 719	8) 645
17	1942	5) 839	5) 621	5) 218	6) 4 833	6) 3 302	6) 1 531	…	…	…	8) 2 356	8) 1 719	8) 637
18	1943	5) 758	5) 543	5) 215	6) 4 328	6) 2 890	6) 1 438	…	…	…	8) 2 214	8) 1 664	8) 550
19	1944	5) 731	5) 542	5) 189	6) 4 213	6) 2 987	6) 1 226	…	…	…	8) 1 761	8) 1 293	8) 468
20	1945	5) 764	5) 565	5) 199	6) 4 605	6) 3 333	6) 1 272	…	…	…	8) 2 125	8) 1 510	8) 615
21	1946	1 002	758	244	4 519	3 153	1 366	6 978	4 458	2 520	2 392	1 709	683
22	1947	948	710	238	5 171	3 766	1 405	6 427	4 036	2 391	2 650	1 946	704
23	1948	1 000	769	231	5 859	4 357	1 502	7 317	4 530	2 787	2 862	2 070	792
24	1948	1 027	819	208	6 313	4 682	1 631	8 860	5 835	3 025	3 040	2 186	854
25	1949	1 060	823	237	6 376	4 804	1 572	9 142	6 121	3 021	2 991	2 147	844
26	1950	1 033	785	248	6 557	4 892	1 665	8 749	5 709	3 040	3 167	2 329	838

注：4）1921～1925年の間は、ケベック州を除く。1949年以降は、ニューファンドランドを含む。
5）海外派遣の軍隊の自殺死亡数を除くが、率は全人口で計算している。
6）戦時中の軍隊、フランス捕虜及びドイツに追放された自殺死亡数は除く。
7）第一次世界大戦は、軍人の自殺死亡数を含む。1938年以前は、旧ドイツである。1990年以降は、統合ドイツである。
8）戦闘地帯の自殺死亡数は除くが、率は全人口で計算している。

（人口10万対）の年次推移 −1901年以降−

年次		カナダ[4]			フランス			ドイツ連邦共和国[7]			イタリア		
		総数	男	女	総数	男	女	総数	男	女	総数	男	女
昭和27年	1952	1 050	810	240	6 542	4 923	1 619	8 526	5 576	2 950	2 984	2 127	857
28	1953	1 052	820	232	6 568	4 967	1 601	8 930	5 904	3 026	3 067	2 114	953
29	1954	1 102	841	261	6 790	5 139	1 651	9 562	6 191	3 371	2 911	2 032	879
30	1955	1 103	844	259	6 903	5 151	1 752	9 583	6 129	3 454	3 221	2 299	922
31	1956	1 226	952	274	7 577	5 553	2 024	9 383	6 077	3 306	3 287	2 339	948
32	1957	1 247	981	266	7 268	5 271	1 997	9 308	5 968	3 340	3 216	2 258	958
33	1958	1 271	1 022	249	7 391	5 375	2 016	9 878	6 457	3 421	3 079	2 151	928
34	1959	1 287	1 017	270	7 571	5 496	2 075	9 888	6 374	3 514	3 144	2 206	938
35	1960	1 350	1 084	266	7 223	5 302	1 921	10 017	6 440	3 577	3 103	2 153	950
36	1961	1 366	1 098	268	7 305	5 478	1 827	10 116	6 404	3 712	2 818	1 950	868
37	1962	1 331	1 048	283	7 112	5 303	1 809	9 647	6 201	3 446	2 771	1 941	830
38	1963	1 436	1 083	353	7 434	5 543	1 891	11 141	7 150	3 991	2 709	1 858	851
39	1964	1 586	1 194	392	7 207	5 280	1 927	11 707	7 448	4 259	2 812	1 973	839
40	1965	1 715	1 274	441	7 352	5 487	1 865	11 779	7 499	4 280	2 862	2 018	844
41	1966	1 715	1 283	432	7 668	5 626	2 042	12 201	7 800	4 401	2 727	1 902	825
42	1967	1 841	1 353	488	7 716	5 683	2 033	12 743	8 373	4 370	2 913	2 045	868
43	1968	2 021	1 481	540	7 629	5 467	2 162	12 392	7 898	4 494	2 863	2 003	860
44	1969	2 291	1 641	650	7 934	5 737	2 197	12 705	8 025	4 680	2 921	2 013	908
45	1970	2 413	1 732	681	7 834	5 653	2 181	13 046	8 230	4 816	3 085	2 119	966
46	1971	2 559	1 866	693	7 890	5 616	2 274	12 838	8 077	4 761	3 220	2 211	1 009
47	1972	2 657	1 900	757	8 339	5 883	2 456	12 274	7 741	4 533	3 182	2 177	1 005
48	1973	2 773	1 985	788	8 079	5 768	2 311	12 883	8 129	4 754	3 126	2 167	959
49	1974	2 902	2 103	799	8 192	5 837	2 355	13 046	8 272	4 774	2 972	1 991	981
50	1975	2 808	2 030	778	8 323	5 915	2 408	12 900	8 187	4 713	3 107	2 126	981
51	1976	2 935	2 108	827	8 358	5 921	2 437	13 353	8 544	4 809	3 199	2 183	1 016
52	1977	3 317	2 459	858	8 741	6 058	2 683	13 926	8 838	5 088	3 524	2 448	1 076
53	1978	3 475	2 610	865	9 158	6 447	2 711	13 620	8 779	4 841	3 657	2 565	1 092
54	1979	3 357	2 520	837	9 993	7 102	2 891	13 167	8 481	4 686	3 970	2 725	1 245
55	1980	3 358	2 534	824	10 406	7 362	3 044	12 868	8 332	4 536	4 155	2 812	1 343
56	1981	3 403	2 570	833	10 586	7 541	3 045	13 379	8 743	4 636	3 933	2 748	1 185
57	1982	3 523	2 726	797	11 361	8 074	3 287	13 148	8 787	4 361	4 197	2 929	1 268
58	1983	3 755	2 885	870	11 914	8 475	3 439	13 075	8 502	4 573	4 305	3 041	1 264
59	1984	3 440	2 661	779	12 113	8 619	3 494	12 548	8 346	4 202	4 454	3 123	1 331
60	1985	3 259	2 566	693	12 501	8 898	3 603	12 616	8 576	4 040	4 759	3 371	1 388
61	1986	3 670	2 850	820	12 529	8 872	3 657	11 599	7 781	3 818	4 691	3 293	1 398
62	1987	3 594	2 794	800	12 161	8 587	3 574	11 599	7 836	3 763	4 516	3 263	1 253
63	1988	3 510	2 734	776	11 599	8 234	3 365	10 815	7 369	3 446	4 381	3 095	1 286
平成元年	1989	3 492	2 696	796	11 715	8 343	3 372	10 252	7 037	3 215	4 342	3 124	1 218
2	1990	3 379	2 673	706	11 403	8 178	3 225	13 924	9 534	4 390	4 402	3 181	1 221
3	1991	3 593	2 875	718	11 502	8 221	3 281	14 010	9 656	4 354	4 453	3 206	1 247
4	1992	3 709	2 923	786	11 644	8 442	3 202	13 458	9 326	4 132	4 543	3 339	1 204
5	1993	3 803	3 014	789	12 251	8 861	3 390	12 690	8 960	3 730	4 697	3 516	1 181
6	1994	3 749	2 969	780	12 041	8 872	3 169	12 718	9 130	3 588	4 536	3 411	1 125
7	1995	3 970	3 158	812	11 819	8 605	3 214	12 888	9 222	3 666	4 569	3 430	1 139
8	1996	3 941	3 093	848	11 279	8 174	3 105	12 225	8 728	3 497	4 689	3 458	1 231
9	1997	3 681	2 914	767	11 139	8 099	3 040	12 256	8 835	3 421	4 694	3 547	1 147
10	1998	3 699	2 925	774	10 534	7 771	2 763	11 648	8 579	3 069	4 504	3 448	1 056
11	1999	4 074	3 224	850	10 268	7 427	2 841	11 157	8 080	3 077	4 115	3 105	1 010
12	2000	3 605	2 798	807	10 837	7 973	2 864	11 065	8 131	2 934	4 108	3 062	1 046
13	2001	…	…	…	…	…	…	11 156	8 188	2 968	4 030	3 050	980
14	2002	…	…	…	…	…	…	…	…	…	…	…	…

22表（6－3）
自殺死亡数

年	次	イギリス 総数	イギリス 男	イギリス 女	ハンガリー 総数	ハンガリー 男	ハンガリー 女	スウェーデン 総数	スウェーデン 男	スウェーデン 女	ロシア 総数	ロシア 男	ロシア 女
明治34年	1901	…	…	…	…	…	…	677	565	112	…	…	…
35	1902	…	…	…	…	…	…	775	641	134	…	…	…
36	1903	…	…	…	…	…	…	695	568	127	…	…	…
37	1904	…	…	…	…	…	…	738	581	157	…	…	…
38	1905	…	…	…	…	…	…	806	676	130	…	…	…
39	1906	…	…	…	…	…	…	773	624	149	…	…	…
40	1907	…	…	…	…	…	…	832	696	136	…	…	…
41	1908	…	…	…	…	…	…	844	676	168	…	…	…
42	1909	…	…	…	…	…	…	917	761	156	…	…	…
43	1910	…	…	…	…	…	…	980	787	193	…	…	…
44	1911	…	…	…	…	…	…	974	790	184	…	…	…
大正元年	1912	…	…	…	…	…	…	1 019	836	183	…	…	…
2	1913	…	…	…	…	…	…	1 006	820	186	…	…	…
3	1914	…	…	…	…	…	…	899	728	171	…	…	…
4	1915	…	…	…	…	…	…	876	690	186	…	…	…
5	1916	…	…	…	…	…	…	757	586	171	…	…	…
6	1917	…	…	…	…	…	…	587	444	143	…	…	…
7	1918	…	…	…	…	…	…	580	432	148	…	…	…
8	1919	…	…	…	…	…	…	791	623	168	…	…	…
9	1920	…	…	…	…	…	…	866	682	184	…	…	…
10	1921	…	…	…	…	…	…	910	721	189	…	…	…
11	1922	…	…	…	…	…	…	861	689	172	…	…	…
12	1923	…	…	…	…	…	…	851	689	162	…	…	…
13	1924	…	…	…	…	…	…	874	705	169	…	…	…
14	1925	…	…	…	…	…	…	817	646	171	…	…	…
昭和元年	1926	…	…	…	…	…	…	896	734	162	…	…	…
2	1927	…	…	…	…	…	…	921	736	185	…	…	…
3	1928	…	…	…	…	…	…	855	703	152	…	…	…
4	1929	…	…	…	…	…	…	944	761	183	…	…	…
5	1930	…	…	…	…	…	…	970	777	193	…	…	…
6	1931	…	…	…	…	…	…	1 015	804	211	…	…	…
7	1932	…	…	…	…	…	…	1 094	910	184	…	…	…
8	1933	…	…	…	…	…	…	1 063	852	211	…	…	…
9	1934	…	…	…	…	…	…	953	777	176	…	…	…
10	1935	…	…	…	…	…	…	969	768	201	…	…	…
11	1936	…	…	…	…	…	…	1 045	825	220	…	…	…
12	1937	…	…	…	…	…	…	978	747	231	…	…	…
13	1938	…	…	…	…	…	…	996	779	217	…	…	…
14	1939	…	…	…	…	…	…	1 022	800	222	…	…	…
15	1940	…	…	…	…	…	…	1 086	858	228	…	…	…
16	1941	…	…	…	…	…	…	1 009	784	225	…	…	…
17	1942	…	…	…	…	…	…	922	697	225	…	…	…
18	1943	…	…	…	…	…	…	982	719	263	…	…	…
19	1944	…	…	…	…	…	…	858	671	187	…	…	…
20	1945	…	…	…	…	…	…	1 018	761	257	…	…	…
21	1946	…	…	…	…	…	…	1 044	777	267	…	…	…
22	1947	…	…	…	…	…	…	1 008	770	238	…	…	…
23	1948	…	…	…	…	…	…	1 000	774	226	…	…	…
24	1949	…	…	…	…	…	…	1 131	815	316	…	…	…
25	1950	…	…	…	…	…	…	1 043	799	244	…	…	…
26	1951	…	…	…	…	…	…	1 145	879	266	…	…	…

（人口10万対）の年次推移　－1901年以降－

年次		イギリス			ハンガリー			スウェーデン			ロシア		
		総数	男	女	総数	男	女	総数	男	女	総数	男	女
昭和27年	1952	…	…	…	…	…	…	1 192	934	258	…	…	…
28	1953	…	…	…	…	…	…	1 332	1 008	324	…	…	…
29	1954	…	…	…	…	…	…	1 225	918	307	…	…	…
30	1955	…	…	…	2 015	1 352	663	1 293	983	310	…	…	…
31	1956	…	…	…	1 927	1 324	603	1 474	1 137	337	…	…	…
32	1957	…	…	…	2 134	1 473	661	1 463	1 145	318	…	…	…
33	1958	…	…	…	2 312	1 573	739	1 282	959	323	…	…	…
34	1959	…	…	…	2 560	1 808	752	1 350	1 012	338	…	…	…
35	1960	…	…	…	2 493	1 721	772	1 305	981	324	…	…	…
36	1961	…	…	…	2 552	1 758	794	1 273	960	313	…	…	…
37	1962	…	…	…	2 502	1 727	775	1 396	1 043	353	…	…	…
38	1963	…	…	…	2 699	1 825	874	1 406	1 028	378	…	…	…
39	1964	…	…	…	2 890	1 998	892	1 514	1 096	418	…	…	…
40	1965	…	…	…	3 029	2 090	939	1 459	1 068	391	…	…	…
41	1966	…	…	…	3 011	2 067	944	1 566	1 145	421	…	…	…
42	1967	…	…	…	3 200	2 227	973	1 702	1 254	448	…	…	…
43	1968	…	…	…	3 460	2 437	1 023	1 702	1 240	462	…	…	…
44	1969	…	…	…	3 411	2 406	1 005	1 750	1 242	508	…	…	…
45	1970	…	…	…	3 595	2 539	1 056	1 790	1 257	533	…	…	…
46	1971	…	…	…	3 737	2 613	1 124	1 648	1 151	497	…	…	…
47	1972	…	…	…	3 840	2 692	1 148	1 646	1 189	457	…	…	…
48	1973	…	…	…	3 845	2 689	1 156	1 690	1 195	495	…	…	…
49	1974	…	…	…	4 262	2 991	1 271	1 637	1 165	472	…	…	…
50	1975	…	…	…	4 052	2 852	1 200	1 590	1 130	460	…	…	…
51	1976	…	…	…	4 307	2 980	1 327	1 558	1 088	470	…	…	…
52	1977	…	…	…	4 292	2 894	1 398	1 626	1 159	467	…	…	…
53	1978	…	…	…	4 610	3 133	1 477	1 575	1 082	493	…	…	…
54	1979	4 765	2 910	1 855	4 770	3 304	1 466	1 703	1 163	540	…	…	…
55	1980	4 917	3 002	1 915	4 809	3 344	1 465	1 610	1 137	473	…	…	…
56	1981	5 025	3 168	1 857	4 880	3 293	1 587	1 460	1 015	445	47 598	37 824	9 774
57	1982	4 933	3 202	1 731	4 659	3 214	1 445	1 616	1 144	472	48 731	38 857	9 874
58	1983	4 926	3 243	1 683	4 911	3 455	1 456	1 580	1 122	458	…	…	…
59	1984	4 943	3 292	1 651	4 900	3 486	1 414	1 625	1 127	498	…	…	…
60	1985	5 105	3 421	1 684	4 725	3 447	1 278	1 516	1 029	487	44 562	35 122	9 440
61	1986	4 839	3 391	1 448	4 817	3 393	1 424	1 549	1 119	430	33 261	24 722	8 539
62	1987	4 594	3 263	1 331	4 782	3 377	1 405	1 541	1 077	464	33 856	25 303	8 553
63	1988	4 971	3 611	1 360	4 377	2 972	1 405	1 590	1 098	492	35 664	26 769	8 895
平成元年	1989	4 361	3 234	1 127	4 396	3 132	1 264	1 579	1 122	457	38 017	29 462	8 555
2	1990	4 643	3 524	1 119	4 133	2 980	1 153	1 471	1 020	451	39 150	30 392	8 758
3	1991	4 547	3 494	1 053	3 993	2 880	1 113	1 483	1 036	447	39 388	30 923	8 465
4	1992	4 628	3 557	1 071	4 000	2 939	1 061	1 355	936	419	46 125	36 980	9 145
5	1993	4 462	3 433	1 029	3 694	2 715	979	1 373	956	417	56 136	46 016	10 120
6	1994	4 380	3 390	990	3 625	2 727	898	1 324	929	395	61 886	51 464	10 422
7	1995	4 315	3 354	961	3 369	2 478	891	1 348	936	412	60 953	50 280	10 673
8	1996	4 165	3 185	980	3 438	2 522	916	1 253	872	381	57 812	48 107	9 705
9	1997	4 143	3 197	946	3 214	2 388	826	1 200	856	344	55 031	45 519	9 512
10	1998	4 389	3 407	982	3 247	2 469	778	1 229	880	349	51 770	42 785	8 985
11	1999	4 448	3 443	1 005	3 328	2 550	778	1 219	861	358	57 276	47 345	9 931
12	2000	4 290	3 311	979	3 269	2 463	806	1 130	802	328	56 934	47 806	9 128
13	2001	4 013	3 101	912	2 979	2 282	697	1 196	833	363	57 284	48 251	9 033
14	2002	4 066	3 124	942	2 843	2 195	648	…	…	…	55 330	46 252	9 078

22表（6－4）
自殺死亡率

年	次	日本[1] 総数	日本[1] 男	日本[1] 女	韓国 総数	韓国 男	韓国 女	オーストラリア[2] 総数	オーストラリア[2] 男	オーストラリア[2] 女	アメリカ合衆国[3] 総数	アメリカ合衆国[3] 男	アメリカ合衆国[3] 女
明治34年	1901	17.7	21.8	13.5	…	…	…	…	…	…	10.4	15.5	5.3
35	1902	17.9	22.1	13.7	…	…	…	…	…	…	10.3	15.4	5.2
36	1903	19.4	24.2	14.4	…	…	…	…	…	…	11.3	17.2	5.4
37	1904	19.4	24.1	14.7	…	…	…	…	…	…	12.2	18.5	6.0
38	1905	17.4	21.4	13.2	…	…	…	…	…	…	13.5	20.2	6.8
39	1906	16.3	19.8	12.8	…	…	…	…	…	…	12.8	19.6	5.8
40	1907	16.9	20.3	13.4	…	…	…	11.2	18.0	3.8	14.5	21.9	6.9
41	1908	17.4	21.2	13.5	…	…	…	11.8	19.0	4.2	16.8	25.5	7.8
42	1909	18.8	23.6	14.1	…	…	…	11.6	18.0	4.7	16.0	24.2	7.3
43	1910	19.1	24.0	14.0	…	…	…	11.8	19.1	4.0	15.4	23.0	7.2
44	1911	18.8	23.4	14.2	…	…	…	12.1	19.1	4.5	16.0	23.9	7.5
大正元年	1912	18.7	23.5	14.0	…	…	…	13.6	21.2	5.3	15.6	23.4	7.3
2	1913	20.2	25.2	15.2	…	…	…	13.4	20.5	5.7	15.4	23.2	7.1
3	1914	20.9	26.4	15.5	…	…	…	13.0	20.7	4.6	16.1	24.1	7.7
4	1915	19.2	24.6	13.9	…	…	…	13.2	20.9	5.0	16.2	24.3	7.6
5	1916	17.9	22.6	13.3	…	…	…	11.7	18.7	4.5	13.7	20.7	6.4
6	1917	17.1	21.1	13.1	…	…	…	10.1	16.7	3.8	12.9	19.2	6.6
7	1918	18.5	22.4	14.5	…	…	…	9.9	16.4	3.5	11.9	18.2	6.2
8	1919	18.0	22.3	13.7	…	…	…	10.5	16.8	4.1	11.5	16.5	6.3
9	1920	19.0	23.3	14.7	…	…	…	11.9	18.9	4.6	10.2	14.5	5.7
10	1921	20.0	24.4	15.7	…	…	…	11.4	18.4	4.1	12.4	18.9	5.7
11	1922	20.1	24.3	16.0	…	…	…	9.6	15.6	3.4	11.7	17.6	5.7
12	1923	19.8	24.2	15.3	…	…	…	10.5	17.0	3.8	11.5	17.0	5.8
13	1924	19.1	23.5	14.7	…	…	…	11.2	18.0	4.2	11.9	18.1	5.6
14	1925	20.5	25.1	15.9	…	…	…	11.8	18.8	4.5	12.0	18.0	5.8
昭和元年	1926	20.6	25.1	15.9	…	…	…	11.7	18.8	4.3	12.6	18.8	6.2
2	1927	20.8	25.5	16.1	…	…	…	12.0	18.9	4.7	13.2	19.9	6.2
3	1928	20.8	25.4	16.2	…	…	…	12.3	19.7	4.6	13.5	20.7	6.2
4	1929	20.1	24.8	15.3	…	…	…	12.3	19.7	4.5	13.9	21.1	6.6
5	1930	21.6	27.2	16.0	…	…	…	14.6	24.0	4.8	15.6	24.1	6.9
6	1931	21.9	27.7	16.1	…	…	…	12.7	20.7	4.3	16.8	26.2	7.1
7	1932	22.2	27.8	16.5	…	…	…	11.5	17.9	4.8	17.4	27.4	7.1
8	1933	22.0	26.9	17.0	…	…	…	11.9	18.8	4.8	15.9	24.9	6.8
9	1934	21.3	26.4	16.1	…	…	…	12.4	19.0	5.6	14.9	22.8	6.8
10	1935	20.5	25.1	15.8	…	…	…	11.8	17.9	5.4	14.3	21.7	6.8
11	1936	22.0	27.8	16.2	…	…	…	11.6	17.8	5.3	14.3	21.7	6.8
12	1937	20.2	25.4	15.1	…	…	…	10.5	16.6	4.4	15.0	22.8	7.0
13	1938	17.2	21.6	12.9	…	…	…	10.8	16.4	5.0	15.3	23.5	6.9
14	1939	15.1	18.5	11.8	…	…	…	11.2	17.1	5.2	14.1	21.7	6.5
15	1940	13.7	16.5	11.0	…	…	…	10.6	16.0	5.0	14.4	21.9	6.8
16	1941	13.6	16.3	10.9	…	…	…	8.8	12.9	4.6	12.8	19.4	6.3
17	1942	13.0	15.8	10.4	…	…	…	8.3	12.0	4.5	12.0	18.3	5.8
18	1943	12.1	14.7	9.6	…	…	…	7.1	10.3	3.9	10.2	15.2	5.4
19	1944	…	…	…	…	…	…	7.4	9.9	4.9	10.0	14.9	5.4
20	1945	…	…	…	…	…	…	7.7	10.6	4.7	11.2	17.2	5.8
21	1946	…	…	…	…	…	…	9.8	13.7	5.9	11.5	17.4	5.8
22	1947	15.7	18.6	12.9	…	…	…	9.8	14.4	5.3	11.5	17.6	5.5
23	1948	15.9	18.7	13.3	…	…	…	9.6	14.9	4.1	14.1	17.2	8.8
24	1949	17.4	20.9	13.9	…	…	…	9.8	15.1	4.4	11.4	17.9	5.1
25	1950	19.6	24.1	15.3	…	…	…	9.3	13.7	4.8	11.4	17.8	5.1
26	1951	18.2	21.8	14.8	…	…	…	9.5	14.3	4.7	10.4	16.2	4.7

資料：厚生労働省「人口動態統計」
1901～1954「EPIDEMIOLOGICAL AND VITAL STATISTICS REPORT VOL.9, NO.4, 1956」
1955～2002「ANNUAL EPIDEMIOLOGICAL AND VITAL STATISTICS WORLD HEALTH STATISTICS ANNUAL」

注：1）昭和18年のみ樺太を含み、昭和19～21年は資料不備のため省略し、昭和18年以前及び昭和48年以降は沖縄県を含む。また、総数には、性別「不詳」を含む。
2）1939年9月～1947年6月は軍隊の自殺死亡数を除くが、率は全人口で計算している。
3）1932年以前は、死亡登録が確立していた州のみ、1933年以降は、合衆国全体である。1940年以降は、海外派遣の軍隊の自殺死亡数を除く。

（人口10万対）の年次推移 －1901年以降－

年次		日本[1]			韓国			オーストラリア[2]			アメリカ合衆国[3]		
		総数	男	女	総数	男	女	総数	男	女	総数	男	女
昭和27年	1952	18.4	21.8	15.1	…	…	…	10.6	15.8	5.3	10.0	15.8	4.4
28	1953	20.4	24.4	16.4	…	…	…	10.9	15.6	6.0	10.1	16.1	4.3
29	1954	23.4	29.1	17.8	…	…	…	10.7	15.9	5.5	10.1	16.3	4.1
30	1955	25.2	31.5	19.0	…	…	…	10.3	15.1	5.4	10.2	16.0	4.6
31	1956	24.5	29.8	19.4	…	…	…	10.8	15.7	5.8	10.0	15.7	4.4
32	1957	24.3	29.7	19.1	…	…	…	12.1	17.3	6.9	9.8	15.4	4.3
33	1958	25.7	30.7	20.8	…	…	…	12.3	18.3	6.1	10.7	16.8	4.7
34	1959	22.7	26.6	18.9	…	…	…	11.1	16.3	5.8	10.6	16.6	4.7
35	1960	21.6	25.1	18.2	…	…	…	10.6	15.0	6.2	10.6	16.5	4.9
36	1961	19.6	22.3	16.9	…	…	…	11.9	17.0	6.7	10.4	16.1	4.9
37	1962	17.6	20.4	14.8	…	…	…	13.7	18.7	8.6	10.9	16.5	5.4
38	1963	16.1	18.9	13.4	…	…	…	15.7	20.8	10.6	11.0	16.5	5.8
39	1964	15.1	17.5	12.9	…	…	…	14.5	19.1	9.9	10.8	16.1	5.6
40	1965	14.7	17.3	12.2	…	…	…	14.9	18.8	10.8	11.1	16.3	6.1
41	1966	15.2	17.4	13.1	…	…	…	14.1	17.5	10.6	10.9	16.1	5.9
42	1967	14.2	16.2	12.2	…	…	…	15.1	18.9	11.1	10.8	15.7	6.1
43	1968	14.5	16.5	12.5	…	…	…	12.7	16.9	8.5	10.7	15.8	5.9
44	1969	14.5	16.4	12.7	…	…	…	12.2	16.5	7.8	11.1	16.1	6.3
45	1970	15.3	17.3	13.3	…	…	…	12.4	17.0	7.6	11.5	16.7	6.5
46	1971	15.6	17.9	13.3	…	…	…	13.6	17.9	9.3	11.7	16.7	6.8
47	1972	17.0	19.7	14.4	…	…	…	12.5	16.7	8.4	12.0	17.5	6.8
48	1973	17.4	20.2	14.8	…	…	…	11.6	15.7	7.5	12.0	17.7	6.5
49	1974	17.5	20.0	15.0	…	…	…	11.7	16.0	7.4	12.1	18.1	6.5
50	1975	18.0	21.5	14.6	…	…	…	11.1	15.2	7.0	12.7	18.9	6.8
51	1976	17.6	21.2	14.1	…	…	…	10.8	15.7	5.9	12.5	18.7	6.7
52	1977	17.9	22.0	13.8	…	…	…	11.1	16.0	6.2	13.3	20.1	6.8
53	1978	17.6	22.0	13.4	…	…	…	11.2	15.8	6.6	12.5	19.0	6.3
54	1979	18.0	22.6	13.6	…	…	…	11.6	16.6	6.7	12.1	18.6	6.0
55	1980	17.7	22.3	13.1	…	…	…	11.0	16.4	5.6	11.8	18.6	5.4
56	1981	17.1	22.0	12.4	…	…	…	11.2	16.9	5.5	12.0	18.7	5.8
57	1982	17.5	22.7	12.5	…	…	…	11.7	17.4	6.0	12.2	19.2	5.6
58	1983	21.0	28.9	13.4	…	…	…	11.2	17.0	5.4	12.1	19.2	5.4
59	1984	20.4	27.6	13.3	…	…	…	11.0	16.9	5.2	12.4	19.7	5.4
60	1985	19.4	26.0	13.1	9.1	13.3	4.9	11.6	18.2	5.1	12.3	19.9	5.1
61	1986	21.2	27.8	14.9	8.3	12.3	4.3	12.4	19.1	5.6	12.8	20.6	5.4
62	1987	19.6	25.6	13.8	7.9	11.5	4.4	13.8	21.8	5.7	12.7	20.5	5.2
63	1988	18.7	23.8	13.7	7.0	10.0	4.0	13.3	21.0	5.6	12.4	20.1	5.0
平成元年	1989	17.3	21.5	13.1	7.1	9.9	4.3	12.3	19.6	5.0	12.2	19.9	4.8
2	1990	16.4	20.4	12.4	7.4	10.2	4.5	12.9	20.7	5.2	12.4	20.4	4.8
3	1991	16.1	20.6	11.8	7.1	9.8	4.3	13.2	21.0	5.6	12.2	20.1	4.7
4	1992	16.9	22.3	11.7	8.1	11.2	4.9	12.9	20.5	5.3	12.0	19.6	4.6
5	1993	16.6	22.3	11.1	9.4	12.8	5.8	11.5	18.7	4.5	12.1	19.9	4.6
6	1994	16.9	23.1	10.9	9.5	12.8	6.1	12.8	21.0	4.7	12.0	19.8	4.5
7	1995	17.2	23.4	11.3	10.6	14.5	6.7	12.0	19.0	5.1	11.9	19.8	4.4
8	1996	17.8	24.3	11.5	12.7	17.5	7.9	13.2	21.6	5.0	11.6	19.3	4.4
9	1997	18.8	26.0	11.9	13.0	17.8	8.0	14.3	22.7	6.0	11.4	18.7	4.4
10	1998	25.4	36.5	14.7	18.3	26.4	10.2	14.1	22.7	5.6	11.3	18.6	4.4
11	1999	25.0	36.5	14.1	15.0	21.0	9.0	13.1	21.3	5.1	10.7	17.6	4.1
12	2000	24.1	35.2	13.4	13.6	18.8	8.3	12.5	19.8	5.2	10.4	17.1	4.0
13	2001	23.3	34.2	12.9	14.5	20.3	8.6	12.7	20.1	5.3	…	…	…
14	2002	23.8	35.2	12.8	17.9	24.7	11.2	…	…	…	…	…	…

22表（6－5）
自殺死亡率

年	次	カナダ[4]			フランス			ドイツ連邦共和国[7]			イタリア		
		総数	男	女	総数	男	女	総数	男	女	総数	男	女
明治34年	1901	…	…	…	…	…	…	20.8	33.6	8.2	6.2	9.9	2.6
35	1902	…	…	…	…	…	…	21.4	34.4	8.8	6.1	9.7	2.6
36	1903	…	…	…	…	…	…	21.7	34.8	9.1	5.9	9.4	2.3
37	1904	…	…	…	…	…	…	21.0	33.2	9.2	6.5	10.4	2.7
38	1905	…	…	…	…	…	…	21.3	33.4	9.5	7.2	11.4	3.0
39	1906	…	…	…	20.4	…	…	20.4	31.8	9.4	7.0	10.7	3.3
40	1907	…	…	…	22.6	…	…	20.6	31.9	9.6	7.3	11.0	3.7
41	1908	…	…	…	21.5	…	…	21.9	34.3	9.7	8.0	12.5	3.6
42	1909	…	…	…	22.2	…	…	22.3	34.7	10.1	8.7	13.6	4.0
43	1910	…	…	…	21.8	…	…	21.6	33.2	10.3	8.4	13.0	3.9
44	1911	…	…	…	21.9	…	…	21.7	33.4	10.3	7.9	11.4	4.6
大正元年	1912	…	…	…	22.9	…	…	22.5	34.6	10.6	8.5	12.6	4.6
2	1913	…	…	…	22.8	…	…	23.2	35.0	11.7	8.8	13.1	4.6
3	1914	…	…	…	23.3	…	…	21.8	32.8	11.0	8.9	13.0	4.9
4	1915	…	…	…	16.7	…	…	16.6	22.7	10.7	8) 8.5	8) 12.8	8) 4.4
5	1916	…	…	…	16.0	…	…	17.3	22.5	12.4	8) 6.9	8) 10.0	8) 3.9
6	1917	…	…	…	15.0	…	…	16.4	21.1	11.9	8) 6.9	8) 10.0	8) 3.8
7	1918	…	…	…	14.1	…	…	15.7	19.8	11.8	8) 7.5	8) 10.7	8) 4.3
8	1919	…	…	…	17.3	…	…	18.4	23.6	13.6	7.3	10.5	4.2
9	1920	…	…	…	17.5	…	…	21.7	29.3	14.6	7.3	10.3	4.5
10	1921	6.7	10.2	2.9	19.6	…	…	20.7	29.3	12.7	7.8	11.6	4.2
11	1922	7.5	11.1	3.6	…	…	…	21.9	31.1	13.3	8.3	12.4	4.3
12	1923	8.2	11.9	4.3	…	…	…	21.4	30.1	13.4	8.7	13.1	4.5
13	1924	8.1	11.6	4.3	…	…	…	23.1	34.8	12.2	9.7	14.6	5.1
14	1925	8.7	13.4	3.7	19.3	30.4	8.9	24.5	36.4	13.3	9.4	14.0	4.9
昭和元年	1926	7.2	11.3	3.0	19.2	29.7	9.4	26.2	38.9	14.3	9.8	15.1	4.7
2	1927	7.9	12.4	3.1	19.3	29.9	9.4	25.3	37.0	14.2	10.6	16.3	5.1
3	1928	7.6	11.8	3.3	18.9	29.2	9.2	25.2	36.4	14.6	9.7	14.7	4.9
4	1929	8.3	12.6	3.8	18.4	28.8	8.6	26.1	38.1	14.6	9.0	13.4	4.7
5	1930	9.9	15.3	4.2	19.0	29.8	9.0	27.8	40.6	15.7	9.6	14.7	4.7
6	1931	9.7	14.8	4.2	19.0	29.8	8.9	28.8	41.9	16.5	10.1	15.6	4.7
7	1932	9.8	14.9	4.2	20.6	32.7	9.4	29.2	41.6	17.4	9.8	14.9	4.8
8	1933	8.7	13.3	3.7	20.0	31.6	9.2	28.7	41.4	16.8	8.9	13.7	4.3
9	1934	8.6	13.1	3.9	21.4	34.5	9.3	28.7	41.8	16.2	8.7	13.1	4.5
10	1935	8.4	12.8	3.7	20.1	32.1	8.9	27.6	39.7	16.2	7.7	11.5	4.1
11	1936	8.5	12.5	4.2	19.5	31.0	8.9	28.7	41.1	16.9	7.9	12.1	4.0
12	1937	8.9	13.2	4.3	…	…	…	28.9	41.4	17.0	7.6	11.5	3.9
13	1938	8.5	13.1	3.7	…	…	…	28.3	39.9	17.2	7.2	11.0	3.6
14	1939	8.7	13.2	3.9	…	…	…	…	…	…	6.9	10.4	3.6
15	1940	5) 8.3	5) 12.2	5) 4.3	6) 18.7	6) 28.4	6) 10.3	…	…	…	8) 5.9	8) 8.9	8) 3.1
16	1941	5) 7.8	5) 11.3	5) 4.1	6) 17.2	6) 26.4	6) 9.3	…	…	…	8) 5.3	8) 7.9	8) 2.8
17	1942	5) 7.2	5) 10.4	5) 3.8	6) 12.8	6) 18.9	6) 7.6	…	…	…	8) 5.2	8) 7.8	8) 2.7
18	1943	5) 6.4	5) 9.0	5) 3.7	6) 11.8	6) 17.5	6) 7.2	…	…	…	8) 5.0	8) 7.7	8) 2.4
19	1944	5) 6.1	5) 8.9	5) 3.2	6) 11.5	6) 18.2	6) 6.1	…	…	…	8) 4.0	8) 6.0	8) 2.0
20	1945	5) 6.3	5) 9.2	5) 3.4	6) 12.3	6) 19.3	6) 6.3	…	…	…	8) 4.8	8) 6.9	8) 2.7
21	1946	8.2	12.1	4.1	11.2	16.4	6.5	…	…	…	5.3	7.8	3.0
22	1947	7.6	11.1	3.9	12.7	19.3	6.6	17.7	24.9	11.7	5.8	8.8	3.0
23	1948	7.8	11.8	3.7	14.2	22.0	7.0	15.6	21.4	10.7	6.3	9.3	3.4
24	1949	7.7	12.0	3.1	15.2	23.4	7.6	15.8	21.1	11.2	6.6	9.8	3.6
25	1950	7.7	11.9	3.5	15.2	23.8	7.2	18.8	26.5	12.0	6.5	9.5	3.6
26	1951	7.4	11.1	3.6	15.5	24.0	7.6	19.2	27.4	11.9	6.8	10.3	3.5

注：4）1921～1925年の間は、ケベック州を除く。1949年以降は、ニューファンドランドを含む。
5）海外派遣の軍隊の自殺死亡数を除くが、率は全人口で計算している。
6）戦時中の軍隊、フランス捕虜及びドイツに追放された自殺死亡数は除く。
7）第一次世界大戦は、軍人の自殺死亡数を含む。1938年以前は、旧ドイツである。1990年以降は、統合ドイツである。
8）戦闘地帯の自殺死亡数は除くが、率は全人口で計算している。

（人口10万対）の年次推移 －1901年以降－

年次		カナダ[4]			フランス			ドイツ連邦共和国[7]			イタリア		
		総数	男	女	総数	男	女	総数	男	女	総数	男	女
昭和27年	1952	7.3	11.1	3.4	15.4	24.0	7.4	17.6	24.5	11.5	6.3	9.3	3.6
28	1953	7.1	11.0	3.2	15.3	24.0	7.2	18.2	25.7	11.7	6.4	9.2	3.9
29	1954	7.3	10.9	3.5	15.8	24.7	7.4	19.3	26.6	12.8	6.0	8.5	3.5
30	1955	7.1	10.7	3.4	15.9	24.7	7.8	19.2	26.0	13.0	6.7	9.8	3.8
31	1956	7.6	11.7	3.5	17.4	26.4	9.0	18.7	25.8	12.4	6.8	…	…
32	1957	7.5	11.7	3.3	16.5	24.7	8.8	18.4	25.2	12.5	6.6	…	…
33	1958	7.5	11.8	3.0	16.6	24.9	8.8	18.9	26.3	12.4	6.2	8.8	3.6
34	1959	7.4	11.5	3.1	16.8	25.1	8.9	18.7	25.7	12.6	6.2	8.9	3.6
35	1960	7.6	12.0	3.0	15.9	24.0	8.2	18.8	25.6	12.7	6.1	8.6	3.7
36	1961	7.5	11.9	3.0	15.9	24.5	7.7	18.7	25.1	13.0	5.6	7.9	3.4
37	1962	7.2	11.2	3.1	15.1	23.2	7.5	17.6	23.9	12.0	5.4	7.8	3.2
38	1963	7.6	11.4	3.8	15.5	23.8	7.7	19.3	26.3	13.1	5.3	7.4	3.2
39	1964	8.2	12.3	4.1	14.9	22.4	7.8	20.1	27.0	13.9	5.4	7.7	3.2
40	1965	8.8	12.9	4.5	15.0	23.0	7.5	20.0	26.8	13.8	5.4	7.8	3.1
41	1966	8.6	12.8	4.3	15.5	23.3	8.1	20.5	27.5	14.1	5.1	7.3	3.0
42	1967	9.0	13.2	4.8	15.5	23.3	8.0	21.3	29.5	13.9	5.4	7.8	3.2
43	1968	9.7	14.2	5.2	15.3	22.5	8.4	20.6	27.7	14.2	5.3	7.6	3.1
44	1969	10.9	15.5	6.2	15.8	23.4	8.5	20.9	27.7	14.7	5.4	7.6	3.3
45	1970	11.3	16.2	6.4	15.4	22.8	8.4	21.3	28.2	15.0	5.8	8.1	3.5
46	1971	11.9	17.3	6.4	15.4	22.4	8.7	20.9	27.6	14.9	6.0	8.4	3.7
47	1972	12.2	17.4	6.9	16.1	23.3	9.3	19.9	26.3	14.1	5.8	8.2	3.6
48	1973	12.6	18.0	7.1	15.5	22.6	8.7	20.8	27.4	14.7	5.7	8.1	3.4
49	1974	12.9	18.7	7.1	15.6	22.7	8.8	21.0	27.9	14.7	5.4	7.3	3.5
50	1975	12.4	17.9	6.8	15.8	22.9	9.0	20.9	27.8	14.6	5.6	7.8	3.4
51	1976	12.8	18.4	7.2	15.8	22.9	9.0	21.7	29.1	14.9	5.7	7.9	3.5
52	1977	14.2	21.2	7.3	16.5	23.3	9.9	22.7	30.2	15.8	6.2	8.9	3.7
53	1978	14.8	22.3	7.3	17.2	24.7	10.0	22.2	30.1	15.1	6.4	9.3	3.8
54	1979	14.2	21.4	7.0	18.7	27.1	10.6	21.5	29.0	14.6	7.0	9.8	4.3
55	1980	14.0	21.3	6.8	19.4	28.0	11.1	20.9	28.3	14.1	7.3	10.1	4.6
56	1981	14.0	21.3	6.8	19.6	28.5	11.1	21.7	29.6	14.4	6.9	9.8	4.0
57	1982	14.3	22.3	6.4	20.9	30.4	11.8	21.3	29.8	13.6	7.4	10.7	4.4
58	1983	15.1	23.4	6.9	21.8	31.7	12.3	21.3	29.0	14.3	7.6	11.0	4.3
59	1984	13.7	21.4	6.1	22.0	32.2	12.4	20.5	28.5	13.2	7.8	11.3	4.5
60	1985	12.9	20.5	5.4	22.7	33.1	12.7	20.7	29.4	12.7	8.3	12.2	4.7
61	1986	14.5	22.8	6.4	22.6	32.9	12.9	19.0	26.6	12.0	8.2	11.8	4.7
62	1987	14.0	22.1	6.2	21.9	31.7	12.5	19.0	26.7	11.8	7.9	11.7	4.2
63	1988	13.5	21.4	5.9	20.8	30.2	11.7	17.6	25.0	10.8	7.6	11.1	4.4
平成元年	1989	13.3	20.9	6.0	20.9	30.5	11.7	16.5	23.5	10.0	7.5	11.2	4.1
2	1990	12.7	20.4	5.2	20.1	29.6	11.1	17.5	24.9	10.7	7.6	11.4	4.1
3	1991	13.2	21.4	5.2	20.2	29.6	11.2	17.5	25.0	10.5	7.8	11.5	4.2
4	1992	13.0	20.7	5.5	20.3	30.2	10.9	16.7	23.9	9.9	8.0	12.1	4.1
5	1993	13.1	21.0	5.4	21.2	31.6	11.5	15.6	22.6	8.9	8.2	12.7	4.0
6	1994	12.8	20.5	5.3	20.8	31.5	10.7	15.6	22.9	8.6	7.9	12.3	3.8
7	1995	13.4	21.5	5.4	20.3	30.4	10.8	15.8	23.2	8.7	8.0	12.3	3.9
8	1996	13.3	21.1	5.7	19.3	28.8	10.4	14.9	21.9	8.3	8.2	12.4	4.2
9	1997	12.3	19.6	5.1	19.0	28.4	10.1	14.9	22.1	8.1	8.2	12.7	3.9
10	1998	12.2	19.5	5.1	17.9	27.1	9.2	14.2	21.5	7.3	7.8	12.3	3.6
11	1999	13.4	21.3	5.5	17.5	26.1	9.4	13.6	20.2	7.3	7.1	11.1	3.4
12	2000	11.7	18.4	5.2	18.4	27.9	9.5	13.5	20.3	7.0	7.1	10.9	3.5
13	2001	…	…	…	…	…	…	13.5	20.4	7.0	7.1	11.1	3.3
14	2002	…	…	…	…	…	…	…	…	…	…	…	…

22表（6－6）
自 殺 死 亡 率

年	次	イギリス			ハンガリー			スウェーデン			ロシア		
		総数	男	女	総数	男	女	総数	男	女	総数	男	女
明治34年	1901	…	…	…	…	…	…	13.1	22.5	4.2	…	…	…
35	1902	…	…	…	…	…	…	14.9	25.3	5.0	…	…	…
36	1903	…	…	…	…	…	…	13.3	22.4	4.8	…	…	…
37	1904	…	…	…	…	…	…	14.1	22.7	5.8	…	…	…
38	1905	…	…	…	…	…	…	15.3	26.2	4.8	…	…	…
39	1906	…	…	…	…	…	…	14.5	24.0	5.5	…	…	…
40	1907	…	…	…	…	…	…	15.5	26.6	5.0	…	…	…
41	1908	…	…	…	…	…	…	15.6	25.6	6.1	…	…	…
42	1909	…	…	…	…	…	…	16.8	28.5	5.6	…	…	…
43	1910	…	…	…	…	…	…	17.8	29.3	6.9	…	…	…
44	1911	…	…	…	…	…	…	17.6	29.2	6.5	…	…	…
大正元年	1912	…	…	…	…	…	…	18.3	30.6	6.4	…	…	…
2	1913	…	…	…	…	…	…	17.9	29.8	6.5	…	…	…
3	1914	…	…	…	…	…	…	15.9	26.3	5.9	…	…	…
4	1915	…	…	…	…	…	…	15.4	24.8	6.4	…	…	…
5	1916	…	…	…	…	…	…	13.2	20.9	5.8	…	…	…
6	1917	…	…	…	…	…	…	10.2	15.7	4.8	…	…	…
7	1918	…	…	…	…	…	…	10.0	15.2	5.0	…	…	…
8	1919	…	…	…	…	…	…	13.6	21.8	5.7	…	…	…
9	1920	…	…	…	…	…	…	14.7	23.7	6.1	…	…	…
10	1921	…	…	…	…	…	…	15.3	24.8	6.3	…	…	…
11	1922	…	…	…	…	…	…	14.4	23.5	5.7	…	…	…
12	1923	…	…	…	…	…	…	14.2	23.4	5.3	…	…	…
13	1924	…	…	…	…	…	…	14.5	23.8	5.5	…	…	…
14	1925	…	…	…	…	…	…	13.5	21.8	5.6	…	…	…
昭和元年	1926	…	…	…	…	…	…	14.8	24.7	5.2	…	…	…
2	1927	…	…	…	…	…	…	15.1	24.6	6.0	…	…	…
3	1928	…	…	…	…	…	…	14.0	23.5	4.9	…	…	…
4	1929	…	…	…	…	…	…	15.4	25.3	5.9	…	…	…
5	1930	…	…	…	…	…	…	15.8	25.8	6.2	…	…	…
6	1931	…	…	…	…	…	…	16.5	26.5	6.8	…	…	…
7	1932	…	…	…	…	…	…	17.7	29.9	5.9	…	…	…
8	1933	…	…	…	…	…	…	17.1	27.8	6.7	…	…	…
9	1934	…	…	…	…	…	…	15.3	25.3	5.6	…	…	…
10	1935	…	…	…	…	…	…	15.5	24.9	6.4	…	…	…
11	1936	…	…	…	…	…	…	16.7	26.7	7.0	…	…	…
12	1937	…	…	…	…	…	…	15.6	24.1	7.3	…	…	…
13	1938	…	…	…	…	…	…	15.8	25.0	6.8	…	…	…
14	1939	…	…	…	…	…	…	16.2	25.5	7.0	…	…	…
15	1940	…	…	…	…	…	…	17.1	27.2	7.1	…	…	…
16	1941	…	…	…	…	…	…	15.8	24.7	7.0	…	…	…
17	1942	…	…	…	…	…	…	14.3	21.8	6.9	…	…	…
18	1943	…	…	…	…	…	…	15.1	22.3	8.1	…	…	…
19	1944	…	…	…	…	…	…	13.1	20.6	5.7	…	…	…
20	1945	…	…	…	…	…	…	15.3	23.1	7.7	…	…	…
21	1946	…	…	…	…	…	…	15.5	23.2	7.9	…	…	…
22	1947	…	…	…	…	…	…	14.8	22.7	7.0	…	…	…
23	1948	…	…	…	…	…	…	14.5	22.6	6.5	…	…	…
24	1949	…	…	…	…	…	…	16.3	23.5	9.1	…	…	…
25	1950	…	…	…	…	…	…	14.9	22.8	6.9	…	…	…
26	1951	…	…	…	…	…	…	16.2	24.9	7.5	…	…	…

（人口10万対）の年次推移 −1901年以降−

年	次	イギリス			ハンガリー			スウェーデン			ロシア		
		総数	男	女	総数	男	女	総数	男	女	総数	男	女
昭和27年	1952	…	…	…	…	…	…	16.7	26.3	7.2	…	…	…
28	1953	…	…	…	…	…	…	18.6	28.2	9.0	…	…	…
29	1954	…	…	…	…	…	…	17.0	25.5	8.5	…	…	…
30	1955	…	…	…	…	…	…	17.8	27.2	8.5	…	…	…
31	1956	…	…	…	19.6	27.9	11.8	20.1	31.2	9.2	…	…	…
32	1957	…	…	…	21.7	31.2	13.0	19.9	31.2	8.6	…	…	…
33	1958	…	…	…	23.5	33.2	14.4	17.3	25.9	8.7	…	…	…
34	1959	…	…	…	25.7	37.6	14.6	18.1	27.2	9.0	…	…	…
35	1960	…	…	…	24.9	35.6	14.9	17.4	26.3	8.6	…	…	…
36	1961	…	…	…	25.4	36.3	15.3	16.9	25.6	8.3	…	…	…
37	1962	…	…	…	24.9	35.6	14.9	18.5	27.6	9.3	…	…	…
38	1963	…	…	…	26.8	37.5	16.8	18.5	27.1	9.9	…	…	…
39	1964	…	…	…	28.6	40.9	17.1	19.8	28.7	10.9	…	…	…
40	1965	…	…	…	29.8	42.6	17.9	18.9	27.7	10.1	…	…	…
41	1966	…	…	…	29.6	42.0	18.0	20.1	29.4	10.8	…	…	…
42	1967	…	…	…	31.3	45.1	18.4	21.6	31.9	11.4	…	…	…
43	1968	…	…	…	33.7	49.1	19.3	21.5	31.4	11.7	…	…	…
44	1969	…	…	…	33.1	48.3	18.9	22.0	31.2	12.7	…	…	…
45	1970	…	…	…	34.8	50.8	19.8	22.3	31.3	13.2	…	…	…
46	1971	…	…	…	36.1	52.0	21.0	20.3	28.5	12.3	…	…	…
47	1972	…	…	…	36.9	53.4	21.4	20.3	29.4	11.2	…	…	…
48	1973	…	…	…	36.9	53.2	21.5	20.8	29.5	12.1	…	…	…
49	1974	…	…	…	40.7	58.9	23.6	20.1	28.7	11.5	…	…	…
50	1975	…	…	…	38.4	55.8	22.1	19.4	27.7	11.2	…	…	…
51	1976	…	…	…	40.6	57.9	24.3	18.9	26.6	11.4	…	…	…
52	1977	…	…	…	40.3	56.0	25.5	19.7	28.3	11.2	…	…	…
53	1978	…	…	…	43.1	60.4	26.9	19.0	26.3	11.8	…	…	…
54	1979	8.5	10.7	6.5	44.6	63.7	26.6	20.5	28.3	12.9	…	…	…
55	1980	8.8	11.0	6.7	44.9	64.5	26.5	19.4	27.6	11.3	…	…	…
56	1981	8.9	11.6	6.4	45.6	63.5	28.7	17.5	24.6	10.6	34.2	58.9	13.0
57	1982	8.8	11.7	6.0	43.5	62.0	26.2	19.4	27.8	11.2	34.8	60.1	13.1
58	1983	8.7	11.8	5.8	45.9	66.8	26.4	19.0	27.3	10.9	…	…	…
59	1984	8.8	12.0	5.7	45.9	67.6	25.7	19.5	27.4	11.8	…	…	…
60	1985	9.0	12.4	5.8	44.4	67.0	23.2	18.2	25.0	11.5	31.2	52.9	12.3
61	1986	8.5	12.3	5.0	45.3	66.1	25.9	18.5	27.1	10.1	23.1	36.9	11.1
62	1987	8.1	11.8	4.6	45.1	65.9	25.6	18.3	26.0	10.9	23.3	37.4	11.0
63	1988	8.7	13.0	4.6	41.3	58.1	25.6	18.8	26.4	11.5	24.3	39.1	11.4
平成元年	1989	7.6	11.6	3.8	41.6	61.4	23.1	18.6	26.8	10.6	25.8	42.8	10.9
2	1990	8.1	12.6	3.8	39.9	59.9	21.4	17.2	24.1	10.4	26.5	43.9	11.1
3	1991	7.9	12.4	3.6	38.6	58.0	20.7	17.2	24.3	10.3	26.6	44.5	10.7
4	1992	8.0	12.6	3.6	38.7	59.3	19.8	15.6	21.9	9.6	31.1	53.2	11.6
5	1993	7.7	12.1	3.5	35.9	55.0	18.3	15.7	22.2	9.5	38.2	66.8	13.0
6	1994	7.5	11.9	3.3	35.3	55.5	16.8	15.1	21.4	8.9	42.1	74.6	13.4
7	1995	7.4	11.7	3.2	32.6	50.2	16.5	15.3	21.5	9.2	41.5	72.9	13.7
8	1996	7.1	11.1	3.3	33.3	51.2	17.0	14.2	20.0	8.5	39.5	70.0	12.5
9	1997	7.0	11.0	3.2	31.2	48.6	15.3	13.6	19.6	7.7	37.7	66.4	12.3
10	1998	7.4	11.7	3.3	31.6	50.5	14.5	13.9	20.1	7.8	35.5	62.6	11.6
11	1999	7.5	11.8	3.3	32.5	52.3	14.5	13.8	19.7	8.0	39.5	69.6	12.9
12	2000	7.2	11.3	3.2	32.0	50.7	15.1	12.7	18.3	7.3	39.4	70.6	11.9
13	2001	6.8	10.8	3.0	29.2	47.1	13.0	13.4	18.9	8.1	39.8	71.7	11.8
14	2002	6.9	10.8	3.1	28.0	45.5	12.2	…	…	…	38.7	69.3	11.9

第23表　性・年齢（10歳階級）・国別自殺死亡数・死亡率（人口10

第23表（12－1）
日　本

（自殺死亡数・総　数）

年齢階級	昭和35年 (1960)	40 ('65)	45 ('70)	50 ('75)	55 ('80)	60 ('85)	平成2年 ('90)	7 ('95)	8 ('96)	9 ('97)	10 ('98)	11 ('99)	12 (2000)	13 ('01)	14 ('02)
総　数	**20 143**	**14 444**	**15 728**	**19 975**	**20 542**	**23 383**	**20 088**	**21 420**	**22 138**	**23 494**	**31 755**	**31 413**	**30 251**	**29 375**	**29 949**
5～14 歳	63	46	55	89	55	85	47	66	64	53	94	73	74	61	37
15～24	6 486	2 690	2 555	2 701	2 000	1 630	1 309	1 538	1 510	1 478	2 065	1 966	1 804	1 667	1 592
25～34	4 340	2 872	2 963	4 004	3 609	2 799	2 160	2 359	2 387	2 610	3 512	3 631	3 480	3 400	3 448
35～44	1 715	1 691	2 231	3 218	3 629	4 190	3 006	2 722	2 708	2 842	3 627	3 708	3 547	3 609	3 774
45～54	2 011	1 655	1 763	2 695	3 678	5 354	4 000	4 766	4 960	5 182	7 141	6 940	6 647	6 450	6 612
55～64	2 238	2 049	2 126	2 343	2 440	3 598	3 588	4 165	4 465	4 877	6 969	6 928	6 882	6 383	6 773
65～74	2 052	2 025	2 305	2 594	2 623	2 708	2 673	2 687	2 915	3 127	4 303	4 186	4 136	4 173	4 102
75～	1 227	1 408	1 604	2 195	2 382	2 893	3 219	2 940	2 953	3 103	3 744	3 675	3 414	3 380	3 373
不　詳	11	8	126	136	126	126	86	177	176	222	300	306	267	252	238
（再掲）															
65～	3 279	3 433	3 909	4 789	5 005	5 601	5 892	5 627	5 868	6 230	8 047	7 861	7 550	7 553	7 475

（自殺死亡数・男）

年齢階級	昭和35年 (1960)	40 ('65)	45 ('70)	50 ('75)	55 ('80)	60 ('85)	平成2年 ('90)	7 ('95)	8 ('96)	9 ('97)	10 ('98)	11 ('99)	12 (2000)	13 ('01)	14 ('02)
総　数	**11 506**	**8 330**	**8 761**	**11 744**	**12 769**	**15 356**	**12 316**	**14 231**	**14 853**	**15 901**	**22 349**	**22 402**	**21 656**	**21 085**	**21 677**
5～14 歳	40	32	40	65	41	59	30	43	41	34	66	44	58	39	25
15～24	3 604	1 529	1 388	1 683	1 354	1 139	875	1 050	1 036	1 010	1 453	1 385	1 273	1 145	1 131
25～34	2 662	1 737	1 750	2 548	2 489	1 982	1 462	1 692	1 690	1 812	2 462	2 595	2 453	2 388	2 443
35～44	937	1 013	1 389	2 151	2 529	3 015	2 112	2 016	2 036	2 139	2 787	2 896	2 762	2 822	2 924
45～54	1 174	978	972	1 666	2 515	3 947	2 710	3 489	3 689	3 842	5 596	5 440	5 261	5 090	5 278
55～64	1 418	1 315	1 228	1 319	1 438	2 376	2 283	2 932	3 185	3 521	5 230	5 283	5 277	4 894	5 269
65～74	1 123	1 104	1 189	1 245	1 241	1 387	1 371	1 494	1 682	1 914	2 750	2 687	2 710	2 792	2 687
75～	538	615	708	949	1 050	1 340	1 405	1 358	1 339	1 429	1 732	1 794	1 618	1 691	1 709
不　詳	10	7	97	118	112	111	68	157	155	200	273	278	244	224	211
（再掲）															
65～	1 661	1 719	1 897	2 194	2 291	2 727	2 776	2 852	3 021	3 343	4 482	4 481	4 328	4 483	4 396

（自殺死亡数・女）

年齢階級	昭和35年 (1960)	40 ('65)	45 ('70)	50 ('75)	55 ('80)	60 ('85)	平成2年 ('90)	7 ('95)	8 ('96)	9 ('97)	10 ('98)	11 ('99)	12 (2000)	13 ('01)	14 ('02)
総　数	**8 637**	**6 114**	**6 967**	**8 231**	**7 773**	**8 027**	**7 772**	**7 189**	**7 285**	**7 593**	**9 406**	**9 011**	**8 595**	**8 290**	**8 272**
5～14 歳	23	14	15	24	14	26	17	23	23	19	28	29	16	22	12
15～24	2 882	1 161	1 167	1 018	646	491	434	488	474	468	612	581	531	522	461
25～34	1 678	1 135	1 213	1 456	1 120	817	698	667	697	798	1 050	1 036	1 027	1 012	1 005
35～44	778	678	842	1 067	1 100	1 175	894	706	672	703	840	812	785	787	850
45～54	837	677	791	1 029	1 163	1 402	1 290	1 277	1 271	1 340	1 545	1 500	1 386	1 360	1 334
55～64	820	734	898	1 024	1 002	1 222	1 305	1 233	1 280	1 356	1 739	1 645	1 605	1 489	1 504
65～74	929	921	1 116	1 349	1 382	1 321	1 302	1 193	1 233	1 213	1 553	1 499	1 426	1 381	1 415
75～	689	793	896	1 246	1 332	1 553	1 814	1 582	1 614	1 674	2 012	1 881	1 796	1 689	1 664
不　詳	1	1	29	18	14	15	18	20	21	22	27	28	23	28	27
（再掲）															
65～	1 618	1 714	2 012	2 595	2 714	2 874	3 116	2 775	2 847	2 887	3 565	3 380	3 222	3 070	3 079

資料：厚生労働省「人口動態統計」
注：1）昭和18年以前及び昭和48年以降は沖縄県を含む。また、総数には、性別「不詳」を含む。

万対）の年次比較　－1960・1965・1970・1975・1980・1985・1990・1995・1996年以降－

日　本　　（自殺死亡率・総　数）

年齢階級	昭和35年 (1960)	40 ('65)	45 ('70)	50 ('75)	55 ('80)	60 ('85)	平成２年 ('90)	7 ('95)	8 ('96)	9 ('97)	10 ('98)	11 ('99)	12 (2000)	13 ('01)	14 ('02)
総　数	**21.6**	**14.7**	**15.2**	**18.0**	**17.7**	**19.4**	**16.4**	**17.2**	**17.8**	**18.8**	**25.4**	**25.0**	**24.1**	**23.3**	**23.8**
５～14 歳	0.3	0.3	0.3	0.5	0.3	0.5	0.3	0.5	0.5	0.4	0.7	0.6	0.6	0.5	0.3
15～24	37.0	13.5	13.0	16.0	12.5	9.6	7.0	8.4	8.4	8.5	12.2	12.0	11.5	10.9	10.7
25～34	27.6	17.3	17.0	20.0	18.3	16.7	13.8	14.2	14.1	15.0	19.7	19.9	19.1	18.2	18.6
35～44	15.5	12.6	14.4	19.4	20.8	21.2	15.4	16.4	16.8	18.0	23.2	23.8	22.6	23.3	23.9
45～54	22.3	17.3	16.5	20.6	24.2	33.3	23.4	24.6	25.4	26.6	36.8	36.2	34.6	33.3	35.6
55～64	33.9	27.9	26.1	26.4	24.3	29.1	24.8	27.1	28.5	30.6	43.1	42.1	41.9	39.5	40.6
65～74	54.8	47.0	45.0	43.2	37.7	35.1	30.0	24.3	25.3	26.2	34.9	33.1	31.9	31.4	30.3
75～	74.9	75.1	72.5	77.5	65.3	61.6	53.9	41.1	39.7	40.0	46.2	43.4	38.0	35.6	33.7
（再掲）															
65～	60.9	55.5	53.3	54.2	47.2	45.1	39.6	30.9	31.0	31.6	39.4	37.2	34.4	33.1	31.8

（自殺死亡率・男）

年齢階級	昭和35年 (1960)	40 ('65)	45 ('70)	50 ('75)	55 ('80)	60 ('85)	平成２年 ('90)	7 ('95)	8 ('96)	9 ('97)	10 ('98)	11 ('99)	12 (2000)	13 ('01)	14 ('02)
総　数	**25.1**	**17.3**	**17.2**	**21.5**	**22.3**	**26.0**	**20.4**	**23.4**	**24.3**	**26.0**	**36.5**	**36.5**	**35.2**	**34.2**	**35.2**
５～14 歳	0.4	0.4	0.5	0.7	0.4	0.6	0.4	0.6	0.6	0.5	1.0	0.7	0.9	0.6	0.4
15～24	41.1	15.3	14.0	19.7	16.7	13.1	9.2	11.3	11.3	11.3	16.8	16.5	15.8	14.6	14.7
25～34	33.9	20.9	20.1	25.3	25.1	23.5	18.4	20.1	19.6	20.5	27.2	28.1	26.5	25.2	26.0
35～44	18.6	15.6	17.8	25.9	29.0	30.5	21.5	24.1	25.0	26.9	35.4	36.9	34.9	36.1	36.8
45～54	27.3	22.2	20.1	26.6	33.3	49.4	32.0	36.0	37.8	39.5	57.8	56.9	54.7	52.5	56.8
55～64	43.7	37.0	32.3	33.3	32.5	41.3	32.5	39.2	41.7	45.3	66.3	65.9	65.8	62.1	64.7
65～74	64.7	55.0	50.4	46.1	40.7	42.5	36.6	30.4	32.4	35.2	48.6	46.1	45.0	45.2	42.7
75～	88.8	86.3	82.1	84.8	73.2	74.0	62.9	53.2	50.9	52.6	61.4	60.7	50.8	49.7	47.2
（再掲）															
65～	70.9	63.2	58.9	57.4	51.1	53.7	46.4	38.2	38.6	41.0	52.8	51.0	47.0	46.8	44.3

（自殺死亡率・女）

年齢階級	昭和35年 (1960)	40 ('65)	45 ('70)	50 ('75)	55 ('80)	60 ('85)	平成２年 ('90)	7 ('95)	8 ('96)	9 ('97)	10 ('98)	11 ('99)	12 (2000)	13 ('01)	14 ('02)
総　数	**18.2**	**12.2**	**13.2**	**14.6**	**13.1**	**13.1**	**12.4**	**11.3**	**11.5**	**11.9**	**14.7**	**14.1**	**13.4**	**12.9**	**12.8**
５～14 歳	0.2	0.2	0.2	0.3	0.2	0.3	0.2	0.3	0.3	0.3	0.4	0.5	0.3	0.4	0.2
15～24	32.8	11.7	11.9	12.2	8.2	5.9	4.7	5.5	5.4	5.5	7.4	7.3	6.9	7.0	6.3
25～34	21.3	13.6	13.8	14.6	11.4	9.8	9.0	8.2	8.3	9.3	11.9	11.6	11.4	11.0	11.0
35～44	12.9	9.7	10.9	12.9	12.6	11.9	9.2	8.6	8.4	9.0	10.8	10.5	10.1	10.3	10.9
45～54	17.8	13.1	13.5	15.0	15.1	17.3	15.0	13.1	13.0	13.7	15.9	15.6	14.4	14.0	14.3
55～64	24.4	19.4	20.6	20.8	17.9	18.5	17.6	15.7	16.0	16.6	21.0	19.5	19.1	18.0	17.7
65～74	46.2	40.1	40.5	40.9	35.3	29.6	25.3	19.5	19.5	18.7	23.3	22.0	20.5	19.4	19.6
75～	66.7	68.3	66.3	72.7	60.1	53.8	48.6	34.4	33.5	33.2	38.1	34.1	31.0	27.7	26.1
（再掲）															
65～	53.2	49.5	49.0	51.8	44.3	39.1	35.0	25.9	25.6	25.0	29.8	27.4	25.3	23.2	22.6

注：２）1970年の死亡率が第１表及び第22表と異なるのは総人口を用いているためである。

第23表（12－２）
韓　　国

（自殺死亡数・総　数）

年齢階級	昭和35年 (1960)	40 ('65)	45 ('70)	50 ('75)	55 ('80)	60 ('85)	平成2年 ('90)	7 ('95)	8 ('96)	9 ('97)	10 ('98)	11 ('99)	12 (2000)	13 ('01)	14 ('02)
総　数	…	…	…	…	…	**3 689**	**3 159**	**4 840**	**5 856**	**6 022**	**8 569**	**7 075**	**6 460**	**6 933**	**8 631**
5～14歳	…	…	…	…	…	33	40	58	79	65	73	61	30	34	31
15～24	…	…	…	…	…	974	712	802	986	849	1 000	802	673	586	628
25～34	…	…	…	…	…	883	819	1 132	1 301	1 338	1 773	1 312	1 103	1 180	1 376
35～44	…	…	…	…	…	602	525	938	1 230	1 287	1 964	1 632	1 501	1 446	1 793
45～54	…	…	…	…	…	563	453	754	835	903	1 394	1 138	1 009	1 191	1 503
55～64	…	…	…	…	…	326	300	542	648	725	1 206	991	980	1 043	1 276
65～74	…	…	…	…	…	228	205	376	461	484	671	674	643	818	1 042
75～	…	…	…	…	…	80	105	238	316	371	488	465	521	635	981
不　詳	…	…	…	…	…	—	—	—	—	—	—	—	—	—	1
（再掲）															
65～	…	…	…	…	…	308	310	614	777	855	1 159	1 139	1 164	1 453	2 023

（自殺死亡数・男）

年齢階級	昭和35年 (1960)	40 ('65)	45 ('70)	50 ('75)	55 ('80)	60 ('85)	平成2年 ('90)	7 ('95)	8 ('96)	9 ('97)	10 ('98)	11 ('99)	12 (2000)	13 ('01)	14 ('02)
総　数	…	…	…	…	…	**2 691**	**2 197**	**3 319**	**4 041**	**4 161**	**6 200**	**4 968**	**4 491**	**4 871**	**5 954**
5～14歳	…	…	…	…	…	20	26	30	35	31	31	31	20	13	14
15～24	…	…	…	…	…	678	480	501	619	528	629	496	408	358	374
25～34	…	…	…	…	…	655	550	759	893	880	1 240	901	749	836	974
35～44	…	…	…	…	…	456	378	686	893	955	1 507	1 192	1 092	1 066	1 300
45～54	…	…	…	…	…	447	358	579	640	701	1 137	895	801	929	1 149
55～64	…	…	…	…	…	246	218	405	495	544	952	745	741	806	988
65～74	…	…	…	…	…	147	134	233	300	324	446	456	398	534	665
75～	…	…	…	…	…	42	53	126	166	198	258	252	282	329	489
不　詳	…	…	…	…	…	—	—	—	—	—	—	—	—	—	1
（再掲）															
65～	…	…	…	…	…	189	187	359	466	522	704	708	680	863	1 154

（自殺死亡数・女）

年齢階級	昭和35年 (1960)	40 ('65)	45 ('70)	50 ('75)	55 ('80)	60 ('85)	平成2年 ('90)	7 ('95)	8 ('96)	9 ('97)	10 ('98)	11 ('99)	12 (2000)	13 ('01)	14 ('02)
総　数	…	…	…	…	…	**998**	**962**	**1 521**	**1 815**	**1 861**	**2 369**	**2 107**	**1 969**	**2 062**	**2 677**
5～14歳	…	…	…	…	…	13	14	28	44	34	42	30	10	21	17
15～24	…	…	…	…	…	296	232	301	367	321	371	306	265	228	254
25～34	…	…	…	…	…	228	269	373	408	458	533	411	354	344	402
35～44	…	…	…	…	…	146	147	252	337	332	457	440	409	380	493
45～54	…	…	…	…	…	116	95	175	195	202	257	243	208	262	354
55～64	…	…	…	…	…	80	82	137	153	181	254	246	239	237	288
65～74	…	…	…	…	…	81	71	143	161	160	225	218	245	284	377
75～	…	…	…	…	…	38	52	112	150	173	230	213	239	306	492
不　詳	…	…	…	…	…	—	—	—	—	—	—	—	—	—	—
（再掲）															
65～	…	…	…	…	…	119	123	255	311	333	455	431	484	590	869

資料：WHO「ANNUAL EPIDEMIOLOGICAL AND VITAL STATISTICS WORLD HEALTH STATISTICS ANNUAL」

万対）の年次比較　－1960・1965・1970・1975・1980・1985・1990・1995・1996年以降－

韓　国

（自殺死亡率・総　数）

年齢階級	昭和35年 (1960)	40 ('65)	45 ('70)	50 ('75)	55 ('80)	60 ('85)	平成2年 ('90)	7 ('95)	8 ('96)	9 ('97)	10 ('98)	11 ('99)	12 (2000)	13 ('01)	14 ('02)
総　数	…	…	…	…	…	**9.1**	**7.4**	**10.6**	**12.7**	**13.0**	**18.3**	**15.0**	**13.6**	**14.5**	**17.9**
5～14 歳	…	…	…	…	…	0.4	0.5	0.8	1.2	1.0	1.1	0.9	0.4	0.5	0.5
15～24	…	…	…	…	…	11.4	8.1	9.5	11.8	10.3	12.3	10.1	8.7	7.7	8.4
25～34	…	…	…	…	…	12.3	9.8	12.6	14.5	14.9	19.7	14.6	12.3	13.3	15.6
35～44	…	…	…	…	…	12.6	9.5	13.2	16.3	16.2	24.1	19.6	17.7	16.9	20.8
45～54	…	…	…	…	…	14.9	10.7	16.6	18.2	19.5	29.4	23.2	19.3	21.5	25.8
55～64	…	…	…	…	…	14.3	10.9	16.3	18.7	19.9	31.8	25.7	25.2	26.7	32.1
65～74	…	…	…	…	…	18.6	13.7	21.4	25.3	25.7	34.2	32.8	29.4	35.3	42.6
75～	…	…	…	…	…	15.2	16.3	27.7	35.3	39.3	48.8	44.5	48.1	56.4	83.4
（再掲）															
65～	…	…	…	…	…	17.6	14.5	23.5	28.6	30.2	39.2	36.7	35.6	42.2	55.8

（自殺死亡率・男）

年齢階級	昭和35年 (1960)	40 ('65)	45 ('70)	50 ('75)	55 ('80)	60 ('85)	平成2年 ('90)	7 ('95)	8 ('96)	9 ('97)	10 ('98)	11 ('99)	12 (2000)	13 ('01)	14 ('02)
総　数	…	…	…	…	…	**13.3**	**10.2**	**14.5**	**17.5**	**17.8**	**26.4**	**21.0**	**18.8**	**20.3**	**24.7**
5～14 歳	…	…	…	…	…	0.5	0.6	0.8	1.0	0.9	0.9	0.9	0.6	0.4	0.4
15～24	…	…	…	…	…	15.4	10.7	11.5	14.4	12.5	15.1	12.2	10.2	9.2	9.7
25～34	…	…	…	…	…	18.1	12.9	16.4	19.3	19.1	26.9	19.5	16.3	18.4	21.7
35～44	…	…	…	…	…	18.7	13.3	18.8	23.1	23.5	36.1	27.9	25.1	24.3	29.4
45～54	…	…	…	…	…	24.1	16.7	25.4	27.7	30.1	47.6	36.1	30.4	33.1	39.0
55～64	…	…	…	…	…	24.6	17.5	26.6	30.9	32.0	53.5	40.9	40.3	43.4	51.9
65～74	…	…	…	…	…	29.6	21.8	33.8	42.2	43.9	57.8	56.0	45.6	56.9	66.2
75～	…	…	…	…	…	27.1	27.3	47.5	59.5	66.8	81.6	75.7	81.5	91.6	130.5
（再掲）															
65～	…	…	…	…	…	29.0	23.1	37.6	47.1	50.5	64.8	61.7	55.8	66.5	83.7

（自殺死亡率・女）

年齢階級	昭和35年 (1960)	40 ('65)	45 ('70)	50 ('75)	55 ('80)	60 ('85)	平成2年 ('90)	7 ('95)	8 ('96)	9 ('97)	10 ('98)	11 ('99)	12 (2000)	13 ('01)	14 ('02)
総　数	…	…	…	…	…	**4.9**	**4.5**	**6.7**	**7.9**	**8.0**	**10.2**	**9.0**	**8.3**	**8.6**	**11.2**
5～14 歳	…	…	…	…	…	0.3	0.4	0.8	1.3	1.1	1.3	1.0	0.3	0.7	0.5
15～24	…	…	…	…	…	7.1	5.5	7.3	9.0	8.0	9.4	7.9	7.0	6.2	7.1
25～34	…	…	…	…	…	6.4	6.6	8.5	9.4	10.5	12.2	9.3	8.1	7.9	9.3
35～44	…	…	…	…	…	6.3	5.5	7.3	9.1	8.6	11.5	10.8	9.9	9.1	11.7
45～54	…	…	…	…	…	6.0	4.5	7.7	8.5	8.8	10.9	10.0	8.1	9.5	12.3
55～64	…	…	…	…	…	6.3	5.4	7.6	8.2	9.3	12.7	12.1	11.7	11.6	13.9
65～74	…	…	…	…	…	11.1	8.0	13.4	14.5	13.9	18.9	17.5	18.7	20.6	26.1
75～	…	…	…	…	…	10.3	11.6	18.9	24.3	26.7	33.6	29.9	32.4	39.9	61.4
（再掲）															
65～	…	…	…	…	…	10.8	9.2	15.4	18.0	18.5	24.3	22.0	23.6	27.5	38.7

第23表 性・年齢（10歳階級）・国別自殺死亡数・死亡率（人口10

第23表（12－３）
オーストラリア

（自殺死亡数・総 数）

年齢階級	昭和35年 (1960)	40 ('65)	45 ('70)	50 ('75)	55 ('80)	60 ('85)	平成２年 ('90)	7 ('95)	8 ('96)	9 ('97)	10 ('98)	11 ('99)	12 (2000)	13 ('01)	14 ('02)
総　　数	**1 092**	**1 685**	**1 551**	**1 528**	**1 607**	**1 827**	**2 202**	**2 170**	**2 426**	**2 646**	**2 633**	**2 488**	**2 388**	**2 456**	
5～14 歳	3	5	8	11	6	7	5	4	15	14	8	16	9	8	
15～24	64	157	189	212	285	389	438	399	425	494	434	373	348	343	
25～34	171	261	236	292	354	405	527	531	569	638	688	628	571	598	
35～44	228	362	291	275	297	317	412	437	514	546	594	538	581	556	
45～54	242	374	342	305	242	236	273	330	337	390	381	404	363	420	
55～64	193	275	263	218	209	220	240	207	233	222	211	226	198	220	
65～74	137	184	146	147	127	155	183	146	183	179	180	163	169	156	
75～	51	62	76	68	86	97	124	116	150	163	136	140	148	154	
不　詳	3	5	－	－	1	1	－	－	－	－	1	－	1	1	
（再掲）															
65～	188	246	222	215	213	252	307	262	333	342	316	303	317	310	

（自殺死亡数・男）

年齢階級	昭和35年 (1960)	40 ('65)	45 ('70)	50 ('75)	55 ('80)	60 ('85)	平成２年 ('90)	7 ('95)	8 ('96)	9 ('97)	10 ('98)	11 ('99)	12 (2000)	13 ('01)	14 ('02)
総　　数	**778**	**1 075**	**1 076**	**1 050**	**1 199**	**1 428**	**1 758**	**1 711**	**1 966**	**2 089**	**2 108**	**1 999**	**1 883**	**1 935**	
5～14 歳	3	5	4	10	4	4	5	4	8	7	6	10	8	4	
15～24	50	100	139	166	229	325	374	318	366	408	353	303	270	280	
25～34	134	169	173	213	273	345	418	440	471	529	579	511	465	489	
35～44	162	239	205	180	213	251	340	341	409	425	466	431	449	437	
45～54	167	238	240	191	174	170	209	246	260	292	307	310	295	315	
55～64	122	162	169	137	156	159	192	162	186	173	159	180	151	172	
65～74	101	117	93	104	92	113	133	112	144	132	142	135	129	123	
75～	36	41	53	49	57	60	87	88	122	123	96	119	115	115	
不　詳	3	4	－	－	1	1	－	－	－	－	－	－	1	－	
（再掲）															
65～	137	158	146	153	149	173	220	200	266	255	238	254	244	238	

（自殺死亡数・女）

年齢階級	昭和35年 (1960)	40 ('65)	45 ('70)	50 ('75)	55 ('80)	60 ('85)	平成２年 ('90)	7 ('95)	8 ('96)	9 ('97)	10 ('98)	11 ('99)	12 (2000)	13 ('01)	14 ('02)
総　　数	**314**	**610**	**475**	**478**	**408**	**399**	**444**	**459**	**460**	**557**	**525**	**489**	**505**	**521**	
5～14 歳	－	－	4	1	2	3	－	－	7	7	2	6	1	4	
15～24	14	57	50	46	56	64	64	81	59	86	81	70	78	63	
25～34	37	92	63	79	81	60	109	91	98	109	109	117	106	109	
35～44	66	123	86	95	84	66	72	96	105	121	128	107	132	119	
45～54	75	136	102	114	68	66	64	84	77	98	74	94	68	105	
55～64	71	113	94	81	53	61	48	45	47	49	52	46	47	48	
65～74	36	67	53	43	35	42	50	34	39	47	38	28	40	33	
75～	15	21	23	19	29	37	37	28	28	40	40	21	33	39	
不　詳	－	1	－	－	－	－	－	－	－	－	1	－	－	1	
（再掲）															
65～	51	88	76	62	64	79	87	62	67	87	78	49	73	72	

資料：WHO「ANNUAL EPIDEMIOLOGICAL AND VITAL STATISTICS WORLD HEALTH STATISTICS ANNUAL」

万対）の年次比較 －1960・1965・1970・1975・1980・1985・1990・1995・1996年以降－

オーストラリア

（自殺死亡率・総　数）

年齢階級	昭和35年 (1960)	40 ('65)	45 ('70)	50 ('75)	55 ('80)	60 ('85)	平成2年 ('90)	7 ('95)	8 ('96)	9 ('97)	10 ('98)	11 ('99)	12 (2000)	13 ('01)	14 ('02)
総　　数	**10.6**	**14.9**	**12.4**	**11.1**	**11.0**	**11.6**	**12.9**	**12.0**	**13.2**	**14.3**	**14.1**	**13.1**	**12.5**	**12.7**	
5～14 歳	0.1	0.2	0.3	0.4	0.2	0.3	0.2	0.2	0.6	0.5	0.3	0.6	0.3	0.3	
15～24	4.4	8.6	8.6	8.9	11.2	14.6	15.9	14.8	15.9	18.7	16.6	14.3	13.3	12.9	
25～34	12.2	18.5	14.2	14.0	15.0	15.7	18.7	18.7	19.9	22.2	23.9	21.8	19.9	20.8	
35～44	16.1	23.6	19.2	17.6	16.8	14.4	16.0	15.9	18.3	19.1	20.5	18.4	19.7	18.7	
45～54	20.1	29.0	24.2	19.7	15.9	15.3	15.1	14.8	14.6	16.3	15.4	15.9	14.0	15.8	
55～64	22.7	29.0	23.9	18.2	15.8	15.1	16.4	13.7	15.2	14.0	13.0	13.4	11.2	12.0	
65～74	23.1	29.4	21.9	19.0	14.1	15.4	15.9	11.4	14.1	13.8	13.8	12.5	12.9	11.8	
75～	18.5	18.4	20.0	15.9	17.3	16.1	16.7	13.4	16.5	17.2	13.8	13.6	13.8	13.8	
（再掲）															
65～	21.6	25.6	21.2	17.9	15.2	15.6	16.2	12.2	15.1	15.2	13.8	13.0	13.3	12.7	

（自殺死亡率・男）

年齢階級	昭和35年 (1960)	40 ('65)	45 ('70)	50 ('75)	55 ('80)	60 ('85)	平成2年 ('90)	7 ('95)	8 ('96)	9 ('97)	10 ('98)	11 ('99)	12 (2000)	13 ('01)	14 ('02)
総　　数	**15.0**	**18.8**	**17.0**	**15.2**	**16.4**	**18.2**	**20.7**	**19.0**	**21.6**	**22.7**	**22.7**	**21.3**	**19.8**	**20.1**	
5～14 歳	0.3	0.4	0.3	0.8	0.3	0.3	0.4	0.3	0.6	0.5	0.4	0.7	0.6	0.3	
15～24	6.7	10.6	12.4	13.7	17.6	24.0	26.6	23.1	26.8	30.4	26.5	22.8	20.3	20.7	
25～34	18.2	23.2	20.1	19.9	22.9	26.6	29.5	31.0	32.9	36.8	40.4	35.7	32.5	34.2	
35～44	22.4	30.2	26.1	22.3	23.4	22.5	26.2	24.8	29.2	29.8	32.3	29.6	30.6	29.6	
45～54	27.0	36.6	33.6	24.0	22.3	21.5	22.6	21.7	22.2	24.2	24.6	24.3	22.7	23.7	
55～64	29.1	34.0	30.9	23.4	24.0	22.0	26.1	21.3	24.0	21.7	19.4	21.1	16.9	18.6	
65～74	38.2	42.9	31.2	29.5	22.4	24.8	25.0	18.5	23.5	21.3	22.8	21.5	20.4	19.2	
75～	32.8	31.2	38.5	32.4	31.9	27.4	31.4	26.8	35.2	33.9	25.3	29.9	27.6	26.3	
（再掲）															
65～	36.6	39.1	33.4	30.4	25.3	25.6	27.2	21.4	27.7	26.0	23.7	24.8	23.3	22.1	

（自殺死亡率・女）

年齢階級	昭和35年 (1960)	40 ('65)	45 ('70)	50 ('75)	55 ('80)	60 ('85)	平成2年 ('90)	7 ('95)	8 ('96)	9 ('97)	10 ('98)	11 ('99)	12 (2000)	13 ('01)	14 ('02)
総　　数	**6.2**	**10.8**	**7.6**	**7.0**	**5.6**	**5.1**	**5.2**	**5.1**	**5.0**	**6.0**	**5.6**	**5.1**	**5.2**	**5.3**	
5～14 歳	—	—	0.3	0.1	0.2	0.2	—	—	0.5	0.5	0.2	0.5	0.1	0.3	
15～24	2.0	6.4	4.7	3.9	4.5	4.9	4.7	6.1	4.5	6.7	6.3	5.5	6.1	4.8	
25～34	5.5	13.5	7.8	7.8	6.9	4.7	7.8	6.4	6.8	7.6	7.6	8.1	7.3	7.5	
35～44	9.5	16.5	11.8	12.5	9.8	6.1	5.6	7.0	7.5	8.4	8.8	7.3	8.9	8.0	
45～54	12.8	21.3	14.6	15.1	9.2	8.7	7.3	7.7	6.8	8.3	6.0	7.4	5.2	7.9	
55～64	16.5	23.9	17.0	13.2	7.9	8.3	6.6	6.0	6.2	6.2	6.5	5.5	5.4	5.3	
65～74	11.0	19.0	14.4	10.3	7.1	7.6	8.1	5.0	5.7	6.9	5.6	4.1	5.9	4.8	
75～	9.0	10.2	9.5	6.8	9.1	9.7	7.9	5.2	5.0	6.8	6.6	3.3	5.1	5.8	
（再掲）															
65～	10.3	15.8	12.4	8.9	7.9	8.4	8.0	5.1	5.4	6.9	6.1	3.7	5.5	5.3	

第23表　性・年齢（10歳階級）・国別自殺死亡数・死亡率（人口10

第23表（12－４）
アメリカ合衆国

（自殺死亡数・総　数）

年齢階級	昭和35年 (1960)	40 ('65)	45 ('70)	50 ('75)	55 ('80)	60 ('85)	平成２年 ('90)	7 ('95)	8 ('96)	9 ('97)	10 ('98)	11 ('99)	12 (2000)	13 ('01)	14 ('02)
総　　数	**19 041**	**21 507**	**23 480**	**27 063**	**26 869**	**29 453**	**30 906**	**31 284**	**30 903**	**30 535**	**30 575**	**29 180**	**29 319**		
５～14 歳	93	104	132	170	142	278	264	337	302	307	324	243	307		
15～24	1 239	1 876	3 128	4 736	5 239	5 121	4 869	4 784	4 358	4 186	4 135	3 900	3 988		
25～34	2 284	2 721	3 516	5 041	5 920	6 376	6 550	6 292	5 861	5 672	5 365	5 099	4 789		
35～44	3 416	4 064	3 897	3 950	3 935	4 626	5 717	6 467	6 741	6 730	6 837	6 460	6 552		
45～54	4 250	4 554	4 638	4 766	3 623	3 532	3 718	4 532	4 837	4 948	5 131	5 081	5 429		
55～64	3 690	4 040	3 984	3 963	3 456	3 725	3 383	2 804	2 925	2 946	2 963	2 894	2 943		
65～74	2 524	2 525	2 585	2 729	2 630	3 145	3 230	2 960	2 806	2 663	2 597	2 470	2 290		
75～	1 535	1 615	1 586	1 707	1 907	2 643	3 164	3 096	3 049	3 065	3 206	3 017	3 014		
不　詳	10	8	14	1	17	7	11	12	24	18	17	16	7		
（再掲）															
65～	4 059	4 140	4 171	4 436	4 537	5 788	6 394	6 056	5 855	5 728	5 803	5 487	5 304		

（自殺死亡数・男）

年齢階級	昭和35年 (1960)	40 ('65)	45 ('70)	50 ('75)	55 ('80)	60 ('85)	平成２年 ('90)	7 ('95)	8 ('96)	9 ('97)	10 ('98)	11 ('99)	12 (2000)	13 ('01)	14 ('02)
総　　数	**14 539**	**15 490**	**16 629**	**19 622**	**20 505**	**23 145**	**24 724**	**25 369**	**24 998**	**24 492**	**24 538**	**23 443**	**23 597**		
５～14 歳	77	89	102	128	116	205	195	260	225	233	241	193	244		
15～24	976	1 425	2 378	3 787	4 336	4 267	4 160	4 132	3 724	3 559	3 532	3 325	3 419		
25～34	1 643	1 884	2 425	3 707	4 598	5 134	5 339	5 234	4 848	4 684	4 404	4 188	3 936		
35～44	2 472	2 677	2 482	2 601	2 824	3 481	4 424	5 080	5 300	5 223	5 296	5 015	5 108		
45～54	3 192	3 123	3 129	3 202	2 520	2 572	2 836	3 465	3 684	3 697	3 896	3 854	4 143		
55～64	2 871	3 033	2 871	2 819	2 485	2 814	2 563	2 214	2 306	2 331	2 305	2 253	2 264		
65～74	2 028	1 928	1 955	2 030	2 053	2 488	2 546	2 393	2 307	2 183	2 161	2 051	1 887		
75～	1 270	1 324	1 273	1 347	1 557	2 177	2 653	2 580	2 586	2 566	2 686	2 548	2 589		
不　詳	10	7	14	1	16	7	8	11	18	16	17	16	7		
（再掲）															
65～	3 298	3 252	3 228	3 377	3 610	4 665	5 199	4 973	4 893	4 749	4 847	4 599	4 476		

（自殺死亡数・女）

年齢階級	昭和35年 (1960)	40 ('65)	45 ('70)	50 ('75)	55 ('80)	60 ('85)	平成２年 ('90)	7 ('95)	8 ('96)	9 ('97)	10 ('98)	11 ('99)	12 (2000)	13 ('01)	14 ('02)
総　　数	**4 502**	**6 017**	**6 851**	**7 441**	**6 364**	**6 308**	**6 182**	**5 915**	**5 905**	**6 043**	**6 037**	**5 737**	**5 722**		
５～14 歳	16	15	30	42	26	73	69	77	77	74	83	50	63		
15～24	263	451	750	949	903	854	709	652	634	627	603	575	569		
25～34	641	837	1 091	1 334	1 322	1 242	1 211	1 058	1 013	988	961	911	853		
35～44	944	1 387	1 415	1 349	111	1 145	1 293	1 387	1 441	1 507	1 541	1 445	1 444		
45～54	1 058	1 431	1 509	1 564	1 103	960	882	1 067	1 153	1 251	1 235	1 227	1 286		
55～64	819	1 007	1 113	1 144	971	911	820	590	619	615	658	641	679		
65～74	496	597	630	699	577	657	684	567	499	480	436	419	403		
75～	265	291	313	360	350	466	511	516	463	499	520	469	425		
不　詳	－	1	－	－	1	－	3	1	6	2	－	－	－		
（再掲）															
65～	761	888	943	1 059	927	1 123	1 195	1 083	962	979	956	888	828		

資料：WHO「ANNUAL EPIDEMIOLOGICAL AND VITAL STATISTICS WORLD HEALTH STATISTICS ANNUAL」

万対）の年次比較 －1960・1965・1970・1975・1980・1985・1990・1995・1996年以降－

アメリカ合衆国

（自殺死亡率・総数）

年齢階級	昭和35年 (1960)	40 ('65)	45 ('70)	50 ('75)	55 ('80)	60 ('85)	平成2年 ('90)	7 ('95)	8 ('96)	9 ('97)	10 ('98)	11 ('99)	12 (2000)	13 ('01)	14 ('02)
総　　数	**10.6**	**11.1**	**11.5**	**12.7**	**11.8**	**12.3**	**12.4**	**11.9**	**11.6**	**11.4**	**11.3**	**10.7**	**10.4**		
5～14 歳	0.3	0.3	0.3	0.5	0.4	0.8	0.8	0.9	0.8	0.8	0.8	0.6	0.7		
15～24	5.2	6.2	8.8	11.8	12.3	12.9	13.2	13.3	12.0	11.4	11.1	10.3	10.2		
25～34	10.0	12.3	14.0	16.4	15.8	15.2	15.2	15.4	14.5	14.3	13.8	13.4	12.0		
35～44	14.2	16.7	17.0	17.4	15.2	14.6	15.3	15.2	15.5	15.3	15.4	14.4	14.5		
45～54	20.7	20.7	19.8	20.1	15.9	15.6	14.8	14.6	14.9	14.7	14.8	14.2	14.4		
55～64	23.7	23.8	21.5	20.0	15.9	16.7	16.0	13.3	13.7	13.5	13.1	12.4	12.1		
65～74	23.0	22.0	21.3	19.7	16.8	18.5	17.9	15.8	15.0	14.4	14.1	13.6	12.5		
75～	27.6	24.2	20.6	20.0	19.0	22.9	24.3	21.0	20.1	19.7	20.0	18.5	18.2		
（再掲）															
65～	24.5	22.8	21.0	19.8	17.6	20.3	20.6	18.1	17.3	16.8	16.9	15.9	15.2		

（自殺死亡率・男）

年齢階級	昭和35年 (1960)	40 ('65)	45 ('70)	50 ('75)	55 ('80)	60 ('85)	平成2年 ('90)	7 ('95)	8 ('96)	9 ('97)	10 ('98)	11 ('99)	12 (2000)	13 ('01)	14 ('02)
総　　数	**16.5**	**16.3**	**16.7**	**18.9**	**18.6**	**19.9**	**20.4**	**19.8**	**19.3**	**18.7**	**18.6**	**17.6**	**17.1**		
5～14 歳	0.4	0.4	0.5	0.7	0.7	1.2	1.1	1.3	1.1	1.2	1.2	1.0	1.2		
15～24	8.2	9.4	13.5	18.9	20.2	21.4	22.0	22.5	20.0	18.9	18.5	17.2	17.0		
25～34	14.7	17.3	19.6	24.4	24.8	24.5	24.8	25.6	24.0	23.6	22.9	22.2	19.6		
35～44	21.0	22.6	22.2	23.5	22.3	22.3	23.9	24.1	24.6	23.9	24.0	22.5	22.8		
45～54	31.6	29.1	27.8	27.9	23.0	23.5	23.2	22.8	23.3	22.5	23.1	22.0	22.4		
55～64	38.1	37.3	32.8	30.2	24.4	26.8	25.7	22.0	22.7	22.4	21.3	20.2	19.4		
65～74	39.6	37.4	36.5	33.7	30.2	33.3	32.2	28.7	27.7	26.4	26.2	25.0	22.7		
75～	53.2	47.7	41.8	42.8	43.5	53.6	57.9	48.3	46.5	44.7	45.2	41.7	42.4		
（再掲）															
65～	44.0	41.0	38.4	36.8	34.8	40.4	41.6	36.3	35.2	33.9	34.1	32.1	31.1		

（自殺死亡率・女）

年齢階級	昭和35年 (1960)	40 ('65)	45 ('70)	50 ('75)	55 ('80)	60 ('85)	平成2年 ('90)	7 ('95)	8 ('96)	9 ('97)	10 ('98)	11 ('99)	12 (2000)	13 ('01)	14 ('02)
総　　数	**4.9**	**6.1**	**6.5**	**6.8**	**5.4**	**5.1**	**4.8**	**4.4**	**4.4**	**4.4**	**4.4**	**4.1**	**4.0**		
5～14 歳	0.1	0.1	0.1	0.2	0.2	0.4	0.4	0.4	0.4	0.4	0.4	0.3	0.3		
15～24	2.2	3.0	4.2	4.8	4.3	4.4	3.9	3.7	3.6	3.5	3.3	3.1	3.0		
25～34	5.5	7.4	8.6	8.6	7.0	5.9	5.6	5.2	5.0	5.0	4.9	4.8	4.3		
35～44	7.7	11.1	12.1	11.6	8.4	7.1	6.8	6.5	6.6	6.8	6.9	6.4	6.4		
45～54	10.2	12.7	12.5	12.7	9.4	8.3	6.9	6.7	7.0	7.3	7.0	6.7	6.7		
55～64	10.2	11.4	11.4	11.0	8.4	7.7	7.3	5.3	5.5	5.4	5.5	5.2	5.4		
65～74	8.4	9.4	9.3	8.9	6.5	6.9	6.7	5.4	4.8	4.7	4.3	4.2	4.0		
75～	8.3	7.5	6.7	6.7	5.4	6.2	6.0	5.5	4.8	5.1	5.2	4.6	4.0		
（再掲）															
65～	8.4	8.7	8.2	8.0	6.0	6.6	6.4	5.5	4.8	4.9	4.7	4.4	4.0		

第23表　性・年齢（10歳階級）・国別自殺死亡数・死亡率（人口10

第23表（12－5）
カナダ

（自殺死亡数・総数）

年齢階級	昭和35年(1960)	40('65)	45('70)	50('75)	55('80)	60('85)	平成2年('90)	7('95)	8('96)	9('97)	10('98)	11('99)	12(2000)	13('01)	14('02)
総　　数	**1 350**	**1 715**	**2 413**	**2 808**	**3 358**	**3 259**	**3 379**	**3 970**	**3 941**	**3 681**	**3 699**	**4 074**	**3 605**		
5～14 歳	6	16	17	25	21	18	30	43	41	51	46	32	46		
15～24	131	181	401	633	717	645	578	603	581	554	562	558	542		
25～34	244	255	402	534	763	753	857	885	767	671	701	732	603		
35～44	237	350	481	470	482	579	742	947	1 003	878	895	1 081	923		
45～54	286	366	479	488	548	450	435	680	704	708	672	796	724		
55～64	236	306	361	353	418	393	326	378	356	367	366	394	365		
65～74	140	165	187	213	249	275	229	252	294	254	260	273	226		
75～	69	76	85	85	157	145	181	180	195	198	197	208	176		
不　詳	1	—	—	7	3	1	1	2	—	—	—	—	—		
（再掲）															
65～	209	241	272	298	406	420	410	432	489	452	457	481	402		

（自殺死亡数・男）

年齢階級	昭和35年(1960)	40('65)	45('70)	50('75)	55('80)	60('85)	平成2年('90)	7('95)	8('96)	9('97)	10('98)	11('99)	12(2000)	13('01)	14('02)
総　　数	**1 084**	**1 274**	**1 732**	**2 030**	**2 534**	**2 566**	**2 673**	**3 158**	**3 093**	**2 914**	**2 925**	**3 224**	**2 798**		
5～14 歳	5	13	14	20	15	13	23	22	32	39	30	25	29		
15～24	109	145	309	502	593	560	484	507	490	464	457	468	430		
25～34	194	183	282	394	599	605	703	744	630	535	568	614	484		
35～44	192	250	346	315	359	438	554	742	760	693	713	831	731		
45～54	227	264	313	323	379	336	330	522	513	537	513	611	523		
55～64	188	232	265	256	285	296	261	284	273	289	296	303	285		
65～74	110	126	135	152	175	206	169	189	233	201	201	217	170		
75～	59	61	68	61	126	111	149	146	162	156	147	155	146		
不　詳	—	—	—	7	3	1	—	2	—	—	—	—	—		
（再掲）															
65～	169	187	203	213	301	317	318	335	395	357	348	372	316		

（自殺死亡数・女）

年齢階級	昭和35年(1960)	40('65)	45('70)	50('75)	55('80)	60('85)	平成2年('90)	7('95)	8('96)	9('97)	10('98)	11('99)	12(2000)	13('01)	14('02)
総　　数	**266**	**441**	**681**	**778**	**824**	**693**	**706**	**812**	**848**	**767**	**774**	**850**	**807**		
5～14 歳	1	3	3	5	6	5	7	21	9	12	16	7	17		
15～24	22	36	92	131	124	85	94	96	91	90	105	90	112		
25～34	50	72	120	140	164	148	154	141	137	136	133	118	119		
35～44	45	100	135	155	123	141	188	205	243	185	182	250	192		
45～54	59	102	166	165	169	114	105	158	191	171	159	185	201		
55～64	48	74	96	97	133	97	65	94	83	78	70	91	80		
65～74	30	39	52	61	74	69	60	63	61	53	59	56	56		
75～	10	15	17	24	31	34	32	34	33	42	50	53	30		
不　詳	1	—	—	—	—	—	1	—	—	—	—	—	—		
（再掲）															
65～	40	54	69	85	105	103	92	97	94	95	109	109	86		

資料：WHO「ANNUAL EPIDEMIOLOGICAL AND VITAL STATISTICS WORLD HEALTH STATISTICS ANNUAL」

万対）の年次比較 －1960・1965・1970・1975・1980・1985・1990・1995・1996年以降－

カナダ

（自殺死亡率・総数）

年齢階級	昭和35年 (1960)	40 ('65)	45 ('70)	50 ('75)	55 ('80)	60 ('85)	平成２年 ('90)	7 ('95)	8 ('96)	9 ('97)	10 ('98)	11 ('99)	12 (2000)	13 ('01)	14 ('02)
総数	**7.6**	**8.8**	**11.3**	**12.4**	**14.0**	**12.9**	**12.7**	**13.4**	**13.3**	**12.3**	**12.2**	**13.4**	**11.7**		
5～14 歳	0.2	0.4	0.4	0.6	0.6	0.5	0.8	1.1	1.0	1.3	1.1	0.8	1.1		
15～24	5.1	5.7	10.2	14.5	15.3	14.8	15.0	15.0	14.4	13.7	13.8	13.5	13.0		
25～34	9.8	10.6	14.4	15.7	18.8	16.7	18.0	18.0	16.2	14.4	15.4	16.4	13.7		
35～44	10.2	13.9	18.7	18.2	17.0	16.4	17.8	19.2	20.1	17.2	17.2	20.5	17.4		
45～54	15.7	18.0	21.1	19.9	22.2	17.8	15.4	18.5	18.6	18.0	16.5	18.9	16.6		
55～64	18.6	21.2	21.5	19.1	19.9	16.9	13.8	15.1	14.0	14.2	13.8	14.4	13.0		
65～74	16.2	17.9	18.1	17.9	17.5	17.1	12.6	12.1	14.1	12.0	12.2	12.8	10.5		
75～	14.6	13.3	13.2	11.8	18.3	14.0	14.7	12.2	13.1	12.8	12.3	12.5	10.3		
（再掲）															
65～	15.6	16.1	16.2	…	17.8	15.9	13.4	12.1	13.7	12.4	12.3	12.7	10.4		

（自殺死亡率・男）

年齢階級	昭和35年 (1960)	40 ('65)	45 ('70)	50 ('75)	55 ('80)	60 ('85)	平成２年 ('90)	7 ('95)	8 ('96)	9 ('97)	10 ('98)	11 ('99)	12 (2000)	13 ('01)	14 ('02)
総数	**12.0**	**12.9**	**16.2**	**17.9**	**21.3**	**20.5**	**20.4**	**21.5**	**21.1**	**19.6**	**19.5**	**21.3**	**18.4**		
5～14 歳	0.3	0.6	0.6	0.9	0.8	0.7	1.2	1.1	1.5	1.9	1.4	1.2	1.4		
15～24	8.3	9.0	15.6	22.7	24.8	25.2	24.6	24.7	23.8	22.4	21.9	22.2	20.2		
25～34	15.3	15.1	20.1	23.0	29.5	27.0	29.6	29.9	26.3	22.7	24.7	27.2	21.7		
35～44	16.5	19.9	26.6	23.9	25.1	24.7	26.7	30.0	30.4	27.0	27.3	31.4	27.4		
45～54	24.2	25.8	27.9	26.5	30.7	26.4	23.4	28.3	27.1	27.4	25.3	29.1	24.0		
55～64	29.4	32.0	31.9	28.4	28.5	26.5	22.6	22.9	21.8	22.7	22.7	22.5	20.6		
65～74	25.8	28.5	28.0	27.4	26.9	28.5	20.7	19.8	24.3	20.6	20.3	21.8	16.9		
75～	26.3	23.2	24.6	21.5	38.1	28.4	32.4	26.6	29.1	27.0	24.5	25.0	22.7		
（再掲）															
65～	26.0	26.5	26.7	…	30.7	28.5	24.9	22.3	26.1	23.0	21.9	23.0	19.2		

（自殺死亡率・女）

年齢階級	昭和35年 (1960)	40 ('65)	45 ('70)	50 ('75)	55 ('80)	60 ('85)	平成２年 ('90)	7 ('95)	8 ('96)	9 ('97)	10 ('98)	11 ('99)	12 (2000)	13 ('01)	14 ('02)
総数	**3.0**	**4.5**	**6.4**	**6.8**	**6.8**	**5.4**	**5.2**	**5.4**	**5.7**	**5.1**	**5.1**	**5.5**	**5.2**		
5～14 歳	0.1	0.1	0.1	0.2	0.3	0.3	0.4	1.1	0.5	0.6	0.8	0.4	0.9		
15～24	1.7	2.3	4.8	6.1	5.4	4.0	5.0	4.9	4.6	4.5	5.3	4.5	5.5		
25～34	4.1	6.0	8.6	8.3	8.1	6.6	6.4	5.8	5.8	5.9	5.9	5.3	5.5		
35～44	3.9	7.9	10.6	12.3	8.8	8.0	9.0	8.3	9.7	7.2	7.0	9.5	7.3		
45～54	6.6	10.1	14.5	13.3	13.7	9.0	7.4	8.6	10.1	8.7	7.8	8.8	9.2		
55～64	7.7	10.4	11.4	10.3	12.1	8.0	5.4	7.4	6.5	6.0	5.2	6.6	5.6		
65～74	6.8	8.1	9.5	9.6	9.5	7.8	5.9	5.6	5.4	4.7	5.2	4.9	4.9		
75～	4.0	4.9	4.6	5.5	5.9	5.3	4.2	3.7	3.5	4.3	5.0	5.1	2.8		
（再掲）															
65～	5.8	6.8	7.5	…	8.1	6.7	5.2	4.7	4.5	4.5	5.1	5.0	3.9		

第23表（12－６）
フランス

（自殺死亡数・総　数）

年齢階級	昭和35年 (1960)	40 ('65)	45 ('70)	50 ('75)	55 ('80)	60 ('85)	平成２年 ('90)	7 ('95)	8 ('96)	9 ('97)	10 ('98)	11 ('99)	12 (2000)	13 ('01)	14 ('02)
総　　数	**7 223**	**7 352**	**7 834**	**8 323**	**10 406**	**12 501**	**11 403**	**11 819**	**11 279**	**11 139**	**10 534**	**10 268**	**10 837**		
５～14 歳	10	21	28	32	35	35	19	28	19	23	19	30	43		
15～24	286	362	592	726	909	937	791	803	684	701	663	604	607		
25～34	663	729	755	960	1 611	1 939	1 706	1 769	1 689	1 568	1 452	1 428	1 379		
35～44	847	1 146	1 124	1 132	1 404	1 905	2 118	2 299	2 287	2 153	2 155	2 000	2 221		
45～54	1 493	1 208	1 265	1 548	1 748	1 912	1 679	2 009	2 046	2 208	1 958	1 983	2 138		
55～64	1 830	1 885	1 718	1 228	1 418	2 018	1 651	1 445	1 414	1 357	1 324	1 225	1 217		
65～74	1 121	1 142	1 439	1 575	1 633	1 563	1 337	1 624	1 389	1 323	1 287	1 337	1 416		
75～	959	859	913	1 122	1 648	2 192	2 102	1 842	1 751	1 806	1 676	1 661	1 816		
不　詳	14	－	－	－	－	－	－	－	－	－	－	－	－		
（再掲）															
65～	2 080	2 001	2 352	2 697	3 281	6 755	3 439	3 466	3 140	3 129	2 963	2 998	3 232		

（自殺死亡数・男）

年齢階級	昭和35年 (1960)	40 ('65)	45 ('70)	50 ('75)	55 ('80)	60 ('85)	平成２年 ('90)	7 ('95)	8 ('96)	9 ('97)	10 ('98)	11 ('99)	12 (2000)	13 ('01)	14 ('02)
総　　数	**5 302**	**5 487**	**5 653**	**5 915**	**7 362**	**8 898**	**8 178**	**8 605**	**8 174**	**8 099**	**7 771**	**7 427**	**7 973**		
５～14 歳	9	16	28	27	27	29	14	22	17	12	10	21	35		
15～24	184	234	411	517	682	740	607	622	519	534	523	477	471		
25～34	512	536	538	695	1 206	1 492	1 314	1 397	1 308	1 206	1 136	1 103	1 088		
35～44	640	891	864	855	1 018	1 374	1 613	1 756	1 761	1 634	1 655	1 514	1 710		
45～54	1 162	969	956	1 171	1 271	1 378	1 203	1 442	1 437	1 590	1 418	1 379	1 524		
55～64	1 365	1 447	1 264	831	972	1 367	1 091	967	950	911	913	831	835		
65～74	744	797	1 001	1 071	1 073	996	895	1 100	955	919	909	913	984		
75～	676	597	591	748	1 113	1 522	1 441	1 299	1 227	1 293	1 207	1 189	1 326		
不　詳	10	－	－	－	－	－	－	－	－	－	－	－	－		
（再掲）															
65～	1 420	1 394	1 592	1 819	2 186	2 518	2 336	2 399	2 182	2 212	2 116	2 102	2 310		

（自殺死亡数・女）

年齢階級	昭和35年 (1960)	40 ('65)	45 ('70)	50 ('75)	55 ('80)	60 ('85)	平成２年 ('90)	7 ('95)	8 ('96)	9 ('97)	10 ('98)	11 ('99)	12 (2000)	13 ('01)	14 ('02)
総　　数	**1 921**	**1 865**	**2 181**	**2 408**	**3 044**	**3 603**	**3 225**	**3 214**	**3 105**	**3 040**	**2 763**	**2 841**	**2 864**		
５～14 歳	1	5	－	5	8	6	5	6	2	11	9	9	8		
15～24	102	128	181	209	227	197	184	181	165	167	140	127	136		
25～34	151	193	217	265	405	447	392	372	381	362	316	325	291		
35～44	207	255	260	277	386	531	505	543	526	519	500	486	511		
45～54	331	239	309	377	477	534	476	567	609	618	540	604	614		
55～64	465	438	454	397	446	651	560	478	464	446	411	394	382		
65～74	377	345	438	504	560	567	442	524	434	404	378	424	432		
75～	283	262	322	374	535	670	661	543	524	513	469	472	490		
不　詳	4	－	－	－	－	－	－	－	－	－	－	－	－		
（再掲）															
65～	660	607	760	878	1 095	1 237	1 103	1 067	958	917	847	896	922		

資料：WHO「ANNUAL EPIDEMIOLOGICAL AND VITAL STATISTICS WORLD HEALTH STATISTICS ANNUAL」

万対）の年次比較 −1960・1965・1970・1975・1980・1985・1990・1995・1996年以降−

フランス

（自殺死亡率・総 数）

年齢階級	昭和35年(1960)	40('65)	45('70)	50('75)	55('80)	60('85)	平成２年('90)	7('95)	8('96)	9('97)	10('98)	11('99)	12(2000)	13('01)	14('02)
総　数	**15.9**	**15.0**	**15.4**	**15.8**	**19.4**	**22.7**	**20.1**	**20.3**	**19.3**	**19.0**	**17.9**	**17.5**	**18.4**		
5～14 歳	0.1	0.3	0.4	0.4	0.4	0.5	0.3	0.4	0.3	0.3	0.2	0.4	0.6		
15～24	5.0	5.0	7.0	8.6	10.7	10.9	9.3	10.0	8.6	8.9	8.5	7.9	7.9		
25～34	10.2	11.5	12.5	12.9	18.7	22.9	19.8	20.4	19.5	18.0	16.7	16.9	16.5		
35～44	15.8	17.1	16.9	18.0	23.3	25.8	24.6	26.8	26.6	25.1	25.1	23.4	25.9		
45～54	26.5	24.8	23.6	23.8	27.2	31.6	28.8	27.9	27.2	28.3	24.8	24.6	25.9		
55～64	35.1	34.2	32.7	27.6	28.6	33.7	27.8	25.5	25.4	24.7	24.2	22.5	22.3		
65～74	33.1	29.9	33.8	35.1	37.5	41.8	31.2	31.2	26.6	25.3	24.8	25.9	27.4		
75～	45.9	37.0	36.2	39.1	49.7	59.3	53.3	47.8	43.6	43.5	41.4	39.7	42.2		
（再掲）															
65～	38.0	32.6	34.7	36.7	42.8	50.5	41.8	38.2	34.0	33.4	32.1	32.1	34.1		

（自殺死亡率・男）

年齢階級	昭和35年(1960)	40('65)	45('70)	50('75)	55('80)	60('85)	平成２年('90)	7('95)	8('96)	9('97)	10('98)	11('99)	12(2000)	13('01)	14('02)
総　数	**24.0**	**23.0**	**22.8**	**22.9**	**28.0**	**33.1**	**29.6**	**30.4**	**28.8**	**28.4**	**27.1**	**26.1**	**27.9**		
5～14 歳	0.2	0.4	0.7	0.7	0.7	0.8	0.4	0.6	0.5	0.3	0.3	0.5	0.9		
15～24	6.3	6.2	9.5	12.0	15.7	17.0	14.1	15.2	12.8	13.4	13.2	12.3	12.1		
25～34	15.3	16.2	17.1	18.0	27.4	35.2	30.6	32.2	30.1	27.6	26.0	26.1	26.0		
35～44	23.9	26.3	25.5	26.6	32.7	36.5	37.2	41.2	41.3	38.4	38.8	35.8	40.3		
45～54	41.9	40.6	36.2	36.3	39.7	45.4	41.1	39.8	38.1	40.7	36.0	34.3	37.1		
55～64	55.8	55.4	51.1	39.5	41.2	48.0	38.3	35.1	35.1	34.0	34.2	31.3	31.2		
65～74	57.0	51.4	55.3	55.0	57.1	61.4	47.1	47.5	41.1	39.3	39.3	39.6	42.6		
75～	94.7	77.8	74.4	80.1	99.6	120.5	105.9	97.0	87.2	88.2	84.6	80.5	86.6		
（再掲）															
65～	70.3	60.2	61.2	63.2	72.9	87.3	71.7	65.7	58.5	58.1	56.6	55.6	60.2		

（自殺死亡率・女）

年齢階級	昭和35年(1960)	40('65)	45('70)	50('75)	55('80)	60('85)	平成２年('90)	7('95)	8('96)	9('97)	10('98)	11('99)	12(2000)	13('01)	14('02)
総　数	**8.2**	**7.5**	**8.4**	**9.0**	**11.1**	**12.7**	**11.1**	**10.8**	**10.4**	**10.1**	**9.2**	**9.4**	**9.5**		
5～14 歳	0.0	0.1	−	0.1	0.2	0.2	0.1	0.2	0.1	0.3	0.2	0.2	0.2		
15～24	3.7	3.6	4.4	5.0	5.4	4.7	4.4	4.6	4.2	4.3	3.6	3.4	3.6		
25～34	4.8	6.3	7.4	7.4	9.6	10.6	9.1	8.6	8.8	8.4	7.3	7.7	6.9		
35～44	7.7	7.6	8.0	9.0	13.2	14.6	11.8	12.6	12.2	12.0	11.5	11.2	11.8		
45～54	11.5	9.6	11.3	11.5	14.9	17.7	16.4	15.8	16.3	15.9	13.7	14.9	14.8		
55～64	16.8	15.1	16.3	16.9	17.2	20.8	18.1	16.3	16.2	15.8	14.7	14.1	13.7		
65～74	18.1	15.2	17.9	19.8	22.6	26.8	18.5	18.1	15.0	14.0	13.2	14.8	15.1		
75～	20.6	16.9	18.6	19.3	24.4	27.5	25.6	21.6	20.1	19.1	17.9	17.5	17.7		
（再掲）															
65～	19.1	15.9	18.2	19.6	23.5	27.2	22.2	19.7	17.4	16.4	15.4	16.1	16.4		

第23表　性・年齢(10歳階級)・国別自殺死亡数・死亡率（人口10

第23表（12－7）
ドイツ連邦共和国

（自殺死亡数・総　数）

年齢階級	昭和35年(1960)	40('65)	45('70)	50('75)	55('80)	60('85)	平成2年('90)	7('95)	8('96)	9('97)	10('98)	11('99)	12(2000)	13('01)	14('02)
総　　数	**10 017**	**11 779**	**13 046**	**12 900**	**12 868**	**12 616**	**13 924**	**12 888**	**12 225**	**12 256**	**11 648**	**11 157**	**11 065**	**11 156**	
5～14 歳	47	56	87	79	79	58	31	52	49	36	50	35	33	48	
15～24	1 093	997	1 050	1 312	1 236	1 291	1 028	806	746	742	744	727	712	717	
25～34	1 245	1 560	1 872	1 672	1 542	1 756	1 922	1 795	1 792	1 708	1 547	1 396	1 242	1 204	
35～44	1 224	1 708	2 014	2 296	2 182	1 781	1 758	2 157	2 005	2 101	2 006	2 020	1 953	2 020	
45～54	2 367	2 042	2 087	2 363	2 364	2 461	2 672	2 077	1 955	2 007	1 887	1 720	1 813	1 904	
55～64	2 240	2 813	2 809	1 905	1 761	1 835	2 203	2 158	2 107	2 148	2 102	1 981	1 994	1 893	
65～74	1 169	1 654	2 016	2 097	2 225	1 667	1 620	1 705	1 605	1 577	1 486	1 484	1 552	1 502	
75～	629	948	1 108	1 175	1 478	1 765	2 690	2 138	1 966	1 937	1 826	1 794	1 766	1 868	
不　詳	3	1	3	1	1	2	—	—	—	—	—	—	—	—	
（再掲）															
65～	1 798	2 602	3 124	3 272	3 703	3 432	4 310	3 843	3 571	3 514	3 312	3 278	3 318	3 370	

（自殺死亡数・男）

年齢階級	昭和35年(1960)	40('65)	45('70)	50('75)	55('80)	60('85)	平成2年('90)	7('95)	8('96)	9('97)	10('98)	11('99)	12(2000)	13('01)	14('02)
総　　数	**6 440**	**7 499**	**8 230**	**8 187**	**8 332**	**8 576**	**9 534**	**9 222**	**8 728**	**8 835**	**8 579**	**8 080**	**8 131**	**8 188**	
5～14 歳	38	44	66	63	67	39	22	38	36	28	34	26	25	37	
15～24	799	741	788	973	969	1 029	800	630	589	600	589	594	575	593	
25～34	895	1 146	1 354	1 229	1 142	1 366	1 488	1 452	1 441	1 345	1 250	1 132	1 002	983	
35～44	729	1 126	1 398	1 676	1 560	1 302	1 351	1 697	1 567	1 670	1 598	1 581	1 561	1 610	
45～54	1 436	1 182	1 154	1 445	1 587	1 760	1 951	1 554	1 456	1 507	1 441	1 282	1 374	1 448	
55～64	1 411	1 788	1 633	1 024	932	1 124	1 536	1 531	1 498	1 533	1 533	1 399	1 443	1 374	
65～74	709	909	1 176	1 149	1 222	903	870	1 066	965	1 017	1 008	1 021	1 083	1 039	
75～	420	562	658	627	853	1 051	1 516	1 254	1 176	1 135	1 126	1 045	1 068	1 104	
不　詳	3	1	3	1	—	2	—	—	—	—	—	—	—	—	
（再掲）															
65～	1 129	1 471	1 834	1 776	2 075	1 954	2 386	2 320	2 141	2 152	2 134	2 066	2 151	2 143	

（自殺死亡数・女）

年齢階級	昭和35年(1960)	40('65)	45('70)	50('75)	55('80)	60('85)	平成2年('90)	7('95)	8('96)	9('97)	10('98)	11('99)	12(2000)	13('01)	14('02)
総　　数	**3 577**	**4 280**	**4 816**	**4 713**	**4 536**	**4 040**	**4 390**	**3 666**	**3 497**	**3 421**	**3 069**	**3 077**	**2 934**	**2 968**	
5～14 歳	9	12	21	16	12	19	9	14	13	8	16	9	8	11	
15～24	294	256	262	339	267	262	228	176	157	142	155	133	137	124	
25～34	350	414	518	443	400	390	434	343	351	363	297	264	240	221	
35～44	495	582	616	620	622	479	407	460	438	431	408	439	392	410	
45～54	931	860	933	918	777	701	721	523	499	500	446	438	439	456	
55～64	829	1 025	1 176	881	829	711	667	627	609	615	569	582	551	519	
65～74	460	745	840	948	1 003	764	750	639	640	560	478	463	469	463	
75～	209	386	450	548	625	714	1 174	884	790	802	700	749	698	764	
不　詳	—	—	—	—	1	—	—	—	—	—	—	—	—	—	
（再掲）															
65～	669	1 131	1 290	1 496	1 628	1 478	1 924	1 523	1 430	1 362	1 178	1 212	1 167	1 227	

資料：WHO「ANNUAL EPIDEMIOLOGICAL AND VITAL STATISTICS WORLD HEALTH STATISTICS ANNUAL」

万対）の年次比較 －1960・1965・1970・1975・1980・1985・1990・1995・1996年以降－

ドイツ連邦共和国

（自殺死亡率・総　数）

年齢階級	昭和35年 (1960)	40 ('65)	45 ('70)	50 ('75)	55 ('80)	60 ('85)	平成2年 ('90)	7 ('95)	8 ('96)	9 ('97)	10 ('98)	11 ('99)	12 (2000)	13 ('01)	14 ('02)
総　数	**18.8**	**20.0**	**21.3**	**20.9**	**20.9**	**20.7**	**17.5**	**15.8**	**14.9**	**14.9**	**14.2**	**13.6**	**13.5**	**13.5**	
5～14 歳	0.6	0.7	0.9	0.8	1.0	0.9	0.4	0.6	0.5	0.4	0.6	0.4	0.4	0.5	
15～24	12.8	12.6	13.4	15.0	12.5	12.8	9.5	8.7	8.2	8.2	8.2	8.0	7.7	7.7	
25～34	17.0	17.6	19.6	19.9	18.7	19.4	14.7	12.8	13.0	12.7	11.9	11.2	10.4	10.6	
35～44	19.7	21.7	25.6	25.8	23.8	22.2	16.7	17.9	16.3	16.7	15.6	15.3	14.5	14.7	
45～54	31.1	31.4	32.9	31.1	31.2	28.5	23.5	20.4	19.5	20.0	18.7	16.9	17.3	17.5	
55～64	34.5	37.4	37.5	32.1	29.8	26.3	24.6	21.0	19.9	19.9	19.2	18.0	18.5	18.1	
65～74	30.7	34.8	37.3	35.2	37.3	34.1	26.2	22.9	21.6	21.3	20.1	19.8	20.3	19.1	
75～	34.4	41.5	43.6	39.4	41.2	41.7	47.2	41.1	36.7	35.1	32.5	31.3	30.2	31.1	
（再掲）															
65～	31.9	37.0	39.4	36.6	38.3	37.6	36.3	30.4	27.9	27.2	25.4	24.8	24.6	24.3	

（自殺死亡率・男）

年齢階級	昭和35年 (1960)	40 ('65)	45 ('70)	50 ('75)	55 ('80)	60 ('85)	平成2年 ('90)	7 ('95)	8 ('96)	9 ('97)	10 ('98)	11 ('99)	12 (2000)	13 ('01)	14 ('02)
総　数	**25.6**	**26.8**	**28.2**	**27.8**	**28.3**	**29.4**	**24.9**	**23.2**	**21.9**	**22.1**	**21.5**	**20.2**	**20.3**	**20.4**	
5～14 歳	1.0	1.0	1.4	1.2	1.6	1.2	0.5	0.8	0.8	0.6	0.7	0.6	0.5	0.8	
15～24	18.4	18.1	19.6	21.8	19.0	19.8	14.4	13.3	12.6	12.9	12.7	12.7	12.2	12.4	
25～34	24.4	24.8	27.0	28.1	26.9	29.5	22.1	20.0	20.1	19.3	18.6	17.7	16.4	16.8	
35～44	27.5	30.8	35.1	36.3	33.0	31.8	25.2	27.5	24.8	25.8	24.2	23.3	22.5	22.8	
45～54	42.9	42.8	43.2	41.6	42.0	40.3	33.8	30.1	28.7	29.8	28.3	24.9	26.0	26.5	
55～64	48.2	53.7	51.6	42.3	38.9	36.2	35.6	30.2	28.6	28.7	28.3	25.8	27.1	26.6	
65～74	46.0	48.7	53.9	48.4	54.0	50.2	38.1	35.4	31.3	32.4	31.6	31.0	31.5	29.0	
75～	55.1	64.9	75.2	64.4	72.8	79.4	88.3	83.3	75.5	70.6	68.3	62.0	61.4	60.9	
（再掲）															
65～	49.0	53.8	60.0	53.0	60.4	62.6	59.6	51.4	46.1	45.3	44.1	41.5	41.6	39.7	

（自殺死亡率・女）

年齢階級	昭和35年 (1960)	40 ('65)	45 ('70)	50 ('75)	55 ('80)	60 ('85)	平成2年 ('90)	7 ('95)	8 ('96)	9 ('97)	10 ('98)	11 ('99)	12 (2000)	13 ('01)	14 ('02)
総　数	**12.7**	**13.8**	**15.0**	**14.6**	**14.1**	**12.7**	**10.7**	**8.7**	**8.3**	**8.1**	**7.3**	**7.3**	**7.0**	**7.0**	
5～14 歳	0.3	0.3	0.5	0.3	0.3	0.6	0.2	0.3	0.3	0.2	0.4	0.2	0.2	0.3	
15～24	7.1	6.7	6.9	7.9	5.6	5.3	4.3	3.9	3.5	3.2	3.5	3.0	3.0	2.7	
25～34	9.6	9.8	11.5	11.0	9.9	8.9	6.9	5.1	5.3	5.6	4.7	4.4	4.1	4.0	
35～44	13.8	13.8	15.9	14.5	14.0	12.2	7.9	7.8	7.3	7.0	6.5	6.8	6.0	6.1	
45～54	21.8	23.0	25.4	22.3	20.4	16.5	12.9	10.4	10.1	10.1	8.9	8.7	8.4	8.5	
55～64	23.2	24.4	27.2	25.0	23.6	18.3	14.4	12.0	11.4	11.2	10.3	10.5	10.1	9.8	
65～74	20.2	25.9	26.1	26.5	27.1	24.7	19.3	14.4	14.7	13.1	11.4	11.1	11.1	10.8	
75～	19.6	27.2	27.0	27.2	25.9	24.6	29.5	23.9	20.8	20.5	17.6	18.5	17.0	18.2	
（再掲）															
65～	20.0	26.3	26.4	26.8	26.6	24.6	24.4	18.8	17.5	16.7	14.4	14.7	14.0	14.5	

第23表　性・年齢(10歳階級)・国別自殺死亡数・死亡率（人口10

第23表（12－８）
イタリア

（自殺死亡数・総　数）

年齢階級	昭和35年(1960)	40('65)	45('70)	50('75)	55('80)	60('85)	平成２年('90)	7('95)	8('96)	9('97)	10('98)	11('99)	12(2000)	13('01)	14('02)
総　数	**3 103**	**2 862**	**3 085**	**3 107**	**4 155**	**4 759**	**4 402**	**4 569**	**4 689**	**4 694**	**4 504**	**4 115**	**4 108**	**4 030**	
5～14 歳	12	12	22	19	17	15	17	16	18	11	14	8	11	14	
15～24	306	213	236	271	335	309	365	362	375	394	343	297	281	258	
25～34	318	294	326	323	466	467	575	608	656	681	660	604	583	556	
35～44	349	454	400	416	484	540	548	606	627	590	579	577	596	587	
45～54	734	524	489	534	744	744	571	664	679	622	603	536	631	603	
55～64	665	650	722	514	695	997	748	714	764	758	684	633	589	614	
65～74	460	443	538	623	856	906	684	809	806	834	781	742	643	660	
75～	259	272	352	407	558	781	894	790	764	804	840	718	774	738	
不　詳	－	－	－	－	－	－	－	－	－	－	－	－	－	－	
（再掲）															
65～	719	715	890	1 030	1 414	1 687	1 578	1 599	1 570	1 638	1 621	1 460	1 417	1 398	

（自殺死亡数・男）

年齢階級	昭和35年(1960)	40('65)	45('70)	50('75)	55('80)	60('85)	平成２年('90)	7('95)	8('96)	9('97)	10('98)	11('99)	12(2000)	13('01)	14('02)
総　数	**2 153**	**2 018**	**2 119**	**2 126**	**2 812**	**3 371**	**3 181**	**3 430**	**3 458**	**3 547**	**3 448**	**3 105**	**3 062**	**3 050**	
5～14 歳	7	9	14	13	13	10	11	15	12	5	13	3	9	11	
15～24	162	133	145	195	234	249	275	298	310	326	276	240	230	216	
25～34	198	190	225	224	335	361	443	488	520	524	544	481	459	457	
35～44	252	320	269	275	330	376	401	467	475	454	430	438	451	443	
45～54	545	361	326	346	494	526	401	493	503	456	454	395	463	447	
55～64	481	484	506	332	450	686	498	505	536	575	507	457	428	441	
65～74	304	313	380	447	576	621	482	573	566	610	578	552	465	475	
75～	204	208	254	294	380	542	670	591	536	597	646	539	557	560	
不　詳	－	－	－	－	－	－	－	－	－	－	－	－	－	－	
（再掲）															
65～	508	521	634	741	956	1 163	1 152	1 164	1 102	1 207	1 224	1 091	1 022	1 035	

（自殺死亡数・女）

年齢階級	昭和35年(1960)	40('65)	45('70)	50('75)	55('80)	60('85)	平成２年('90)	7('95)	8('96)	9('97)	10('98)	11('99)	12(2000)	13('01)	14('02)
総　数	**950**	**844**	**966**	**981**	**1 343**	**1 388**	**1 221**	**1 139**	**1 231**	**1 147**	**1 056**	**1 010**	**1 046**	**980**	
5～14 歳	5	3	8	6	4	5	6	1	6	6	1	5	2	3	
15～24	144	80	91	76	101	60	90	64	65	68	67	57	51	42	
25～34	120	104	101	99	131	106	132	120	136	157	116	123	124	99	
35～44	97	134	131	141	154	164	147	139	152	136	149	139	145	144	
45～54	189	163	163	188	250	218	170	171	176	166	149	141	168	156	
55～64	184	166	216	182	245	311	250	209	228	183	177	176	161	173	
65～74	156	130	158	176	280	285	202	236	240	224	203	190	178	185	
75～	55	64	98	113	178	239	224	199	228	207	194	179	217	178	
不　詳	－	－	－	－	－	－	－	－	－	－	－	－	－	－	
（再掲）															
65～	211	194	256	289	458	524	426	435	468	431	397	369	395	363	

資料：WHO「ANNUAL EPIDEMIOLOGICAL AND VITAL STATISTICS WORLD HEALTH STATISTICS ANNUAL」

万対）の年次比較 －1960・1965・1970・1975・1980・1985・1990・1995・1996年以降－

イタリア

（自殺死亡率・総 数）

年齢階級	昭和35年 (1960)	40 ('65)	45 ('70)	50 ('75)	55 ('80)	60 ('85)	平成2年 ('90)	7 ('95)	8 ('96)	9 ('97)	10 ('98)	11 ('99)	12 (2000)	13 ('01)	14 ('02)
総　数	**6.1**	**5.4**	**5.8**	**5.6**	**7.3**	**8.3**	**7.6**	**8.0**	**8.2**	**8.2**	**7.8**	**7.1**	**7.1**	**7.1**	
5～14 歳	0.1	0.1	0.3	0.2	0.2	0.2	0.3	0.3	0.3	0.2	0.2	0.1	0.2	0.3	
15～24	3.9	2.7	2.9	3.4	3.9	3.3	4.0	4.5	4.8	5.2	4.8	4.3	4.2	4.0	
25～34	4.0	3.7	4.3	4.2	5.8	5.9	6.5	6.6	7.1	7.3	7.1	6.5	6.4	6.3	
35～44	5.4	6.0	5.4	5.5	6.6	7.2	7.0	7.8	8.0	7.3	7.0	6.8	6.9	6.8	
45～54	11.1	9.0	8.2	7.4	10.3	10.3	8.0	9.0	9.2	8.4	8.1	7.1	8.2	7.9	
55～64	14.0	12.1	12.4	9.8	12.4	14.9	11.1	10.4	11.1	11.1	10.0	9.3	8.7	9.0	
65～74	14.9	13.1	14.7	13.9	17.4	21.2	14.4	14.1	13.9	14.3	13.4	12.7	10.9	11.2	
75～	16.8	14.7	17.4	17.6	20.2	26.0	24.2	20.9	19.3	19.6	19.6	16.2	16.9	15.5	
（再掲）															
65～	15.5	13.7	15.7	15.2	18.4	23.2	18.7	16.8	16.1	16.5	16.0	14.2	13.5	13.1	

（自殺死亡率・男）

年齢階級	昭和35年 (1960)	40 ('65)	45 ('70)	50 ('75)	55 ('80)	60 ('85)	平成2年 ('90)	7 ('95)	8 ('96)	9 ('97)	10 ('98)	11 ('99)	12 (2000)	13 ('01)	14 ('02)
総　数	**8.6**	**7.8**	**8.1**	**7.8**	**10.1**	**12.2**	**11.4**	**12.3**	**12.4**	**12.7**	**12.3**	**11.1**	**10.9**	**11.1**	
5～14 歳	0.2	0.2	0.3	0.3	0.3	0.2	0.3	0.5	0.4	0.2	0.4	0.1	0.3	0.4	
15～24	4.0	3.3	3.5	4.8	5.3	5.2	5.9	7.3	7.8	8.5	7.5	6.8	6.7	6.6	
25～34	4.9	4.8	5.9	5.8	8.3	9.2	9.9	10.5	11.1	11.1	11.6	10.3	9.9	10.3	
35～44	8.1	8.6	7.4	7.4	9.1	10.1	10.3	12.0	12.1	11.3	10.4	10.3	10.3	10.2	
45～54	17.0	12.8	11.4	9.9	14.0	14.8	11.5	13.6	13.8	12.5	12.2	10.5	12.2	11.9	
55～64	21.9	19.0	18.3	13.4	17.3	22.0	15.6	15.4	16.3	17.5	15.3	13.9	13.1	13.5	
65～74	23.0	21.7	24.3	22.5	26.5	33.7	23.3	22.6	22.0	23.6	22.3	21.2	17.6	17.9	
75～	31.3	27.7	33.3	34.5	37.4	50.0	50.3	43.3	37.5	40.0	42.7	34.3	34.2	32.4	
（再掲）															
65～	25.7	23.8	27.3	26.1	30.0	39.7	33.9	29.8	27.6	29.6	29.8	26.1	24.0	23.6	

（自殺死亡率・女）

年齢階級	昭和35年 (1960)	40 ('65)	45 ('70)	50 ('75)	55 ('80)	60 ('85)	平成2年 ('90)	7 ('95)	8 ('96)	9 ('97)	10 ('98)	11 ('99)	12 (2000)	13 ('01)	14 ('02)
総　数	**3.7**	**3.1**	**3.5**	**3.4**	**4.6**	**4.7**	**4.1**	**3.9**	**4.2**	**3.9**	**3.6**	**3.4**	**3.5**	**3.3**	
5～14 歳	0.1	0.1	0.2	0.1	0.1	0.1	0.2	0.0	0.2	0.2	0.0	0.2	0.1	0.1	
15～24	3.7	2.0	2.3	1.9	2.4	1.3	2.0	1.6	1.7	1.8	1.9	1.7	1.6	1.3	
25～34	3.0	2.7	2.7	2.6	3.3	2.7	3.0	2.6	3.0	3.4	2.5	2.7	2.7	2.3	
35～44	2.9	3.5	3.5	3.7	4.2	4.3	3.8	3.6	3.8	3.4	3.6	3.3	3.4	3.3	
45～54	5.6	5.4	5.2	5.1	6.8	5.9	4.7	4.6	4.7	4.4	4.0	3.7	4.3	4.1	
55～64	7.2	5.9	7.0	6.5	8.2	8.8	7.0	5.8	6.4	5.1	5.0	5.0	4.6	4.9	
65～74	8.8	6.7	7.5	7.1	10.2	11.8	7.5	7.4	7.4	6.9	6.3	5.9	5.5	5.7	
75～	6.2	5.9	7.8	7.8	10.2	12.4	9.5	8.2	9.1	7.9	7.0	6.3	7.4	5.9	
（再掲）															
65～	7.9	6.4	7.6	7.3	10.2	12.1	8.4	7.7	8.1	7.4	6.6	6.1	6.4	5.8	

第23表（12－９）
イギリス

（自殺死亡数・総数）

年齢階級	昭和35年 (1960)	40 ('65)	45 ('70)	50 ('75)	55 ('80)	60 ('85)	平成２年 ('90)	7 ('95)	8 ('96)	9 ('97)	10 ('98)	11 ('99)	12 (2000)	13 ('01)	14 ('02)
総　　数	**—**	**—**	**—**	**—**	**4 917**	**5 105**	**4 643**	**4 315**	**4 165**	**4 143**	**4 389**	**4 448**	**4 290**	**4 013**	**4 066**
５～14 歳	—	—	—	—	3	5	2	10	6	7	6	5	9	7	8
15～24	—	—	—	—	428	497	613	500	450	493	483	481	491	412	394
25～34	—	—	—	—	704	796	943	1 001	1 048	1 003	1 145	1 010	935	834	879
35～44	—	—	—	—	798	857	871	903	805	790	888	967	949	912	978
45～54	—	—	—	—	849	856	735	688	734	748	726	763	794	728	735
55～64	—	—	—	—	910	899	570	456	417	408	474	501	455	496	505
65～74	—	—	—	—	782	694	491	383	353	335	341	335	325	302	293
75～	—	—	—	—	443	501	418	374	352	359	326	386	332	322	274
不　詳	—	—	—	—	—	—	—	—	—	—	—	—	—	—	—
（再掲）															
65～	—	—	—	—	1 225	1 195	909	757	705	694	667	721	657	624	567

（自殺死亡数・男）

年齢階級	昭和35年 (1960)	40 ('65)	45 ('70)	50 ('75)	55 ('80)	60 ('85)	平成２年 ('90)	7 ('95)	8 ('96)	9 ('97)	10 ('98)	11 ('99)	12 (2000)	13 ('01)	14 ('02)
総　　数	**—**	**—**	**—**	**—**	**3 002**	**3 421**	**3 524**	**3 354**	**3 185**	**3 197**	**3 407**	**3 443**	**3 311**	**3 101**	**3 124**
５～14 歳	—	—	—	—	2	3	2	6	6	3	2	4	5	4	4
15～24	—	—	—	—	302	411	528	419	362	411	382	393	390	346	306
25～34	—	—	—	—	524	620	763	858	858	832	968	839	768	694	715
35～44	—	—	—	—	529	644	690	717	638	616	710	765	755	712	793
45～54	—	—	—	—	498	564	556	530	551	564	570	596	602	563	562
55～64	—	—	—	—	524	549	405	338	308	296	350	380	338	348	371
65～74	—	—	—	—	406	366	316	264	244	223	221	224	230	227	202
75～	—	—	—	—	217	264	264	222	218	252	204	242	223	207	171
不　詳	—	—	—	—	—	—	—	—	—	—	—	—	—	—	—
（再掲）															
65～	—	—	—	—	623	630	580	486	462	475	425	466	453	434	373

（自殺死亡数・女）

年齢階級	昭和35年 (1960)	40 ('65)	45 ('70)	50 ('75)	55 ('80)	60 ('85)	平成２年 ('90)	7 ('95)	8 ('96)	9 ('97)	10 ('98)	11 ('99)	12 (2000)	13 ('01)	14 ('02)
総　　数	**—**	**—**	**—**	**—**	**1 915**	**1 684**	**1 119**	**961**	**980**	**946**	**982**	**1 005**	**979**	**912**	**942**
５～14 歳	—	—	—	—	1	2	—	4	—	4	4	1	4	3	4
15～24	—	—	—	—	126	86	85	81	88	82	101	88	101	66	88
25～34	—	—	—	—	180	176	180	143	190	171	177	171	167	140	164
35～44	—	—	—	—	269	213	181	186	167	174	178	202	194	200	185
45～54	—	—	—	—	351	292	179	158	183	184	156	167	192	165	173
55～64	—	—	—	—	386	350	165	118	109	112	124	121	117	148	134
65～74	—	—	—	—	376	328	175	119	109	112	120	111	95	75	91
75～	—	—	—	—	226	237	154	152	134	107	122	144	109	115	103
不　詳	—	—	—	—	—	—	—	—	—	—	—	—	—	—	—
（再掲）															
65～	—	—	—	—	602	565	329	271	243	219	242	255	204	190	194

資料：WHO「ANNUAL EPIDEMIOLOGICAL AND VITAL STATISTICS WORLD HEALTH STATISTICS ANNUAL」

イギリス

（自殺死亡率・総 数）

年齢階級	昭和35年 (1960)	40 ('65)	45 ('70)	50 ('75)	55 ('80)	60 ('85)	平成2年 ('90)	7 ('95)	8 ('96)	9 ('97)	10 ('98)	11 ('99)	12 (2000)	13 ('01)	14 ('02)
総　数	—	—	—	—	**8.8**	**9.0**	**8.1**	**7.4**	**7.1**	**7.0**	**7.4**	**7.5**	**7.2**	**6.8**	**6.9**
5～14 歳	—	—	—	—	0.0	0.1	0.0	0.1	0.1	0.1	0.1	0.1	0.1	0.1	0.1
15～24	—	—	—	—	4.9	5.4	7.2	6.7	6.2	6.8	6.7	6.7	6.8	5.7	5.3
25～34	—	—	—	—	8.9	10.1	10.7	10.7	11.1	10.7	12.4	11.2	10.5	9.8	10.6
35～44	—	—	—	—	12.0	11.3	11.0	11.4	10.0	9.5	10.5	11.1	10.6	10.3	10.9
45～54	—	—	—	—	13.5	13.8	11.3	9.2	9.7	9.7	9.4	9.8	10.1	9.4	9.6
55～64	—	—	—	—	14.7	14.4	9.8	7.9	7.2	7.0	8.1	8.3	7.4	7.9	7.7
65～74	—	—	—	—	15.1	14.0	9.8	7.5	7.0	6.7	6.9	6.8	6.6	6.1	5.9
75～	—	—	—	—	14.1	13.8	10.5	9.1	8.4	8.4	7.5	8.8	7.5	7.3	6.1
（再掲）															
65～	—	—	—	—	14.7	14.0	10.1	8.2	7.6	7.5	7.2	7.7	7.0	6.7	6.0

（自殺死亡率・男）

年齢階級	昭和35年 (1960)	40 ('65)	45 ('70)	50 ('75)	55 ('80)	60 ('85)	平成2年 ('90)	7 ('95)	8 ('96)	9 ('97)	10 ('98)	11 ('99)	12 (2000)	13 ('01)	14 ('02)
総　数	—	—	—	—	**11.0**	**12.4**	**12.6**	**11.7**	**11.1**	**11.0**	**11.7**	**11.8**	**11.3**	**10.8**	**10.8**
5～14 歳	—	—	—	—	0.0	0.1	0.1	0.2	0.2	0.1	0.1	0.1	0.1	0.1	0.1
15～24	—	—	—	—	6.7	8.7	12.2	11.0	9.7	11.1	10.4	10.7	10.5	9.5	8.2
25～34	—	—	—	—	13.1	15.6	17.2	18.0	17.9	17.5	20.6	18.2	16.9	16.4	17.3
35～44	—	—	—	—	15.8	17.0	17.5	18.0	15.7	14.8	16.6	17.3	16.6	16.3	17.9
45～54	—	—	—	—	15.9	18.2	17.1	14.3	14.5	14.7	14.7	15.3	15.4	14.6	14.8
55～64	—	—	—	—	17.8	18.3	14.2	11.9	10.9	10.4	12.1	12.8	11.2	11.3	11.5
65～74	—	—	—	—	18.0	16.9	14.1	11.3	10.6	9.7	9.6	9.8	10.0	9.8	8.7
75～	—	—	—	—	21.5	21.9	19.4	15.7	14.9	16.8	13.3	15.5	14.0	12.8	10.4
（再掲）															
65～	—	—	—	—	19.1	18.7	16.1	13.0	12.3	12.5	11.1	12.1	11.7	11.1	9.4

（自殺死亡率・女）

年齢階級	昭和35年 (1960)	40 ('65)	45 ('70)	50 ('75)	55 ('80)	60 ('85)	平成2年 ('90)	7 ('95)	8 ('96)	9 ('97)	10 ('98)	11 ('99)	12 (2000)	13 ('01)	14 ('02)
総　数	—	—	—	—	**6.7**	**5.8**	**3.8**	**3.2**	**3.3**	**3.2**	**3.3**	**3.3**	**3.2**	**3.0**	**3.1**
5～14 歳	—	—	—	—	0.0	0.1	—	0.1	—	0.1	0.1	0.0	0.1	0.1	0.1
15～24	—	—	—	—	2.9	1.9	2.1	2.2	2.5	2.3	2.9	2.5	2.9	1.8	2.4
25～34	—	—	—	—	4.6	4.5	4.1	3.1	4.1	3.7	3.9	3.9	3.9	3.3	4.0
35～44	—	—	—	—	8.2	5.6	4.6	4.7	4.2	4.2	4.2	4.7	4.4	4.5	4.1
45～54	—	—	—	—	11.1	9.4	5.5	4.2	4.8	4.8	4.0	4.3	4.9	4.2	4.5
55～64	—	—	—	—	11.9	10.8	5.5	4.0	3.7	3.8	4.1	4.0	3.8	4.6	4.0
65～74	—	—	—	—	12.8	11.8	6.3	4.3	4.0	4.1	4.5	4.2	3.6	2.8	3.4
75～	—	—	—	—	10.6	9.8	5.9	5.6	4.9	3.9	4.4	5.1	3.9	4.1	3.7
（再掲）															
65～	—	—	—	—	11.9	10.9	6.1	4.9	4.4	4.0	4.4	4.7	3.7	3.5	3.6

第23表（12−10）
ハンガリー

（自殺死亡数・総　数）

年齢階級	昭和35年(1960)	40('65)	45('70)	50('75)	55('80)	60('85)	平成2年('90)	7('95)	8('96)	9('97)	10('98)	11('99)	12(2000)	13('01)	14('02)
総　数	**2 493**	**3 029**	**3 595**	**4 052**	**4 809**	**4 725**	**4 133**	**3 369**	**3 438**	**3 214**	**3 247**	**3 328**	**3 269**	**2 979**	**2 843**
5～14歳	23	19	17	24	34	11	25	8	3	7	5	12	11	4	7
15～24	319	326	324	285	287	218	211	189	176	163	174	179	161	163	148
25～34	369	395	419	463	630	702	465	299	302	295	329	336	349	292	273
35～44	324	539	574	609	771	882	790	702	702	648	681	652	571	528	533
45～54	503	478	588	861	956	911	802	696	725	640	772	732	775	751	712
55～64	455	580	706	660	721	767	669	488	507	476	438	495	486	429	411
65～74	287	397	594	682	759	588	503	500	543	484	423	434	445	378	352
75～	212	293	372	468	639	646	668	484	478	495	423	486	471	433	403
不　詳	1	2	1	−	12	−	−	3	2	6	2	2	−	1	4
（再掲）															
65～	499	690	966	1 150	1 398	1 234	1 171	984	1 021	979	846	920	916	811	755

（自殺死亡数・男）

年齢階級	昭和35年(1960)	40('65)	45('70)	50('75)	55('80)	60('85)	平成2年('90)	7('95)	8('96)	9('97)	10('98)	11('99)	12(2000)	13('01)	14('02)
総　数	**1 721**	**2 090**	**2 539**	**2 852**	**3 344**	**3 447**	**2 980**	**2 478**	**2 522**	**2 388**	**2 469**	**2 550**	**2 463**	**2 282**	**2 195**
5～14歳	15	16	14	18	28	5	19	8	2	5	5	11	8	3	4
15～24	211	237	243	210	231	176	152	159	147	131	145	150	132	132	123
25～34	275	300	340	379	494	563	385	244	253	255	275	285	302	254	232
35～44	232	403	445	466	584	712	628	569	565	527	558	540	483	432	444
45～54	363	320	438	653	698	709	603	545	581	512	627	598	607	606	553
55～64	319	397	482	436	473	496	482	336	371	342	329	367	372	328	313
65～74	173	237	378	425	470	393	325	332	347	315	291	295	287	251	269
75～	132	178	199	265	357	393	386	282	254	296	238	302	272	276	254
不　詳	1	2	−	−	9	−	−	3	2	5	1	2	−	−	3
（再掲）															
65～	305	415	577	690	827	786	711	614	601	611	529	597	559	527	523

（自殺死亡数・女）

年齢階級	昭和35年(1960)	40('65)	45('70)	50('75)	55('80)	60('85)	平成2年('90)	7('95)	8('96)	9('97)	10('98)	11('99)	12(2000)	13('01)	14('02)
総　数	**772**	**939**	**1 056**	**1 200**	**1 465**	**1 278**	**1 153**	**891**	**916**	**826**	**778**	**778**	**806**	**697**	**648**
5～14歳	8	3	3	6	6	6	6	−	1	2	−	1	3	1	3
15～24	108	89	81	75	56	42	59	30	29	32	29	29	29	31	25
25～34	94	95	79	84	136	139	80	55	49	40	54	51	47	38	41
35～44	92	136	129	143	187	170	162	133	137	121	123	112	88	96	89
45～54	140	158	150	208	258	202	199	151	144	128	145	134	168	145	159
55～64	136	183	224	224	248	271	187	152	136	134	109	128	114	101	98
65～74	114	160	216	257	289	195	178	168	196	169	132	139	158	127	83
75～	80	115	173	203	282	253	282	202	224	199	185	184	199	157	149
不　詳	−	−	1	−	3	−	−	−	−	1	1	−	−	1	1
（再掲）															
65～	194	275	389	460	571	448	460	370	420	368	317	323	357	284	232

資料：WHO「ANNUAL EPIDEMIOLOGICAL AND VITAL STATISTICS WORLD HEALTH STATISTICS ANNUAL」

万対）の年次比較 −1960・1965・1970・1975・1980・1985・1990・1995・1996年以降−

ハンガリー

（自殺死亡率・総数）

年齢階級	昭和35年 (1960)	40 ('65)	45 ('70)	50 ('75)	55 ('80)	60 ('85)	平成2年 ('90)	7 ('95)	8 ('96)	9 ('97)	10 ('98)	11 ('99)	12 (2000)	13 ('01)	14 ('02)
総数	**24.9**	**29.8**	**34.8**	**38.4**	**44.9**	**44.4**	**39.9**	**32.6**	**33.3**	**31.2**	**31.6**	**32.5**	**32.0**	**29.2**	**28.0**
5～14 歳	1.3	1.1	1.2	1.8	2.3	0.7	1.7	0.6	0.2	0.6	0.4	1.0	0.9	0.3	0.6
15～24	22.3	21.1	18.9	16.6	20.0	16.1	14.3	11.7	10.9	10.2	11.0	11.5	10.7	11.2	10.5
25～34	25.2	28.4	29.5	30.4	37.6	41.9	34.1	22.9	22.9	22.0	24.1	23.9	23.9	19.3	17.6
35～44	26.3	36.1	39.9	44.6	56.2	60.1	49.8	44.3	45.2	42.7	46.3	46.2	42.3	40.5	41.7
45～54	37.3	41.9	49.5	60.2	69.9	70.9	63.1	51.2	52.4	45.6	54.1	50.0	51.5	48.6	45.7
55～64	42.5	49.7	57.4	64.1	67.0	60.7	56.6	43.4	45.3	42.4	38.9	43.6	42.5	37.4	35.5
65～74	46.4	54.6	71.7	75.7	79.8	75.6	61.8	52.3	57.0	51.1	45.0	46.3	47.7	40.9	38.5
75～	75.7	91.2	102.6	108.7	130.9	119.9	117.4	94.5	89.9	89.6	73.8	82.5	77.7	69.3	62.9
（再掲）															
65～	55.5	65.8	81.2	86.3	97.2	93.7	84.7	67.0	68.8	65.3	55.9	60.3	59.6	52.4	48.5

（自殺死亡率・男）

年齢階級	昭和35年 (1960)	40 ('65)	45 ('70)	50 ('75)	55 ('80)	60 ('85)	平成2年 ('90)	7 ('95)	8 ('96)	9 ('97)	10 ('98)	11 ('99)	12 (2000)	13 ('01)	14 ('02)
総数	**35.6**	**42.6**	**50.8**	**55.8**	**64.5**	**67.0**	**59.9**	**50.2**	**51.2**	**48.6**	**50.5**	**52.3**	**50.7**	**47.1**	**45.5**
5～14 歳	1.7	1.8	1.9	2.6	3.6	0.6	2.5	1.2	0.3	0.8	0.8	1.7	1.3	0.5	0.7
15～24	29.8	30.3	27.8	23.9	31.5	25.3	20.1	19.3	17.9	16.0	17.9	18.9	17.2	17.7	17.0
25～34	38.2	44.3	48.6	49.3	58.3	66.2	56.0	36.9	37.9	37.5	39.6	40.0	40.8	33.1	29.5
35～44	40.1	56.1	63.6	70.2	86.8	97.3	79.5	72.5	73.5	70.2	76.6	77.3	72.3	66.9	69.9
45～54	57.3	59.9	78.4	95.8	106.4	116.4	99.6	83.3	87.3	75.9	91.4	85.0	83.9	81.7	74.0
55～64	64.4	72.7	85.1	92.8	96.7	86.8	90.2	67.4	74.8	68.8	65.9	72.8	73.2	64.2	60.5
65～74	66.8	76.5	104.9	108.9	116.3	122.5	97.3	86.4	90.7	82.9	77.1	78.6	77.0	68.1	73.9
75～	116.8	141.2	146.4	168.0	202.2	207.2	196.6	166.0	144.2	161.9	125.7	155.2	136.2	134.4	121.1
（再掲）															
65～	82.0	95.2	116.1	125.9	142.3	153.8	134.2	110.8	107.5	108.6	93.4	104.8	97.6	91.8	91.1

（自殺死亡率・女）

年齢階級	昭和35年 (1960)	40 ('65)	45 ('70)	50 ('75)	55 ('80)	60 ('85)	平成2年 ('90)	7 ('95)	8 ('96)	9 ('97)	10 ('98)	11 ('99)	12 (2000)	13 ('01)	14 ('02)
総数	**14.9**	**17.9**	**19.8**	**22.1**	**26.5**	**23.2**	**21.4**	**16.5**	**17.0**	**15.3**	**14.5**	**14.5**	**15.1**	**13.0**	**12.2**
5～14 歳	1.0	0.4	0.4	0.9	0.8	0.8	0.8	—	0.2	0.3	—	0.2	0.5	0.2	0.5
15～24	15.0	11.6	9.6	9.0	8.0	6.4	8.2	3.8	3.7	4.1	3.8	3.8	3.9	4.3	3.6
25～34	12.6	13.3	11.0	11.1	16.4	16.8	11.8	8.5	7.5	6.1	8.0	7.4	6.5	5.1	5.4
35～44	14.1	17.6	17.5	20.4	26.7	23.1	20.3	16.6	17.5	15.8	16.5	15.7	12.9	14.6	13.8
45～54	19.6	26.1	23.8	27.8	36.2	29.9	29.9	21.4	20.1	17.6	19.6	17.6	21.5	18.1	19.7
55～64	23.6	29.5	33.8	40.0	42.2	39.2	28.8	24.3	21.8	21.4	17.4	20.3	17.9	15.9	15.3
65～74	31.7	38.3	46.2	50.3	52.9	42.7	37.1	29.4	34.4	29.8	23.4	24.7	28.3	22.9	15.1
75～	47.9	58.9	76.4	74.4	90.6	72.4	75.6	59.0	63.0	53.8	48.2	46.6	49.0	37.4	34.6
（再掲）															
65～	36.8	44.9	56.0	58.7	66.6	55.6	53.9	40.5	45.4	39.3	33.5	33.8	37.0	29.1	23.6

第23表　性・年齢(10歳階級)・国別自殺死亡数・死亡率（人口10

第23表（12−11）
スウェーデン

（自殺死亡数・総　数）

年齢階級	昭和35年(1960)	40('65)	45('70)	50('75)	55('80)	60('85)	平成2年('90)	7('95)	8('96)	9('97)	10('98)	11('99)	12(2000)	13('01)	14('02)
総　　数	**1 305**	**1 459**	**1 790**	**1 590**	**1 610**	**1 516**	**1 471**	**1 348**	**1 253**	**1 200**	**1 229**	**1 219**	**1 130**	**1 196**	
5～14 歳	2	6	6	7	3	1	5	4	3	6	3	3	2	5	
15～24	75	99	162	175	129	128	118	103	90	97	85	110	89	77	
25～34	147	179	239	248	282	261	220	173	186	167	153	148	144	133	
35～44	221	261	297	236	293	282	252	248	189	225	188	218	193	197	
45～54	323	338	412	310	276	243	244	286	283	246	255	240	205	249	
55～64	278	287	354	290	275	214	209	179	176	177	207	182	174	205	
65～74	173	191	209	198	214	227	216	157	145	133	150	145	146	139	
75～	86	98	111	126	138	160	207	198	181	149	188	173	177	191	
不　詳	—	—	—	—	—	—	—	—	—	—	—	—	—	—	
（再掲）															
65～	259	289	320	324	352	387	423	355	326	282	338	318	323	330	

（自殺死亡数・男）

年齢階級	昭和35年(1960)	40('65)	45('70)	50('75)	55('80)	60('85)	平成2年('90)	7('95)	8('96)	9('97)	10('98)	11('99)	12(2000)	13('01)	14('02)
総　　数	**981**	**1 068**	**1 257**	**1 130**	**1 137**	**1 029**	**1 020**	**936**	**872**	**856**	**880**	**861**	**802**	**833**	
5～14 歳	2	5	3	3	3	—	4	3	1	3	2	3	1	2	
15～24	48	68	115	124	97	85	88	75	66	63	57	78	63	59	
25～34	104	126	158	170	213	187	157	134	141	125	118	103	114	104	
35～44	173	186	209	176	208	187	173	170	139	167	144	150	131	149	
45～54	244	251	276	225	196	177	167	201	187	166	180	167	144	162	
55～64	212	203	265	196	169	148	135	124	124	131	151	133	115	126	
65～74	128	147	150	140	150	138	152	109	101	95	99	106	106	102	
75～	70	82	81	96	101	107	144	120	113	106	129	121	128	129	
不　詳	—	—	—	—	—	—	—	—	—	—	—	—	—	—	
（再掲）															
65～	198	229	231	236	251	245	296	229	214	201	228	227	234	231	

（自殺死亡数・女）

年齢階級	昭和35年(1960)	40('65)	45('70)	50('75)	55('80)	60('85)	平成2年('90)	7('95)	8('96)	9('97)	10('98)	11('99)	12(2000)	13('01)	14('02)
総　　数	**324**	**391**	**533**	**460**	**473**	**487**	**451**	**412**	**381**	**344**	**349**	**358**	**328**	**363**	
5～14 歳	—	1	3	4	—	1	1	1	2	3	1	—	1	3	
15～24	27	31	47	51	32	43	30	28	24	34	28	32	26	18	
25～34	43	53	81	78	69	74	63	39	45	42	35	45	30	29	
35～44	48	75	88	60	85	95	79	78	50	58	44	68	62	48	
45～54	79	87	136	85	80	66	77	85	96	80	75	73	61	87	
55～64	66	84	89	94	106	66	74	55	52	46	56	49	59	79	
65～74	45	44	59	58	64	89	64	48	44	38	51	39	40	37	
75～	16	16	30	30	37	53	63	78	68	43	59	52	49	62	
不　詳	—	—	—	—	—	—	—	—	—	—	—	—	—	—	
（再掲）															
65～	61	60	89	88	101	142	127	126	112	81	110	91	89	99	

資料：WHO「ANNUAL EPIDEMIOLOGICAL AND VITAL STATISTICS WORLD HEALTH STATISTICS ANNUAL」

万対）の年次比較 −1960・1965・1970・1975・1980・1985・1990・1995・1996年以降−

スウェーデン

（自殺死亡率・総 数）

年齢階級	昭和35年 (1960)	40 ('65)	45 ('70)	50 ('75)	55 ('80)	60 ('85)	平成2年 ('90)	7 ('95)	8 ('96)	9 ('97)	10 ('98)	11 ('99)	12 (2000)	13 ('01)	14 ('02)
総　　数	**17.4**	**18.9**	**22.3**	**19.4**	**19.4**	**18.2**	**17.2**	**15.3**	**14.2**	**13.6**	**13.9**	**13.8**	**12.7**	**13.4**	
5～14 歳	0.2	0.6	0.5	0.6	0.3	0.1	0.5	0.4	0.3	0.5	0.3	0.3	0.2	0.4	
15～24	7.2	8.1	13.3	15.9	11.5	11.0	10.1	9.4	8.3	9.1	8.1	10.7	8.7	7.5	
25～34	16.1	19.5	21.8	19.6	22.5	22.8	18.6	13.8	14.8	13.3	12.2	11.9	11.7	11.0	
35～44	20.6	25.7	32.2	25.7	27.2	22.4	20.2	21.0	16.1	19.2	16.0	18.3	16.0	16.1	
45～54	30.6	32.3	39.3	31.2	30.8	27.1	23.1	23.0	22.4	19.4	20.1	19.2	16.6	20.5	
55～64	32.7	30.7	35.9	29.6	28.1	23.0	24.8	20.9	20.3	19.9	22.5	18.9	17.2	19.4	
65～74	30.3	30.3	29.8	25.4	26.0	27.5	25.8	19.4	18.3	17.1	19.6	19.3	19.6	18.8	
75～	27.9	28.0	27.9	27.4	26.0	26.1	30.2	27.0	24.0	19.5	24.2	22.1	22.5	24.1	
（再掲）															
65～	29.5	29.5	29.1	26.2	26.0	26.9	27.8	23.0	21.1	18.3	21.9	20.7	21.1	21.5	

（自殺死亡率・男）

年齢階級	昭和35年 (1960)	40 ('65)	45 ('70)	50 ('75)	55 ('80)	60 ('85)	平成2年 ('90)	7 ('95)	8 ('96)	9 ('97)	10 ('98)	11 ('99)	12 (2000)	13 ('01)	14 ('02)
総　　数	**26.3**	**27.7**	**31.3**	**27.7**	**27.6**	**25.0**	**24.1**	**21.5**	**20.0**	**19.6**	**20.1**	**19.7**	**18.3**	**18.9**	
5～14 歳	0.3	0.9	0.5	0.5	0.5	－	0.8	0.5	0.2	0.5	0.3	0.5	0.2	0.3	
15～24	9.1	10.9	18.5	22.0	16.9	14.3	14.7	13.4	12.0	11.6	10.7	14.8	12.0	11.2	
25～34	22.6	27.0	27.9	26.0	33.3	32.0	25.9	20.9	21.9	19.4	18.4	16.2	18.2	16.9	
35～44	32.0	36.3	44.9	37.7	37.6	29.0	27.2	28.3	23.2	27.9	24.0	24.7	21.2	23.8	
45～54	46.1	47.7	52.5	45.4	43.9	39.3	31.1	31.8	29.2	25.8	28.1	26.3	23.1	26.3	
55～64	51.3	44.4	54.6	40.7	35.3	32.7	32.8	29.4	28.9	29.7	32.9	27.6	22.7	23.7	
65～74	48.4	50.5	46.3	38.9	39.3	36.2	39.3	29.3	27.7	26.5	28.0	30.4	30.6	29.5	
75～	50.7	54.1	48.8	51.9	48.9	45.3	55.1	42.9	39.2	36.2	43.4	40.3	42.2	42.2	
（再掲）															
65～	49.2	51.7	47.1	43.3	42.6	39.6	45.6	35.1	32.8	30.8	35.0	35.0	36.0	35.5	

（自殺死亡率・女）

年齢階級	昭和35年 (1960)	40 ('65)	45 ('70)	50 ('75)	55 ('80)	60 ('85)	平成2年 ('90)	7 ('95)	8 ('96)	9 ('97)	10 ('98)	11 ('99)	12 (2000)	13 ('01)	14 ('02)
総　　数	**8.6**	**10.1**	**13.2**	**11.2**	**11.3**	**11.5**	**10.4**	**9.2**	**8.5**	**7.7**	**7.8**	**8.0**	**7.3**	**8.1**	
5～14 歳	－	0.2	0.6	0.7	－	0.2	0.2	0.2	0.4	0.5	0.2	－	0.2	0.5	
15～24	5.3	5.2	7.9	9.5	5.8	7.6	5.3	5.2	4.6	6.6	5.5	6.4	5.2	3.6	
25～34	9.5	11.8	15.3	12.7	11.3	13.2	11.0	6.4	7.4	6.9	5.7	7.4	5.0	4.9	
35～44	9.0	14.8	19.3	13.3	16.2	15.5	12.9	13.5	8.7	10.1	7.6	11.7	10.5	8.0	
45～54	15.0	16.7	26.0	17.1	17.8	14.8	14.9	13.9	15.5	12.8	12.0	11.8	10.0	14.5	
55～64	15.1	17.6	17.8	18.9	21.2	13.8	17.1	12.7	11.9	10.3	12.1	10.2	11.7	15.0	
65～74	14.7	13.0	15.6	13.9	14.5	20.1	14.2	11.0	10.3	9.1	12.4	9.7	10.1	9.4	
75～	9.4	8.1	13.0	10.9	11.4	14.0	14.9	17.2	14.6	9.1	12.3	10.8	10.1	12.7	
（再掲）															
65～	12.8	11.2	14.6	12.7	13.2	17.3	14.5	14.2	12.6	9.1	12.4	10.3	10.1	11.2	

第23表（12－12）
ロ　シ　ア

（自殺死亡数・総　数）

年齢階級	昭和35年(1960)	40('65)	45('70)	50('75)	55('80)	60('85)	平成2年('90)	7('95)	8('96)	9('97)	10('98)	11('99)	12(2000)	13('01)	14('02)
総　数	…	**39 550**	**56 142**	**65 692**	**71 353**	**44 562**	**39 150**	**60 953**	**57 812**	**55 031**	**51 770**	**57 276**	**56 934**	**57 284**	**55 330**
5～14 歳	…	339	449	350	305	207	312	433	398	422	412	500	507	503	421
15～24	…	4 199	6 925	8 403	8 224	4 118	3 515	6 736	6 688	6 725	6 656	7 200	7 593	8 010	7 721
25～34	…	10 056	11 933	10 729	14 070	9 525	7 778	10 966	10 341	9 272	8 536	9 142	9 681	9 973	9 782
35～44	…	10 452	15 365	16 739	15 240	7 339	7 964	14 878	14 058	12 849	11 960	13 009	12 431	12 140	11 668
45～54	…	6 572	8 800	14 634	16 923	10 722	7 020	10 156	9 457	8 943	8 813	10 824	11 558	12 042	11 361
55～64	…	4 496	7 198	7 192	7 190	6 819	6 402	9 201	8 473	7 954	7 114	7 426	6 548	6 189	5 846
65～74	…	2 174	3 460	4 946	6 055	3 297	3 063	5 450	5 486	5 952	5 486	6 255	5 754	5 516	5 476
75～	…	1 250	1 979	2 661	3 273	2 490	2 974	2 728	2 610	2 629	2 541	2 618	2 547	2 585	2 749
不　詳	…	12	33	38	73	45	122	405	301	285	252	302	315	326	306
（再掲）															
65～	…	3 424	5 439	7 607	9 328	5 787	6 037	8 178	8 096	8 581	8 027	8 873	8 301	8 101	8 225

（自殺死亡数・男）

年齢階級	昭和35年(1960)	40('65)	45('70)	50('75)	55('80)	60('85)	平成2年('90)	7('95)	8('96)	9('97)	10('98)	11('99)	12(2000)	13('01)	14('02)
総　数	…	**29 946**	**44 270**	**51 772**	**56 001**	**35 122**	**30 392**	**50 280**	**48 107**	**45 519**	**42 785**	**47 345**	**47 806**	**48 251**	**46 252**
5～14 歳	…	283	361	292	240	171	260	355	320	346	333	402	404	389	338
15～24	…	3 067	5 593	7 021	6 839	3 533	2 874	5 733	5 784	5 780	5 729	6 120	6 578	6 945	6 667
25～34	…	8 559	10 495	9 497	12 317	8 413	6 868	9 787	9 214	8 222	7 634	8 101	8 654	8 886	8 696
35～44	…	8 373	12 993	14 345	12 901	6 176	6 874	13 015	12 413	11 322	10 532	11 454	11 017	10 753	10 247
45～54	…	4 666	6 573	11 237	13 556	8 715	5 643	8 691	8 149	7 651	7 526	9 251	10 046	10 509	9 872
55～64	…	3 025	5 066	4 855	4 778	4 979	4 702	7 512	6 931	6 455	5 767	6 074	5 409	5 061	4 762
65～74	…	1 297	2 080	3 120	3 703	1 929	1 699	3 640	3 823	4 271	3 916	4 535	4 247	4 173	4 088
75～	…	668	1 083	1 371	1 602	1 165	1 366	1 182	1 192	1 205	1 110	1 128	1 165	1 236	1 297
不　詳	…	8	26	34	65	41	106	365	281	267	238	280	286	299	285
（再掲）															
65～	…	1 965	3 163	4 491	5 305	3 094	3 065	4 822	5 015	5 476	5 026	5 663	5 412	5 409	5 385

（自殺死亡数・女）

年齢階級	昭和35年(1960)	40('65)	45('70)	50('75)	55('80)	60('85)	平成2年('90)	7('95)	8('96)	9('97)	10('98)	11('99)	12(2000)	13('01)	14('02)
総　数	…	**9 604**	**11 872**	**13 920**	**15 352**	**9 440**	**8 758**	**10 673**	**9 705**	**9 512**	**8 985**	**9 931**	**9 128**	**9 033**	**9 078**
5～14 歳	…	56	88	58	65	36	52	78	78	76	79	98	103	114	83
15～24	…	1 132	1 332	1 382	1 385	585	641	1 003	904	945	927	1 080	1 015	1 065	1 054
25～34	…	1 497	1 438	1 232	1 753	1 112	910	1 179	1 127	1 050	902	1 041	1 027	1 087	1 086
35～44	…	2 079	2 372	2 394	2 339	1 163	1 090	1 863	1 645	1 527	1 428	1 555	1 414	1 387	1 421
45～54	…	1 906	2 227	3 397	3 367	2 007	1 377	1 465	1 308	1 292	1 287	1 573	1 512	1 533	1 489
55～64	…	1 471	2 132	2 337	2 412	1 840	1 900	1 689	1 542	1 499	1 347	1 352	1 139	1 128	1 084
65～74	…	877	1 380	1 826	2 352	1 368	1 364	1 810	1 663	1 681	1 570	1 720	1 507	1 343	1 388
75～	…	582	896	1 290	1 671	1 325	1 608	1 546	1 418	1 424	1 431	1 490	1 382	1 349	1 452
不　詳	…	4	7	4	8	4	16	40	20	18	14	22	29	27	21
（再掲）															
65～	…	1 459	2 276	3 116	4 023	2 693	2 972	3 356	3 081	3 105	3 001	3 210	2 889	2 692	2 840

資料：WHO「ANNUAL EPIDEMIOLOGICAL AND VITAL STATISTICS WORLD HEALTH STATISTICS ANNUAL」

万対）の年次比較　－1960・1965・1970・1975・1980・1985・1990・1995・1996年以降－

ロ シ ア　　（自殺死亡率・総　数）

年齢階級	昭和35年 (1960)	40 ('65)	45 ('70)	50 ('75)	55 ('80)	60 ('85)	平成2年 ('90)	7 ('95)	8 ('96)	9 ('97)	10 ('98)	11 ('99)	12 (2000)	13 ('01)	14 ('02)
総　数	…	**17.1**	**23.2**	**25.9**	**26.9**	**31.2**	**26.5**	**41.5**	**39.5**	**37.7**	**35.5**	**39.5**	**39.4**	**39.8**	**38.7**
5～14歳	…	0.7	0.9	0.8	0.7	1.0	1.4	1.9	1.7	1.9	1.9	2.4	2.6	2.7	2.4
15～24	…	13.4	17.2	18.0	17.1	19.6	17.8	32.2	31.6	31.4	30.5	32.4	33.7	35.1	33.4
25～34	…	26.3	35.0	34.9	35.5	37.9	31.5	52.0	50.4	46.2	43.1	46.6	49.2	50.3	48.9
35～44	…	31.8	43.3	45.5	46.3	45.5	36.7	60.7	56.8	51.7	48.2	53.0	51.8	51.8	51.4
45～54	…	30.2	39.8	46.6	50.9	56.4	42.4	67.3	61.5	55.5	50.8	57.5	57.2	57.0	52.6
55～64	…	23.1	32.9	36.6	35.8	44.0	38.8	55.5	51.3	49.2	45.9	50.2	46.5	45.6	44.2
65～74	…	21.1	27.1	32.4	35.5	38.7	35.6	45.7	44.4	47.2	43.5	50.7	47.6	46.1	45.8
75～	…	24.1	28.3	38.2	38.6	46.5	47.7	47.9	46.5	46.9	44.6	44.5	41.7	40.4	40.7
（再掲）															
65～	…	22.1	27.5	34.2	36.5	41.7	40.7	46.4	45.1	47.1	43.9	48.7	45.6	44.1	44.0

（自殺死亡率・男）

年齢階級	昭和35年 (1960)	40 ('65)	45 ('70)	50 ('75)	55 ('80)	60 ('85)	平成2年 ('90)	7 ('95)	8 ('96)	9 ('97)	10 ('98)	11 ('99)	12 (2000)	13 ('01)	14 ('02)
総　数	…	**28.4**	**39.7**	**44.0**	**45.4**	**52.9**	**43.9**	**72.9**	**70.0**	**66.4**	**62.6**	**69.6**	**70.6**	**71.7**	**69.3**
5～14歳	…	1.2	1.4	1.3	1.1	1.6	2.3	3.0	2.7	3.0	3.0	3.8	4.0	4.1	3.8
15～24	…	19.5	27.4	29.6	28.0	33.1	28.6	53.7	53.7	53.2	51.9	54.5	57.7	60.1	56.9
25～34	…	45.2	62.4	62.0	62.1	66.3	55.0	91.5	88.2	80.3	75.6	80.8	86.3	88.2	85.6
35～44	…	57.8	76.6	80.2	81.0	77.9	64.0	107.5	101.6	92.3	86.0	94.7	93.1	93.2	91.8
45～54	…	57.4	77.8	84.1	88.2	98.0	72.8	121.7	111.8	100.0	91.3	103.8	105.3	105.7	97.2
55～64	…	43.8	65.7	70.4	67.0	82.2	67.0	104.7	97.4	93.0	87.0	96.5	90.8	88.5	85.6
65～74	…	37.8	51.9	65.0	69.3	77.4	66.3	89.8	90.0	97.4	88.4	103.6	98.1	96.7	94.5
75～	…	43.4	53.8	72.1	73.3	100.1	98.8	93.9	95.9	97.1	88.0	86.1	84.4	83.2	80.0
（再掲）															
65～	…	39.6	52.5	67.0	70.5	84.6	77.7	90.8	91.4	97.3	88.3	99.6	94.8	93.3	90.5

（自殺死亡率・女）

年齢階級	昭和35年 (1960)	40 ('65)	45 ('70)	50 ('75)	55 ('80)	60 ('85)	平成2年 ('90)	7 ('95)	8 ('96)	9 ('97)	10 ('98)	11 ('99)	12 (2000)	13 ('01)	14 ('02)
総　数	…	**7.7**	**9.1**	**10.2**	**10.8**	**12.3**	**11.1**	**13.7**	**12.5**	**12.3**	**11.6**	**12.9**	**11.9**	**11.8**	**11.9**
5～14歳	…	0.2	0.4	0.3	0.3	0.4	0.5	0.7	0.7	0.7	0.7	1.0	1.1	1.3	1.0
15～24	…	7.2	6.7	6.0	5.9	5.7	6.6	9.8	8.7	9.0	8.6	9.9	9.1	9.4	9.2
25～34	…	7.7	8.3	8.0	8.8	8.9	7.5	11.4	11.2	10.7	9.3	10.8	10.6	11.2	11.0
35～44	…	11.3	12.8	12.7	13.7	14.2	10.0	15.0	13.1	12.1	11.4	12.5	11.6	11.7	12.3
45～54	…	14.0	16.3	18.8	18.8	19.8	15.6	18.4	16.2	15.3	14.1	15.9	14.2	13.7	13.0
55～64	…	11.7	15.1	18.4	18.6	19.5	17.9	17.9	16.4	16.2	15.2	15.9	14.0	14.3	14.2
65～74	…	12.7	15.7	17.4	20.0	22.7	22.6	23.0	20.5	20.4	19.2	21.6	19.4	17.6	18.2
75～	…	15.9	18.0	25.5	26.6	31.6	33.2	34.8	32.5	32.7	32.3	32.6	29.2	27.4	28.3
（再掲）															
65～	…	13.8	16.5	20.1	22.3	26.3	27.3	27.2	24.7	24.7	23.8	25.6	23.1	21.4	22.3

Ⅳ　参　考　表

Ⅳ　References

警察庁「自殺の概要」

警察庁のまとめた「自殺の概要」から一部を抜粋し、年次推移で紹介する。なお、警察庁のまとめた「自殺の概要」の自殺者数と厚生労働省のまとめた「人口動態統計」の自殺死亡数の差異は下記によるものである。

1　調査対象の差異

警察庁では、総人口(日本における外国人も含む。)を対象としているのに対し、厚生労働省は、日本における日本人を対象としている。

2　調査時点の差異

警察庁では、発見地を基に自殺死体発見時点(正確には認知)で計上しているのに対し、厚生労働省は、住所地を基に死亡時点で計上している。

3　事務手続き上(訂正報告)の差異

警察庁では、死体発見時に自殺、他殺あるいは事故死のいずれか不明のときには、検視調書または死体検分調書が作成されるのみであるが、その後の調査等により自殺と判明したときは、その時点で計上する。これに対し、厚生労働省は、自殺、他殺あるいは事故死のいずれか不明のときは自殺以外で処理しており、死亡診断書等について作成者から自殺の旨訂正報告がない場合は、自殺に計上していない。

“Overview of Suicide” by the National Police Agency

Trends in parts of “Overview of Suicide” formulated by the National Police Agency (NPA) are extracted as follows. The difference of numbers of suicide deaths between “Overview of Suicide” by NPA and “Demographic Statistics” by the Ministry of Health, Labour and Welfare (MHLW) is due to the following causes.

1 Subject

NPA covers total population (including foreigners in Japan), while MHLW covers only Japanese living in Japan.

2 Time of survey

NPA counts numbers based on the time of discovery of the corps (more precisely “recognition”), while MHLW does so based on the time of death and the living place.

3 Procedures (report of revision)

NPA writes only an autopsy report or corpse inspection report when it is unknown whether the death was caused by suicide, murder, or accident, and it is incorporated into suicide statistics later on if determined to be suicide. On the contrary, MHLW treat it as “other than suicide” when the cause of death is unknown, and it is not incorporated if no revision is reported by a person who made an original report such as a death certificate.

参考表（4－1）

平成８年

原因・動機	総数	0～9歳	10～14	15～19	20～29	30～39	40～49	50～59	60～64	65歳以上	不詳
総数	**23 104**	**–**	**67**	**425**	**2 457**	**2 501**	**4 147**	**5 013**	**2 211**	**6 033**	**250**
家庭問題	2 027	–	24	34	161	274	394	390	177	573	–
病苦等	8 777	–	2	42	387	468	1 031	1 816	1 071	3 957	3
経済生活問題	3 025	–	–	11	196	373	832	1 067	304	241	1
勤務問題	1 257	–	–	12	257	254	371	296	39	27	1
男女問題	506	–	1	31	223	112	89	33	9	8	–
学校問題	208	–	20	106	74	6	2	–	–	–	–
アルコール症	208	–	–	1	7	20	58	68	33	21	–
精神障害	4 059	–	–	91	735	676	905	770	317	564	1
その他	1 408	–	8	56	208	146	199	229	127	434	1
不詳	1 629	–	12	41	209	172	266	344	134	208	243
男	**15 393**	**–**	**40**	**289**	**1 723**	**1 801**	**3 100**	**3 656**	**1 520**	**3 048**	**216**
家庭問題	1 177	–	17	23	100	160	253	254	110	260	–
病苦等	5 237	–	1	28	246	301	730	1 221	706	2 001	3
経済生活問題	2 736	–	–	8	178	336	775	973	270	195	1
勤務問題	1 163	–	–	10	223	240	340	285	38	26	1
男女問題	314	–	–	18	130	71	60	21	8	6	–
学校問題	161	–	11	77	67	5	1	–	–	–	–
アルコール症	188	–	–	1	6	16	50	63	32	20	–
精神障害	2 120	–	–	44	449	419	502	368	142	196	–
その他	981	–	4	45	154	110	167	182	104	214	1
不詳	1 316	–	7	35	170	143	222	289	110	130	210
女	**7 711**	**–**	**27**	**136**	**734**	**700**	**1 047**	**1 357**	**691**	**2 985**	**34**
家庭問題	850	–	7	11	61	114	141	136	67	313	–
病苦等	3 540	–	1	14	141	167	301	595	365	1 956	–
経済生活問題	289	–	–	3	18	37	57	94	34	46	–
勤務問題	94	–	–	2	34	14	31	11	1	1	–
男女問題	192	–	1	13	93	41	29	12	1	2	–
学校問題	47	–	9	29	7	1	1	–	–	–	–
アルコール症	20	–	–	–	1	4	8	5	1	1	–
精神障害	1 939	–	–	47	286	257	403	402	175	368	1
その他	427	–	4	11	54	36	32	47	23	220	–
不詳	313	–	5	6	39	29	44	55	24	78	33

平成９年

原因・動機	総数	0～9歳	10～14	15～19	20～29	30～39	40～49	50～59	60～64	65歳以上	不詳
総数	**24 391**	**2**	**57**	**410**	**2 534**	**2 767**	**4 200**	**5 422**	**2 338**	**6 409**	**252**
家庭問題	2 104	2	14	48	170	250	418	404	185	613	–
病苦等	9 058	–	2	34	363	538	1 039	1 859	1 060	4 163	–
経済生活問題	3 556	–	–	9	216	428	971	1 232	403	297	–
勤務問題	1 230	–	–	14	235	260	318	325	47	31	–
男女問題	631	–	2	44	275	141	88	56	11	14	–
学校問題	203	–	16	101	83	2	1	–	–	–	–
アルコール症	249	–	–	–	9	32	57	83	31	37	–
精神障害	4 352	–	3	68	800	795	864	899	334	588	1
その他	1 395	–	8	56	165	125	199	236	136	467	3
不詳	1 613	–	12	36	218	196	245	328	131	199	248
男	**16 416**	**2**	**36**	**293**	**1 730**	**1 971**	**3 148**	**3 969**	**1 646**	**3 400**	**221**
家庭問題	1 252	2	10	33	107	155	269	257	115	304	–
病苦等	5 465	–	–	17	229	360	725	1 241	718	2 175	–
経済生活問題	3 203	–	–	8	182	390	882	1 138	354	249	–
勤務問題	1 154	–	–	13	209	241	305	314	44	28	–
男女問題	395	–	1	27	168	89	56	36	9	9	–
学校問題	165	–	11	82	72	–	–	–	–	–	–
アルコール症	225	–	–	–	6	26	51	77	29	36	–
精神障害	2 294	–	2	38	469	468	492	440	164	220	1
その他	963	–	5	49	114	84	165	189	102	252	3
不詳	1 300	–	7	26	174	158	203	277	111	127	217
女	**7 975**	**–**	**21**	**117**	**804**	**796**	**1 052**	**1 453**	**692**	**3 009**	**31**
家庭問題	852	–	4	15	63	95	149	147	70	309	–
病苦等	3 593	–	2	17	134	178	314	618	342	1 988	–
経済生活問題	353	–	–	1	34	38	89	94	49	48	–
勤務問題	76	–	–	1	26	19	13	11	3	3	–
男女問題	236	–	1	17	107	52	32	20	2	5	–
学校問題	38	–	5	19	11	2	1	–	–	–	–
アルコール症	24	–	–	–	3	6	6	6	2	1	–
精神障害	2 058	–	1	30	331	327	372	459	170	368	–
その他	432	–	3	7	51	41	34	47	34	215	–
不詳	313	–	5	10	44	38	42	51	20	72	31

資料：警察庁生活安全局地域課「自殺の概要」

因・動機別自殺者数の年次推移

参考表（４－２）

平成10年

原因・動機	総数	0～9歳	10～14	15～19	20～24	25～29	30～39	40～49	50～59	60～64	65歳以上	不詳
総数	**32 863**	**5**	**92**	**623**	**1 557**	**1 915**	**3 614**	**5 359**	**7 898**	**3 283**	**8 211**	**306**
家庭問題	2 924	1	25	64	86	163	351	497	653	257	825	2
病苦等	11 499	–	3	54	201	255	703	1 208	2 457	1 399	5 217	2
経済・生活問題	6 058	–	–	19	131	232	674	1 501	2 264	725	512	–
勤務問題	1 877	–	–	16	148	221	374	465	526	80	46	1
男女問題	796	–	2	65	179	190	165	103	59	17	16	–
学校問題	279	1	26	134	93	22	2	1	–	–	–	–
アルコール症・精神障害	5 270	–	4	101	412	570	891	1 009	1 092	407	784	–
その他	1 942	1	14	110	145	125	207	243	350	187	559	1
不詳	2 218	2	18	60	162	137	247	332	497	211	252	300
男	**23 013**	**2**	**63**	**424**	**1 106**	**1 312**	**2 634**	**4 187**	**6 103**	**2 379**	**4 535**	**268**
家庭問題	1 730	1	16	39	54	100	211	315	420	162	411	1
病苦等	7 085	–	2	39	132	152	445	875	1 706	931	2 801	2
経済・生活問題	5 569	–	–	15	119	209	636	1 395	2 103	661	431	–
勤務問題	1 740	–	–	13	123	191	347	442	505	74	44	1
男女問題	500	–	2	36	122	97	104	71	46	11	11	–
学校問題	212	–	21	93	76	20	2	–	–	–	–	–
アルコール症・精神障害	2 916	–	2	63	241	337	529	619	593	206	326	–
その他	1 401	–	5	83	111	93	156	193	287	145	327	1
不詳	1 860	1	15	43	128	113	204	277	443	189	184	263
女	**9 850**	**3**	**29**	**199**	**451**	**603**	**980**	**1 172**	**1 795**	**904**	**3 676**	**38**
家庭問題	1 194	–	9	25	32	63	140	182	233	95	414	1
病苦等	4 414	–	1	15	69	103	258	333	751	468	2 416	–
経済・生活問題	489	–	–	4	12	23	38	106	161	64	81	–
勤務問題	137	–	–	3	25	30	27	23	21	6	2	–
男女問題	296	–	–	29	57	93	61	32	13	6	5	–
学校問題	67	1	5	41	17	2	–	1	–	–	–	–
アルコール症・精神障害	2 354	–	2	38	171	233	362	390	499	201	458	–
その他	541	1	9	27	34	32	51	50	63	42	232	–
不詳	358	1	3	17	34	24	43	55	54	22	68	37

平成11年

原因・動機	総数	0～19歳	20～29	30～39	40～49	50～59	60歳以上	不詳
総数	**33 048**	**674**	**3 475**	**3 797**	**5 363**	**8 288**	**11 123**	**328**
遺書あり	9 207	191	847	982	1 587	2 614	2 970	16
家庭問題	818	21	74	100	151	194	278	–
病苦等	3 795	36	251	303	460	881	1 863	1
経済・生活問題	2 779	7	160	301	662	1 136	512	1
勤務問題	590	2	99	103	154	191	41	–
男女問題	287	32	111	71	41	25	7	–
学校問題	71	46	24	1	–	–	–	–
その他	632	27	91	81	88	130	213	2
不詳	235	20	37	22	31	57	56	12
遺書なし	23 841	483	2 628	2 815	3 776	5 674	8 153	312
男	**23 512**	**439**	**2 515**	**2 793**	**4 200**	**6 468**	**6 805**	**292**
遺書あり	6 850	120	609	738	1 297	2 141	1 933	12
家庭問題	491	9	47	60	96	122	157	–
病苦等	2 350	21	148	179	305	615	1 081	1
経済・生活問題	2 568	5	142	285	624	1 049	462	1
勤務問題	553	2	83	96	147	185	40	–
男女問題	179	17	70	41	28	17	6	–
学校問題	54	33	21	–	–	–	–	–
その他	477	19	72	61	73	106	145	1
不詳	178	14	26	16	24	47	42	9
遺書なし	16 662	319	1 906	2 055	2 903	4 327	4 872	280
女	**9 536**	**235**	**960**	**1 004**	**1 163**	**1 820**	**4 318**	**36**
遺書あり	2 357	71	238	244	290	473	1 037	4
家庭問題	327	12	27	40	55	72	121	–
病苦等	1 445	15	103	124	155	266	782	–
経済・生活問題	211	2	18	16	38	87	50	–
勤務問題	37	–	16	7	7	6	1	–
男女問題	108	15	41	30	13	8	1	–
学校問題	17	13	3	1	–	–	–	–
その他	155	8	19	20	15	24	68	1
不詳	57	6	11	6	7	10	14	3
遺書なし	7 179	164	722	760	873	1 347	3 281	32

資料：警察庁生活安全局地域課「自殺の概要」

参考表（４－３）

平成12年

原因・動機	総数	０～19歳	20～29	30～39	40～49	50～59	60歳以上	不詳
総数	**31 957**	**598**	**3 301**	**3 685**	**4 818**	**8 245**	**10 997**	**313**
遺書あり	9 682	145	870	1 051	1 528	2 874	3 199	15
家庭問題	916	19	68	125	153	235	315	1
病苦等	3 977	31	281	323	428	964	1 949	1
経済・生活問題	2 927	3	124	302	630	1 253	615	–
勤務問題	634	5	99	127	142	212	49	–
男女問題	301	23	132	64	44	27	11	–
学校問題	74	41	31	1	1	–	–	–
その他	594	15	90	69	96	115	209	–
不詳	259	8	45	40	34	68	51	13
遺書なし	22 275	453	2 431	2 634	3 290	5 371	7 798	298
男	**22 727**	**420**	**2 295**	**2 728**	**3 796**	**6 454**	**6 759**	**275**
遺書あり	7 217	103	594	833	1 259	2 342	2 075	11
家庭問題	602	10	44	84	127	166	170	1
病苦等	2 480	22	153	208	288	668	1 141	–
経済・生活問題	2 664	2	113	282	574	1 150	543	–
勤務問題	587	4	86	123	132	197	45	–
男女問題	185	16	73	44	30	13	9	–
学校問題	59	30	27	1	1	–	–	–
その他	430	11	67	57	78	91	126	–
不詳	210	8	31	34	29	57	41	10
遺書なし	15 510	317	1 701	1 895	2 537	4 112	4 684	264
女	**9 230**	**178**	**1 006**	**957**	**1 022**	**1 791**	**4 238**	**38**
遺書あり	2 465	42	276	218	269	532	1 124	4
家庭問題	314	9	24	41	26	69	145	–
病苦等	1 497	9	128	115	140	296	808	1
経済・生活問題	263	1	11	20	56	103	72	–
勤務問題	47	1	13	4	10	15	4	–
男女問題	116	7	59	20	14	14	2	–
学校問題	15	11	4	–	–	–	–	–
その他	164	4	23	12	18	24	83	–
不詳	49	–	14	6	5	11	10	3
遺書なし	6 765	136	730	739	753	1 259	3 114	34

平成13年

原因・動機	総数	０～19歳	20～29	30～39	40～49	50～59	60歳以上	不詳
総数	**31 042**	**586**	**3 095**	**3 622**	**4 643**	**7 883**	**10 891**	**322**
遺書あり	9 115	175	795	964	1 458	2 683	3 028	12
家庭問題	861	21	64	123	152	201	300	–
病苦等	3 658	43	265	264	384	889	1 812	1
経済・生活問題	2 872	10	139	282	631	1 198	611	1
勤務問題	602	5	90	128	153	190	36	–
男女問題	276	19	109	71	42	24	11	–
学校問題	73	45	23	3	–	–	2	–
その他	552	23	73	60	65	132	198	1
不詳	221	9	32	33	31	49	58	9
遺書なし	21 927	411	2 300	2 658	3 185	5 200	7 863	310
男	**22 144**	**387**	**2 145**	**2 673**	**3 646**	**6 136**	**6 888**	**269**
遺書あり	6 768	107	551	762	1 186	2 175	1 976	11
家庭問題	560	12	41	88	113	131	175	–
病苦等	2 224	21	156	155	241	601	1 049	1
経済・生活問題	2 620	6	125	267	579	1 105	537	1
勤務問題	553	3	74	120	143	179	34	–
男女問題	169	10	54	46	32	16	11	–
学校問題	56	32	20	3	–	–	1	–
その他	421	18	63	55	52	107	125	1
不詳	165	5	18	28	26	36	44	8
遺書なし	15 376	280	1 594	1 911	2 460	3 961	4 912	258
女	**8 898**	**199**	**950**	**949**	**997**	**1 747**	**4 003**	**53**
遺書あり	2 347	68	244	202	272	508	1 052	1
家庭問題	301	9	23	35	39	70	125	–
病苦等	1 434	22	109	109	143	288	763	–
経済・生活問題	252	4	14	15	52	93	74	–
勤務問題	49	2	16	8	10	11	2	–
男女問題	107	9	55	25	10	8	–	–
学校問題	17	13	3	–	–	–	1	–
その他	131	5	10	5	13	25	73	–
不詳	56	4	14	5	5	13	14	1
遺書なし	6 551	131	706	747	725	1 239	2 951	52

資料：警察庁生活安全局地域課「自殺の概要」

因・動機別自殺者数の年次推移

参考表（４－４）

平成14年

原因・動機	総　数	０～19歳	20～29	30～39	40～49	50～59	60歳以上	不　詳
総　　数	**32 143**	**502**	**3 018**	**3 935**	**4 813**	**8 462**	**11 119**	**294**
遺書あり	9 530	130	816	1 004	1 435	2 923	3 207	15
家庭問題	895	16	69	113	130	237	330	－
病苦等	3 682	35	262	290	362	868	1 863	2
経済・生活問題	3 297	2	159	339	695	1 402	697	3
勤務問題	555	7	70	96	140	194	48	－
男女問題	277	19	109	78	29	30	12	－
学校問題	50	24	26	－	－	－	－	－
その他	518	21	88	50	54	116	186	3
不詳	256	6	33	38	25	76	71	7
遺書なし	22 613	372	2 202	2 931	3 378	5 539	7 912	279
男	**23 080**	**328**	**2 122**	**2 836**	**3 839**	**6 660**	**7 048**	**247**
遺書あり	7 183	86	584	761	1 204	2 425	2 114	9
家庭問題	605	11	48	75	95	168	208	－
病苦等	2 242	20	148	170	239	599	1 065	1
経済・生活問題	3 017	2	141	316	657	1 289	611	1
勤務問題	513	6	60	87	134	182	44	－
男女問題	172	14	67	44	12	23	12	－
学校問題	36	15	21	－	－	－	－	－
その他	389	14	72	40	46	97	118	2
不詳	209	4	27	29	21	67	56	5
遺書なし	15 897	242	1 538	2 075	2 635	4 235	4 934	238
女	**9 063**	**174**	**896**	**1 099**	**974**	**1 802**	**4 071**	**47**
遺書あり	2 347	44	232	243	231	498	1 093	6
家庭問題	290	5	21	38	35	69	122	－
病苦等	1 440	15	114	120	123	269	798	1
経済・生活問題	280	－	18	23	38	113	86	2
勤務問題	42	1	10	9	6	12	4	－
男女問題	105	5	42	34	17	7	－	－
学校問題	14	9	5	－	－	－	－	－
その他	129	7	16	10	8	19	68	1
不詳	47	2	6	9	4	9	15	2
遺書なし	6 716	130	664	856	743	1 304	2 978	41

平成15年

原因・動機	総　数	０～19歳	20～29	30～39	40～49	50～59	60歳以上	不　詳
総　　数	**34 427**	**613**	**3 353**	**4 603**	**5 419**	**8 614**	**11 529**	**296**
遺書あり	10 387	157	886	1 284	1 738	2 976	3 334	12
家庭問題	971	14	66	137	182	225	346	1
病苦等	3 890	35	259	372	408	908	1 908	－
経済・生活問題	3 654	7	174	433	847	1 421	772	－
勤務問題	616	－	88	139	144	196	49	－
男女問題	287	27	113	75	36	32	4	－
学校問題	63	39	22	1	1	－	－	－
その他	607	21	108	80	82	128	187	1
不詳	299	14	56	47	38	66	68	10
遺書なし	24 040	456	2 467	3 319	3 681	5 638	8 195	284
男	**24 963**	**365**	**2 357**	**3 373**	**4 388**	**6 899**	**7 312**	**269**
遺書あり	7 806	90	631	996	1 458	2 437	2 187	7
家庭問題	649	8	48	95	142	160	196	－
病苦等	2 369	16	141	220	276	606	1 110	－
経済・生活問題	3 309	6	165	401	779	1 300	658	－
勤務問題	569	－	71	129	139	184	46	－
男女問題	171	10	64	48	18	27	4	－
学校問題	49	29	18	1	1	－	－	－
その他	460	13	81	66	71	104	125	－
不詳	230	8	43	36	32	56	48	7
遺書なし	17 157	275	1 726	2 377	2 930	4 462	5 125	262
女	**9 464**	**248**	**996**	**1 230**	**1 031**	**1 715**	**4 217**	**27**
遺書あり	2 581	67	255	288	280	539	1 147	5
家庭問題	322	6	18	42	40	65	150	1
病苦等	1 521	19	118	152	132	302	798	－
経済・生活問題	345	1	9	32	68	121	114	－
勤務問題	47	－	17	10	5	12	3	－
男女問題	116	17	49	27	18	5	－	－
学校問題	14	10	4	－	－	－	－	－
その他	147	8	27	14	11	24	62	1
不詳	69	6	13	11	6	10	20	3
遺書なし	6 883	181	741	942	751	1 176	3 070	22

資料：警察庁生活安全局地域課「自殺の概要」

算出に用いた人口

The population used for calculations

表1　年　次　・

年	次	総　数	男	女
1899	明治32年	43 404 000	21 836 000	21 568 000
1900	33	43 847 000	22 051 000	21 796 000
01	34	44 359 000	22 298 000	22 061 000
02	35	44 964 000	22 606 000	22 358 000
03	36	45 546 000	22 901 000	22 645 000
04	37	46 135 000	23 195 000	22 940 000
05	38	46 620 000	23 421 000	23 199 000
06	39	47 038 000	23 599 000	23 439 000
07	40	47 416 000	23 786 000	23 630 000
08	41	47 965 000	24 041 000	23 924 000
09	42	48 554 000	24 326 000	24 228 000
10	43	49 184 000	24 650 000	24 534 000
11	44	49 852 000	24 993 000	24 859 000
12	大正元年	50 577 000	25 365 000	25 212 000
13	2	51 305 000	25 737 000	25 568 000
14	3	52 039 000	26 105 000	25 934 000
15	4	52 752 000	26 465 000	26 287 000
16	5	53 496 000	26 841 000	26 655 000
17	6	54 134 000	27 158 000	26 976 000
18	7	54 739 000	27 453 000	27 286 000
19	8	55 033 000	27 602 000	27 431 000
20	9 *	55 963 053	28 044 185	27 918 868
21	10	56 665 900	28 411 700	28 254 200
22	11	57 390 100	28 799 700	28 590 300
23	12	58 119 200	29 176 900	28 942 300
24	13	58 875 600	29 568 700	29 306 900
25	14*	59 736 822	30 013 109	29 723 713
26	昭和元年	60 740 900	30 521 300	30 219 600
27	2	61 659 300	30 981 500	30 677 800
28	3	62 595 300	31 449 100	31 146 100
29	4	63 460 600	31 890 600	31 570 000
30	5 *	64 450 055	32 390 155	32 059 850
31	6	65 457 500	32 898 500	32 559 000
32	7	66 433 800	33 354 600	33 079 200
33	8	67 431 600	33 844 500	33 587 000
34	9	68 308 900	34 293 800	34 015 100
35	10*	69 254 148	34 734 133	34 520 015
36	11	70 113 600	35 102 800	35 010 800
37	12	70 630 400	35 127 900	35 502 500
38	13	71 012 600	35 124 900	35 887 700
39	14	71 379 700	35 225 600	36 154 100
40	15	71 933 000	35 387 400	36 545 600
41	16	71 680 200	34 706 000	36 974 200
42	17	72 384 500	34 873 400	37 511 100
43	18	72 883 100	34 766 800	38 116 400
44	19	73 064 300	34 625 000	39 439 400
45	20	71 998 100	33 894 100	38 104 000
46	21	73 114 100	34 904 600	38 209 500
47	22*	78 101 473	38 129 399	39 972 074
48	23	80 002 500	39 129 900	40 872 500
49	24	81 772 600	40 062 700	41 709 900

備　考

(地域の範囲)

イ）明治32年～昭和19年：樺太を除く旧内地（北海道、本州、四国、九州、及び沖縄）

ロ）昭和20年以降：前述の地域のうち、北海道の一部、東京都の一部、九州の一部及び沖縄を除く地域。
なお、後年、我が国に復帰した地域は、その都度以下により地域の範囲を加えた。

〔地　域〕	〔復帰年月日〕	〔範囲に加えた年〕
鹿児島県大島郡十島村	昭和26年12月５日	昭和27年
〃　奄美群島	昭和28年12月25日	昭和29年
東京都 小笠原諸島	昭和43年６月26日	昭和43年
沖　縄　県	昭和47年５月15日	昭和48年

(人的範囲)

イ）明治32年～大正８年：内地人

ロ）大正９年～昭和41年（昭和19年～21年を除く）：前述の地域にある外国人を含む総人口
「昭和19年、20年」：陸海軍の部隊及び艦船にあるもの及び外国人を含んでない。
「昭和21年」：外国人及び外国人の世帯のあるものを含んでいない。
「昭和22年以降」：外国軍隊・外国政府の公館員及びその家族を含んでいない。

ハ）昭和42年以降：日本人人口

(調査の時期)

イ）明治32年～大正８年：１月１日現在

ロ）大正９年以降（昭和19年～21年を除く）：10月１日現在
「昭和19年」：２月22日現在
「昭和20年」：11月１日現在
「昭和21年」：４月26日現在

性　別　人　口

年	次	総　数	男	女
1950	昭和25年*	83 199 637	40 811 760	42 387 877
51	26	84 573 000	41 494 000	73 079 000
52	27	85 852 000	42 148 000	43 704 000
53	28	87 033 000	42 749 000	44 284 000
54	29	88 293 000	43 379 000	44 914 000
55	30*	89 275 529	43 860 718	45 414 811
56	31	90 259 000	44 355 000	45 903 000
57	32	91 088 000	44 771 000	46 317 000
58	33	92 010 000	45 230 000	46 781 000
59	34	92 971 000	45 707 000	47 264 000
60	35*	93 418 501	45 877 602	47 540 899
61	36	94 285 000	46 304 000	47 981 000
62	37	95 178 000	46 744 000	48 434 000
63	38	96 156 000	47 230 000	48 925 000
64	39	97 186 000	47 744 000	49 443 000
65	40*	98 274 961	48 244 445	50 030 516
66	41	99 056 000	48 628 000	50 429 000
67	42	99 637 000	48 899 000	50 738 000
68	43	100 794 000	49 480 000	51 315 000
69	44	102 022 000	50 103 000	51 919 000
70	45*	103 119 447	50 600 539	52 518 908
71	46	104 345 000	51 225 000	53 120 000
72	47	105 742 000	51 848 000	53 894 000
73	48	108 079 000	53 001 000	55 078 000
74	49	109 410 000	53 678 000	55 732 000
75	50*	111 251 507	54 724 867	56 526 640
76	51	112 420 000	55 334 000	57 086 000
77	52	113 499 000	55 860 000	57 639 000
78	53	114 511 000	56 362 000	58 149 000
79	54	115 465 000	56 837 000	58 628 000
80	55*	116 320 358	57 201 287	59 119 071
81	56	117 204 000	57 654 000	59 551 000
82	57	118 008 000	58 053 000	59 955 000
83	58	118 786 000	58 435 000	60 352 000
84	59	119 523 000	58 793 000	60 730 000
85	60*	120 265 700	59 044 000	61 221 700
86	61	120 946 000	59 438 000	61 508 000
87	62	121 535 000	59 723 000	61 811 000
88	63	122 026 000	59 964 000	62 062 000
89	平成元年	122 460 000	60 171 000	62 289 000
90	2*	122 721 397	60 248 969	62 472 428
91	3	123 102 000	60 425 000	62 677 000
92	4	123 476 000	60 597 000	62 879 000
93	5	123 788 000	60 730 000	63 057 000
94	6	124 069 000	60 839 000	63 230 000
95	7*	124 298 947	60 919 153	63 379 794
96	8	124 709 000	61 115 000	63 594 000
97	9	124 963 000	61 210 000	63 753 000
98	10	125 252 000	61 311 000	63 941 000
99	11	125 432 000	61 358 000	64 074 000
2000	12*	125 612 633	61 488 005	64 124 628
01	13	125 908 000	61 595 000	64 313 000
02	14	126 008 000	61 591 000	64 417 000
03	15	126 139 000	61 620 000	64 520 000

備　　考

（資　　料）

イ）明治32年～大正８年：大正９年国勢調査結果より、出生、死亡、就籍、除籍を加除して推計（内閣統計局による）
「昭和25年国勢調査報告第８巻」（昭和30年３月刊）
－総理府統計局

ロ）＊印：国勢調査結果
「昭和15年」：国勢調査による銃後人口に内地にある軍人・軍属の推計数を加えたもの
「昭和19年～21年」：人口調査
「昭和22年～58年」：総理府統計局推計
「昭和59年～平成11年」：総務庁統計局推計
「平成13年以降」：総務省統計局推計
「昭和24年以前」：「大正９年～昭和15年及び昭和22年～昭和25年年齢別人口」（昭和31年３月刊）
「大正９年～昭和25年都道府県人口」（昭和32年３月刊）
（100の位未満四捨五入）
「昭和26年～48年」：各年次における「全国年齢別人口の推計」「都道府県別人口の推計」（1000の位未満四捨五入）
「昭和49年以降」：各年次における「10月１日現在推計人口」（1000の位未満四捨五入）

なお、昭和31年、32年については昭和34年７月発表の改訂値。昭和33年は昭和35年６月発表の改訂値。

他の年次については、その後改訂値が公表された場合でもこれを用いていない。

昭和45年、50年、55年、60年、平成２年、７年、12年（按分済み人口）については、国勢調査の確定数、60年は「昭和60年国勢調査抽出速報集計結果」（昭和61年５月刊）－総務庁統計局（昭和45年～55年は総理府統計局）

45年、50年、55年の各年報ではそれぞれ１％抽出集計結果を用いたので、各報告書と数字が異なる。

年齢階級	1920 大正９年＊	1925 14＊	1930 昭和５年＊	1935 10＊	1940 15	1950 25＊	1955 30＊	1960 35＊	1965 40＊	1970 45＊	1975 50＊
											総
総　数	**55 963 053**	**59 736 822**	**64 450 005**	**69 254 148**	**71 933 000**	**83 199 637**	**89 275 529**	**93 418 501**	**98 274 961**	**103 119 447**	**111 251 507**
０～４歳	7 457 715	8 264 583	9 011 135	9 328 501	9 135 000	11 205 457	9 247 741	7 844 433	8 133 483	8 746 089	9 934 745
５～９	6 856 920	6 924 432	7 767 085	8 531 419	8 838 200	9 522 665	11 042 592	9 204 635	7 849 292	8 100 003	8 877 006
10～14	6 101 567	6 735 030	6 801 045	7 685 247	8 409 500	8 699 917	9 507 817	11 017 538	9 183 407	7 799 284	8 223 394
15～19	5 419 057	5 885 277	6 539 604	6 640 917	7 363 600	8 567 668	8 625 519	9 308 538	10 851 888	8 998 395	7 891 996
20～24	4 609 310	5 060 527	5 531 506	6 071 071	5 346 100	7 725 542	8 403 243	8 318 450	9 068 689	10 594 925	9 007 448
25～29	3 923 949	4 393 471	4 835 634	5 240 083	5 396 100	6 185 120	7 604 328	8 209 360	8 363 829	9 037 118	10 730 221
30～34	3 609 450	3 716 087	4 213 665	4 632 637	4 885 900	5 202 237	6 116 932	7 517 805	8 257 330	8 327 691	9 193 706
35～39	3 410 738	3 449 377	3 584 833	4 045 846	4 403 600	5 048 073	5 115 126	6 038 030	7 498 539	8 170 903	8 378 792
40～44	3 243 764	3 221 765	3 286 478	3 406 011	3 826 100	4 482 980	4 945 330	5 019 130	5 961 402	7 305 820	8 189 237
45～49	2 658 567	3 055 149	3 046 263	3 112 834	3 202 800	4 004 549	4 367 173	4 816 559	4 921 811	5 839 717	7 329 028
50～54	2 234 762	2 450 903	2 830 694	2 832 875	2 885 100	3 388 668	3 849 490	4 201 390	4 657 998	4 776 975	5 747 161
55～59	1 840 093	1 990 817	2 216 103	2 571 137	2 559 200	2 749 029	3 205 514	3 641 207	4 002 009	4 401 704	4 648 187
60～64	1 655 805	1 568 341	1 722 085	1 930 611	2 227 600	2 303 895	2 496 593	2 931 617	3 344 459	3 709 919	4 263 359
65～69	1 312 537	1 294 340	1 255 830	1 387 092	1 555 300	1 770 715	1 967 019	2 160 402	2 562 311	2 973 692	3 435 492
70～74	896 618	919 180	926 601	913 423	994 800	1 281 608	1 392 662	1 563 804	1 744 561	2 127 751	2 567 573
75～79	482 012	523 014	551 718	561 804	546 500	685 653	875 701	954 678	1 095 914	1 265 890	1 636 768
80～84	174 183	215 834	245 461	263 979	254 100	275 783	377 787	482 925	528 116	648 477	807 299
85～	76 006	68 695	84 265	98 661	103 100	95 408	134 122	188 000	249 923	295 094	390 095
（再掲）											
65歳～	2 941 356	3 021 063	3 063 875	3 224 959	3 453 900	4 109 167	4 747 291	5 349 809	6 180 825	7 310 904	8 837 227
80歳～	250 189	284 529	329 726	362 640	357 200	95 408	134 122	188 000	249 923	295 094	390 095
											男
総　数	**28 044 185**	**30 013 109**	**32 390 155**	**34 734 133**	**35 387 400**	**40 811 760**	**43 860 718**	**45 877 602**	**48 244 445**	**50 600 539**	**54 724 867**
０～４歳	3 752 627	4 160 479	4 543 442	4 714 001	4 623 400	5 718 490	4 726 330	4 012 563	4 149 581	4 482 505	5 093 653
５～９	3 467 156	3 491 171	3 914 786	4 303 263	4 466 000	4 825 426	5 636 491	4 702 331	3 995 011	4 140 644	4 552 267
10～14	3 089 225	3 410 991	3 436 560	3 876 774	4 243 700	4 400 387	4 815 800	5 620 477	4 670 170	3 976 006	4 207 013
15～19	2 749 022	2 988 370	3 318 663	3 350 713	3 670 700	4 317 567	4 341 369	4 677 763	5 478 341	4 538 341	4 011 716
20～24	2 316 479	2 574 799	2 815 406	3 036 783	2 299 600	3 835 815	4 196 415	4 125 266	4 496 297	5 279 558	4 531 815
25～29	2 008 005	2 256 502	2 480 757	2 670 248	2 579 300	2 821 898	3 775 382	4 094 656	4 157 028	4 490 569	5 392 687
30～34	1 833 443	1 920 177	2 175 040	2 379 492	2 445 100	2 360 240	2 797 239	3 746 898	4 147 254	4 158 837	4 597 513
35～39	1 707 771	1 768 538	1 856 905	2 093 446	2 240 900	2 376 105	2 319 498	2 763 208	3 747 509	4 102 995	4 190 146
40～44	1 640 254	1 624 224	1 687 934	1 767 627	1 968 500	2 198 955	2 324 750	2 274 344	2 729 666	3 647 406	4 107 047
45～49	1 340 404	1 539 488	1 525 157	1 591 179	1 645 000	2 018 848	2 135 515	2 256 804	2 224 594	2 656 868	3 638 962
50～54	1 122 240	1 223 831	1 410 576	1 404 376	1 454 300	1 719 275	1 929 249	2 040 674	2 172 903	2 139 891	2 597 119
55～59	912 085	981 235	1 085 866	1 255 092	1 240 200	1 378 661	1 607 703	1 802 182	1 930 469	2 028 700	2 057 581
60～64	803 033	754 000	820 315	916 820	1 049 200	1 109 567	1 226 793	1 437 574	1 625 089	1 746 039	1 924 318
65～69	614 479	601 475	577 193	630 008	702 600	795 919	919 056	1 026 993	1 218 867	1 393 260	1 563 671
70～74	399 540	403 555	403 984	394 223	421 000	540 291	593 776	693 566	788 994	958 330	1 143 548
75～79	198 253	213 632	222 451	224 829	216 000	267 690	342 059	376 706	451 871	530 763	686 223
80～84	65 473	79 096	89 183	95 043	90 600	95 589	133 192	169 144	186 946	240 917	307 179
85～	24 696	21 546	25 937	30 216	31 000	28 757	39 681	56 453	73 855	88 910	122 409
（再掲）											
65歳～	1 302 441	1 319 304	1 318 748	1 374 319	1 464 300	1 728 246	2 027 764	2 322 862	2 720 533	3 212 180	3 823 030
80歳～	90 169	100 642	115 120	125 259	121 600	124 346	172 873	225 597	260 801	329 827	429 588
											女
総　数	**27 918 868**	**29 723 713**	**32 059 850**	**34 520 015**	**36 545 600**	**42 387 877**	**45 414 811**	**47 540 899**	**50 030 516**	**52 518 908**	**56 526 640**
０～４歳	3 705 088	4 104 104	4 467 693	4 614 500	4 511 600	5 486 967	4 521 411	3 831 870	3 983 902	4 263 584	4 841 092
５～９	3 389 764	3 433 261	3 852 299	4 228 156	4 372 200	4 697 239	5 406 101	4 502 304	3 854 281	3 959 359	4 324 739
10～14	3 012 342	3 324 039	3 364 485	3 808 473	4 165 800	4 299 530	4 692 017	5 397 061	4 513 237	3 823 278	4 016 381
15～19	2 670 035	2 896 907	3 220 941	3 290 204	3 692 900	4 250 101	4 284 150	4 630 775	5 373 547	4 460 054	3 880 280
20～24	2 292 831	2 485 728	2 716 100	3 034 288	3 046 500	3 889 727	4 206 828	4 193 184	4 572 392	5 315 367	4 475 633
25～29	1 915 944	2 136 969	2 354 877	2 569 835	2 816 800	3 363 222	3 828 946	4 114 704	4 206 801	4 546 549	5 337 534
30～34	1 776 007	1 795 910	2 038 625	2 253 145	2 440 800	2 841 997	3 319 693	3 770 907	4 110 076	4 168 854	4 596 193
35～39	1 702 967	1 680 839	1 727 928	1 952 400	2 162 700	2 671 968	2 795 628	3 274 822	3 751 030	4 067 908	4 188 646
40～44	1 603 510	1 597 541	1 598 544	1 638 384	1 857 600	2 284 025	2 620 580	2 744 786	3 231 736	3 658 414	4 082 190
45～49	1 318 163	1 515 661	1 521 106	1 521 655	1 557 800	1 985 701	2 231 658	2 559 755	2 697 217	3 182 849	3 690 066
50～54	1 112 522	1 227 072	1 420 118	1 428 499	1 430 800	1 669 393	1 920 241	2 160 716	2 485 095	2 637 084	3 150 042
55～59	928 008	1 009 582	1 130 237	1 316 045	1 319 000	1 370 368	1 597 811	1 839 025	2 071 540	2 373 004	2 590 606
60～64	852 772	814 341	901 770	1 013 791	1 178 400	1 194 328	1 269 800	1 494 043	1 719 370	1 963 880	2 339 041
65～69	698 058	692 865	678 637	757 084	852 700	974 796	1 047 963	1 133 409	1 343 444	1 580 432	1 871 82[illegible]
70～74	497 078	515 625	522 617	519 200	573 800	741 317	798 886	870 238	955 567	1 169 421	1 424 02[illegible]
75～79	283 759	309 382	329 267	336 975	330 500	417 963	533 642	577 972	644 043	735 127	950 54[illegible]
80～84	108 710	136 738	156 278	168 936	163 500	180 194	244 595	313 781	341 170	407 560	500 12[illegible]
85～	51 310	47 149	58 328	68 445	72 100	66 651	94 441	131 547	176 068	206 184	267 68[illegible]
（再掲）											
65歳～	1 638 915	1 701 759	1 745 127	1 850 640	1 992 600	2 380 921	2 719 527	3 026 947	3 460 292	4 098 724	5 014 19[illegible]
80歳～	160 020	183 887	214 606	237 381	235 600	246 845	339 036	445 328	517 238	613 744	767 80[illegible]

注：１）各年次の人口は10月１日現在。＊印は国勢調査人口。
　　２）昭和40年までは総人口（日本に存在する外国人を含む）、45年以降は日本人人口である。
　　３）昭和25年は4 670（男2 280・女2 390）、30年は840（男420・女420）の年齢不詳を含む。

齢（5歳階級）別人口

1980 昭和55年*	1985 60*	1990 平成2年*	1995 7*	1996 8	1997 9	1998 10	1999 11	2000 12*	2001 13	2002 14	2003 15	年齢階級
数												
116 320 358	**120 265 700**	**122 721 397**	**124 298 947**	**124 709 000**	**124 963 000**	**125 252 000**	**125 432 000**	**125 612 633**	**125 908 000**	**126 008 000**	**126 139 000**	**総　数**
8 458 080	7 456 400	6 469 790	5 949 623	5 925 000	5 903 000	5 913 000	5 891 000	5 859 973	5 844 000	5 818 000	5 744 000	0～4歳
9 966 787	8 492 500	7 436 656	6 493 110	6 330 000	6 187 000	6 059 000	5 986 000	5 984 829	5 952 000	5 934 000	5 936 000	5～9
8 900 365	9 972 000	8 495 909	7 424 703	7 285 000	7 125 000	6 933 000	6 713 000	6 507 152	6 332 000	6 196 000	6 073 000	10～14
8 215 420	8 917 600	9 967 712	8 491 929	8 181 000	7 941 000	7 743 000	7 591 000	7 433 115	7 276 000	7 118 000	6 919 000	15～19
7 783 812	8 177 400	8 721 441	9 765 295	9 691 000	9 459 000	9 138 000	8 768 000	8 300 297	8 040 000	7 829 000	7 653 000	20～24
8 976 957	7 753 200	7 976 511	8 614 403	9 135 000	9 312 000	9 543 000	9 708 000	9 626 221	9 512 000	9 237 000	8 906 000	25～29
10 708 629	9 034 200	7 713 009	7 968 686	7 845 000	8 093 000	8 296 000	8 492 000	8 608 881	9 131 000	9 293 000	9 502 000	30～34
9 151 151	10 676 700	8 945 897	7 709 028	7 650 000	7 683 000	7 729 000	7 768 000	7 978 061	7 852 000	8 100 000	8 302 000	35～39
8 296 039	9 047 700	10 617 643	8 916 937	8 506 000	8 121 000	7 883 000	7 794 000	7 706 162	7 643 000	7 679 000	7 731 000	40～44
8 057 805	8 193 300	8 989 654	10 544 944	11 115 000	10 711 000	10 104 000	9 364 000	8 845 461	8 437 000	8 060 000	7 835 000	45～49
7 170 337	7 869 200	8 068 623	8 867 530	8 434 000	8 788 000	9 308 000	9 794 000	10 391 001	10 946 000	10 535 000	9 938 000	50～54
5 582 330	6 965 100	7 713 773	7 912 482	8 074 000	8 283 000	8 488 000	8 852 000	8 698 453	8 275 000	8 604 000	9 114 000	55～59
4 442 551	5 359 200	6 735 670	7 445 934	7 586 000	7 667 000	7 679 000	7 597 000	7 711 606	7 879 000	8 061 000	8 262 000	60～64
3 947 606	4 165 300	5 090 871	6 373 007	6 532 000	6 689 000	6 834 000	6 928 000	7 091 585	7 249 000	7 345 000	7 374 000	65～69
3 012 121	3 532 300	3 809 840	4 674 557	4 973 000	5 242 000	5 497 000	5 718 000	5 889 998	6 040 000	6 191 000	6 338 000	70～74
2 030 820	2 434 500	3 014 473	3 276 736	3 370 000	3 507 000	3 676 000	3 911 000	4 139 567	4 414 000	4 656 000	4 881 000	75～79
1 091 136	1 446 900	1 831 720	2 293 864	2 373 000	2 418 000	2 462 000	2 460 000	2 609 499	2 711 000	2 845 000	3 009 000	80～84
528 412	772 000	1 122 205	1 576 179	1 701 000	1 833 000	1 970 000	2 099 000	2 230 772	2 374 000	2 508 000	2 623 000	85～
												(再掲)
10 610 095	12 350 900	14 869 109	18 194 343	18 950 000	19 690 000	20 438 000	21 115 000	21 961 421	22 788 000	23 544 000	24 224 000	65歳～
528 412	772 000	1 122 205	1 576 179	1 701 000	1 833 000	1 969 000	2 099 000	2 230 772	2 374 000	2 508 000	2 622 000	80歳～
57 201 287	**59 105 872**	**60 248 969**	**60 919 153**	**61 115 000**	**61 210 000**	**61 311 000**	**61 358 000**	**61 488 005**	**61 595 000**	**61 591 000**	**61 620 000**	**総　数**
4 336 838	3 792 227	3 317 367	3 046 659	3 036 000	3 024 000	3 031 000	3 020 000	3 001 629	2 995 000	2 984 000	2 947 000	0～4歳
5 109 227	4 344 677	3 810 008	3 325 548	3 242 000	3 170 000	3 104 000	3 066 000	3 066 297	3 050 000	3 039 000	3 039 000	5～9
4 564 462	5 115 079	4 358 230	3 799 992	3 730 000	3 648 000	3 551 000	3 439 000	3 334 963	3 245 000	3 176 000	3 112 000	10～14
4 194 921	4 570 951	5 107 977	4 352 058	4 195 000	4 072 000	3 969 000	3 889 000	3 808 608	3 730 000	3 650 000	3 551 000	15～19
3 932 017	4 133 561	4 437 613	4 979 898	4 952 000	4 839 000	4 680 000	4 494 000	4 254 807	4 126 000	4 021 000	3 932 000	20～24
4 513 252	3 914 705	4 035 709	4 369 726	4 637 000	4 731 000	4 851 000	4 944 000	4 894 452	4 836 000	4 699 000	4 539 000	25～29
5 388 380	4 523 801	3 891 907	4 034 652	3 973 000	4 099 000	4 200 000	4 298 000	4 365 637	4 630 000	4 707 000	4 810 000	30～34
4 568 728	5 365 107	4 499 773	3 889 083	3 862 000	3 880 000	3 904 000	3 922 000	4 035 168	3 970 000	4 090 000	4 190 000	35～39
4 137 879	4 526 633	5 333 198	4 482 072	4 277 000	4 085 000	3 964 000	3 918 000	3 882 767	3 852 000	3 866 000	3 893 000	40～44
4 016 696	4 071 950	4 471 972	5 289 590	5 575 000	5 367 000	5 059 000	4 685 000	4 436 003	4 233 000	4 043 000	3 932 000	45～49
3 531 231	3 910 930	3 990 975	4 393 729	4 182 000	4 366 000	4 630 000	4 878 000	5 186 499	5 461 000	5 250 000	4 951 000	50～54
2 494 018	3 395 073	3 781 532	3 885 871	3 968 000	4 071 000	4 171 000	4 346 000	4 274 659	4 066 000	4 236 000	4 495 000	55～59
1 932 902	2 364 657	3 234 444	3 597 767	3 668 000	3 708 000	3 713 000	3 674 000	3 739 992	3 821 000	3 911 000	4 009 000	60～64
1 734 457	1 770 154	2 189 318	2 987 287	3 075 000	3 154 000	3 221 000	3 266 000	3 352 690	3 432 000	3 480 000	3 496 000	65～69
1 312 106	1 496 528	1 556 586	1 931 305	2 109 000	2 279 000	2 441 000	2 565 000	2 666 691	2 745 000	2 819 000	2 889 000	70～74
845 842	1 013 672	1 196 534	1 254 390	1 276 000	1 315 000	1 376 000	1 484 000	1 621 115	1 776 000	1 921 000	2 054 000	75～79
416 672	540 707	678 463	821 596	848 000	860 000	870 000	862 000	913 181	939 000	978 000	1 034 000	80～84
171 659	255 460	357 363	477 930	509 000	542 000	577 000	608 000	652 847	689 000	722 000	747 000	85～
												(再掲)
4 480 736	5 076 521	5 978 264	7 472 508	7 817 000	8 150 000	8 485 000	8 784 000	9 206 524	9 581 000	9 920 000	10 220 000	65歳～
588 331	796 167	1 035 826	1 299 526	1 357 000	1 402 000	1 447 000	1 470 000	1 566 028	1 628 000	1 700 000	1 780 000	80歳～
59 119 071	**61 181 612**	**62 472 428**	**63 379 794**	**63 594 000**	**63 753 000**	**63 941 000**	**64 074 000**	**64 124 628**	**64 313 000**	**64 417 000**	**64 520 000**	**総　数**
4 121 242	3 615 277	3 152 423	2 902 964	2 889 000	2 879 000	2 883 000	2 871 000	2 858 344	2 849 000	2 834 000	2 797 000	0～4歳
4 857 560	4 131 456	3 626 648	3 167 562	3 088 000	3 017 000	2 955 000	2 919 000	2 918 532	2 902 000	2 896 000	2 897 000	5～9
4 335 903	4 864 574	4 137 679	3 624 711	3 555 000	3 477 000	3 382 000	3 274 000	3 172 189	3 088 000	3 021 000	2 961 000	10～14
4 020 499	4 350 620	4 859 735	4 139 871	3 986 000	3 869 000	3 774 000	3 701 000	3 624 507	3 546 000	3 467 000	3 368 000	15～19
3 851 795	3 999 703	4 283 828	4 785 397	4 739 000	4 620 000	4 457 000	4 273 000	4 045 490	3 914 000	3 807 000	3 721 000	20～24
4 463 705	3 839 715	3 940 802	4 244 677	4 498 000	4 581 000	4 692 000	4 765 000	4 731 769	4 676 000	4 538 000	4 367 000	25～29
5 320 249	4 461 364	3 821 102	3 934 034	3 872 000	3 994 000	4 095 000	4 194 000	4 243 244	4 502 000	4 586 000	4 692 000	30～34
4 582 423	5 309 439	4 446 124	3 819 945	3 788 000	3 803 000	3 825 000	3 845 000	3 942 893	3 882 000	4 010 000	4 111 000	35～39
4 158 160	4 558 947	5 284 445	4 434 865	4 229 000	4 036 000	3 918 000	3 876 000	3 823 395	3 791 000	3 813 000	3 838 000	40～44
4 041 109	4 124 682	4 517 682	5 255 354	5 541 000	5 344 000	5 046 000	4 680 000	4 409 458	4 205 000	4 017 000	3 903 000	45～49
3 639 106	3 990 955	4 077 648	4 473 801	4 252 000	4 422 000	4 678 000	4 915 000	5 204 502	5 485 000	5 285 000	4 988 000	50～54
3 088 312	3 577 156	3 932 241	4 026 611	4 107 000	4 212 000	4 317 000	4 506 000	4 423 794	4 210 000	4 368 000	4 619 000	55～59
2 509 649	3 012 759	3 501 226	3 848 167	3 918 000	3 960 000	3 965 000	3 923 000	3 971 614	4 058 000	4 150 000	4 254 000	60～64
2 213 149	2 403 561	2 901 553	3 385 720	3 458 000	3 536 000	3 612 000	3 662 000	3 738 895	3 817 000	3 865 000	3 878 000	65～69
1 700 015	2 052 900	2 253 254	2 743 252	2 864 000	2 962 000	3 056 000	3 153 000	3 223 307	3 294 000	3 371 000	3 449 000	70～74
1 184 978	1 471 661	1 817 939	2 022 346	2 095 000	2 192 000	2 300 000	2 427 000	2 518 452	2 638 000	2 735 000	2 826 000	75～79
674 464	888 616	1 153 257	1 472 268	1 526 000	1 558 000	1 592 000	1 598 000	1 696 318	1 772 000	1 867 000	1 975 000	80～84
356 753	528 227	764 842	1 098 249	1 191 000	1 291 000	1 393 000	1 490 000	1 577 925	1 685 000	1 786 000	1 875 000	85～
												(再掲)
6 129 359	7 344 965	8 890 845	10 721 835	11 134 000	11 539 000	11 953 000	12 331 000	12 754 897	13 206 000	13 625 000	14 004 000	65歳～
1 031 217	1 416 843	1 918 099	2 570 517	2 717 000	2 849 000	2 985 000	3 089 000	3 274 243	3 457 000	3 653 000	3 851 000	80歳～

表３　性・年齢（５歳階級）

配偶関係	総　数	15～19歳	20～24	25～29	30～34	35～39	40～44
							男
総　数	**50 746 954**	**4 352 058**	**4 979 898**	**4 369 726**	**4 034 652**	**3 889 083**	**4 482 072**
有配偶	31 782 484	10 943	318 201	1 378 491	2 435 452	2 889 629	3 558 334
未　婚	16 240 244	4 318 012	4 618 381	2 925 861	1 504 142	879 242	736 164
死　別	1 280 191	70	428	1 035	2 691	6 197	16 858
離　別	1 115 778	277	8 228	33 300	66 675	92 684	143 838
							女
総　数	**53 684 557**	**4 139 871**	**4 785 397**	**4 244 677**	**3 934 034**	**3 819 945**	**4 434 865**
有配偶	31 742 997	25 549	589 938	2 097 002	3 003 375	3 238 082	3 819 623
未　婚	12 883 477	4 094 115	4 145 658	2 048 364	774 553	381 801	297 636
死　別	6 867 802	82	970	3 656	10 194	23 230	59 689
離　別	1 967 342	855	24 296	78 526	134 833	168 158	247 085

配偶関係	総　数	15～19歳	20～24	25～29	30～34	35～39	40～44
							男
総　数	**51 960 374**	**3 799 600**	**4 243 859**	**4 882 084**	**4 354 603**	**4 025 226**	**3 873 623**
有配偶	32 145 128	16 239	285 440	1 439 263	2 387 114	2 781 274	2 946 428
未　婚	16 476 199	3 782 413	3 946 632	3 392 020	1 873 144	1 037 911	713 869
死　別	1 391 347	149	762	1 578	3 025	6 183	12 342
離　別	1 401 888	529	10 125	47 946	89 482	119 600	139 725
							女
総　数	**55 107 055**	**3 619 990**	**4 040 124**	**4 725 557**	**4 237 697**	**3 937 859**	**3 818 683**
有配偶	32 068 098	29 288	447 869	2 042 431	2 911 199	3 115 771	3 181 964
未　婚	13 029 179	3 588 709	3 562 734	2 563 122	1 132 404	546 216	327 487
死　別	7 197 680	120	1 037	3 801	9 627	21 420	43 966
離　別	2 398 611	1 526	27 095	112 854	179 821	220 391	238 818

注：1)　各年次10月１日現在国勢調査人口の確定数。（「日本人人口」である。）
　　2)　総数には配偶者関係の「不詳」を含む。

・配偶関係・年次別人口

平成７年

45～49	50～54	55～59	60～64	65～69	70～74	75～79	80歳～
5 289 590	**4 393 729**	**3 885 871**	**3 597 767**	**2 987 287**	**1 931 305**	**1 254 390**	**1 299 526**
4 413 368	3 824 913	3 451 709	3 221 328	2 663 180	1 687 576	1 044 474	884 886
591 587	292 008	168 388	102 183	55 957	25 800	12 442	10 077
38 341	60 076	89 563	136 694	180 638	182 211	178 659	386 730
209 460	182 097	144 394	107 656	65 390	32 215	16 148	13 416
5 255 354	**4 473 801**	**4 026 611**	**3 848 167**	**3 385 720**	**2 743 252**	**2 022 346**	**2 570 517**
4 472 757	3 750 259	3 246 624	2 875 641	2 221 808	1 393 177	668 032	341 130
294 400	202 715	164 582	159 064	141 718	92 693	46 658	39 520
138 094	238 176	394 002	628 891	868 763	1 145 082	1 238 424	2 118 549
333 995	266 252	204 375	165 815	136 821	100 373	56 761	49 197

平成12年

45～49	50～54	55～59	60～64	65～69	70～74	75～79	80歳～
4 425 700	**5 174 238**	**4 264 397**	**3 731 102**	**3 344 958**	**2 660 796**	**1 617 570**	**1 562 618**
3 489 552	4 254 659	3 653 106	3 256 392	2 926 055	2 293 248	1 333 109	1 083 249
647 942	524 899	255 162	142 892	84 187	43 754	18 468	12 906
30 100	62 710	91 884	130 795	187 379	232 282	214 934	417 224
191 334	252 785	200 245	150 086	102 730	56 226	24 498	16 577
4 404 042	**5 198 029**	**4 418 262**	**3 966 700**	**3 734 428**	**3 219 578**	**2 515 586**	**3 270 520**
3 690 013	4 284 846	3 553 163	3 006 978	2 533 589	1 808 570	976 066	486 351
275 259	274 278	188 919	151 707	146 465	127 716	81 184	62 979
101 192	219 025	357 024	565 649	856 089	1 120 510	1 332 038	2 566 182
306 835	379 414	281 332	205 892	159 287	124 855	86 603	73 888

表4（3－1）
総　数

都道府県	*1950 昭和25年	*1955 昭和30年	*1960 昭和35年	*1965 昭和40年	*1970 昭和45年	*1975 昭和50年	*1980 昭和55年
全　国	**83 199 637**	**89 275 529**	**93 418 501**	**98 274 961**	**103 119 447**	**111 251 507**	**116 320 358**
北海道	4 295 567	4 773 087	5 039 206	5 171 800	5 177 286	5 330 284	5 566 372
青　森	1 282 867	1 382 523	1 426 606	1 416 591	1 425 702	1 466 742	1 521 778
岩　手	1 346 728	1 427 097	1 448 517	1 411 118	1 369 948	1 383 931	1 420 078
宮　城	1 663 442	1 727 065	1 743 195	1 753 126	1 815 282	1 950 790	2 076 657
秋　田	1 309 031	1 348 871	1 335 580	1 279 835	1 240 345	1 231 389	1 255 499
山　形	1 357 347	1 353 649	1 320 664	1 263 103	1 224 918	1 219 429	1 250 989
福　島	2 062 394	2 095 237	2 051 137	1 983 754	1 943 989	1 968 270	2 032 547
茨　城	2 039 418	2 064 037	2 047 024	2 056 154	2 140 122	2 338 151	2 552 775
栃　木	1 550 462	1 547 580	1 513 624	1 521 656	1 578 146	1 695 848	1 789 218
群　馬	1 601 380	1 613 549	1 578 476	1 605 584	1 656 209	1 753 436	1 845 138
埼　玉	2 146 445	2 262 623	2 430 871	3 014 983	3 858 607	4 809 517	5 405 466
千　葉	2 139 037	2 205 060	2 306 010	2 701 770	3 358 440	4 136 216	4 719 383
東　京	6 277 500	8 037 084	9 683 802	10 869 244	11 324 994	11 568 852	11 506 944
神奈川	2 487 665	2 919 497	3 443 176	4 430 743	5 439 126	6 359 334	6 883 647
新　潟	2 460 997	2 473 492	2 442 037	2 398 931	2 358 323	2 388 992	2 448 056
富　山	1 008 790	1 021 121	1 032 614	1 025 465	1 027 956	1 068 930	1 101 485
石　川	957 279	966 187	973 418	980 499	999 535	1 066 669	1 115 559
福　井	752 374	754 055	752 696	750 557	740 024	768 867	789 497
山　梨	811 369	807 044	782 062	763 194	760 492	781 360	802 490
長　野	2 060 831	2 021 292	1 981 433	1 958 007	1 952 346	2 012 816	2 078 832
岐　阜	1 544 538	1 583 605	1 638 399	1 700 365	1 749 524	1 858 066	1 949 993
静　岡	2 471 472	2 650 435	2 756 271	2 912 521	3 082 792	3 300 856	3 438 445
愛　知	3 390 585	3 769 209	4 206 313	4 798 653	5 340 594	5 873 395	6 167 929
三　重	1 461 197	1 485 582	1 485 054	1 514 467	1 535 937	1 618 449	1 678 831
滋　賀	861 180	853 734	842 695	853 385	883 837	978 639	1 072 440
京　都	1 832 934	1 935 161	1 993 403	2 102 808	2 210 609	2 381 360	2 483 007
大　阪	3 857 047	4 618 308	5 504 746	6 657 189	7 464 961	8 108 360	8 295 801
兵　庫	3 309 935	3 620 947	3 906 487	4 309 944	4 599 673	4 918 041	5 063 478
奈　良	763 883	776 861	781 058	825 965	925 403	1 071 894	1 202 655
和歌山	982 113	1 006 819	1 002 191	1 026 975	1 038 348	1 067 419	1 081 999
鳥　取	600 177	614 259	599 135	579 853	567 405	579 779	602 335
島　根	912 551	929 066	888 886	821 620	772 000	767 357	783 143
岡　山	1 661 099	1 689 800	1 670 454	1 645 135	1 700 064	1 806 484	1 862 741
広　島	2 081 967	2 149 044	2 184 043	2 281 146	2 422 069	2 630 578	2 722 521
山　口	1 540 882	1 609 839	1 602 207	1 543 573	1 497 703	1 541 072	1 572 752
徳　島	878 511	878 109	847 274	815 115	790 845	804 784	824 433
香　川	946 022	943 823	918 867	900 845	906 951	960 233	998 442
愛　媛	1 521 878	1 540 628	1 500 687	1 446 384	1 416 299	1 463 158	1 504 298
高　知	873 874	882 683	854 595	812 714	786 058	807 035	829 609
福　岡	3 530 169	3 859 764	4 006 679	3 964 611	4 004 275	4 266 394	4 523 770
佐　賀	945 082	973 749	942 874	871 885	837 063	836 326	864 052
長　崎	1 645 492	1 747 596	1 760 421	1 641 245	1 566 634	1 568 429	1 586 916
熊　本	1 827 582	1 895 663	1 856 192	1 770 736	1 697 991	1 713 300	1 788 076
大　分	1 252 999	1 277 199	1 239 655	1 187 480	1 152 520	1 187 299	1 225 548
宮　崎	1 091 427	1 139 384	1 134 590	1 080 692	1 050 027	1 083 957	1 150 321
鹿児島	1 804 118	2 044 112	1 963 104	1 853 541	1 728 075	1 722 732	1 783 351
沖　縄	…	…	…	…	…	1 036 288	1 101 062

注：1）各年次の人口は10月1日現在。＊は国勢調査人口である。
2）昭和40年以前は総人口、45年以降は日本人人口である。
3）昭和22年は地域的に配分されない調査もれを除く。
4）昭和35年の長野県西筑摩郡山口村と岐阜県中津川市の境界紛争地域の人口73人（男39人、女34人）は全国総数に含まれているが、

5）昭和45年、50年、55年、平成２年（按分済み人口）、７年、12年（按分済み人口）については、国勢調査確定数。45年、50年、55年
6）昭和60年については、全国は日本人人口、都道府県は総人口であり、「昭和60年国勢調査速報集計結果」を用いた。

・性別人口

*1985 昭和60年	*1990 平成２年	*1995 平成７年	*2000 平成12年	2001 平成13年	2002 平成14年	2003 平成15年
120 265 700	122 721 397	124 298 947	125 612 633	125 908 000	126 008 000	126 139 000
5 688 500	5 635 049	5 675 838	5 670 558	5 666 000	5 656 000	5 645 000
1 521 200	1 480 947	1 478 123	1 472 690	1 471 000	1 465 000	1 458 000
1 454 600	1 415 036	1 416 864	1 412 338	1 409 000	1 403 000	1 396 000
2 167 900	2 243 117	2 319 433	2 354 916	2 359 000	2 359 000	2 360 000
1 252 900	1 226 062	1 211 616	1 186 209	1 180 000	1 173 000	1 164 000
1 251 200	1 256 930	1 253 941	1 239 132	1 235 000	1 230 000	1 224 000
2 054 200	2 100 255	2 127 214	2 118 100	2 115 000	2 110 000	2 103 000
2 717 500	2 834 279	2 929 220	2 954 817	2 957 000	2 954 000	2 953 000
1 883 800	1 925 886	1 965 431	1 983 723	1 987 000	1 986 000	1 986 000
1 913 200	1 955 819	1 981 799	1 996 251	1 999 000	1 999 000	2 000 000
5 854 900	6 374 361	6 696 390	6 875 484	6 909 000	6 928 000	6 952 000
5 168 100	5 527 777	5 744 010	5 868 599	5 907 000	5 929 000	5 955 000
11 780 500	11 695 218	11 543 005	11 850 305	11 912 000	11 980 000	12 059 000
7 380 200	7 918 632	8 152 458	8 390 552	8 466 000	8 516 000	8 570 000
2 448 900	2 470 352	2 480 287	2 466 374	2 462 000	2 455 000	2 448 000
1 125 400	1 117 550	1 117 592	1 113 787	1 113 000	1 111 000	1 109 000
1 157 700	1 160 786	1 175 042	1 174 630	1 175 000	1 174 000	1 173 000
822 000	818 325	819 320	819 080	819 000	818 000	817 000
823 100	850 075	873 970	877 168	877 000	876 000	873 000
2 170 400	2 148 242	2 173 400	2 181 873	2 186 000	2 182 000	2 179 000
2 038 300	2 055 219	2 081 104	2 081 092	2 081 000	2 079 000	2 078 000
3 582 000	3 650 475	3 699 146	3 714 992	3 722 000	3 724 000	3 726 000
6 477 200	6 625 160	6 769 815	6 932 577	6 970 000	7 000 000	7 028 000
1 738 300	1 782 332	1 824 717	1 833 408	1 835 000	1 833 000	1 833 000
1 165 900	1 213 357	1 272 620	1 324 040	1 333 000	1 339 000	1 345 000
2 565 400	2 556 321	2 572 600	2 599 052	2 601 000	2 598 000	2 597 000
8 653 300	8 557 249	8 603 130	8 633 901	8 649 000	8 649 000	8 652 000
5 275 600	5 326 121	5 318 913	5 467 653	5 489 000	5 496 000	5 504 000
1 303 900	1 368 434	1 421 770	1 434 340	1 434 000	1 430 000	1 428 000
1 086 600	1 069 930	1 075 666	1 065 104	1 061 000	1 056 000	1 051 000
620 200	613 792	612 602	610 224	610 000	609 000	607 000
797 500	779 317	768 865	757 072	756 000	752 000	749 000
1 914 100	1 917 173	1 937 865	1 938 268	1 940 000	1 939 000	1 940 000
2 820 200	2 832 764	2 858 462	2 855 782	2 856 000	2 854 000	2 854 000
1 588 500	1 559 181	1 542 204	1 515 291	1 511 000	1 506 000	1 500 000
831 400	830 753	830 479	821 369	819 000	817 000	813 000
1 034 000	1 021 571	1 023 865	1 017 973	1 017 000	1 015 000	1 014 000
1 533 600	1 512 674	1 503 411	1 488 550	1 486 000	1 481 000	1 477 000
843 400	823 853	814 302	811 516	810 000	808 000	804 000
4 753 200	4 784 331	4 896 451	4 984 938	5 001 000	5 011 000	5 018 000
890 700	876 300	882 320	874 068	873 000	871 000	869 000
1 599 500	1 558 502	1 540 498	1 511 864	1 508 000	1 502 000	1 496 000
1 836 200	1 837 612	1 855 087	1 854 933	1 856 000	1 853 000	1 849 000
1 246 300	1 233 612	1 227 269	1 216 436	1 215 000	1 214 000	1 211 000
1 183 500	1 167 286	1 173 631	1 167 555	1 166 000	1 164 000	1 161 000
1 833 600	1 795 908	1 791 419	1 782 567	1 779 000	1 775 000	1 770 000
1 177 000	1 217 472	1 265 783	1 311 482	1 322 000	1 332 000	1 342 000

野県・岐阜県のいずれにも含まれていない。
の各年報では、それぞれ１％抽出集計結果を用いたので報告書が異なる。

表4（3－2）
男

都道府県	*1950 昭和25年	*1955 昭和30年	*1960 昭和35年	*1965 昭和40年	*1970 昭和45年	*1975 昭和50年	*1980 昭和55年
全　国	**40 811 760**	**43 860 718**	**45 877 602**	**48 244 445**	**50 600 539**	**54 724 867**	**57 201 287**
北海道	2 169 393	2 428 833	2 544 753	2 583 159	2 548 598	2 616 571	2 731 359
青　森	635 547	678 837	694 037	682 972	684 479	706 182	734 299
岩　手	664 000	698 563	702 697	679 497	657 610	667 243	687 401
宮　城	828 879	846 404	848 579	854 043	886 902	957 778	1 022 732
秋　田	646 445	660 066	644 671	614 429	592 663	589 854	602 721
山　形	660 555	651 737	630 997	605 185	587 084	586 417	604 902
福　島	1 006 823	1 016 756	986 836	954 988	935 003	952 109	989 087
茨　城	993 694	1 006 093	1 000 184	1 007 852	1 052 159	1 157 536	1 269 694
栃　木	752 266	749 636	729 692	735 781	768 506	833 590	883 968
群　馬	778 910	781 607	759 639	778 916	806 727	857 665	907 057
埼　玉	1 049 695	1 110 083	1 200 573	1 511 947	1 946 868	2 430 387	2 730 531
千　葉	1 036 932	1 074 181	1 128 734	1 343 167	1 690 355	2 088 099	2 374 182
東　京	3 169 389	4 115 823	4 997 023	5 564 583	5 755 815	5 854 673	5 793 927
神奈川	1 247 934	1 470 415	1 746 926	2 280 926	2 804 223	3 265 877	3 513 491
新　潟	1 194 929	1 195 872	1 177 923	1 160 283	1 138 673	1 159 256	1 191 870
富　山	488 850	494 109	500 545	491 662	491 595	514 033	531 716
石　川	460 859	463 477	464 889	468 518	478 877	516 918	540 721
福　井	364 343	363 770	360 288	359 649	354 393	370 912	381 729
山　梨	393 550	390 205	379 057	367 739	366 039	378 293	390 658
長　野	1 001 192	979 004	954 673	937 219	933 811	969 893	1 006 218
岐　阜	762 295	774 062	796 825	821 444	843 723	902 131	948 710
静　岡	1 206 651	1 301 198	1 353 122	1 428 930	1 512 812	1 623 594	1 691 415
愛　知	1 649 189	1 829 729	2 064 726	2 382 085	2 671 221	2 940 320	3 084 462
三　重	704 805	717 819	716 715	727 802	738 723	783 379	813 477
滋　賀	413 110	409 813	403 281	409 502	426 755	478 099	525 393
京　都	891 616	944 278	973 040	1 028 073	1 081 579	1 168 506	1 215 942
大　阪	1 899 745	2 290 170	2 766 229	3 355 699	3 743 356	4 044 552	4 112 507
兵　庫	1 622 755	1 773 488	1 917 887	2 120 749	2 264 578	2 414 982	2 470 060
奈　良	368 863	377 961	382 494	400 353	448 164	520 767	583 613
和歌山	475 324	490 533	484 994	497 256	500 878	515 419	520 882
鳥　取	289 787	297 015	286 716	275 572	268 801	276 348	288 956
島　根	444 355	456 730	432 481	393 670	366 834	366 270	376 649
岡　山	804 357	815 837	797 748	781 418	815 827	874 082	901 314
広　島	1 015 955	1 047 184	1 058 829	1 107 878	1 180 978	1 288 509	1 328 238
山　口	760 220	792 546	780 439	740 934	712 163	736 647	752 050
徳　島	427 684	427 204	408 300	389 795	376 572	384 586	395 535
香　川	457 980	456 711	438 924	427 058	430 238	460 798	480 327
愛　媛	742 092	749 342	721 311	688 063	670 030	696 694	717 259
高　知	425 968	429 175	411 162	386 725	371 509	382 731	395 459
福　岡	1 745 606	1 895 365	1 954 636	1 911 317	1 919 831	2 056 064	2 184 606
佐　賀	455 824	470 437	448 797	410 937	392 862	393 915	410 096
長　崎	812 079	859 689	860 623	788 667	746 074	748 487	756 376
熊　本	882 420	917 171	887 038	838 584	796 918	808 860	849 621
大　分	604 825	616 402	590 963	559 433	538 950	560 205	581 308
宮　崎	535 107	559 771	552 285	517 235	497 425	514 614	549 538
鹿児島	868 963	985 617	935 282	872 751	803 358	803 680	838 693
沖　縄	…	…	…	…	…	507 342	540 538

注：1）各年次の人口は10月１日現在。＊は国勢調査人口である。
　　2）昭和40年以前は総人口、45年以降は日本人人口である。
　　3）昭和22年は地域的に配分されない調査もれを除く。
　　4）昭和35年の長野県西筑摩郡山口村と岐阜県中津川市の境界紛争地域の人口73人（男39人、女34人）は全国総数に含まれているが、長
　　5）昭和45年、50年、55年、平成２年（按分済み人口）、７年、12年（按分済み人口）については、国勢調査確定数。45年、50年、55年
　　6）昭和60年については、全国は日本人人口、都道府県は総人口であり、「昭和60年国勢調査速報集計結果」を用いた。

・性別人口

*1985 昭和60年	*1990 平成２年	*1995 平成７年	*2000 平成12年	2001 平成13年	2002 平成14年	2003 平成15年
59 044 000	**60 248 969**	**60 919 153**	**61 488 005**	**61 595 000**	**61 591 000**	**61 620 000**
2 767 200	2 718 461	2 727 566	2 713 299	2 708 000	2 701 000	2 693 000
724 800	703 845	702 351	701 308	700 000	697 000	693 000
699 200	679 290	680 790	679 886	678 000	674 000	670 000
1 058 500	1 102 361	1 140 128	1 154 105	1 155 000	1 153 000	1 152 000
600 900	584 003	576 603	563 704	561 000	557 000	552 000
602 300	606 405	606 138	600 034	598 000	595 000	592 000
996 000	1 022 530	1 039 147	1 034 435	1 033 000	1 030 000	1 026 000
1 361 600	1 413 482	1 462 678	1 473 555	1 474 000	1 471 000	1 470 000
921 800	957 324	977 371	985 746	988 000	986 000	986 000
939 500	965 827	977 895	984 816	986 000	985 000	985 000
2 954 700	3 229 425	3 384 961	3 471 147	3 488 000	3 494 000	3 506 000
2 590 700	2 789 174	2 896 807	2 951 889	2 969 000	2 978 000	2 988 000
5 945 100	5 887 794	5 770 200	5 925 437	5 941 000	5 967 000	6 000 000
3 774 600	4 064 653	4 159 965	4 259 603	4 294 000	4 312 000	4 335 000
1 192 100	1 198 492	1 205 815	1 198 125	1 196 000	1 191 000	1 188 000
545 600	537 465	538 200	537 037	537 000	536 000	534 000
553 900	560 881	568 409	568 938	569 000	568 000	568 000
393 700	397 865	398 115	397 912	398 000	397 000	397 000
401 700	417 320	430 744	431 577	432 000	430 000	429 000
1 044 600	1 044 399	1 060 695	1 065 513	1 068 000	1 065 000	1 063 000
992 500	998 010	1 009 799	1 009 870	1 010 000	1 009 000	1 008 000
1 770 500	1 798 240	1 822 004	1 830 059	1 834 000	1 834 000	1 835 000
3 232 000	3 321 224	3 386 955	3 470 932	3 489 000	3 502 000	3 515 000
840 100	864 385	885 246	888 976	891 000	889 000	888 000
575 400	596 507	626 896	653 699	658 000	661 000	663 000
1 258 500	1 244 673	1 247 727	1 256 444	1 256 000	1 253 000	1 251 000
4 271 500	4 221 800	4 224 473	4 223 003	4 225 000	4 218 000	4 214 000
2 577 200	2 580 404	2 570 836	2 634 709	2 641 000	2 641 000	2 642 000
633 700	660 251	684 140	687 190	686 000	683 000	682 000
515 800	508 727	511 271	504 942	503 000	500 000	497 000
296 700	294 002	293 313	292 242	292 000	292 000	291 000
381 000	372 822	367 610	362 141	362 000	360 000	358 000
925 000	922 486	932 037	930 372	931 000	930 000	930 000
1 377 500	1 377 077	1 387 437	1 381 971	1 382 000	1 379 000	1 379 000
757 900	738 350	730 108	716 958	715 000	712 000	709 000
400 700	395 518	394 725	390 813	390 000	388 000	387 000
499 900	490 719	492 103	489 661	489 000	488 000	487 000
727 700	715 877	710 949	702 537	701 000	699 000	697 000
397 600	388 464	383 195	382 780	382 000	381 000	379 000
2 295 400	2 290 227	2 338 280	2 374 505	2 380 000	2 383 000	2 385 000
425 000	413 885	417 710	413 363	413 000	412 000	411 000
763 200	734 372	724 562	710 224	709 000	705 000	702 000
868 200	868 233	877 530	876 472	877 000	875 000	873 000
588 100	583 066	579 968	573 998	573 000	572 000	571 000
558 000	550 803	555 207	551 060	550 000	549 000	547 000
858 900	841 735	839 862	836 688	835 000	833 000	830 000
583 900	596 116	620 632	644 330	649 000	654 000	659 000

野県・岐阜県のいずれにも含まれていない。
の各年報では、それぞれ１％抽出集計結果を用いたので報告書が異なる。

表4　年　次　・都 道 府 県

表4（3－3）
女

都道府県	*1950 昭和25年	*1955 昭和30年	*1960 昭和35年	*1965 昭和40年	*1970 昭和45年	*1975 昭和50年	*1980 昭和55年
全　国	**42 387 877**	**45 414 811**	**47 540 899**	**50 030 516**	**52 518 908**	**56 526 640**	**59 119 071**
北海道	2 126 174	2 344 254	2 494 453	2 588 641	2 628 688	2 713 713	2 835 013
青　森	647 320	703 686	732 569	733 619	741 223	760 560	787 479
岩　手	682 728	728 534	745 820	731 621	712 338	716 688	732 677
宮　城	834 563	880 661	894 616	899 083	928 380	993 012	1 053 925
秋　田	662 586	688 805	690 909	665 406	647 682	641 535	652 778
山　形	696 792	701 912	689 667	657 918	637 834	633 012	646 087
福　島	1 055 571	1 078 481	1 064 301	1 028 766	1 008 986	1 016 161	1 043 460
茨　城	1 045 724	1 057 944	1 046 840	1 048 302	1 087 963	1 180 615	1 283 081
栃　木	798 196	797 944	783 932	785 875	809 640	862 258	905 250
群　馬	822 470	831 942	818 837	826 668	849 482	895 771	938 081
埼　玉	1 096 750	1 152 540	1 230 298	1 503 036	1 911 739	2 379 130	2 674 935
千　葉	1 102 105	1 130 879	1 177 276	1 358 603	1 668 085	2 048 117	2 345 201
東　京	3 108 111	3 921 261	4 686 779	5 304 661	5 569 179	5 714 179	5 713 017
神奈川	1 239 731	1 449 082	1 696 250	2 149 817	2 634 903	3 093 457	3 370 156
新　潟	1 266 068	1 277 620	1 264 114	1 238 648	1 219 650	1 229 736	1 256 186
富　山	519 940	527 012	532 069	533 803	536 361	554 897	569 769
石　川	496 420	502 710	508 529	511 981	520 658	549 751	574 838
福　井	388 031	390 285	392 408	390 908	385 631	397 955	407 768
山　梨	417 819	416 839	403 005	395 455	394 453	403 067	411 832
長　野	1 059 639	1 042 288	1 026 760	1 020 788	1 018 535	1 042 923	1 072 614
岐　阜	782 243	809 543	841 574	878 921	905 801	955 935	1 001 283
静　岡	1 264 821	1 349 237	1 403 149	1 483 591	1 569 980	1 677 262	1 747 030
愛　知	1 741 396	1 939 480	2 141 587	2 416 568	2 669 373	2 933 075	3 083 467
三　重	756 392	767 763	768 339	786 665	797 214	835 070	865 354
滋　賀	448 070	443 921	439 414	443 883	457 082	500 540	547 047
京　都	941 318	990 883	1 020 363	1 074 735	1 129 030	1 212 854	1 267 065
大　阪	1 957 302	2 328 138	2 738 517	3 301 490	3 721 605	4 063 808	4 183 294
兵　庫	1 687 180	1 847 459	1 988 600	2 189 195	2 335 095	2 503 059	2 593 418
奈　良	395 020	398 900	398 564	425 612	477 239	551 127	619 042
和歌山	506 789	516 286	517 197	529 719	537 470	552 000	561 117
鳥　取	310 390	317 244	312 419	304 281	298 604	303 431	313 379
島　根	468 196	472 336	456 405	427 950	405 166	401 087	406 494
岡　山	856 742	873 963	872 706	863 717	884 237	932 402	961 427
広　島	1 066 012	1 101 860	1 125 214	1 173 268	1 241 091	1 342 069	1 394 283
山　口	780 662	817 293	821 768	802 639	785 540	804 425	820 702
徳　島	450 827	450 905	438 974	425 320	414 273	420 198	428 898
香　川	488 042	487 112	479 943	473 787	476 713	499 435	518 115
愛　媛	779 786	791 286	779 376	758 321	746 269	766 464	787 039
高　知	447 906	453 508	443 433	425 989	414 549	424 304	434 150
福　岡	1 784 563	1 964 399	2 052 043	2 053 294	2 084 444	2 210 330	2 339 164
佐　賀	489 258	503 312	494 077	460 948	444 201	442 411	453 956
長　崎	833 413	887 907	899 798	852 578	820 560	819 942	830 540
熊　本	945 162	978 492	969 154	932 152	901 073	904 440	938 455
大　分	648 174	660 797	648 692	628 047	613 570	627 094	644 240
宮　崎	556 320	579 613	582 305	563 457	552 602	569 343	600 78[illegible]
鹿児島	935 155	1 058 495	1 027 822	980 790	924 717	919 052	944 658
沖　縄	…	…	…	…	…	528 946	560 52[illegible]

注：1）各年次の人口は10月1日現在。＊は国勢調査人口である。
　　2）昭和40年以前は総人口、45年以降は日本人人口である。
　　3）昭和22年は地域的に配分されない調査もれを除く。
　　4）昭和35年の長野県西筑摩郡山口村と岐阜県中津川市の境界紛争地域の人口73人（男39人、女34人）は全国総数に含まれているが、
　　5）昭和45年、50年、55年、平成2年（按分済み人口）、7年、12年（按分済み人口）については、国勢調査確定数。45年、50年、55
　　6）昭和60年については、全国は日本人人口、都道府県は総人口であり、「昭和60年国勢調査速報集計結果」を用いた。

・性 別 人 口

*1985 昭和60年	*1990 平成２年	*1995 平成７年	*2000 平成12年	2001 平成13年	2002 平成14年	2003 平成15年
61 221 700	**62 472 428**	**63 379 794**	**64 124 628**	**64 313 000**	**64 417 000**	**64 520 000**
2 921 200	2 916 588	2 948 272	2 957 259	2 958 000	2 955 000	2 952 000
796 400	777 102	775 772	771 382	771 000	768 000	765 000
755 400	735 746	736 074	732 452	731 000	729 000	726 000
1 109 400	1 140 756	1 179 305	1 200 811	1 204 000	1 206 000	1 208 000
652 000	642 059	635 013	622 505	620 000	616 000	612 000
649 000	650 525	647 803	639 098	637 000	635 000	632 000
1 058 100	1 077 725	1 088 067	1 083 665	1 082 000	1 080 000	1 077 000
1 355 900	1 420 797	1 466 542	1 481 262	1 483 000	1 483 000	1 483 000
962 000	968 562	988 060	997 977	1 000 000	999 000	1 000 000
973 700	989 992	1 003 904	1 011 435	1 013 000	1 014 000	1 014 000
2 900 200	3 144 936	3 311 429	3 404 337	3 422 000	3 434 000	3 446 000
2 577 400	2 738 603	2 847 203	2 916 710	2 938 000	2 951 000	2 967 000
5 835 400	5 807 424	5 772 805	5 924 868	5 971 000	6 012 000	6 058 000
3 605 600	3 853 979	3 992 493	4 130 949	4 173 000	4 203 000	4 235 000
1 256 800	1 271 860	1 274 472	1 268 249	1 266 000	1 263 000	1 260 000
579 800	580 085	579 392	576 750	576 000	576 000	575 000
603 900	599 905	606 633	605 692	606 000	606 000	606 000
428 400	420 460	421 205	421 168	421 000	421 000	420 000
421 500	432 755	443 226	445 591	446 000	446 000	445 000
1 125 800	1 103 843	1 112 705	1 116 360	1 118 000	1 116 000	1 115 000
1 045 800	1 057 209	1 071 305	1 071 222	1 071 000	1 070 000	1 069 000
1 811 500	1 852 235	1 877 142	1 884 933	1 888 000	1 889 000	1 891 000
3 245 100	3 303 936	3 382 860	3 461 645	3 480 000	3 498 000	3 512 000
898 200	917 947	939 471	944 432	945 000	944 000	945 000
590 400	616 850	645 724	670 341	675 000	679 000	682 000
1 307 000	1 311 648	1 324 873	1 342 608	1 345 000	1 345 000	1 346 000
4 381 800	4 335 449	4 378 657	4 410 898	4 425 000	4 430 000	4 438 000
2 698 500	2 745 717	2 748 077	2 832 944	2 847 000	2 855 000	2 862 000
670 200	708 183	737 630	747 150	748 000	746 000	746 000
570 800	561 203	564 395	560 162	559 000	556 000	554 000
323 500	319 790	319 289	317 982	318 000	317 000	316 000
416 500	406 495	401 255	394 931	394 000	393 000	391 000
989 100	994 687	1 005 828	1 007 896	1 009 000	1 009 000	1 009 000
1 442 700	1 455 687	1 471 025	1 473 811	1 474 000	1 474 000	1 475 000
830 600	820 831	812 096	798 333	796 000	794 000	791 000
430 700	435 235	435 754	430 556	429 000	428 000	427 000
534 000	530 852	531 762	528 312	528 000	527 000	527 000
805 900	796 797	792 462	786 013	785 000	782 000	780 000
445 800	435 389	431 107	428 736	428 000	427 000	425 000
2 457 700	2 494 104	2 558 171	2 610 433	2 620 000	2 628 000	2 633 000
465 700	462 415	464 610	460 705	460 000	459 000	459 000
836 300	824 130	815 936	801 640	800 000	797 000	793 000
968 000	969 379	977 557	978 461	979 000	978 000	977 000
658 200	650 546	647 301	642 438	642 000	641 000	640 000
625 500	616 483	618 424	616 495	616 000	615 000	614 000
974 800	954 173	951 557	945 879	944 000	942 000	940 000
593 100	621 356	645 151	667 152	673 000	678 000	683 000

野県・岐阜県のいずれにも含まれていない。
り各年報では、それぞれ１％抽出集計結果を用いたので報告書が異なる。

表5　15歳以上人口，年齢

職業（大分類）	総数	15～19歳	20～24	25～29	30～34	35～39
						総
総数	**107 260 679**	**7 433 115**	**8 300 297**	**9 626 221**	**8 608 881**	**7 978 061**
就業者総数	62 412 501	1 049 326	5 354 098	7 348 324	6 241 294	6 010 460
A 専門的・技術的職業従事者	8 422 444	44 120	764 155	1 248 746	1 145 560	1 144 049
B 管理的職業従事者	1 783 319	157	3 144	17 581	41 513	80 555
C 事務従事者	12 028 496	145 002	1 147 952	1 852 395	1 420 113	1 326 274
D 販売従事者	9 444 617	186 510	836 283	1 171 115	1 019 109	959 046
E サービス職業従事者	5 479 682	232 660	753 894	560 980	412 307	403 156
F 保安職業従事者	996 945	17 974	96 176	123 438	94 132	97 755
G 農林漁業作業者	3 148 158	11 105	45 459	62 982	74 668	109 981
H 運輸・通信従事者	2 249 534	11 682	114 857	237 304	250 349	229 388
I 生産工程・労務作業者	18 146 362	358 130	1 468 772	1 972 063	1 711 171	1 603 702
J 分類不能の職業	712 943	41 984	123 406	101 718	72 372	56 554
無職	43 146 458	6 331 718	2 707 340	2 039 253	2 205 056	1 855 069
						男
総数	**52 085 116**	**3 808 608**	**4 254 807**	**4 894 452**	**4 365 637**	**4 035 168**
就業者総数	36 941 703	560 901	2 714 550	4 254 878	3 951 298	3 726 342
A 専門的・技術的職業従事者	4 716 772	15 683	248 915	613 583	676 462	689 335
B 管理的職業従事者	1 585 307	108	2 335	14 901	36 557	71 564
C 事務従事者	4 524 495	29 956	233 322	527 445	523 568	540 574
D 販売従事者	6 031 643	79 634	423 392	784 765	750 358	697 957
E サービス職業従事者	1 931 918	98 338	328 103	250 856	178 724	142 510
F 保安職業従事者	946 106	15 842	85 678	112 162	88 816	94 007
G 農林漁業作業者	1 799 208	9 208	36 592	48 002	49 786	64 017
H 運輸・通信従事者	2 141 926	8 814	102 993	219 831	237 365	218 596
I 生産工程・労務作業者	12 864 240	282 545	1 185 602	1 624 704	1 365 401	1 173 736
J 分類不能の職業	400 087	20 773	67 617	58 629	44 262	34 047
無職	13 994 044	3 218 186	1 382 941	473 660	296 921	225 844
						女
総数	**55 175 563**	**3 624 507**	**4 045 490**	**4 731 769**	**4 243 244**	**3 942 893**
就業者総数	25 470 798	488 425	2 639 549	3 093 446	2 289 995	2 284 118
A 専門的・技術的職業従事者	3 705 672	28 438	515 240	635 163	469 098	454 715
B 管理的職業従事者	198 012	49	809	2 681	4 956	8 992
C 事務従事者	7 504 001	115 046	914 630	1 324 950	896 546	785 700
D 販売従事者	3 412 974	106 876	412 891	386 350	268 752	261 089
E サービス職業従事者	3 547 764	134 322	425 791	310 123	233 583	260 646
F 保安職業従事者	50 839	2 132	10 498	11 276	5 316	3 748
G 農林漁業作業者	1 348 949	1 898	8 867	14 981	24 881	45 964
H 運輸・通信従事者	107 608	2 868	11 863	17 473	12 984	10 792
I 生産工程・労務作業者	5 282 122	75 585	283 170	347 360	345 770	429 966
J 分類不能の職業	312 856	21 211	55 789	43 090	28 111	22 507
無職	29 152 414	3 113 532	1 324 399	1 565 593	1 908 135	1 629 225

注：1）「国勢調査」平成12年10月1日現在の日本人人口（按分済み）。
　　2）「無職」は国勢調査による労働力状態が「完全失業者」と「非労働力人口」を合計したものである。

（5歳階級）・職業（大分類）・性別

平成12年

40～44	45～49	50～54	55～59	60～64	65～69	70～74	75歳以上
数							
7 706 162	**8 845 461**	**10 391 001**	**8 698 453**	**7 711 606**	**7 091 585**	**5 889 998**	**8 979 838**
6 157 371	7 125 571	8 117 465	6 245 442	3 882 548	2 504 171	1 413 223	963 207
1 092 472	982 855	856 431	524 805	264 179	167 634	112 219	75 217
131 608	209 743	352 954	356 077	245 470	160 336	100 785	83 397
1 328 030	1 433 504	1 508 054	1 006 261	461 743	232 011	110 029	57 129
930 665	1 039 362	1 231 202	882 218	504 156	316 336	190 849	177 766
451 265	586 222	737 528	594 900	393 662	209 277	86 393	57 439
105 934	124 634	131 345	88 850	59 715	39 265	14 429	3 300
158 799	229 119	277 395	284 809	456 034	572 782	502 075	362 949
217 469	270 407	371 817	312 178	153 652	63 900	14 170	2 360
1 690 086	2 190 242	2 581 983	2 142 193	1 307 375	719 380	269 117	132 147
51 043	59 483	68 756	53 151	36 562	23 251	13 159	11 503
1 463 574	1 628 413	2 165 694	2 361 613	3 727 302	4 472 115	4 369 104	7 820 206
3 882 767	**4 436 003**	**5 186 499**	**4 274 659**	**3 739 992**	**3 352 690**	**2 666 691**	**3 187 143**
3 613 190	4 099 410	4 754 839	3 784 242	2 404 480	1 597 981	888 443	591 150
614 768	557 645	513 765	333 942	184 615	124 899	86 049	57 110
118 137	188 988	319 097	325 154	220 674	138 531	83 669	65 593
546 700	589 496	642 712	476 638	223 011	113 417	51 875	25 781
639 961	656 356	756 974	544 369	306 652	190 565	107 253	93 407
135 261	159 234	193 121	159 845	136 533	88 953	37 067	23 372
102 143	120 214	127 124	85 767	58 226	38 667	14 224	3 237
86 610	124 458	150 568	137 188	238 896	323 379	300 811	229 692
206 446	256 510	357 136	304 163	150 731	62 959	14 046	2 336
1 134 885	1 414 811	1 657 312	1 387 910	864 381	502 955	185 736	84 262
28 277	31 697	37 030	29 266	20 761	13 656	7 713	6 360
206 595	268 560	352 568	424 166	1 262 392	1 674 763	1 709 235	2 498 214
3 823 395	**4 409 458**	**5 204 502**	**4 423 794**	**3 971 614**	**3 738 895**	**3 223 307**	**5 792 695**
2 544 181	3 026 161	3 362 626	2 461 199	1 478 069	906 191	524 780	372 057
477 704	425 210	342 665	190 863	79 564	42 735	26 170	18 107
13 470	20 755	33 857	30 923	24 797	21 805	17 115	17 804
781 330	844 008	865 342	529 623	238 731	118 594	58 154	31 348
290 703	383 005	474 228	337 848	197 505	125 771	83 597	84 359
316 003	426 988	544 407	435 055	257 129	120 323	49 326	34 066
3 791	4 420	4 221	3 083	1 489	599	204	63
72 189	104 661	126 826	147 621	217 137	249 403	201 264	133 257
11 023	13 898	14 682	8 015	2 922	941	124	23
555 201	775 431	924 671	754 283	442 994	216 425	83 381	47 885
22 766	27 786	31 726	23 885	15 800	9 595	5 445	5 144
1 256 979	1 359 854	1 813 126	1 937 447	2 464 910	2 797 352	2 659 869	5 321 993

産業（大分類）	総数	15～19歳	20～24	25～29	30～34	35～39
総						
総数	107 260 679	7 433 115	8 300 297	9 626 221	8 608 881	7 978 061
就業者総数	62 412 501	1 049 326	5 354 098	7 348 324	6 241 294	6 010 460
第1次産業	3 171 143	10 370	42 683	61 438	75 725	113 666
A 農業	2 851 254	7 712	34 223	49 154	60 489	93 163
B 林業	67 119	393	1 802	2 757	2 742	3 844
C 漁業	252 770	2 265	6 658	9 527	12 494	16 659
第2次産業	18 301 661	263 983	1 317 049	2 089 283	1 891 169	1 767 830
D 鉱業	53 276	309	1 973	3 908	4 298	4 858
E 建設業	6 246 083	96 914	441 313	704 281	606 700	539 543
F 製造業	12 002 302	166 760	873 763	1 381 093	1 280 171	1 223 429
第3次産業	40 213 624	733 027	3 869 465	5 092 749	4 199 788	4 071 004
G 電気・ガス・熱供給・水道業	351 808	2 764	25 549	49 241	44 821	43 153
H 運輸・通信業	3 890 001	33 189	269 203	478 363	434 563	406 477
I 卸売・小売業・飲食店	14 190 368	486 150	1 544 465	1 668 210	1 323 560	1 279 049
J 金融・保険業	1 749 558	5 451	152 341	253 851	228 919	219 610
K 不動産業	740 741	1 379	26 963	56 543	55 396	54 106
L サービス業	17 145 949	188 650	1 719 470	2 314 432	1 870 991	1 820 073
M 公務	2 145 199	15 444	131 475	272 109	241 538	248 536
N 分類不能の産業	726 074	41 946	124 901	104 855	74 612	57 960
無業	43 146 458	6 331 718	2 707 340	2 039 253	2 205 056	1 855 069
男						
総数	52 085 116	3 808 608	4 254 807	4 894 452	4 365 637	4 035 168
就業者総数	36 941 703	560 901	2 714 550	4 254 878	3 951 298	3 726 342
第1次産業	1 783 169	8 440	33 548	44 795	48 115	63 914
A 農業	1 538 197	5 989	26 074	34 446	35 837	48 033
B 林業	55 583	358	1 544	2 321	2 397	3 305
C 漁業	189 388	2 093	5 930	8 028	9 881	12 575
第2次産業	13 221 157	198 337	930 365	1 545 130	1 451 184	1 319 390
D 鉱業	44 964	257	1 456	3 089	3 617	4 178
E 建設業	5 313 253	91 439	380 581	596 479	518 172	451 888
F 製造業	7 862 940	106 640	548 329	945 562	929 395	863 323
第3次産業	21 532 822	333 418	1 683 102	2 605 653	2 407 024	2 308 428
G 電気・ガス・熱供給・水道業	302 146	2 336	20 062	39 801	38 506	37 926
H 運輸・通信業	3 161 060	23 252	177 997	350 607	352 862	336 556
I 卸売・小売業・飲食店	6 973 528	213 076	718 961	876 985	742 260	677 990
J 金融・保険業	842 100	745	30 445	93 268	115 105	114 162
K 不動産業	452 441	652	11 894	30 960	35 337	34 429
L サービス業	8 171 735	81 045	634 761	1 024 141	940 773	911 654
M 公務	1 629 813	12 312	88 982	189 892	182 181	195 710
N 分類不能の産業	404 555	20 707	67 534	59 299	44 976	34 611
無業	13 994 044	3 218 186	1 382 941	473 660	296 921	225 844
女						
総数	55 175 563	3 624 507	4 045 490	4 731 769	4 243 244	3 942 893
就業者総数	25 470 798	488 425	2 639 549	3 093 446	2 289 995	2 284 118
第1次産業	1 387 974	1 930	9 135	16 643	27 610	49 752
A 農業	1 313 057	1 722	8 149	14 708	24 652	45 130
B 林業	11 535	35	258	436	345	539
C 漁業	63 382	172	727	1 499	2 613	4 084
第2次産業	5 080 504	65 647	386 684	544 152	439 986	448 440
D 鉱業	8 312	51	518	819	681	680
E 建設業	932 831	5 475	60 732	107 802	88 528	87 654
F 製造業	4 139 362	60 120	325 434	435 531	350 777	360 106
第3次産業	18 680 801	399 609	2 186 363	2 487 095	1 792 764	1 762 577
G 電気・ガス・熱供給・水道業	49 662	428	5 487	9 440	6 315	5 227
H 運輸・通信業	728 941	9 937	91 205	127 756	81 701	69 921
I 卸売・小売業・飲食店	7 216 840	273 074	825 504	791 224	581 299	601 058
J 金融・保険業	907 458	4 706	121 896	160 583	113 814	105 449
K 不動産業	288 300	727	15 069	25 584	20 059	19 677
L サービス業	8 974 214	107 604	1 084 709	1 290 292	930 218	908 419
M 公務	515 386	3 132	42 493	82 216	59 357	52 826
N 分類不能の産業	321 519	21 239	57 367	45 556	29 635	23 349
無業	29 152 414	3 113 532	1 324 399	1 565 593	1 908 135	1 629 225

注：１）「国勢調査」平成12年10月１日現在の日本人人口（按分済み）。
　　２）「無業」は国勢調査による労働力状態が「完全失業者」と「非労働力人口」を合計したものである。

（5歳階級）・産業（大分類）・性別

平成12年

40～44	45～49	50～54	55～59	60～64	65～69	70～74	75歳以上
数							
7 706 162	**8 845 461**	**10 391 001**	**8 698 453**	**7 711 606**	**7 091 585**	**5 889 998**	**8 979 838**
6 157 371	7 125 571	8 117 465	6 245 442	3 882 548	2 504 171	1 413 223	963 207
163 998	234 997	283 993	288 973	456 846	572 045	502 500	363 910
138 982	201 633	242 924	249 187	412 260	529 912	479 037	352 578
4 281	6 070	8 352	9 807	10 481	9 489	4 862	2 238
20 735	27 294	32 717	29 979	34 105	32 644	18 600	9 094
1 783 522	2 243 122	2 671 236	2 158 352	1 147 616	605 752	237 391	125 356
5 705	7 290	9 169	7 600	4 462	2 296	933	475
592 768	784 378	913 335	702 848	466 569	268 059	94 428	34 947
1 185 049	1 451 455	1 748 731	1 447 904	676 585	335 397	142 030	89 933
4 157 947	4 586 858	5 092 222	3 744 096	2 241 155	1 302 871	660 067	462 374
45 551	46 974	46 687	32 968	9 889	2 975	923	313
396 383	470 093	611 029	468 130	204 576	83 858	24 967	9 171
1 348 980	1 589 950	1 868 475	1 344 874	793 917	470 867	255 679	216 194
220 610	229 272	208 247	134 973	54 218	24 169	11 000	6 898
52 839	64 520	92 258	88 149	81 450	67 214	48 248	51 676
1 822 326	1 871 245	1 956 927	1 493 322	1 022 270	604 758	292 574	168 911
271 258	314 806	308 600	181 680	74 833	49 031	26 678	9 212
51 905	60 594	70 014	54 020	36 932	23 503	13 266	11 568
1 463 574	1 628 413	2 165 694	2 361 613	3 727 302	4 472 115	4 369 104	7 820 206
3 882 767	**4 436 003**	**5 186 499**	**4 274 659**	**3 739 992**	**3 352 690**	**2 666 691**	**3 187 143**
3 613 190	4 099 410	4 754 839	3 784 242	2 404 480	1 597 981	888 443	591 150
86 718	124 454	150 550	136 505	236 258	320 153	299 881	229 839
67 976	99 474	119 814	107 791	203 394	287 123	281 375	220 871
3 548	5 011	6 792	7 874	8 457	7 959	4 127	1 891
15 194	19 969	23 944	20 839	24 407	25 072	14 379	7 077
1 271 903	1 561 139	1 857 353	1 535 587	831 432	457 597	174 736	87 003
4 817	6 134	7 915	6 589	3 868	1 926	738	381
497 983	666 347	770 304	597 552	400 518	233 814	80 302	27 874
769 104	888 658	1 079 134	931 446	427 046	221 857	93 696	58 749
2 225 960	2 381 600	2 709 290	2 082 319	1 315 716	806 383	406 040	267 890
40 033	40 880	40 657	29 409	8 777	2 660	825	275
323 392	379 407	518 020	412 401	182 831	75 144	21 434	7 157
656 836	711 070	841 475	631 663	401 800	255 746	135 133	110 532
113 766	122 770	110 514	82 327	34 182	14 525	6 141	4 151
31 416	37 428	55 000	56 504	55 320	44 046	29 558	29 897
844 505	840 114	898 355	734 874	582 579	378 965	191 735	108 233
216 011	249 932	245 269	135 141	50 227	35 296	21 215	7 646
28 608	32 216	37 647	29 832	21 074	13 848	7 786	6 418
206 595	268 560	352 568	424 166	1 262 392	1 674 763	1 709 235	2 498 214
3 823 395	**4 409 458**	**5 204 502**	**4 423 794**	**3 971 614**	**3 738 895**	**3 223 307**	**5 792 695**
2 544 181	3 026 161	3 362 626	2 461 199	1 478 069	906 191	524 780	372 057
77 280	110 543	133 443	152 468	220 589	251 892	202 619	134 071
71 006	102 159	123 110	141 396	208 866	242 789	197 662	131 708
733	1 059	1 561	1 933	2 024	1 531	736	346
5 541	7 324	8 773	9 140	9 698	7 572	4 221	2 017
511 619	681 983	813 882	622 765	316 184	148 156	62 654	38 353
888	1 156	1 254	1 011	595	370	195	94
94 786	118 031	143 031	105 296	66 051	34 245	14 126	7 074
415 945	562 797	669 597	516 458	249 538	113 540	48 333	31 185
1 931 987	2 205 258	2 382 933	1 661 777	925 438	496 489	254 027	194 483
5 518	6 093	6 031	3 558	1 112	315	98	38
72 991	90 686	93 009	55 729	21 745	8 713	3 532	2 015
692 143	878 880	1 027 000	713 211	392 117	215 121	120 546	105 662
106 843	106 502	97 732	52 646	20 036	9 644	4 859	2 747
21 423	27 092	37 258	31 645	26 131	23 168	18 690	21 779
977 821	1 031 131	1 058 572	758 448	439 691	225 793	100 839	60 678
55 247	64 875	63 331	46 539	24 606	13 736	5 463	1 566
23 296	28 377	32 368	24 188	15 858	9 654	5 480	5 150
1 256 979	1 359 854	1 813 126	1 937 447	2 464 910	2 797 352	2 659 869	5 321 993

定価は表紙に表示してあります。

平成17年5月18日　発 行

第5回 自殺死亡統計

編　集　厚生労働省大臣官房統計情報部

発　行　財団法人 厚 生 統 計 協 会
郵便番号 106-0032
東京都港区六本木5丁目13番14号
電　話 03－3586－3361～3

印　刷　統計印刷工業株式会社